新能源汽车注塑模具复杂结构50例

XINNENGYUAN QICHE
ZHUSU MUJU
FUZA JIEGOU
50 LI

张维合
邓成林
著

化学工业出版社

·北京·

内容简介

本书根据新能源汽车注塑模具设计的实际要求,在作者近几年与企业合作的生产实践中积累的众多案例中,选取了极具典型性的50个新能源汽车注塑模具复杂结构设计案例,包括汽车车灯与后视镜、车门、外饰件、内饰件、保险杠及其它配件,并且在附录中为读者总结了新能源汽车注塑模具复杂机构设计经验与技巧、模具钢材应用规范、模具外围结构件设计规范、注塑模具及产品的问题分析与解决方案、模具的验收标准。

本书可为从事汽车模具设计与制造的工程技术人员、高职院校相关专业师生在实际生产和学习中提供切实的帮助和启发。

图书在版编目(CIP)数据

新能源汽车注塑模具复杂结构50例 / 张维合,邓成林著. -- 北京:化学工业出版社,2025.2. -- ISBN 978-7-122-47151-2

Ⅰ. U469.7

中国国家版本馆CIP数据核字第202542526Q号

责任编辑:高　宁
文字编辑:刘　璐
责任校对:田睿涵
装帧设计:孙　沁

出版发行:化学工业出版社
　　　　(北京市东城区青年湖南街13号　邮政编码100011)
印　　装:北京云浩印刷有限责任公司
787mm×1092mm　1/16　印张27¼　字数652千字
2025年3月北京第1版第1次印刷

购书咨询:010-64518888　　　　售后服务:010-64518899
网　　址:http://www.cip.com.cn
凡购买本书,如有缺损质量问题,本社销售中心负责调换。

定　　价:138.00元　　　　　　　　版权所有　违者必究

前言

模具工业被喻为"工业基石",是"促进社会繁荣富裕的原动力"。近年来,在各国产业政策扶持下,全球新能源汽车市场呈快速增长态势,中国新能源汽车表现尤为亮眼。新能源汽车产业的加速发展,不仅引领汽车行业重大变革,也推动了汽车模具工业的进步。为满足现代新能源汽车的美观性、安全性和轻量化要求,新能源汽车零件材料以塑代钢已是大势所趋。很多汽车大型零件,如前保险杠、后保险杠、油箱、车门、仪表板和中央通道等,都由金属改为塑料,由注塑模具注射成型。随着新能源汽车品牌越来越多,汽车注塑模具也越来越多,发展也会越来越快,新能源汽车注塑模具是未来模具发展的重要领域。

本书精选 50 例新能源汽车注塑模具,其中大型和超大型注塑模具占有较大的比重,它们结构复杂、精度高、寿命长、设计难度大、设计周期长、制造成本高,而且成型难度极大。这些模具所使用的技术包括热流道顺序阀技术、3D 打印随形水路技术和预变形技术等最先进制造业关键技术。

① 热流道顺序阀技术:该技术简称 SVG(sequential valve gating),是近些年为适应汽车行业对大型平板塑料件或者是电子行业对微型薄壁件的需求而开发的一种成型新技术。该技术由计算机控制热射嘴顺序阀,进而控制各浇口的进料顺序、进料量和进料温度。热流道顺序阀技术可以消除大型汽车塑件的表面熔接痕,该技术已成熟地应用于新能源汽车门板、前后保险杠和仪表板等部件的大型注塑模具。

② 3D 打印随形水路技术及智能温控系统技术:3D 打印是绿色环保的数据驱动化增材制造技术,3D 打印随形水路技术在新能源汽车模具领域的应用,是模具技术上的重大突破,有着极为重要的现实意义。3D 打印技术能够制造出传统模具加工手段无法制造的随形水路,可以减少冷却时间,减少注塑件变形量,减少因冷却效果差导致的烧伤、黑斑等产品缺陷,可极大地提高企业产品质量和产能。3D 打印随形水路配以智能温控系统可以精准控制模具各处的温度,将模具注射周期缩减 30%~40%,成型质量提高 2 级,产能提高 3~5 倍。

③ 预变形技术:对于新能源汽车中后视镜座、仪表板等大型精密塑件,变形是一个常见的问题。解决变形问题一个常用方法是注射成型后用夹具校型和定型。但这种方法时间长,成效差,很难完全消除变形。预变形技术,是指通过计算机辅助工程(computer aided engineering,CAE)、模流分析以及三维数字化设计技术,在模具成型零件上提前加上一个反向等量变形量,这样塑料产品冷却变形后,刚好得到预期的形状。采用预变形技术可以将新能源汽车大型塑件平面度、直线度或轮廓度提高至 3 级(GB/T 1182—2018)。

本书所收集的虽然都是新能源汽车注塑模具,但其结构同样可应用于其它机电产品的注塑模具。读者扫描本书封底二维码,回复书名,可以获取本书模具的 2D 结构图。

本书主要由广东科技学院张维合教授撰写,东莞学通模具数控学校邓成林提供了大量案例资料,广东科技学院的赵利平老师和温煌英老师分别提供了 3 例和 2 例的设计资料。

由于作者水平有限,加之时间仓促,书中不足之处在所难免,敬请读者批评指正。

著者

目录

01	第一章	汽车车灯与后视镜注塑模具
02		一、汽车前大灯反射镜大型注塑模具设计
10		二、汽车前大灯透镜大型精密注塑模具设计
18		三、汽车前大灯装饰框注塑模具设计
24		四、汽车后大灯镜壳大型薄壁精密注塑模具设计
32		五、汽车后视镜基座精密注塑模具设计
39		六、汽车后视镜镜壳热流道注塑模具设计
44		七、汽车后视镜镜座大型精密注塑模具设计
52		八、汽车后视镜旋转轴复杂抽芯热流道注塑模具设计
59		九、汽车左右后视镜镜圈注塑模具设计
64		十、汽车后视镜基板大型注塑模具设计
69		十一、汽车后视镜支架大型注塑模具设计
75		十二、汽车高位制动灯盖板大型注塑模具设计
82		十三、汽车灯饰面盖零件热流道双色注塑模具设计
87	小结	汽车车灯与后视镜模具设计
96	第二章	汽车车门门板注塑模具
97		十四、汽车后背门护板热流道大型注塑模具设计
104		十五、汽车右后门板顺序阀热流道大型薄壁注塑模具设计
113		十六、汽车左右前门板大型注塑模具设计
120		十七、汽车左后门板大型注塑模具设计
129		十八、汽车门板下本体二次顶出大型注塑模具设计
139	小结	汽车车门门板模具设计
142	第三章	汽车其它主要外饰件注塑模具
143		十九、汽车侧裙板热流道大型注塑模具设计
153		二十、汽车挡泥板大型薄壁顺序阀热流道注塑模具设计
161		二十一、汽车导流板顺序阀热流道注塑模具设计
168		二十二、汽车尾箱盖热流道注塑模具设计
177	第四章	汽车主要内饰件注塑模具
178		二十三、汽车A柱上护板大型复杂内侧抽芯注塑模具设计
186		二十四、汽车B柱左右上护板注塑模具设计
199		二十五、汽车B柱内饰板热流道大型精密注塑模具设计

207	二十六、汽车C柱左下护板顺序阀热流道倒推注塑模具设计	
215	二十七、汽车中央通道主体大型注塑模具设计	
222	二十八、汽车中央通道储物盒大型倒装注塑模具设计	
229	二十九、汽车中央装饰件顺序阀热流道二次顶出注塑模具设计	
234	三十、汽车前门地图袋低压双层注塑模具设计	
243	三十一、汽车衣帽架热流道复杂抽芯注塑模具设计	
253	三十二、车载探测雷达固定架双色注塑模具设计	
258	三十三、汽车仪表板储物盒热流道大型注塑模具设计	
265	三十四、汽车多功能旋钮注塑模具3D打印随形水路设计	
270	三十五、汽车手套箱盖板大型注塑模具设计	
276	三十六、汽车转向柱护罩热流道复杂抽芯注塑模具设计	
283	小结　汽车内饰件注塑模具设计注意的事项	

285　第五章　　汽车保险杠注塑模具

286	三十七、汽车后保险杠大型热流道精密注塑模具设计	
295	三十八、汽车前保险杠大型薄壁注塑模具设计	
303	小结　保险杠注塑模具设计标准	

323　第六章　　汽车其它配件注塑模具

324	三十九、汽车风箱左盖注塑模具设计	
330	四十、汽车水箱圆弧抽芯注塑模具设计	
335	四十一、汽车空调水箱左右盖复杂抽芯注塑模具设计	
342	四十二、汽车空调鼓风机左右盖复杂侧向抽芯注塑模具设计	
350	四十三、汽车接插件精密注塑模具设计	
354	四十四、汽车弯管热流道模具的旋转抽芯脱模设计	
361	四十五、汽车箱盖旋钮二次脱模注塑模具设计	
364	四十六、汽车弯管气辅注塑模具设计	
369	四十七、汽车智能定位器面盖双色注塑模具设计	
375	四十八、车载GPS接收机前盖复杂抽芯注塑模具设计	
380	四十九、汽车四轮定位水准仪左右盖注塑模具设计	
387	五十、汽车进气风箱底盖注塑模具设计	

391　附录

391	附录1　模具钢材应用规范	
392	附录2　汽车注塑模具外围结构件设计	
403	附录3　汽车注塑模具设计基本原则	
411	附录4　汽车注塑模具及产品的问题与解决方案	
426	附录5　一套好的模具要达到哪些验收标准？	

第一章
汽车车灯与后视镜注塑模具

一、汽车前大灯反射镜大型注塑模具设计

车灯是汽车上最重要的外饰件之一,外观要求高。汽车前大灯反射镜是车灯中最重要的零件,其功能主要是对灯光进行反射和聚光,避免灯光直射。汽车前大灯反射镜(又名反光镜)反射面粗糙度很低,Ra 为 0.05~0.1μm,所以对模具要求高。以前汽车前大灯反射镜采用的是压注成型,这种成型方法废品率高,生产效率低,且对操作工人的身体健康有不利影响。本例介绍的是某新能源汽车采用注射成型方法时所用的注塑模具结构,这种模具生产效率高,制品精度高。

(一)塑件外观要求与结构分析

汽车前大灯反射镜是汽车前大灯照明系统中承担反射功能、避免灯光直射的零件,位于透镜与装饰框内侧,与透镜装配在一起,通过透镜可以从车灯外面看到反射镜。塑件为外观件,表面要求高。表面镀铝,属于高光电镀件,外表面有大面积花纹,用于表面装饰。

图 1-1 所示为某品牌新能源汽车前左大灯反射镜零件图,材料为团状模塑料(BMC),此种材料为特硬性材料,收缩率几乎为零,在模具设计时不需要放收缩率。因为其是特硬塑料,具有尺寸精度高、加工性能好等优点,缺点是流动性较差。塑件尺寸为:277.79mm × 177.9mm × 127.1mm。塑件的结构特点如下:

① 外观面要求极高,外观面不允许有斑点和浇口痕迹,更不允许有收缩凹陷、熔接痕和飞边等缺陷。

② 塑件为电镀件,外观面脱模斜度设计要合理,一般要保证 5°以上。

③ 塑件外形复杂,曲面光洁度高,塑件外侧面有 3 个倒扣,需要侧向抽芯。

前右大灯反射镜零件图与前左大灯反射镜零件图镜像对称,此处略。

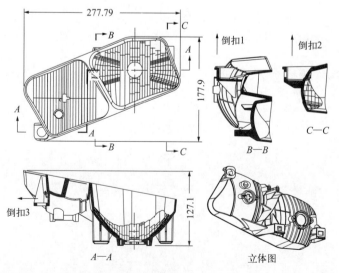

图 1-1 汽车前左大灯反射镜零件图(单位:mm)

（二）模具结构设计

一模二腔，一次成型前右大灯反射镜和前左大灯反射镜两个塑件。根据反射镜塑件的结构特点，模具优先采用标准型两板模注塑模结构。每个塑件外侧面都有 3 个倒扣，从模具的动作安全可靠以及加工的角度考虑采用"斜导柱 + 滑块"的侧向抽芯结构。

本模具外形尺寸为：860mm × 680mm × 618mm，总质量约 2t，属于大型注塑模具。详细结构见图 1-2。

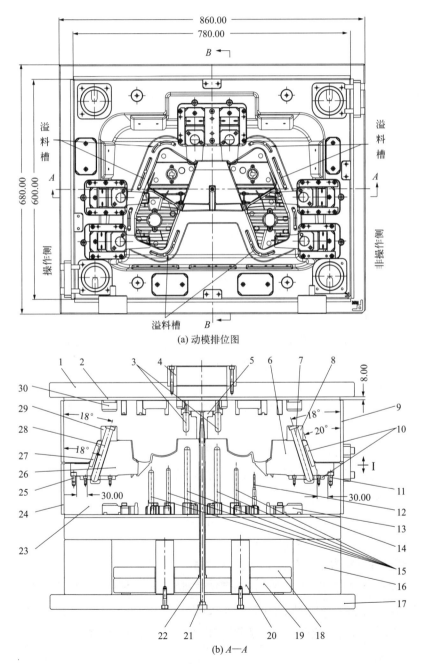

图 1-2

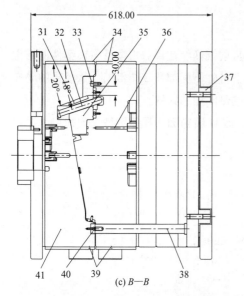

图1-2　汽车前大灯反射镜注塑模具结构图（单位：mm）

1—定模固定板；2, 9, 14, 24, 34, 39—隔热板；3, 15, 36—加热管；4—定位圈；5—浇口套；6, 26, 35—滑块；7, 28, 32—斜导柱；8, 29—固定块；10, 27, 31—耐磨块；11, 25, 33—限位钉；12—探温针；13, 30—电线槽；16—垫块（方铁）；17—动模固定板；18—推件固定板；19—推件底板；20—支承柱；21—拉料杆；22—推管；23—动模板（B板）；37—顶棍连接柱；38—复位杆；40—硬块；41—定模板（A板）

1. 成型零件设计

本模具的成型零件和模板采用一体式，俗称"原身出"。与分体式结构相比，其优点是结构紧凑、强度刚性好、模具体积小，避免了开框、配框和制造斜楔等烦琐的工序。

大灯反射镜内表面要求很高，如粗糙度小，不允许有顶针和镶拼痕迹，故必须由定模成型，外表面相对要求较低，由动模成型。由于侧向抽芯在动模板上，所以开模时成型塑件不会留在定模。

本塑件属于汽车最重要的外饰件之一，且是高光件，表面需真空电镀。在设计本模具时，首先要注意模具材料的选用，因为要高抛光，所以定、动模要选用硬度高的材料，如8407或2344模具钢，并需要淬火处理，热处理硬度为52～56HRC❶。

BMC流动性差，动模板型腔的四周需要设计溢料槽，溢料槽底部需要设计推杆（顶针），便于溢料顶出，如图1-2所示。

2. 浇注系统设计

在注塑模具设计中，塑件的进料方式决定了模具的排位方式与模具类型。在汽车注塑模具设计中，客户一般会提供进料位置的信息作为参考，所有汽车注塑模具都需要做模流分析（利用MOLDFLOW软件等）来验证塑件的进料方式、进料的位置、浇口形式和尺寸大小。一般会选取多种方案进行模流分析，做好后发给客户确认，与客户一起选取最优与最合适的方案设计浇注系统。

---

❶ HRC是洛氏硬度的一种标度。

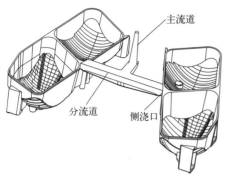

图 1-3　汽车前大灯反射镜注塑模具浇注系统

由于成型塑件为透明塑件，外观面要求高，不能采用点浇口从中间进料，故采用侧浇口浇注系统。又由于透明塑件不能有气泡、雾晕等成型缺陷，故采用扇形浇口。这种浇口不但成型质量好，而且切除方便，切除后在塑件表面留下的痕迹较小，不会影响塑件的外观质量。由于塑件为 BMC 材料，流动性差，在设计流道时流道要粗且短。详见图 1-3。

3. 侧向抽芯机构设计

侧向抽芯机构是本模具最重要的核心结构。塑件为汽车前大灯左右反射镜，属于两个对称零件。每个塑件外侧均有 3 个倒扣，因而本模具外侧共有 6 个滑块。滑块设计原则一般是：优先操作侧与反操作侧，天侧（即向上滑动）次之，最后才考虑地侧（即向下滑动）。本模具操作侧、反操作侧和天侧各设计两个滑块抽芯，详见图 1-2。

模具的六个侧向抽芯机构抽芯距离均为 30mm，结构均采用"动模滑块 + 定模斜导柱 + 限位夹 + 挡销"，动作安全可靠，抽芯方向见图 1-2。

这里要特别注意的是，天侧滑块由于离开斜导柱后在重力的作用下可能回位，为保证安全可靠，建议采用美国 D-M-E 公司或德国 HASCO 公司制造的限位夹，只用弹簧时很容易发生安全问题，这是因为弹簧在重力作用下会收缩，且容易疲劳失效。限位除采用限位夹外，还增加了限位钉 33，这是双保险。

另外国内使用的模具和出口模具要求也不一样。国内使用的模具天侧滑块内的弹簧可以设计在外面，即采用外置弹簧结构。但对于出口模具（欧美系模具和日韩系模具），要求往往很高，一般不允许使用外置弹簧结构，因为外置弹簧不安全，严重时会飞出从而对操作者产生安全隐患，故一般采用内置弹簧与限位夹联合使用的结构。

4. 温度控制系统设计

汽车前大灯反射镜为汽车最重要的外饰件之一，也是外观要求最高的塑件之一，因此温度控制系统设计的好坏对模具的成型周期与产品成型质量影响很大。由于塑件采用 BMC 材料，流动性很差，故模具采用加热系统而不是采用冷却系统。加热管的布置与水路布置类似，与水井相似，既可以设计成竖向布置也可以设计成横向布置。采用加热系统的模具，定、动模上下左右都需要设计隔热板来隔热，隔热板厚度为 8mm，材料为电木板或者尼龙板，如图 1-2 与图 1-4 所示。

本模具定、动模温度控制系统为：定模设计了 62 个加热管，动模设计了 58 个加热管。加热管直径有 $\phi 4.9$mm、$\phi 10.7$mm 和 $\phi 16.1$mm 三种。型腔表面距离加热管大约 40～50mm，各加热管之间的距离大约 80～100mm，加热管功率约为 80～100kW。布置加热管要注意线槽，线槽拐角处都需要倒圆角，避免损坏线路。每一模需要设计一支探温针，布置加热管间距要均匀，加热管孔要比加热管大 1mm，深度也要深 1mm，因为加热时会膨胀。

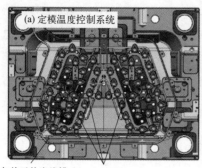 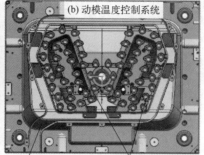

图 1-4　模具温度控制系统

5. 导向定位系统设计

在汽车注塑模具设计中，由于模具大，塑件外观要求高，尺寸精度要求也高，因此对模具的导向定位设计要求非常严格，导向定位系统设计的好坏直接影响成型塑件的精度和模具的寿命。

在模具4个角上各设计了1支圆导柱和4个0°精定位结构，详见图1-2和图1-5。其中4支圆导柱尺寸为$\phi 60mm \times 310mm$，安装在定模侧，由于塑件开模后留在动模侧，这样就不会影响塑件取出。同时4支圆导柱在开模时还起到支撑脚的作用，方便配模。

圆形导柱的长度一般不超过直径的10倍，为了顺利合模，使模具不受到损坏，必须满足以下两点：

① 无滑块的模具导柱要高出定、动模最高点30mm；
② 有滑块的模具要在斜导柱插入滑块前20mm插入导套。

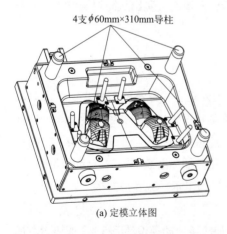 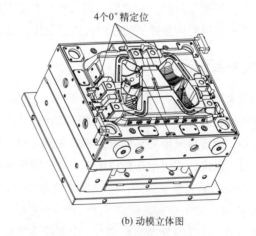

图 1-5　汽车前大灯反射镜注塑模具立体图

6. 脱模系统设计

本模具的推出结构为推杆，模具在定、动模开模后，依靠推杆推出塑件与流道凝料，模具安装后，推件固定板通过连接柱 37 与注塑机顶棍（KO）连接在一起，推杆、复位杆等推件由注塑机顶棍推出和拉回复位。4 支复位杆旁边不用再加复位弹簧，但在与之接触的定模板位置要设计硬块 40，材料为 45 号或 S50C 钢材，表面氮化处理。

在设计脱模系统时要注意以下几点：

① 大型模具（长宽方向超过 1400mm × 700mm）需设计 6 支复位杆与 6 支推杆板导柱。

② 推杆板导柱要布置在推出力大的推出元件（如油缸、复位杆等）附近。

③ 汽车注塑模具均需要设计限位柱，限位柱要优先布置在顶棍孔上方或附近。

④ 推杆要排布在靠近圆角处的受力位置，布置在包紧力大的位置，对于以 BMC 为材料的塑件，推杆设计要大些，推杆数量要多些，这是因为 BMC 的塑件很硬，对模具的包紧力较大，要求顶出力也较大。

⑤ 推杆直径设计时尽量采用同一尺寸规格，这样可以避免频繁更换钻头，节省加工时间与加工成本。

7. 模具强度与分型面定位设计

在汽车注塑模具设计中，设计者必须保证模具强度和刚性，这是保证模具寿命和塑件精度的必要条件。要保证模具强度和刚性，首先模具结构要合理，尤其是分型面定位结构的大小和位置要合理，其次还必须保证成型零件尺寸和模架尺寸合理，既要满足成本要求，又要满足强度要求。在这一点上，设计者的经验起很大作用。

本模具在定模板和动模板的型腔四周设计了整周的、斜度为 5°的锥面定位机构，在四周锥面上还设计了耐磨块。这种四周锥面定位结构的设计方法在汽车门板与挡泥板等模具上也应用广泛。

影响模具强度和刚性的主要尺寸包括：

① 型腔边缘至模具边缘的尺寸 A_1、A_2、B_1 和 B_2；

② 型腔最深处至定模板和动模板底面的距离 C_1 和 C_2，见图 1-6。

在汽车模具设计中，A、B 两尺寸的经验确定法如下：

① 若无侧向抽芯机构，从型腔最外边缘加 30～50mm 封料尺寸［尺寸 500mm × 500mm（5050）以内的小型模具加 30mm，尺寸 500mm × 500mm～1000mm × 1000mm（5050～1010）的中型模具加 40mm，尺寸 1000mm × 1000mm（1010）以上的大型模具加 50mm］，再加 50～70mm 避空位，以减少配模的工作量。避空位也是保证模具强度的区域。然后再加上模架处分型面承压板的尺寸就是 A、B 的尺寸。

② 若有侧向抽芯机构，则尺寸 A、B 须根据抽芯距离的大小加大或缩小，原则上必须保证滑块在完成抽芯后仍然停留在模板内。

不同大小和结构的塑件其模具尺寸 C 的数值会不一样，尺寸 C 一定要保证型腔最深处至模板底面有 80mm 以上钢厚，动模板中由于两块垫块之间是空的，承受注射压力后易变形，故 C_1 须相应加大厚度，一般取 100mm 以上。

由于本模具一出二，两型腔左右对称，$A_1=A_2=171$mm，左反射镜与右反射镜型腔之间距离为 80mm。由于模具的天侧有侧向抽芯机构，故 $B_1=135$mm，$B_2=185$mm。厚度尺寸方面，$C_1=106.5$mm，$C_2=100$mm。

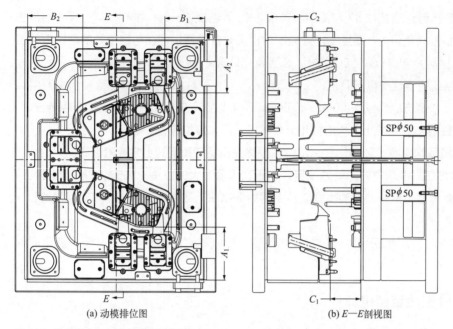

(a) 动模排位图　　　　　　　　　(b) E—E剖视图

图1-6　汽车前大灯反射镜模具强度参考

（三）模具工作过程

　　熔体通过注塑机喷嘴，经浇口套5进入分型面上的分流道，再由扇形浇口进入模具型腔。熔体充满型腔后，经保压、冷却和固化，至足够刚性后，注塑机拉动模具的动模固定板17，模具从分型面Ⅰ处打开。在开模过程中，定模斜导柱7、28、32分别拨动滑块6、26、35进行侧向抽芯。开模行程达到300mm后，注塑机顶棍通过连接柱37推动推件底板19和固定板18，进而推动所有推件将成型塑件推离动模。塑件取出后，注塑机顶棍拉动推件及其固定板复位。接着注塑机推动动模合模，模具又开始下一次注射成型。

（四）模具设计要点

　　对于汽车车灯反射镜模具，其设计要点如下。

　　① 需要专门的注塑工艺设备，并要采用专门使用BMC材料的注塑机，对工艺设备要求非常严格。

　　② BMC材料属于特硬性塑料，在模具设计中需要设计加热系统、分型面需要设计排料系统，成型零件必须淬火处理，以提高耐磨性与延长模具寿命。

　　③ BMC材料的模具设计顶出系统要平衡，推杆尽量设计大一些，数量尽量多一些，否则会造成塑件脱模困难。

　　④ 因为是高光电镀件，脱模斜度太小会造成脱模困难，所以反射镜塑件侧壁脱模斜度尽量设计大一些，一般建议在5°～10°。当然前提是不能影响塑件功能与外形。

　　⑤ 塑件不能有尖角锐边，所有转角都需要设计成圆角，因为模具的成型零件经过淬火后

易发生应力开裂现象。

⑥ 注意左右反射镜灯头孔与塑件表面花纹是左右平移的，不能设计成镜像对称，因为灯泡与灯头是不会分左右的，其余特征都是镜像对称。

（五）结语

普通注塑模具的温度控制系统通常采用水或油冷却，本模具由于 BMC 材料流动性差，采用了电子加热管加热的温度控制系统，以提高熔体的流动性。模具四周都设计了隔热板，有效保证了模塑件的成型质量和电能使用率。模具投产后运行稳定可靠，塑件质量和模具的注射周期均达到了客户要求。

二、汽车前大灯透镜大型精密注塑模具设计

汽车前车灯主要功能是照明,兼起美观和装饰作用。汽车前大灯透镜又名配光镜,是汽车前大灯最外面的透明件。一般汽车前大灯为白色,后组合灯为红色(或多色)。汽车前车灯透镜塑件表面为 A 级曲面,有超硬涂层,内外表面透明度要求极高。本例详细介绍了某新能源汽车前车灯透镜注塑模具的结构和设计要点。

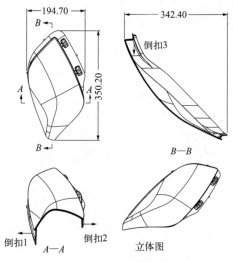

图 1-7 汽车右前大灯透镜零件图(单位:mm)

(一)塑件结构分析

成型塑件为某品牌汽车前大灯左、右两个透镜,图 1-7 是右前大灯透镜结构图(左前大灯透镜结构与其完全对称)。材料为透明聚碳酸酯(PC),收缩率取 0.5%。塑件特点如下:

① 颜色透明,外观面要求极高,不允许有斑点、浇口和推杆痕迹,更不允许有气泡、雾晕、收缩凹陷、熔接痕和飞边等成型缺陷。

② 塑件空间曲面造型优美,分型线为复杂的空间曲线,分型面为非常复杂的空间曲面。

③ 塑件尺寸较大、精度高、结构复杂,塑件共有 3 处倒扣:外侧面的倒扣 1 和倒扣 2,内侧面的倒扣 3。

④ 塑件内表面有花纹,内外表面曲面粗糙度需达到 Ra 0.1μm。

(二)模具结构设计

鉴于塑件要求透明,使用普通流道可以避免塑件色差,提高透明度。再加上塑件外观面不允许有浇口痕迹,因此模具采用侧面进料的浇注系统。

两成型塑件结构对称,各存在 3 处倒扣,模具共设计了 6 个侧向抽芯机构,分别是右前大灯透镜的 S1、S2、S3,和左前大灯透镜的 S1'、S2'、S3'。由于 S3 和 S3' 在动模侧,塑件脱模之前建议完成侧向抽芯,因此动模侧必须增加一个分型面,即模具需要两次分型。模架建议采用龙记公司简化型三板模模架:1012-GAI-A330-B350-C140-690。

本模具外形尺寸为 1200mm × 1000mm × 1025mm,总质量约 7t,塑件尺寸精度需达到 MT2(MT 为公差等级,适用于粗加工工艺中的低精度工件,差量最小的是 MT1,差量最大的是 MT6),属于大型精密注塑模具。详细结构见图 1-8 ~ 图 1-10。

1. 成型零件设计

本模具成型零件全部采用镶拼结构,这种结构的优点是侧向抽芯机构加工维修方便,模具成本较低,缺点是模架整体尺寸较大。模具成型零件包括定模成型零件和动模成型零件,其中

定模成型零件包括定模左镶件 3、右镶件 10，中心斜向滑块 5、外侧斜向滑块 12 和 27。动模成型零件包括动模左镶件 4、右镶件 11 以及斜向内侧抽芯 37（图 1-10）。镶件与模具基准角相对应的两个配合面采用 5°楔紧斜面配合，以方便装拆。

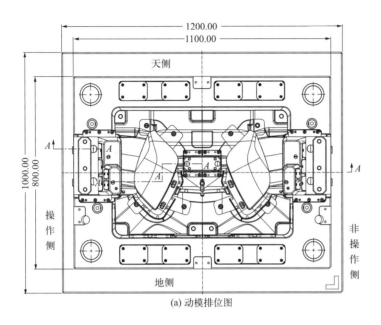

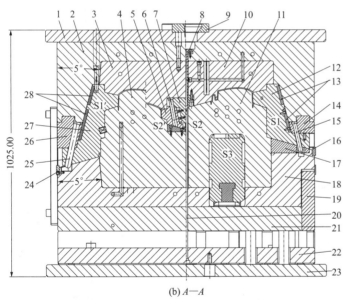

图 1-8　汽车前大灯透镜注塑模具结构图（单位：mm）

1—定模固定板；2—定模板；3—定模左镶件；4—动模左镶件；5—中心斜向滑块；6,15,25—斜导柱；7,14,26—锁紧件；8—浇口套；9—定位圈；10—定模右镶件；11—动模右镶件；12,27—外侧斜向滑块；13,28—耐磨块；16,24—挡销；17—外侧斜向滑块底座；18—动模板；19—方导柱；20—主流道拉杆；21—可活动托板；22—推件固定板；23—动模固定板

材料方面，因为塑件采用 PC 透明塑料，为保证透明度，定、动模成型表面要求镜面高抛光，而要达到镜面抛光效果，除了抛光砂纸要达到 8000～10000 号，对成型零件的钢材也有

特别要求，首先硬度要高，其次钢材内部组织要细密。本模具动模镶件均采用S136H模具钢，定模镶件均采用NAK80模具钢，硬度37～43HRC。

在汽车大型注塑模具设计中，为了延长模具寿命及避免塑件产生飞边，所有插穿位置都要设计7°以上斜面。另外，外侧斜向滑块12和27上应设计工艺螺孔，抛光时用螺钉分别将它们和定模镶件10和3装配在一起，这样可以解决镶件拼接处高低不平引起成型塑件表面不平的问题。

2. 导向定位系统设计

为了保证成型塑件的精度和模具的寿命，在大型精密汽车注塑模具设计中，模具的导向定位系统设计非常严格。在模具4个角上各设计了1支圆导柱、4个0°内模分型面管位和4个0°边锁，用于合模时动、定模的精准定位。其中4支圆导柱尺寸为ϕ70mm×690mm，详见图1-9。

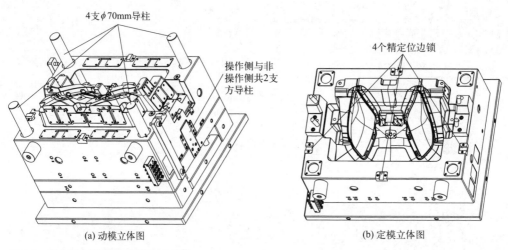

图1-9　汽车前大灯透镜注塑模具立体图

圆形导柱长度的确定方法是：合模时，在斜导柱插入滑块之前20mm时，圆形导柱刚好要插入导套，以保证斜导柱顺利插入滑块斜孔。一般来说，圆形导柱的长度不能超过其直径的10倍。

本模具在操作与反操作侧还设计了2支方导柱，长宽高尺寸为95mm×55mm×250mm，目的是保证二次分型机构导向定位的可靠性。方导柱在大型汽车模具如汽车前后保险杠、上下仪表板、门板等的注塑模具中应用广泛，因为标准圆导柱的最大直径只有ϕ80mm，对于大型汽车模具，其强度与导向精度难以满足要求。

3. 侧向抽芯机构设计

左、右前大灯透镜各存在3处倒扣，模具共有6个侧向抽芯机构S1、S2、S3和S1'、S2'、S3'。

其中S1、S2和S1'、S2'在塑件外侧面，抽芯面积大，为了加工方便与生产安全，均采用了"斜导柱+斜向滑块+弹簧+挡销"的侧向抽芯的结构,详见图1-8。其成型零件包括外侧斜向滑块12、27,动力零件包括斜导柱15、25,导向零件包括外侧斜向滑块底座17,锁紧零件包括锁紧块14、26,定位零件包括挡销16、24,耐磨零件包括耐磨块13、28等。

S3和S3'在塑件内侧面,抽芯面积和抽芯距离都比较大,因此采用了"T型槽导向块+斜向内滑块"的内侧抽芯结构,详见图1-10。该机构主要包括成型零件斜向内侧抽芯37,动力兼导向零件T型槽导向块34,锁紧块35和耐磨块29、36、38等。

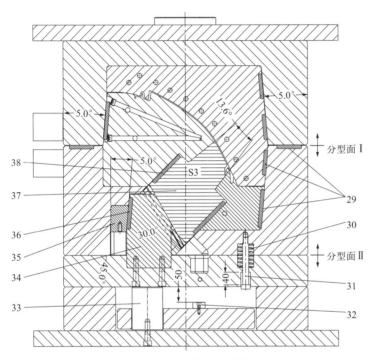

图1-10 汽车前大灯透镜注塑模侧向抽芯机构(单位:mm)

29,36,38—耐磨块;30—弹簧;31—限位钉;32—限位柱;33—支承柱;34—T型槽导向块;35—锁紧块;37—斜向内侧抽芯

侧向抽芯机构是本模具中最重要,也是最复杂的结构,不但数量多,而且抽芯方向都不一致,全部是斜向抽芯,没有一个是与开模方向垂直的。既有外侧抽芯,又有内侧抽芯,还有两个朝向模具中心的抽芯,属于汽车注塑模具侧向抽芯机构设计最复杂的形式之一。在设计侧抽芯机构时采用以下先进结构,取得了满意的成型效果。

① 外侧斜向滑块12和27前端单边都设计了3°插穿角,不但延长了模具使用寿命,还增加了模具稳定性和安全性。

② 斜向内侧抽芯37四面都设计了耐磨块,既延长了内滑块使用寿命,同时也方便配模和维修保养。锁紧块35设计了5°的反锁结构,防止滑块在强大的注射压力下后退。

③ 斜向内侧抽芯37由于抽芯后还有一部分停留在T型槽导向块34的T型槽上,T型槽不能避空,为此在T型槽内侧设计了圆角,以避免应力开裂。

④ 鉴于动模内侧斜向抽芯处可活动托板的强度和刚性不足,在内侧抽芯的正中心及其附近设计支承柱33,用以加强模具强度,防止模板变形。

⑤ 为了解决模具外侧滑块易在塑件上留下明显镶拼线影响塑件外观的问题,将所有滑块头部设计成锥面,并在所有的滑块上设计了工艺螺孔,型腔抛光时将滑块和定模板 2 固定在一起,以保证镶拼处平齐美观。

为清楚起见,图 1-11 展示出了本模具 6 个侧向抽芯机构的立体(3D)图。

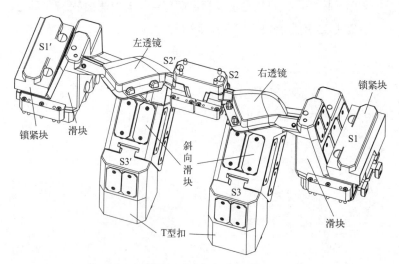

图 1-11　汽车前大透镜注塑模具侧向抽芯机构立体图

4. 定距分型机构设计

由于塑件在推出模具之前必须完成动模内侧抽芯,因此在动模侧设计了一块可活动的托板 21,T 型槽导向块 34 通过螺钉装配在可活动托板 21 上。动模板 8 和可活动托板 21 之间的分型面 Ⅱ 打开时,T 型槽导向块 34 拉动斜向内侧抽芯 37 作斜向抽芯。为保证分型面 Ⅰ 和分型面 Ⅱ 的开模、合模顺序以及开模距离,模具中设计了定距分型机构,该机构由弹簧 30、限位钉 31、推块 39 和 44、活动块 40、侧向弹簧 41、抵柱 42、推杆 43 组成,详见图 1-8 和图 1-12。开模时分型面 Ⅰ 和分型面 Ⅱ 几乎同时打开,其中分型面 Ⅰ 的开模距离由注塑机控制,分型面 Ⅱ 的开模距离则由限位钉 31 控制。当分型面 Ⅱ 的开模距离达到 40mm 时,推块 39 推动活动块 40 向右移动 9mm,此时抵柱 42 正好可以通过活动块 40 中间的过孔,注塑机顶棍才可以推动推件固定板 22 将成型塑件推离模具。

5. 浇注系统设计

本模具浇注系统由主流道、分流道、塔接式扇形浇口和冷料穴组成,详见图 1-13。

由于 PC 料流动性差,浇注系统的流道要粗且短,浇口设计成扇形,扇形的最大尺寸为 38mm,厚度最薄处为 0.6mm,开设在动模侧,沿分型面搭接式进料,这样不但利于填充,而且浇口切除后不会影响塑件外观。塑料熔体要避免直冲薄弱型芯,否则型芯易产生变形而影响模具寿命。

另外,透镜塑件对成型条件要求极高,必须使用专门生产透明塑件的注塑机,以保证塑件的透明度。

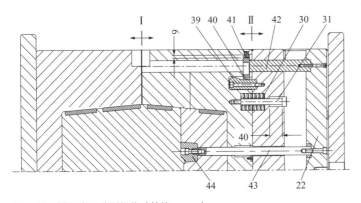

图 1-12 模具定距分型机构（单位：mm）

39,44—推块；40—活动块；41—弹簧；42—抵柱；43—推杆

图 1-13 模具浇注系统立体图

6. 温度控制系统设计

　　根据客户要求，模具生产寿命为 100 万次，注射周期必须控制在 35s 以内。由于温度控制系统直接影响模具的成型周期和塑件的成型质量，因此是模具结构设计的重点。本模具定模侧温度控制系统由 4 股冷却水路组成，4 进 4 出。动模侧温度控制系统由 5 股冷却水路组成，5 进 5 出，详见图 1-14。为了降低成型周期，提高塑件质量，各支水管至型腔表面距离以及各支水管长度必须大致相等，这样模具型腔各处温度才能保证大致均衡。为此冷却水路采用了"垂直式水管 + 倾斜式水管 + 隔片式水井"的组合形式，这种冷却系统优先采用垂直式水管，其次是倾斜式水管，万不得已才采用隔片式水井。这种组合形式的冷却水路布置均匀，紧贴型腔，适用于成型大批量、高精度塑件的注塑模具。其缺点是冷却水路加工比较麻烦。

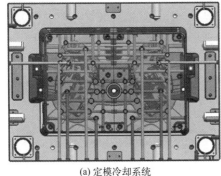

(a) 定模冷却系统

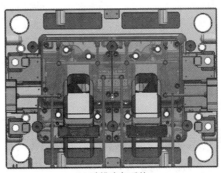

(b) 动模冷却系统

图 1-14 模具温度控制系统

7. 脱模系统设计

　　本模具中每个成型塑件均采用 4 块推块推出，流道凝料则采用 3 支推杆推出，详见图 1-15。由于塑件透明，必须注意推块痕迹不能影响塑件外观，所以将推块都布置在塑件的周边。

　　本模具属于大型精密汽车注塑模具，其脱模系统设计要点如下：

① 需设计 6 支复位杆与 6 支推件固定板导柱。推杆固定板导柱要布置在推出力大的推出元件（如推块和复位杆等）附近。

② 模具复位杆上要设计一块直径比复位杆大 2mm 的回复块，回复块一般选用 45 号（或 S50C）钢材，表面氮化处理。

③ 模具的推杆固定板要设计限位柱 32 限制其顶出距离。限位柱要布置在顶棍孔上方或附近。

8. 模具排气系统设计

在成型透明塑件的模具中，排气系统的设计非常重要。如果排气不良，就会严重影响塑件的品质，出现诸如气泡、银纹和雾晕等注射缺陷，严重困气时甚至会使塑件局部烧焦。汽车前大灯透镜注塑模主要采用分型面排气槽排气，排气槽开设在定模分型面上。一级排气槽每腔 11 处，深度 0.05mm，每个排气槽宽度 8mm。二级排气槽每腔 2 处，深度 0.50mm，沿型腔周围布置。其形状见图 1-16。

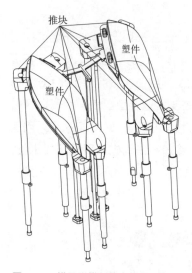

图 1-15 模具脱模系统立体图

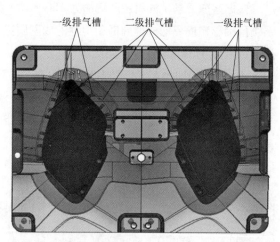

图 1-16 模具排气系统

（三）模具工作过程

① 注射充模：熔体通过注塑机喷嘴，经浇口套 8 和分流道，最后由扇形浇口进入模具型腔。

② 保压冷却：熔体充满型腔后，保压、冷却和固化。

③ 开模：成型塑件冷却至足够刚性后，注塑机拉动模具的动模固定板 23 开模。

a. 分型面Ⅰ打开：在注塑机拉动下，模具从分型面Ⅰ处打开。在开模过程中，动模侧的斜向滑块 5、12 和 27 在斜导柱作用下分别作斜向侧抽芯。分型面Ⅰ的开模距离 300mm，由注塑机控制。

b. 分型面Ⅱ打开：与此同时在内置定距分型机构弹簧 30 的作用下，可活动托板 21 与动模板 18 之间的分型面Ⅱ也进行开模，打开距离 40mm，由限位钉 31 控制。该分型面打开时，可活动托板 21 带动 T 型槽导向块 34 运动，T 型槽导向块 34 拉动动模斜向内侧抽芯 37 进行内侧抽芯，抽芯距离为 20.70mm。

④ 脱模：动模斜向侧抽芯 37 斜向抽芯时，推块 39 推动活动块 40 向外侧移动，当动模斜向内侧抽芯 37 完全从塑件中抽出时，活动块 40 中间的圆孔正好处在抵柱 42 的位置，允许抵柱 42 穿孔而过。此时注塑机顶棍推动推件固定板 22，进而推动推杆 43 和推块 44 将塑件和流道凝料推离动模。

⑤ 合模：塑件脱模后，注塑机拉动动模固定板 23 合模，模具接着下一次注射成型。

（四）结语

① 侧向抽芯机构是本模具最重要的核心结构，模具巧妙采用了"T 型槽导向块 + 斜向内滑块"的内侧抽芯机构，成功解决了透明件侧向分型在塑件表面留下痕迹的问题。

② 模具采用普通浇注系统，由扇形浇口塔接式进料，与以前采用热流道浇注系统相比，不但大大降低成本，而且车灯透镜的透光度更好。

③ 模具采用"垂直式冷却水管 + 倾斜式冷却水管 + 隔片式水井"的组合温度控制系统，水路沿型腔布置，成功将成型周期控制在 35s 以内，有效保证了塑件的精度和模具的劳动生产率。

④ 塑件采用推块推出，不但平稳，而且留下的痕迹对外观没有影响。

⑤ 在实际工作过程中，分型面Ⅰ和分型面Ⅱ的开模顺序并无特别要求，可以先后打开，同时打开也不会影响模具的正常工作，但塑件脱模时动模斜向内侧抽芯 37 一定要完全从塑件中抽出，抵柱 42 就是起这个作用。

模具自放产以来，动作稳定顺畅，塑件各项质量指标均达到设计要求，是大型、精密及长寿命注塑模具设计的一个成功实例。

三、汽车前大灯装饰框注塑模具设计

（一）塑件结构分析

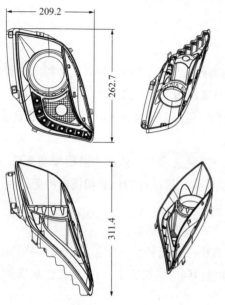

图1-17 汽车前大灯右装饰框结构（单位：mm）

汽车前大灯装饰框是汽车前大灯照明系统中起装饰功能的零件，位于透镜内侧，与透镜装配在一起，通过透镜可以从车灯外面看到装饰框。汽车前大灯装饰框为汽车重要的外饰件之一，对注塑模具设计的要求很高。

汽车前大灯装饰框左右各一件，结构完全对称，可在同一副模具内成型。图1-17所示为某品牌汽车前大灯右装饰框结构，材料PBT（聚对苯二甲酸丁二酯）+30%GF（玻璃纤维），外表面镀铝，部分区域需磨砂处理。塑件外形尺寸为262.7mm×209.2mm×311.4mm。塑件特点如下：

① 外观面要求不允许有浇口痕迹、熔接痕、收缩凹陷、黑斑和飞边等缺陷。

② 塑件为高光电镀件（表面镀铝），塑件外观面脱模斜度大于5°。

③ 塑件外形复杂，表面质量要求高。

（二）模具结构设计

成型汽车前大灯左右两个装饰框的模具采用一模二腔结构。由于装饰框外形尺寸较大，结构较复杂，为保证成型质量和成型周期，模具采用了热流道转普通流道的浇注系统。模具最大外形尺寸为850mm×785mm×750mm，属于大型注塑模具。模具结构如图1-18所示。

1. 成型零件设计

塑件为表面高光洁电镀件，模具型腔要求用2000号砂纸抛光至$Ra0.1\mu m$。模具分型面复杂，表面粗糙度要求高，所以定模采用了分体式结构，由定模板2和定模镶件3组成。为使镶件3装拆方便，与基准角相对的2个装配面设计了5°斜面，为了提高配合精度和延长模具寿命，定模镶件3的斜面上各设计了2块耐磨块21。定模镶件材料采用硬度较高的NAK80钢（硬度37～43HRC），也可采用2343ESR、SMV3W钢和8407钢（硬度46～49HRC）。为提高模具刚性，减小模具尺寸，动模采用整体式结构，即将动模板和动模镶件做成一体，材料为P20钢或2738钢。

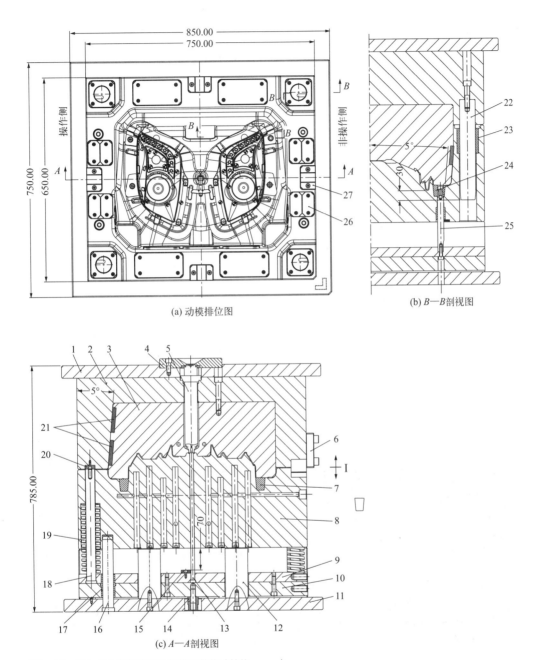

图1-18 汽车前大灯装饰框注塑模具结构（单位：mm）

1—定模固定板；2—定模板；3—定模镶件；4—定位圈；5—热喷嘴；6—锁模块；7、24—推块；8—动模板；9—推件固定板；10—推板；11—动模座板；12—支承柱；13—拉料杆；14—注塑机顶棍连接柱；15—限位柱；16—推板导柱；17、23—导套；18—复位杆；19—复位弹簧；20—回复块；21—耐磨块；22—导柱；25—推杆；26—分型面耐压块；27—边锁

塑件位于前大灯透镜的内侧，通过透镜从外面可以看到塑件，塑件外表面镀铝，部分区域要求磨砂，为了美观会在塑件外侧面部分区域设计花纹。由于塑件外观面要求镀铝，模具型腔表面粗糙度值要求高，在模具设计前期要仔细检查塑件外表面脱模斜度是否足够，尤其是容易

粘定模的区域，型腔脱模斜度应保持在 5°以上。

2. 浇注系统设计

塑件外形尺寸较大，结构复杂，加上 PBT+ 30%GF 塑料的流动性差，模具采用了热流道浇注系统；又由于塑件表面不允许留有浇口痕迹，只能采用侧面进料，模具采用了热流道 + 普通流道的进料形式，即塑料熔体由热喷嘴进入分流道，再由侧面进入型腔。模具热流道采用单点开放式热喷嘴，普通流道则采用了 T 型截面分流道 + 扇形浇口的方式，注塑模具浇注系统结构如图 1-19 所示。

模具浇注系统的分流道粗且短，扇形浇口最小宽度为 30mm，沿分型面搭接式进料，注意定模上不要开浇口，否则去除浇口后会影响塑件外观质量。

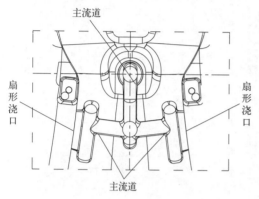

图 1-19 浇注系统结构

3. 排气系统设计

汽车前大灯装饰框成型质量要求高，不允许有型腔填充不满、困气、脱模不良等成型缺陷。模具必须设计良好的排气系统。模具排气槽主要设计在型腔的周围，见图 1-20。

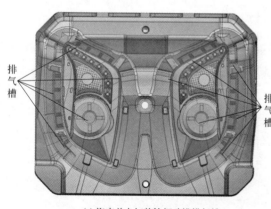
(a) 汽车前大灯装饰框动模排气槽

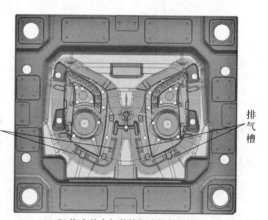
(b) 汽车前大灯装饰框定模排气槽

图 1-20 模具排气系统

4. 温度控制系统设计

为保证塑件的成型质量，提高模具的劳动生产率，模具采用了"垂直式水管 + 倾斜式水管 + 隔片式水路"的组合冷却水路布置，注塑模具温度控制系统如图 1-21 所示，这种组合形式是优先采用与模具外侧面垂直的水管供水，其次是采用与模具外侧面不成 90°的倾斜式水管供水,当冷却水管无法冷却时才采用隔片式水路。它的优点是冷却水管均匀地贴近型腔表面,塑件冷却均匀、成型周期短,成型质量高。其缺点是加工难度较大,提高了模具的制造成本。这种冷却水路的组合形式在汽车塑件成型模具中被广泛使用。

模具温度控制系统的设计还要注意以下几点:

① 热喷嘴冷却水路不能与模板冷却水路串联连接,必须单独设计冷却水路,以便于热喷嘴附近的热量传出。

② 每一组冷却水路的转弯次数不宜超过 4 次,避免水路距离太长而影响模具的冷却效果。

③ 各冷却水管之间的距离宜取冷却水管直径的 5 倍左右,水管至型腔表面之间的距离取 25mm 左右。

④ 考虑到在汽车塑件注塑模具中经常会通过调整水路来避免塑件的成型缺陷,所以冷却水路的设计要灵活变通,水路和水路之间应该可以进行外部接驳,以方便试模时调整局部模温。

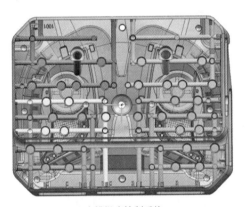
(a) 定模温度控制系统

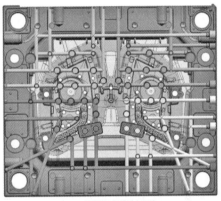
(b) 动模温度控制系统

图 1-21 模具温度控制系统

模具的定模设计了 6 组冷却水路,动模设计了 4 组水路。水路统一从非操作侧进出,各组进出水路距离大致相等,因而使模具型腔得到了良好的冷却,保证了成型塑件质量,大大提高了模具的经济效益。

5. 导向定位系统设计

如图 1-22 所示,在模具 4 个角上各设计了 1 支导柱,导柱尺寸为 $\phi 50\text{mm} \times 320\text{mm}$。塑件开模后留在动模侧,导柱安装在定模侧,以方便塑件取出。导柱安装在定模侧还有一个好处是翻模时还可起到支撑模具的作用,以保护模具型腔。

6. 脱模系统设计

模具脱模系统采用了"直推块 + 推杆 + 推管"的组合推出结构,模具在定、动模开模后,依靠 4 块推块、28 支推杆和 16 支推管推出塑件与流道凝料(图 1-23)。推件固定板由注塑机顶杆推动,并在 4 支复位杆的作用下复位。

在设计脱模系统时要注意以下几点:

① 为保证推块和推杆平稳推出塑件,设计 6 支复位杆与 6 支推板导柱,定模板与复位杆接触的位置都设计有回复块(图 1-18 中件 20),回复块直径比复位杆大 2mm,回复块材料一般选 45 号钢(或 S50C)并经表面氮化处理。

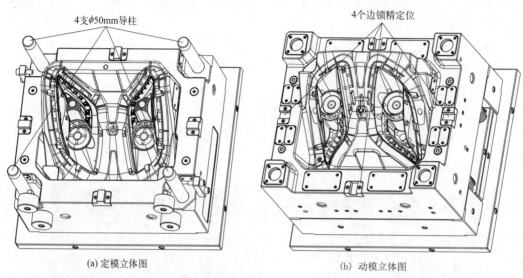

(a) 定模立体图　　(b) 动模立体图

图 1-22　汽车前大灯装饰框模具立体图及导向定位系统

② 推板导柱导套要布置在推出力大的推出零件附近。

③ 必须控制推板的推出距离,方法是在推件固定板上设计限位柱(图 1-18 中件 15),限位柱尽量布置在注塑机顶棍孔上方或附近。

④ 加玻璃纤维增强的塑件很硬,抽芯塑件对模具型腔的包紧力也较大,因此模具推杆直径要尽量大些,数量要尽量多些。

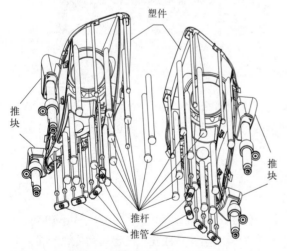

图 1-23　汽车前大灯装饰框模具脱模系统

(三)模具工作过程

① 填充:熔体通过注塑机喷嘴,经热喷嘴 5 进入模具型腔。

② 保压:熔体充满型腔后,保压、冷却和固化。

③ 开模:当塑件固化至足够刚性后,模具从分型面 I 处打开。

④ 塑件脱模:开模距离达到 500mm 后,注塑机顶杆推动推板 10,进而将成型塑件推离动模。

⑤ 推板复位:塑件取出后,推板及推件固定板复位。

⑥ 合模,模具继续下一次注射成型。

(四)模具设计要点

① 车灯装饰框为电镀件,塑件上要避免产生熔接痕,因为任何微小的熔接痕在电镀后都会显现出来,影响塑件外观质量。如果塑件不可避免地会产生熔接痕,则要设法将其移到非外观区域。

② 车灯装饰框表面一般都设计有花纹,设计模具时要注意花纹的深度,避免产生流纹。

③ 车灯装饰框成型工艺要求比较高,表面易产生亮斑而且很难控制。模具浇注系统设计时流道要粗大些,浇口采用扇形浇口,以利于熔体填充。

④ 车灯装饰框很容易出现粘定模的现象,解决的办法一般有:a. 在与容易粘定模外观面相对应的内侧面(动模成型面)设计倒扣纹,倒扣纹深度在 0.5 ~ 1.0mm,倒扣纹设计在靠近塑件的圆角处。b. 定模设计定模弹推机构(俗称弹块),但由于塑件外观要求高,此法不适合车灯模具。c. 预测定模包紧力大的地方,并在塑件相对应的内侧面设计加强筋,在推杆上设计倒扣拉钩。根据塑件特点,在 8 个 LED 灯区域内侧面塑件上设计加强筋和推管柱,避免塑件出现变形等缺陷。

(五)结语

模具通过采用"热流道 + 普通流道"浇注系统、"垂直式水管 + 倾斜式水管 + 隔片式水井"温度控制系统以及"推块 + 推管 + 推杆"脱模系统,取得了良好的成型效果,模具结构合理,生产安全可靠,塑件各项指标都达到了客户要求。

四、汽车后大灯镜壳大型薄壁精密注塑模具设计

新能源汽车美观性要求极高,其对车灯外观要求也极高,因此对模具设计与制造要求也极高。组成汽车前后车灯的主要零件都是塑料制成,包括左右透镜、左右装饰框、左右镜壳和左右反射镜等。其中镜壳结构复杂,精度高,本例针对传统车型后大灯镜壳注塑模具存在的问题进行了优化设计,有效解决了模具和塑件在注射成型过程中存在的问题。

(一)塑件外观要求与结构分析

图 1-24 为某款 SUV 新能源汽车右后大灯镜壳零件图,除灯头孔外,左后大灯镜壳与之对称。镜壳材料为 PP+20%TD,其中聚丙烯 PP 为镜壳的基体,TD 为添加剂滑石粉,加入 20% 的滑石粉。滑石粉的作用是提高镜壳的刚度。塑件特点如下:①塑件最大外形尺寸为 475.3mm × 355.6mm × 291.4mm,平均壁厚 2mm,灯头孔和后盖孔装配精度高,尺寸精度 MT3(GB/T 14486—2008),属于大型薄壁精密塑件;②镜壳外形和内形同样复杂,若分型面选择不当,成型塑件就有粘定模的风险;③镜壳外侧面有 6 处倒扣,侧向抽芯结构复杂;④塑件外观面不允许有斑点、收缩凹陷、熔接痕和飞边等成型缺陷。

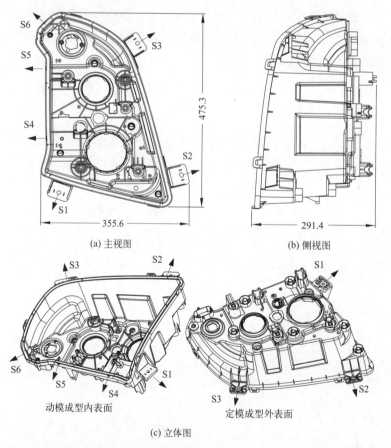

图 1-24 汽车右后大灯镜壳零件图(单位:mm)

(二)模具结构设计

1. 成型零件设计

根据镜壳结构特点,为保证塑件开模后留在动模中,采用定模成型内表面、动模成型外表面。模具采用一体式结构,即模具的定模板就是定模成型零件,动模板就是动模成型零件。其优点是结构紧凑、刚度好、模具体积小,省略了开框、配框和制造斜楔等烦琐的工序。

汽车后大灯镜壳内外侧都较为复杂,针对塑件容易粘定模或拖伤问题,采取了以下措施:①定模成型内表面,动模成型外表面;②定模型腔的脱模斜度3°,动模型腔的脱模斜度1°;③在塑件不允许有大脱模斜度的内侧面所对应的外侧面上设计倒扣纹,倒扣纹深度在0.5~1mm,倒扣纹设计在靠近塑件的圆角处。

灯头孔的尺寸精度较高,灯头孔的拔模斜度必须做到0.5°以内,否则会影响灯座与灯头孔的装配精度。后大灯镜壳塑件加强筋多,模具镶件也很多,为装拆方便,所有镶件均采用冬菇头定位,螺钉全部从正面旋入,在对成型面有影响的部位,采用黄铜堵头。

汽车后大灯镜壳注塑模具分型面形状复杂,分型面必须平顺光滑,不能有尖角锐边等薄弱易损结构。这样的分型面既方便加工,又能有效延长模具寿命。汽车后大灯镜壳注塑模具分型面封料宽度为40mm,分型面以外的区域避空1mm。在大面积的避空处设计了8块承压块,保证模具受力均匀,避免了模具长期生产后变形。

模具定模成型零件采用P20模具钢,动模成型零件采用718模具钢,不同的模具钢在摩擦时不易因高温产生粘连烧结。

2. 浇注系统设计

成型塑件尺寸大,结构复杂,熔体填充阻力较大,为保证成型质量,浇注系统采用2点开放式热流道,浇口直接设计在塑件内表面,这样的设计料流速度快,注塑周期短,成型质量好。因为镜壳为非外观件,表面的进料痕迹不会影响外观。模具的热流道浇注系统由接线盒、一级热射嘴、二级热射嘴和热流道板组成,详见图1-25。针对同类型车型镜壳成型过程中易出现热嘴流延、拉丝以及浇口残留过多问题,在热嘴区域以及热嘴正对着的动模区域单独设计一股冷却水路,使得问题都得到解决。

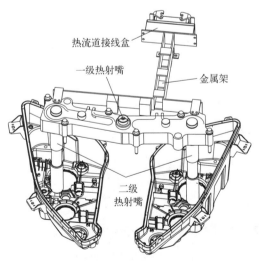

图1-25 模具热流道浇注系统

3. 侧向抽芯机构设计

一模成型后大灯左右两个镜壳塑件,每个塑件均有6个倒扣,6个倒扣均在塑件外侧,模具均采用了"动模滑块+斜导柱+定位夹"的侧向抽芯机构，这种结构加工方便，抽芯动作安全稳定，定位可靠。后大灯右镜壳 6 个侧向抽芯机构分别是 S1、S2、S3、S4、S5 和 S6，后大灯左镜壳 6 个侧向抽芯机构分别是 S1"、S2"、S3"、S4"、S5" 和 S6"。每个侧向抽芯机构均由成型零件滑块、驱动零件斜导柱、定位零件定位夹、限位块以及辅助零件斜导柱固定块和耐磨块组成，详见图 1-26。

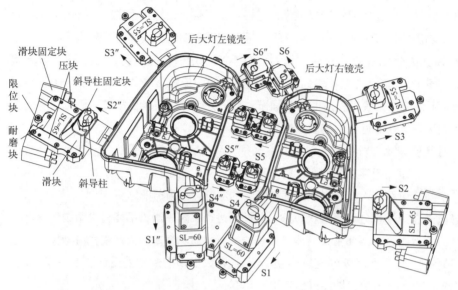

图 1-26　汽车后大灯镜壳模具侧向抽芯机构立体图（单位：mm）

4. 温度控制系统设计

镜壳外形落差较大，模具采用了"垂直式水管 + 倾斜式水管 + 隔片式水井"随形水路的组合式温度控制系统，详见图 1-27。其中定模设计了 4 组循环水路，动模设计了 5 组循环水路，冷却水路距离型腔面必须大致相等，约为水路直径的 4～5 倍（即 50～60mm）。两个热射嘴附近温度较高，模具都单独设计了一组冷却水路，以利于热量传出。定、动模冷却回路形成了互相交叉的网状结构，冷却面积约为塑件面积的 60%。水路设计均匀合理，模具型腔冷却快

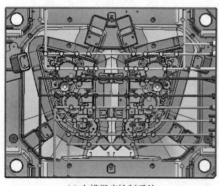
(a) 定模温度控制系统

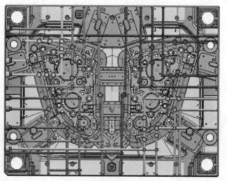
(b) 动模温度控制系统

图 1-27　注塑模具温度控制系统

速均衡，大大提高了模具的生产效率和塑件的成型精度，成功将注塑周期控制在 40s 之内，与同类型镜壳注塑模具比较，缩短了约 10%，成型塑件最大变形量下降 20%，尺寸精度达到了 MT3。

5. 脱模系统及先复位机构设计

汽车后大灯镜壳模具脱模系统采用"推杆 + 推管"结构形式，模具在定、动模开模与侧向机构抽芯后，依靠模具推出系统推出塑件，推件固定板由注塑机通过顶棍孔机械推动和在 4 支复位杆的作用下复位，详见图 1-28 ~ 图 1-32。

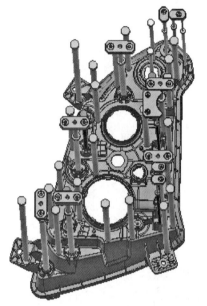
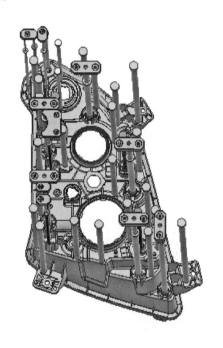

图 1-28　汽车后大灯镜壳注塑模具脱模系统

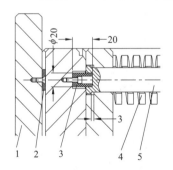

图 1-29　模具复位机构（单位：mm）
1—动模固定板；2—限位钉；3—先复位弹力胶；4—复位弹簧；5—复位杆

如图 1-30（e）C—C 剖视图所示，模具 S2 和 S2" 的滑块 35 底下存在推杆 40，为防止合模时推杆 40 因复位不良导致滑块和推杆相撞，设计了四个推杆先复位机构：在 4 支复位杆固定端的下方各设计一块 ϕ20mm × 20mm 的弹力胶，如图 1-29 所示。复位杆固定板的大头孔比复位杆固定端深 3mm，开模后由于弹力胶作用复位杆会往前比推件多推出 3mm，这样就可以保证合模时复位杆和定模板提前 3mm 接触，将推件固定板和推件提前推回复位，达到推出零件先复位的目的。这里需要特别说明的是，复位弹簧虽然也有先复位功能，但它容易疲劳失效，在推杆必须先复位的场合，单靠复位弹簧是不可靠的。

另外还要注意的是：塑件灯头孔与左右转向灯头装配时要加密封圈，而且密封效果要求很高，因此此区域不能设计推杆,以免影响密封性。

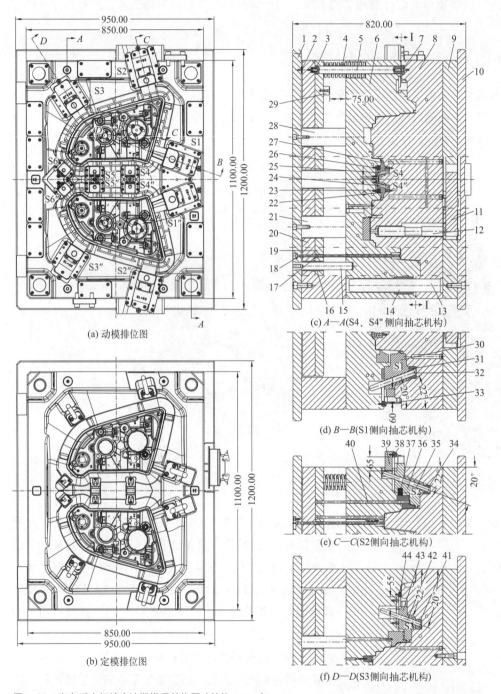

图1-30 汽车后大灯镜壳注塑模具结构图(单位:mm)

1—动模固定板;2—限位钉;3—先复位弹力胶;4—复位弹簧;5—复位杆;6—动模板;7—硬块;8—定模板;9—框板;10—定模固定板;11—热流道板;12—热射嘴;13—导柱;14—导套;15—推件板导柱;16—推件板导套;17—推管;18—型芯;19—推件固定板;20—推件底板;21,28—支承柱;22,27,30,35,43—滑块;23,26,36—弹簧;24,25,32,34,42—斜导柱;29—限位柱;31,33,41—斜导柱固定块;37,39,44—滑块限位柱;38—导向块;40—推杆

6. 模具排气系统设计

汽车后大灯镜壳尺寸大，结构复杂，客户反映其它类型汽车后大灯镜壳注塑模具常出现填充不满、困气、脱模不顺等注塑缺陷，严重时产品分型面处还会出现烧焦痕迹，这些都是排气系统设计不合理造成的。为此对排气系统做充分研究，在一级排气槽位置和数量设计方面做多处改进，将排气槽主要开设在动模分型面上，且采用数控铣床加工，详见图 1-31。

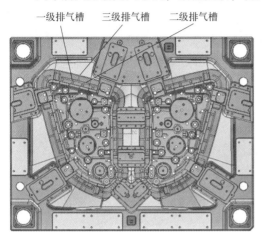

图 1-31　模具排气系统

7. 导向定位系统设计

在模具 4 个角上各设计 1 支 ϕ60mm × 450mm 圆导柱，导柱安装在定模侧（图 1-32），由于塑件开模后留在动模侧，这样导柱就不会影响塑件取出，同时避免塑件粘上导柱上的油污。定模导柱在翻模时还可作为支撑脚用，方便制造。导柱的长度必须保证在斜导柱插入滑块之前 20mm 就插入导套，保证侧向抽芯机构顺利复位。另外，导柱最大长度不宜超过其直径的 10 倍。

针对以前汽车后大灯镜壳在生产中外观面存在拖伤现象，本例模具设计时采用三级定位机构，其中导柱、导套是一级定位机构，由于导柱、导套之间采用间隙配合 H7/f6❶，在合模时起

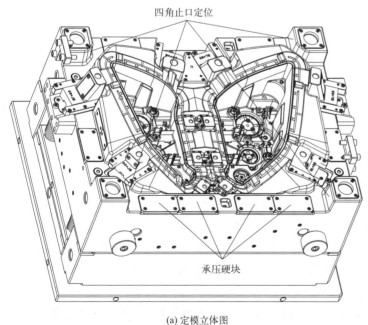

(a) 定模立体图

图 1-32

---

❶ H7/f6 是间隙配合。H 代表基准孔的基本偏差代号，数字 7 表示公差等级。f 表示轴的基本偏差代号，数字 6 同样表示公差等级。

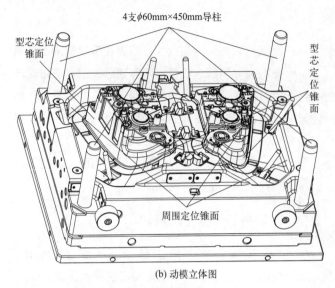

(b) 动模立体图

图 1-32 汽车后大灯镜壳注塑模具立体图

初步定位作用,它的主要作用是导向。模具二级定位机构是模具动模板和定模板的锥面止口,包括4个角上的8个定位锥面以及四面围边式的定、动模互锁定位,二级定位主要是模架的定位,定位精度要远高于导柱、导套的定位,对精密模具与汽车模具来说,二级定位非常重要,是模具的主要定位结构。三级定位机构是型芯分型面上的精准锥面止口,主要保护模具插穿面,同时也承受侧向注射压力。二级定位面和三级定位面锥度一般取3°~8°,止口高度设计比型芯最高面高出5~10mm。止口定位面要相互面对,实现互锁,避免模具向一侧倾斜打滑。

模具三级定位机构确保了动定模精准定位,大大提高了成型塑件的精度、模具的刚度和延长了生产寿命。

(三)模具工作过程

模具最大外形尺寸为 1200mm × 950mm × 820mm,总质量约8t,属于大型注塑模具。模具平面结构详见图1-30,模具的工作过程如下。

熔体经热流道浇注系统进入模具型腔,熔体充满型腔后,经保压、冷却和固化,至足够刚性后,注塑机拉动模具的动模固定板1,模具从分型面Ⅰ处开模,动、定模开模距离500mm,由注塑机控制。在开模过程中,12个滑块在12支斜导柱的驱动下进行侧向抽芯,S1和S1"的抽芯距离60mm,S2和S2"的抽芯距离65mm,S3和S3"的抽芯距离55mm,S4、S5、S6、S4"、S5"和S6"的抽芯距离6mm。抽芯距离由挡销和定位夹控制。完成开模行程后,注塑机顶棍推动推件底板20、推件固定板19以及所有推杆、推管,将成型塑件推离动模。塑件顶出距离75mm后,由限位柱29控制。成型塑件由机械手取出后,注塑机推动动模合模,在复位弹簧4和先复位弹力胶3作用下,推件及其固定板提前复位,模具继续下一次注射成型。

（四）结语

① 模具采用定模成型内表面、动模成型外表面以及动模侧向抽芯机构，不但有效解决了成型塑件脱模困难的问题，而且大大简化了模具的侧向抽芯机构。

② 模具采用三级定位机构，大大提高了模具刚度和延长了模具寿命。

③ 模具采用随形水路温度控制系统，成型周期降低了10%，成型塑件最大变形量下降20%。

④ 成型塑件的尺寸精度达到了设计要求的MT3。

⑤ 模具采用弹力胶推杆先复位机构，消除了滑块和推杆相撞的风险，保证了侧向抽芯机构安全可靠。

模具第一次试模成功，投产后运行平稳，成型塑件尺寸稳定。该车型装车效果良好，该款车型车灯在车展中得到了广泛认可与好评，为客户创造了良好的经济效益。

五、汽车后视镜基座精密注塑模具设计

汽车后视镜是汽车外饰件的重要组成部分,位于汽车的两侧,是汽车最重要的外饰件之一。汽车后视镜是驾驶人员在驾驶过程中用于观测路面状况的一个装置,可以说是驾驶员的眼睛。汽车后视镜一般由镜圈、基座、镜壳、支架、旋转轴等零件组成,详见图 1-33。本例详细介绍了某款新能源汽车后视镜基座注塑模具的设计要点与经验。

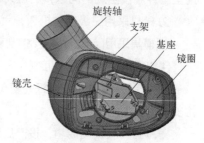

图 1-33 汽车左后视镜构造图

(一)塑件结构分析

客户要求一模成型两件:左、右后视镜基座各一件。图 1-34 所示为左后视镜基座零件图,右后视镜基座结构与之完全对称。塑件材料为 PP+45%GF,收缩率取 0.4%。成型塑件为非外观件,属内部功能件。塑件尺寸为:185.9mm × 113.4mm × 75.8mm。塑件特点如下:①塑件外观面不允许有斑点、浇口痕迹,更不允许有收缩凹陷、熔接痕、飞边等缺陷。②塑件为内部功能件,装配尺寸多,精度要求高。③塑件外形、分型面复杂;塑件加强筋较多较深,容易困气。④塑件外侧面共有 2 个倒扣,倒扣很深,且与开模方向不垂直,侧向抽芯较复杂。

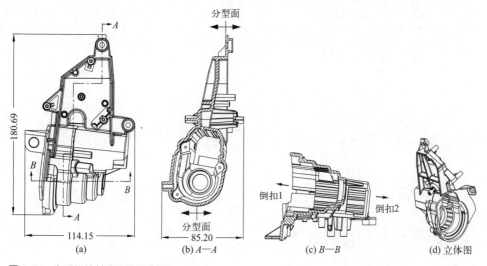

图 1-34 左后视镜基座零件图(单位:mm)

(二)模具结构设计

根据基座塑件的结构特点,模具采用"热流道 + 普通流道"浇注系统,其中热流道采用单点开放式热射嘴。塑件外侧面有 2 个倾斜倒扣,模具采用了两个倾斜式侧向抽芯机构 S1 和 S2。

模架采用龙记标准二板模架:LKM 6075-CI-A170-B160-C120。模具外形尺寸为 750mm × 600mm × 536.5mm,总质量约 1.8t,属于中偏大型注塑模具。详细结构见图 1-35 和图 1-36。

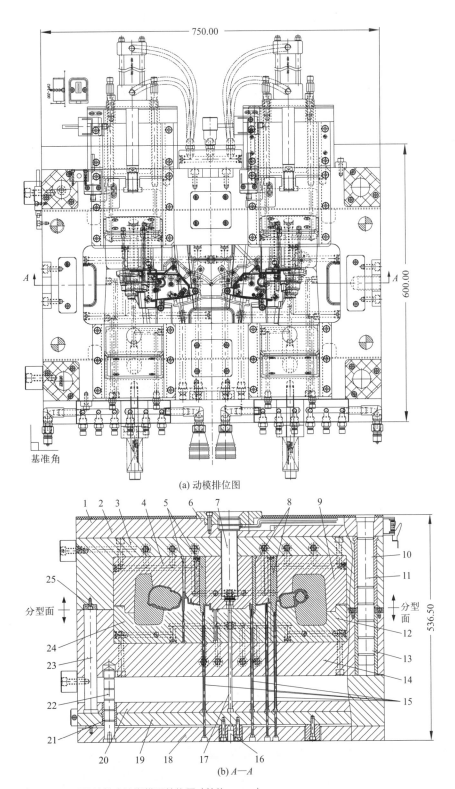

图 1-35 后视镜基座注塑模具结构图（单位：mm）

1—隔热板；2—定模面板；3—定模板；4—定模镶件 1；5,8—定模型芯；6—定位圈；7—热射嘴；9—定模镶件 2；10,13—导套；11—导柱；12—动模镶件 2；14—动模板；15—推管；16—注塑机顶棍螺纹连接件；17—拉料杆；18—动模固定板；19—推件底板；20—推件固定板；21—推件固定板导套；22—推件固定板导柱；23—复位杆；24—动模镶件 1；25—回复块

1. 成型零件设计

本模具成型零件结构复杂，尺寸较大，为方便加工和维修，定、动模镶件均采用了镶拼式结构，由定模镶件 4 和 9 以及动模镶件 24 和 12 组成，本模具的成型零件还包括定模型芯 5、8 和侧向滑块 27、38（图 1-36），客户要求本车型后视镜模具使用寿命为 50 万次，成型零件材料均采用 2344。由于成型塑料增加了 45% 的玻璃纤维，增加了熔体对型腔的摩擦和磨损，故所有成型零件的成型表面都要进行渗氮处理，以增加耐磨性。另外，定、动模镶件虽为同一种材料，但在材料订购时，一定要注明动模镶件硬度比定模镶件小 2HRC 左右。因为定、动模镶件在模具开合过程中要相互摩擦，硬度相同容易出现磨损现象。

汽车后视镜基座模具的分型面复杂，成型零件碰穿、插穿孔较多，为了保证定、动模定位精度，避免成型塑件分型面出现段差，必须设计精确定位结构，本模具的定位结构包括分型面管位和动、定模板之间的 4 副边锁。

成型零件尺寸设计的原则是在保证模具强度和寿命的前提下尺寸做到最小，以降低模具的制造成本和生产成本。在汽车车灯类系列零件的注塑模具设计中，型腔至定、动模镶件四边的尺寸一般可按以下经验确定：①动、定模板长宽尺寸在 500mm 以内的小型模具一般取 30mm 左右；②动、定模板长宽尺寸在 500～1000mm 以内的中型模具一般取 40mm 左右；③动、定模板长宽尺寸在 1000mm 以上的大型模具一般取 50mm。因此对于后视镜基座中型注塑模具，型腔至成型零件四周的距离取 40mm 左右就可以保证模具的强度和寿命要求。

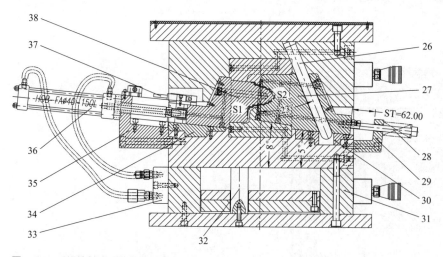

图 1-36 后视镜基座注塑模具结构图

26—斜导柱；27—右滑块；28—弹簧；29—右挡块；30—右滑块座；31—垫块；32—支承柱；33—集油块；34—左滑块座；35—左挡块；36—油缸；37—行程开关；38—左滑块

2. 浇注系统设计

模具浇注系统采用"热流道浇注系统 + 普通流道浇注系统"的组合形式，热流道浇注系统采用一点开放式热射嘴，普通流道浇注系统采用"圆形截面分流道 + 侧浇口"的形式，详见图 1-37。

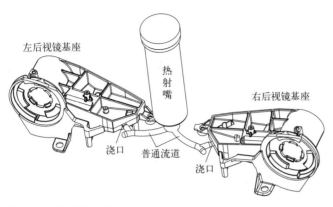

图 1-37 模具浇注系统

由于塑件材料流动性较好,在设计普通流道时要求不高,但为降低注塑周期,减少流道凝料,避免普通流道过长致压力损失过大,热射嘴至型腔边缘的分流道长度应尽量控制在 100mm 以内,本模具分流道长度为 70mm。

3. 侧向抽芯机构设计

侧向抽芯机构是本模具最重要的结构之一。针对塑件外侧的倒扣1和倒扣2,模具设计了两个倾斜式的侧向抽芯机构 S1 和 S2,详细结构见图 1-36。其中侧抽芯机构 S1 抽芯距离长(为 150mm),抽芯力大,故采用了"斜向滑块+油缸"形式,动力来源为液压,油缸的规格型号为 HOB-FAϕ40-150L,定位零件是挡块 35 和行程开关 37,导向零件是滑块底座 34;侧向抽芯机构 S2 采用"斜向滑块+斜导柱"形式,动力来源为斜导柱,定位零件为挡块 29,导向零件为滑块底座 30。

本模具侧向抽芯机构设计要注意以下几点:① S1、S2 两斜向滑块有对碰平面,为保证合模时两个滑块定位可靠,保证成型塑件的尺寸精度,本模具在两个滑块的结合面上必须设计定位锥面结构,防止二者错位。②液压油缸抽芯力较大,但它没有刚性锁模力,本模具的两个滑块都采用了定模板原身加工的斜面作为锁紧面,其优点是刚性好、锁紧力大,缺点是加工比较麻烦。

4. 温度控制系统设计

温度控制系统设计的好坏对模具的成型周期与成型塑件的质量影响很大。汽车后视镜基座为内部功能件,装配尺寸多,精度高,模具温度必须控制在一个合理的范围之内。本模具的温度控制系统采用了"垂直式水管+倾斜式水管+隔片式水井"的组合形式,详见图 1-38。它优先采用与模具侧面垂直的水管,其次是采用沿型腔面布置的倾斜式水管,在热量集中深腔处采用隔片式水井冷却。

在设计汽车后视镜基座注塑模具温度控制系统时,努力做到以下几点,取得了满意的冷却效果,得到了客户的高度肯定。①冷却水管距离型腔面大致相等,使模具型腔各处温度大致均衡。②定、动模冷却水路尽量设计成了相互交错的十字网格形式,冷却快,冷却均匀,效果好。③每一组冷却水路长短做到了大致相等,保证了冷却水出入口温差大致相等,且每一组冷却水路没有超过四条循环水路,避免了水路过长影响冷却效果。④水管之间的间距都在 50～60mm 之间,冷却水管距型腔面都在 20～25mm 之间。本模具的滑块区域热量较为集中,因而进行了重点冷却。⑤汽车后视镜为中偏大型模具,考虑到加工问题,本模具的冷却水管与推杆、推块等推件孔保持了至少 5mm 的距离。

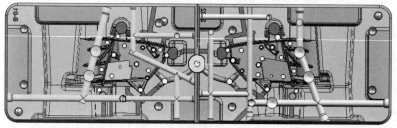

(a) 动模温度控制系统

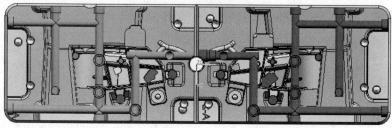

(b) 定模温度控制系统

图 1-38 模具温度控制系统

5. 导向定位系统设计

由于导向定位系统设计的好坏直接影响成型塑件的精度和模具的寿命。在汽车后视镜基座注塑模具设计中,由于模具较大、塑件尺寸精度要求较高,因此客户对模具的导向定位系统提出了非常严格要求。为此除了在模具 4 个角上各设计 1 支 $\phi 40mm \times 350mm$ 圆导柱外,还在四个边的正中间各设计了一个直身边锁,在分型面上还设计了 4 个内模管位,详见图 1-39。另外推件固定板和推件底板上也设计了 4 支导柱 $\phi 25mm \times 170mm$(图 1-35),提高了推杆和推管运动的稳定性。

在设计导柱长度尺寸时必须注意:对于无滑块的模具,导柱要高出定、动模最高点 30mm,对于有滑块的模具,导柱要在斜导柱插入滑块前 20mm 插入导套,否则模具在生产中可能会产生故障,严重时会损坏模具。

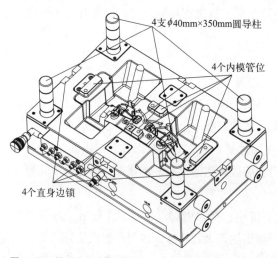

图 1-39 模具导向定位系统

为了使导柱与导套在运动过程中顺利插入,一般导柱上方开设排气槽,设计此排气槽时应注意不要将排气槽排气方向朝向操作侧与非操作侧,应设计在天地侧,因为操作侧面向操作者,且由于导套内有黄油,对注塑机操作者不利。

6. 脱模系统设计

本模具采用"推杆+推管"的机械推出结构,模具在定、动模开模后,依靠推杆和推管推出塑件与流道凝料。

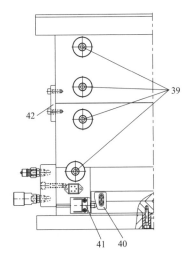

图 1-40　模具行程开关

39—支承柱;40—推块;41—行程开关;42—锁模块

由于在两个大滑块下面都有推杆和推管,合模时,推杆和推管必须先退回复位,之后斜导柱和油缸才能推动滑块复位,否则滑块就会撞击推杆和推管,造成严重事故。为了保证推出零件的准确快速复位,模具利用了注塑机顶棍的拉回功能,即模具在注塑机上生产时,注塑机的顶棍通过螺纹连接件 16 与推件底板 19 和推件固定板 20 连接在一起,由注塑机顶棍控制推件的前进和后退复位。为了保证所有推件准确复位后,油缸才开始启动,动、定模才开始合拢,模具还设计有行程开关,见图 1-40。这种推件先复位机构简单可靠,但对注塑机的要求较高。

为了保证推出零件的复位安全可靠,所有汽车模具复位杆上都要设计一个比复位杆大一级的回复块 25,详见图 1-35。回复块 25 选 45 号钢(或 S50C)表面氮化处理。本模具由于塑件材料为 PP+45%GF,材质很硬,脱模困难,推杆布置尽量要多一些,推杆直径要尽量设计大一些,不能小于 6mm。

7. 排气系统设计

为保证后视镜基座成型质量,合理设计排气至关重要。如果排气系统设计不合理,不但会延长模具的成型周期,还会影响塑件的成型质量。很多注塑缺陷,如填充不满、困气、脱模不顺等都是由排气系统设计不当造成的。汽车后视镜基座注塑模具排气槽主要开设在动模一侧,详见图 1-41。

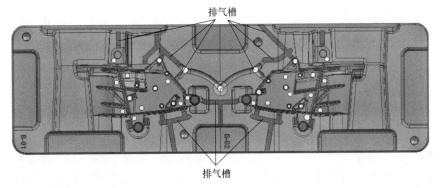

图 1-41　模具排气系统

（三）模具工作过程

① 熔体通过注塑机料筒，经热射嘴 7 进入普通流道，最后经侧浇口进入模具型腔。

② 熔体充满型腔后，保压、冷却和固化。

③ 塑件固化至足够刚性后，注塑机拉动模具的动模固定板 18，模具的动、定模从分型面处打开。在开模过程中，斜导柱 26 拨动滑块 27 进行侧向抽芯，抽芯距离 62mm。

④ 动、定模开模距离达到 300mm 后，液压油缸 36 启动，拉动滑块 38 进行侧向抽芯，抽芯距离 150mm。

⑤ 接着注塑机推动顶棍，顶棍通过螺纹连接件 16 推动推件底板 19 和推件固定板 20，进而推动所有的推杆和推管将塑件及其流道凝料推离动模。

⑥ 塑件取出后，注塑机油缸拉动推件及其固定板复位，当推件底板上的推块 40 压住行程开关 41 后，油缸推动滑块 38 复位，注塑机推动动模合模，模具接着下一次注射成型。

（四）结语

① 汽车后视镜作为汽车最重要的外饰件之一，外观要求极高。本车系后视镜有高配与低配两种，高配为皮纹件（细皮纹），低配为喷漆件，二者对模具要求都极高。对于汽车后视镜注塑模具，最困难的是对熔接痕、镶拼成型零件处熔接痕平整度以及塑件变形的控制。模具设计前必须进行模流分析，将熔接痕引导至非外观及非受力区域。对于后视镜基座的变形风险，通常都是通过冷却水的调整来控制。如果冷却水路设计还解决不了变形的问题，就需要在塑件与模具上做预变形处理（即预留 1 ~ 1.5mm 的变形量），这也是设计经验之一。

② 本模具定、动模碰穿、插穿位置较多，在生产过程中因摩擦磨损易导致成型塑件出现飞边和级差，为了便于制造和维修，易损零件均必须采用镶拼结构。深度大于 10mm 的加强筋，为了避免因困气而造成填充困难，也必须采用镶拼结构。由于此塑件形状复杂，为了避免塑件粘连定模型腔，本模具在定模处设计了定模弹块机构，用来辅助弹开塑件，使塑件留在动模，从而避免了塑件粘定模的现象发生。

③ 在设计倾斜式滑块时需要注意以下几点：

a. 斜向滑块前端与动模镶件配合的底面倾斜角度要大于斜向滑块底座导向平面的角度 2°~ 5°，以避免出现倒扣而影响斜向滑块的滑行，本模具斜向滑块前端与动模镶件配合的底面倾斜角度 8°，斜向滑块底座导向平面的倾斜角度 5°，二者相差 3°，见图 1-36。

b. 斜向滑块冷却水路、弹簧等的设计必须做到与斜向滑块的抽芯角度平行，以方便加工。

c. 订购钢材时，需要沿斜向滑块的倾斜方向确定材料的长宽高尺寸，就像斜顶订料要沿斜顶顶出方向订料一样，以方便加工。

d. 斜向滑块底部的耐磨块要凸出 0.5 ~ 1mm，避免斜向滑块后退时与动模板以及行程挡块发生干涉。

该模具从设计到第一次试模，用了差不多两个月时间，由于前期的准备工作充分，模具试模一次成功。模具投产后，成型的基座塑件各项指标均达到了设计要求，成型周期成功控制在 30s 之内，受到了客户的高度肯定。

六、汽车后视镜镜壳热流道注塑模具设计

本例详细介绍某款新能源汽车后视镜镜壳注塑模具设计经验与技巧。

(一) 塑件外观要求及结构分析

图 1-42 所示为某款新能源汽车后视镜镜壳零件图,材料为 ABS(丙烯腈-丁二烯-苯乙烯共聚物),收缩率一般取 0.5%。塑件最大外形尺寸 254.2mm × 122.5mm × 120.6mm。塑件特点及技术要求如下:①塑件为外饰件,外观面要求高,不允许有斑点、浇口痕迹,更不允许有收缩凹陷、熔接痕和飞边等缺陷。②塑件外形复杂,分型线要求极高。塑件外侧面有 1 个大面积倒扣,内侧面有 6 个倒扣,倒扣多且面积大。

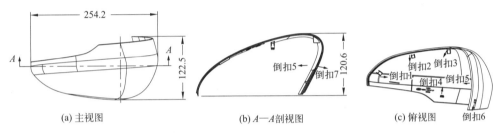

图 1-42 汽车后视镜镜壳零件图(单位:mm)

(二) 模具结构设计

一模二腔,成型左右两个镜壳。根据镜壳塑件的结构特点,模具采用热流道浇注系统。模具内侧面 4 个倒扣均采用斜推块抽芯的结构,倒扣 5 和倒扣 6 由于倒扣面积大,采用"斜推块 + 直推块"组合的结构。对于镜壳模具,成型脱模后只能采用人工取件的方式,所以模具设计时一定要保证取件时有足够的空间。塑件外侧面由于出模方向是倾斜的,故均采用斜滑块抽芯结构。

本模具外形尺寸为 800mm × 600mm × 647mm,总质量约 0.9t,属于中型注塑模具。详细结构见图 1-43。

1. 成型零件设计

模具定、动模成型零件均采用镶拼式,由定模镶件 4 和动模镶件 10 组成。本车型后视镜模具设计寿命为 30 万次,材料均为模具钢 2344,但动模成型零件钢材洛氏硬度须比定模成型零件钢材小 2HRC 左右,因为定、动模镶件硬度相同会使模具磨损。后视镜镜壳周边都包了圆角,圆弧表面分别在定、动模两侧成型。为了保证装配后看不到分型线,必须将动模镶件做小 0.05 ~ 0.1mm,避免塑件出现段差。成型零件设计的原则是在保证模具强度和寿命的前提下尺寸做到最小,以降低模具的制造成本和生产成本。

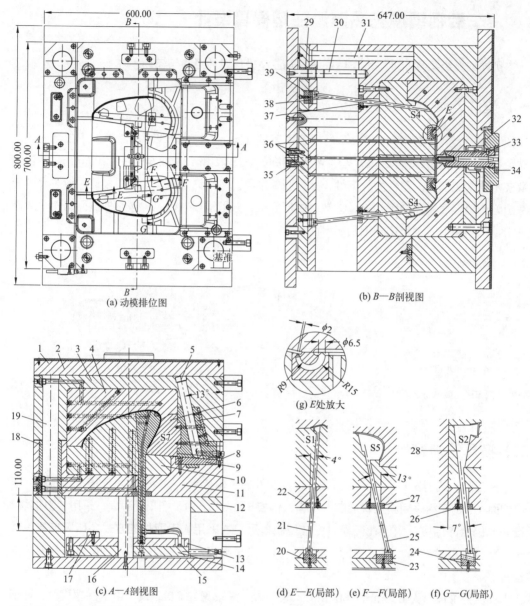

图 1-43 汽车后视镜镜壳注塑模具结构图（单位：mm）

1—隔热板；2—定模固定板；3—定模板；4—定模镶件；5—斜导柱；6—斜向抽芯；7—斜向滑块；8—挡销；9—耐磨板；10—动模镶件；11—动模板；12—垫块；13—推件固定板；14—推件底板；15—动模固定板；16—支承柱；17—限位柱；18—导套；19—导柱；20、23、24、39—斜推杆滑座；21、25、28、38—斜推杆；22、26、27、37—导向块；29—推件板导套；30—推件板导柱；31—复位杆；32—定位圈；33—热射嘴；34—热射嘴压块；35—注塑机顶棍连接柱；36—推杆

2. 浇注系统设计

对于汽车后视镜模具，最难控制的是熔接痕位置。为了使熔接痕不影响外观，需要在模具设计前做模流分析，通过模流分析，确定主流道采用一点开放式热流道，分流道则采用普通冷流道，浇口采用弧形浇口（也称牛角式浇口、香蕉浇口），从内侧进料，从而保证了外观要求，详见图 1-43（g）和图 1-44。

ABS 料流动性属于中偏好，后视镜镜壳注塑模具的分流道长度一般都应控制在 60mm 以内，特殊情况下也不能超过 100mm，冷流道过长压力损失大会影响成型质量。

3. 侧向抽芯机构设计

侧向抽芯机构是该模具最重要的结构之一。塑件外侧倒扣 7 采用了斜向滑块的抽芯机构，该机构由斜向滑块 7、斜导柱 5、斜向抽芯 6 和挡销 8 组成，详见图 1-43（c）。塑件内侧面倒扣 1 至倒扣 4 均采用斜推杆侧向抽芯的机构，由斜推杆、导向块和滑座组成，详见图 1-43（d）、（e）和（f）。倒扣 5、倒扣 6 由于倒扣面积大，故采用"斜推块 + 直推块"组合的结构，对于汽车镜壳类模具，塑件顶出脱模后只能采用手工取件的方式，为保证取件时有足够的手工取件空间，斜向抽芯距离取 28mm。

图 1-44 模具浇注系统立体图

4. 温度控制系统设计

汽车后视镜镜壳注塑模具的温度控制系统采用了"直通式水管（俗称随形运水）+ 倾斜式水管 + 水井"的组合形式，详见图 1-45。定、动模都设计了 4 组水路，每个模腔各设计 2 组水路，定、动模都是 4 进 4 出，模具冷却水路呈网格形，进出水距离大致相等。因为模具的斜向滑块，以及倒扣 5 处侧向抽芯投影面积大，热量集中，因而都单独设计了冷却水路。为了保证热射嘴区域的热量能够及时传出，也单独设计了一组水路，生产时该股冷却水路不能与其它冷却水路串联。模具温度控制系统均衡且充分，有效保证了成型塑件的外观质量和模具的劳动生产率，注射周期为 30s，缩短了约 10%。

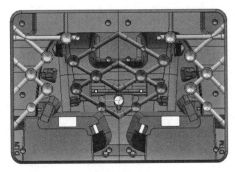

(a) 动模温度控制系统

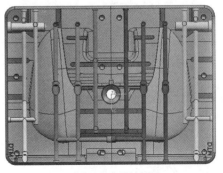

(b) 定模温度控制系统

图 1-45 模具温度控制系统

5. 导向定位系统设计

汽车注塑模具导向定位系统直接影响成型塑件的精度和模具的寿命。在模具 4 个角上各设计了 1 支 ϕ50mm × 360mm 的圆导柱，3 个边上设计了 3 个 0°边锁，详见图 1-43 和图 1-46。

导柱 19 的长度可以保证在斜导柱 5 插入斜向滑块 7 之前 20mm 插入导套 18，防止撞模。为使导柱顺利插入导套，导套大端与垫块接触的面上开了排气槽，排气槽向上及向下。

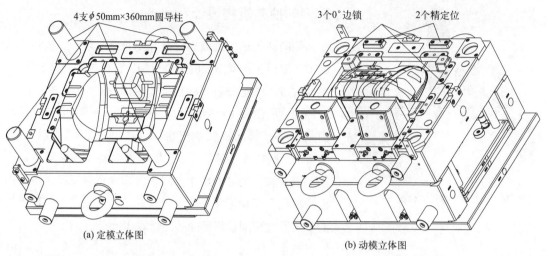

图 1-46 汽车后视镜镜壳注塑模具立体图

6. 脱模系统设计

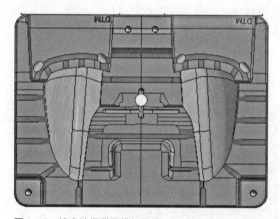

图 1-47 镜壳注塑模具排气系统

模具脱模系统采用"推杆 + 斜推杆 + 斜推块"组合结构，定、动模开模后，依靠推件推出塑件与流道凝料，推件固定板由注塑机通过油缸推动和在 4 支复位杆的作用下复位，成型塑件最后由操作者手动取出。

7. 排气系统设计

汽车后视镜镜壳属于中型零件，型腔内气体较多，注射过程中必须及时排出，否则就会产生填充不良、困气、脱模不顺等缺陷，严重困气时产品局部会烧焦。模具排气槽开设在型腔周围，详见图 1-47。

（三）模具工作过程

熔体通过注塑机喷嘴，经热射嘴 33 进入分型面上的普通流道，最后由弧形浇口进入型腔。熔体充满型腔后，经保压、冷却和固化。至足够刚性后，注塑机拉动模具的动模固定板 15，动、定模打开。在开模过程中，斜导柱 5 拨动斜向滑块 7 进行侧向抽芯。开模距离达到 300mm 后，注塑机顶棍推动推件底板 14，进而推动推杆 36 和 6 支斜推杆，一边进行内侧抽芯，一边将塑件和流道凝料推离模具。人工塑件取出后，注塑机油缸拉动推件及其固定板复位并合模，模具开始下一次注射成型。

(四)结语

本模具的创新性和新颖性主要有以下几点:

① 脱模系统采用了"推杆+斜推杆+斜推块"组合机构,塑件最后由人工取出。通过将导柱设置于定模,保证了人工取件时有足够的摆动空间。

② 镜壳周边都包了圆角 R,R 分别在定、动模两侧成型。为了保证装配后看不到分型线,将动模镶件做小了 0.05~0.1mm,有效保证了外观质量。

③ 为避免定、动模型腔错位,防止成型塑件出现段差,定、动模止口处设计了 3 个 0°边锁和 2 个精准定位。

④ 斜向滑块底部耐磨块 9 底部与模具底面平行,上表面凸出 0.5mm,避免了斜向滑块后退时与动模板及行程挡销 8 发生干涉。

⑤ 由于斜向滑块要与定模镶件装在一起抛光,滑块设计了冬菇头定位以及工艺螺孔。

模具一次试模成功。投产后,运行平稳,成型周期 30s,比同类镜壳注塑模具缩短了 3s。成型镜壳的尺寸精度和外观质量均达到了设计要求。

七、汽车后视镜镜座大型精密注塑模具设计

本例详细介绍了某款新能源汽车后视镜镜座注塑模具的设计要点以及预变形技术和模流分析在汽车后视镜塑件上的应用。

(一) 塑件外观要求及结构分析

图1-48为汽车右后视镜镜座零件图，材料：PBT+30%GF，收缩率取0.5%。PBT中文名称聚对苯二甲酸丁二酯，简称饱和聚酯，系高结晶性热塑性塑料。GF为玻璃纤维，可以提高塑件强度、阻燃性、热稳定性、耐水解性能、耐高温性能。模具同时成型左、右后视镜镜座，两个塑件结构完全对称。塑件结构及技术要求如下：①最大外形尺寸为188.5mm×186.3mm×133.5mm，塑件表面需做皮纹处理，平均壁厚3.5mm。②塑件加强筋多，成型困难。③塑件的外侧面共有4处倒扣，内侧共有2个倒扣，侧向抽芯机构复杂，脱模困难。④塑件尺寸精度高，外观面要求高，不允许有斑点、浇口痕迹，不允许有收缩凹陷、熔接痕和飞边等缺陷。

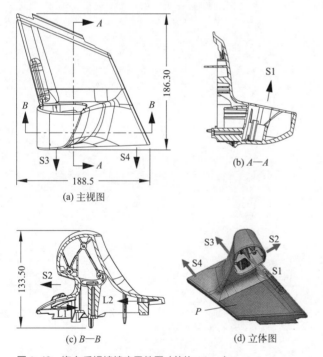

图1-48 汽车后视镜镜座零件图（单位：mm）

(二) 预变形技术的应用

由于形状特殊，之前其它车型的后视镜镜座注射成型后图1-48（d）中P所指的区域会有约1.5mm向上翘曲的变形值，客户要求必须改良，这是模具设计的难点。为此采用预变形技

术，成功解决了这一问题。具体做法是：将这个相对平整的面，等分成 20 段，见图 1-49。以一端为起点，坐标为 0，另一端为终点，坐标为 1.5mm，以渐变的方式构建曲面。简言之，即将一条直线转变成一条弧线，或者说是将一平面（曲面）构建成有 1.5mm 反向变形量的面，以达到预变形的效果。塑件冷却收缩变形量约为 1.5mm，由于在模具上预先做了反向 1.5mm 的变形量，刚好正负抵消，从而使塑件获得了预期的质量。

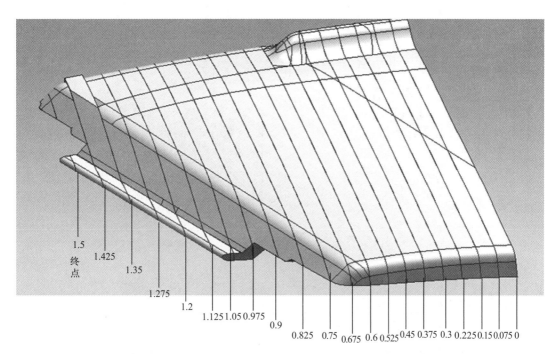

图 1-49　从起点至终点预变形量 1.5mm

预变形是一种前期分析技术，通过模流分析并根据设计者经验可以确定预变形的变形量，然后对塑件进行变形处理。预变形制作较复杂，需要采用复杂的 UG 或 ProE 造型技术。

（三）模具结构设计

模具采用标准模架 5575-CI-A210-B130-C180，模具最大外形尺寸为 750mm × 650mm × 637mm，总质量约 2t，属于大型注塑模具。详细结构见图 1-50。

1. 成型零件设计

模具定、动模成型零件采用镶拼式，各由 4 个零件组成，可分开加工，加工和维修方便。塑件外观面需皮纹处理，为了保证定位可靠，分型面上设计了 4 个定位止口，见图 1-51。模具成型寿命为 30 万次，定、动模都选用了耐磨高性能模具钢。其中定模镶件采用模具钢 2343，淬火硬度为 50 ~ 52HRC，动模镶件采用模具钢 2344，淬火硬度为 48 ~ 50HRC。

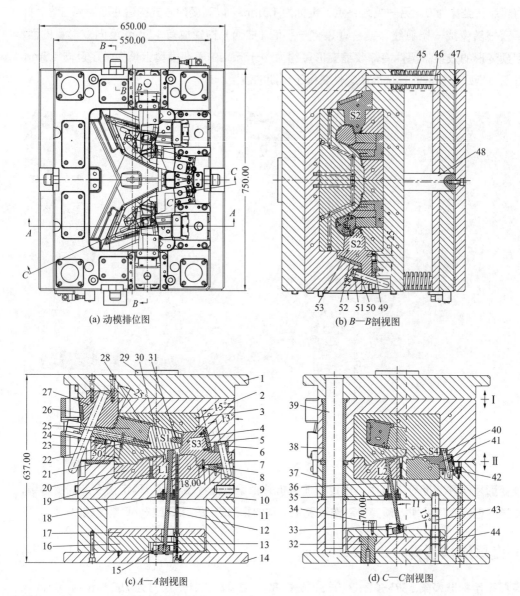

图 1-50 汽车后视镜座模具结构图（单位：mm）

1—定模固定板；2—定模板；3—定模镶件；4—S3 滑块；5, 8, 21, 26, 28, 52—耐磨块；6—斜导柱固定块；7, 23, 40—斜导柱；9, 22—挡销；10—动模板；11—推管；12—L1 斜顶；13—型芯；14—动模固定板；15, 33—斜顶滑座；16—推件底板；17—推件固定板；18, 35—斜顶导向块；19—动模型芯；20—动模镶件；24, 42—挡块；25—S1 滑块；27—锁紧块；29—定位圈；30—侧向抽芯；31—定模型芯；32—注塑机顶棍连接件；34, 47—限位柱；36—L2 斜顶；37,38—导套；39—导柱；41—S4 滑块；43—推件板导柱；44—推件板导套；45—复位弹簧；46—复位杆；48—支承柱；49—滑块挡块；50—S2 斜导柱；51—斜导柱固定板；53—S2 滑块

塑件加强筋多，纵横交错，深度都大于 8mm，为方便加工及排气，镶件全部采用镶拼结构且都可以从分型面一侧拆装。

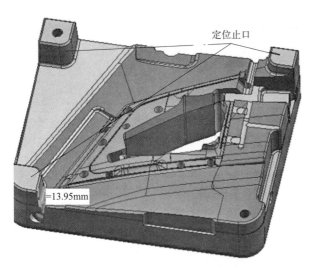

图 1-51 定位止口设计

2. 浇注系统设计

塑件外观要求高，不能有熔接痕和浇口痕迹，模具采用动模侧浇口进料方式，详见图 1-52。模具横向分流道采用"U"形截面，等效直径为 10mm，浇口尺寸为宽 × 深 = 12mm × 2.5mm。

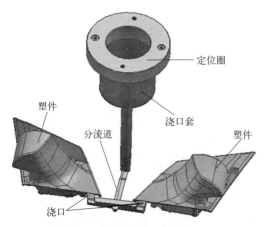

图 1-52 汽车后视镜镜座浇注系统设计

由于定模板与面板之间要开分型，浇口套和定模板需要相互运动，为减少生产过程中浇口套的磨损，浇口套小圆柱面需要设计单边 1°~3°的斜度。

为了验证模具浇注系统合理性，需要进行详细的模流分析。根据图 1-53 的模流分析结果，浇口位置、大小和数量的设置能有效地避免熔接痕、填充不良等成型缺陷，型腔中塑件收缩率均匀，熔体流动良好，可以保证塑件的外观质量，浇注系统设计是合理的。

3. 导向定位系统设计

模具的动、定模采用 4 支圆导柱 39、4 支圆导套 37 和 4 支圆导套 38 导向，圆导柱 39 规

格型号为 $\phi 60mm \times 587mm$，布置在 4 个角上，见图 1-54。导柱的长度必须满足在斜导柱插入滑块前 20mm 插入导套，否则易损坏模具。

(a) 填充分析：无熔接痕等成型缺陷

(b) 温度分析：塑件外观的温度差很小

(c) 排气分析：型腔无困气缺陷

(d) 压力分析：型腔各处压力过渡均匀

图 1-53　汽车后视镜镜座模流分析

导柱设计在定模侧，这样不但有利于机械手取件，避免塑件粘上导柱上的油污，而且导柱还能起支撑整个定模的作用，方便模具制造过程中钳工配模。

模具的定位系统主要由分型面上的止口和模架侧面的 4 副边锁互锁组成，见图 1-54。

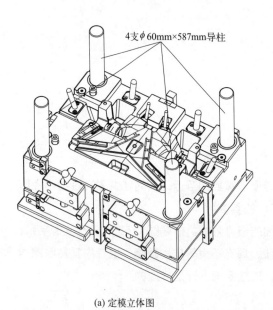

(a) 定模立体图

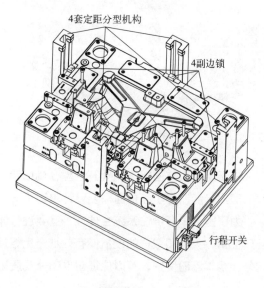

(b) 动模立体图

图 1-54　汽车后视镜座模具立体图

4. 侧向抽芯机构设计

每个汽车后视镜镜座塑件外侧面都有 4 处大面积倒扣，模具采用"斜导柱 + 滑块"抽芯结构。其中 S1 在定模侧，采用"斜导柱 + 滑块"隧道抽芯结构。详见图 1-50 和图 1-55。

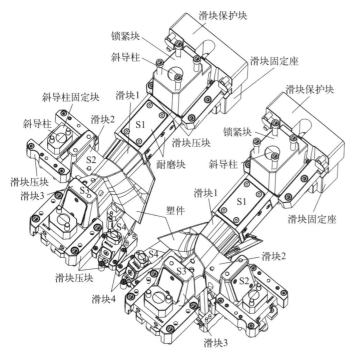

图 1-55　"斜导柱 + 滑块"外侧向抽芯机构

倒扣 L2 抽芯方向与分型面方向有 13°夹角，见图 1-50（d），为保证 L2 斜顶不损坏塑件，斜顶座必须设计延迟角度，延迟角度等于 13°，一般来说延迟角度不能小于斜顶面的倾斜角度。倒扣 L1 采用普通斜顶结构，不需做上下坡延迟角度。由于空间限制，L1、L2 斜顶座需设计成正装与反装两种方式，避免斜顶滑座发生干涉。

滑块、斜顶、镶件材料与动模镶件材料一样，均为模具钢 2344，由于与动模为同种材料，相互之间有摩擦产生高温易擦伤甚至黏结，解决的办法是：滑块、斜顶的硬度比镶件硬度高 2～5HRC。

5. 定距分型机构设计

模具由于存在定模侧向抽芯机构，定模板 2 与定模固定板 1 需要在定模和动模打开之前先开模。为保证开模顺序和开模距离，设计了定距分型机构，见图 1-56。汽车后视镜镜座注塑模定距分型机构由内置式和外置式两部分组成。其中内置式定距分型机构包括 4 个 ϕ20mm × 230mm 限位小拉杆 59，控制开模行程 150mm。同时在 4 个小拉杆上设计了 4 个 ϕ40mm × 30mm 弹簧 60，用来辅助定模板 2 与定模固定板 1 开模。外置定距分型机构由推块 54、小挡块 55、活动块 56、弹簧 57 和挡块固定板 58 组成。

6. 温度控制系统设计

模具定、动模均采用"直通式水管+倾斜式水管"的内循环温度控制系统，冷却水路根据塑件的形状特点以及模具零件呈网状均衡布置。在三个大滑块上也设计了冷却水路，每个滑块单独一组水路冷却，见图1-57。冷却均匀且充分，投产后塑件获得满意的外观质量，成型周期控制在30s，大大提高了模具的生产效率。

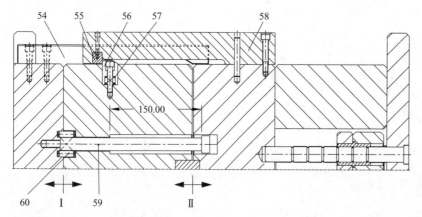

图1-56　模具定距分型机构（单位：mm）

54—推块；55—小挡块；56—活动块；57,60—弹簧；58—挡块固定块；59—限位小拉杆

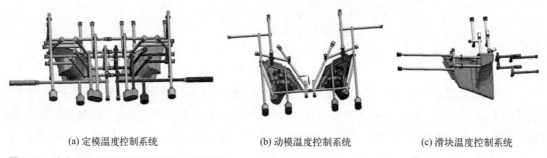

(a) 定模温度控制系统　　(b) 动模温度控制系统　　(c) 滑块温度控制系统

图1-57　汽车后视镜镜座注塑模具温度控制系统

（四）模具工作过程

塑件成型后，注塑机拉动模具的动模固定板14开模。在弹簧60的作用下，模具定模板2与定模固定板1分离，从分型面Ⅰ处打开，开模距离150mm，由限位小拉杆59控制。在这一过程中，塑件定模隧道斜滑块25在斜导柱23的驱动下与塑件脱离。定模板2和动模板10在外置定距分型机构的作用下保持不动。模具继续开模，外置式定距分型机构中的推块54将活动块56推入定模板2内，和小挡块55脱开，定模板2和动模板10分开，模具分型面Ⅱ处打开，开模距离300mm，由注塑机控制。在这一过程中，成型塑件脱离定模型腔，同时，斜导柱7拨动滑块4，斜导柱40拨动滑块41，斜导柱50拨动滑块53进行外侧抽芯。至此塑件外侧所有倒扣脱离侧向抽芯。完成开模行程后，注塑机推动推杆、推管等推件和斜顶，一边推动塑件

脱模，一边进行内侧抽芯。顶出距离 70mm，由限位柱 34 控制。塑件由机械手取件后，注塑机拉动推件及斜顶复位，接着注塑机推动动模合模，模具开始下一次注射成型。

（五）结语

① 通过采用预变形这一先进的注塑成型技术，成功解决了后视镜镜座注射成型后翘曲变形问题，保证了塑件的外观质量和装配要求。

② 通过模流分析，确定了合理先进的浇注系统，成功避免了填充不良、熔接痕、困气等成型缺陷。

③ 通过采用定模隧道抽芯、动模斜向抽芯以及斜顶延迟抽芯等多种侧向抽芯机构，成功解决了成型塑件侧向倒扣数量多、方向多等脱模问题，模具活动机构多，但因为先进可靠，投产后运行安全平稳。

④ 动、定模及成型滑块通过采用网格式及倾斜式冷却水路，成功将模具的成型周期由 35s 缩短至 30s，大大提高了模具的劳动生产率。

八、汽车后视镜旋转轴复杂抽芯热流道注塑模具设计

本例详细介绍了某款新能源汽车后视镜旋转轴注塑模具的先进结构。

（一）塑件外观要求与结构分析

图 1-58 为某款新能源汽车右后视镜旋转轴零件图，材料为丙烯腈－丁二烯－苯乙烯共聚物（ABS）MP-0160R，收缩率取 0.5%，一模成型左右镜像对称的两个塑件。塑件外形最大尺寸为：164.1mm × 89.5mm × 114.9mm。塑件结构特点和技术要求如下：①塑件为高配细纹件，外观面要求很高，不允许有斑点、流痕和浇口痕迹，更不允许有收缩凹陷、熔接痕和飞边等成型缺陷。②塑件结构复杂，空间造型优美，外观熔接痕要求极高，塑件外侧面有 3 个大面积倒扣，内侧面有 1 个倒扣，成型塑件脱模困难。

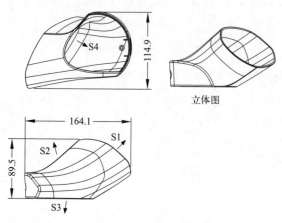

图 1-58 汽车后视镜旋转轴零件图（单位：mm）

（二）模具结构设计

根据旋转轴塑件的结构特点，模具采用"开放式热流道 + 普通流道"浇注系统。塑件有 4 个倒扣，其中外侧面 3 个倒扣均采用斜滑块抽芯的结构，塑件内侧面倒扣采用斜推块的结构。模具成型左右后视镜旋转轴各一件，故一副模具共有 8 个侧向抽芯机构。

模具外形尺寸为 950mm × 600mm × 702mm，总质量约 1.2t，属于中型注塑模具。详细结构见图 1-59。

1. 成型零件设计

模具动模采用镶拼式，定模方向型腔均在滑块上。本车型后视镜模具使用寿命为 30 万次，镶件材料均采用模具钢 2344，为避免动、定模镶件插穿面的磨损烧结，材料订购时，要注明动模镶件洛氏硬度要比定模镶件小 2HRC 左右。成型零件设计的原则是在保证模具强度和寿命的前提下尺寸做到最小，以降低模具的制造成本和生产成本。

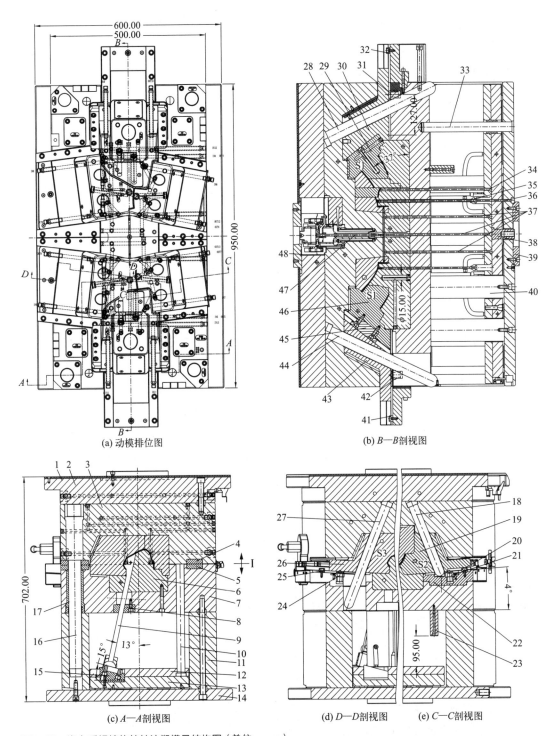

图 1-59 汽车后视镜旋转轴注塑模具结构图（单位：mm）

1—隔热板；2—定模固定板；3—定模板；4,5—承压板；6—动模镶件；7—动模板；8—导向块；9—斜推杆；10—复位杆；11—垫块；12—推件固定板；13—推件底板；14—动模固定板；15—斜推杆底座；16—导柱；17—导套；18—S2 斜导柱；19—S2 滑块；20—S2 挡销；21—S2 定位珠；22—耐磨块；23—限位柱；24—S3 定位珠；25—S3 挡销；26—S3 滑块；27—S3 斜导柱；28—S1 斜导柱（上）；29—S1 抽芯（上）；30—S1 滑块（上）；31—S1 定位珠（上）；32—S1 挡销（上）；33—推件固定板导柱；34,37—推杆；35—推管；36—推管型芯；38—注塑机连接柱；39,48—定位圈；40—支承柱；41—S1 挡销（下）；42—S1 定位珠（下）；43—S1 滑块（下）；44—S1 斜导柱（下）；45—冬菇头 T 型扣；46—S1 抽芯（下）；47—热射嘴；IN—进口；OUT—出口塑件分型线一定要采用圆弧和圆弧之间的切线，并采用组合加工的工艺（即动、定模镶件装配在一起加工），这样镶件之间或侧向抽芯之间拼接线对外观的影响会较小。为了提高模具刚度和使用寿命，定、动模分型面上设计了精定位止口，定位止口插穿角度取 10°。

2. 浇注系统设计

模具采用"开放式热流道 + 普通流道 + 侧浇口"浇注系统，由于 ABS MP-0160R 熔体流动速率为 1.7g/10min，流动性中等，故热射嘴至塑件边缘的流道长度尽量控制在 60 ~ 100mm 之间，以避免冷流道过长导致热量和压力损失过大。汽车后视镜旋转轴注塑模热流道浇口位置见图 1-59（b）。

3. 侧向抽芯机构设计

侧向抽芯机构是本模具最重要、最复杂的结构。塑件外侧的三个倒扣 S1、S2、S3 模具均采用"斜向滑块 + 斜导柱"的抽芯机构，抽芯方向见图 1-59（b）、（d）以及图 1-60。塑件内侧面倒扣 S4 采用斜推块抽芯的结构，详见图 1-59（c）。斜推杆 9 上端面空间曲面较复杂，客户反映以前同类车型的旋转轴有时会被斜推杆顶变形，为此此次设计的模具将斜推杆底座 15 导向槽倾斜 15°，用以减缓斜推杆的顶出速度，有效解决了这个问题，详见图 1-59（c）中件 15。这种结构不用增加镶块和推杆预留尺寸，因此注塑过程不会有溢料的风险。模具滑块多，结构复杂，滑块均采用 T 型槽导向，以及"滚珠 + 弹簧"和挡销复合定位结构。这种导向定位结构稳定可靠。侧向抽芯 S1 的抽芯方向与开模的垂直方向成 37°夹角，见图 1-59（b），由于倾斜角度大于 25°，以前同类车型的旋转轴注塑模具 S1 都采用液压油缸抽芯。液压油缸

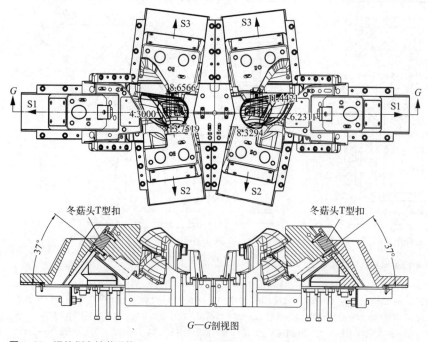

图 1-60　滑块侧向抽芯系统

需要单独接驳油路，且因抽芯方向朝上，油缸易漏油至型腔，污染成型塑件，导致注塑成本和废品率都较高。此次模具设计是在滑块 43 与抽芯 46 中间增加一个冬菇头 T 型扣 45，通过运动和力的分解，实现了大角度侧向抽芯，避免了使用液压油缸，成功解决了抽芯倾斜角度大的难题，大大降低了生产成本和废品率，其结构详见图 1-59（b）。汽车后视镜旋转轴为外观件，若制造精度低，侧向抽芯的拼接痕就会影响外观质量。提高制造精度的办法是将侧向抽芯和定模板固定后进行组合加工，为此需在滑块上端面设计两个工艺螺孔。

4. 温度控制系统设计

温度控制系统设计的好坏对模具的成型周期与塑件成型质量影响很大。冷却水路设计原则之一是距离型腔面要大致相等，以达到模具型腔各处温度大致均衡。该模具的温度控制系统采用了"直通式水管 + 倾斜式水管 + 隔片式水井"近乎随形水路的组合形式。其中定模设计了 3 组水路，动模与滑块设计了 19 组水路，冷却水管直径为 $\phi 10mm$，水井直径 $\phi 15mm$，详见图 1-59 和图 1-61。冷却水管贴近型腔布置，冷却水流方向与料流方向大致相同，定、动模冷却水路成网格状布置，各冷却水路之间距离都控制在 40～50mm 之间，距型腔表面距离都在 30～40mm 之间。冷却水路与螺孔、推杆孔、斜推杆孔和镶件之间的距离保证在 8mm 以上。模具斜推杆不但吸收了塑料熔体的热量，在顶出和复位过程中还吸收了大量的摩擦热量，为防止温度过高产生卡滞风险，斜推杆中单独设计了一股冷却水路。热射嘴温度较高，大量热量通过热传导方式被与之接触的定模板 3 吸收，为防止定模板温度过高从而增加模具的注射周期以及降低模具的劳动生产率，在热射嘴附近也单独设计了一股冷却水路，将热射嘴传给定模板的热量及时带走。

由于温度控制系统设计先进合理，冷却快速，模具型腔各处温度均衡，模具注射周期控制在 35s 之内，成型塑件精度达到了 MT3（GB/T 14486—2008），与同类车型旋转轴注塑模具相比，成型周期缩短了约 10%，塑件精度提高了一级。

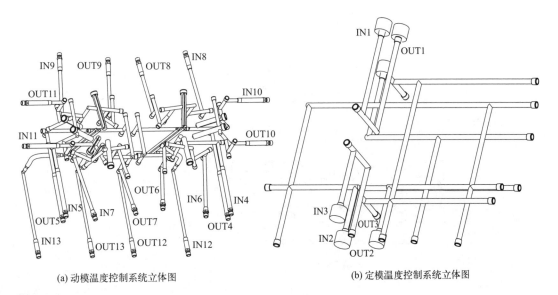

(a) 动模温度控制系统立体图 (b) 定模温度控制系统立体图

图 1-61

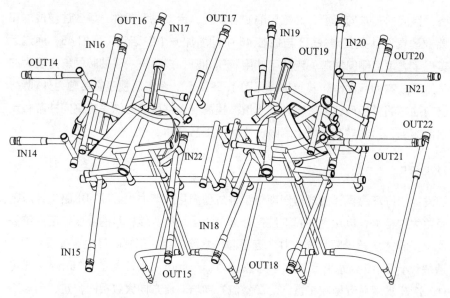

(c) 动模及滑块温度控制系统立体图

图 1-61　模具温度控制系统

IN—进口；OUT—出口

5. 导向定位系统设计

　　模具采用 4 支导柱和导套导向，布置在模具 4 个角上，尺寸为 $\phi 50mm \times 360mm$。模具定位系统则采用 4 副 0°边锁，详见图 1-59 和图 1-62。

　　本模具中导柱的长度必须做到在斜导柱插入滑块前 20mm 就插入导套，否则在模具的制造和生产中极易产生故障，导致模具严重损坏。本模具外观熔接痕要求极高，为防止定、动模镶件错位，在定模板和动模板之间设计了 4 副边锁，同时在分型面上还设计了止口定位。

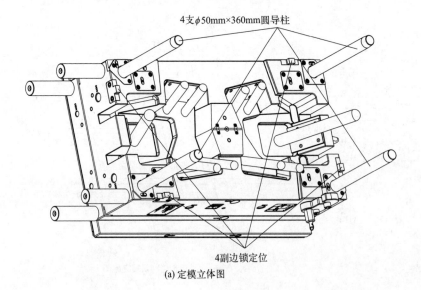

(a) 定模立体图

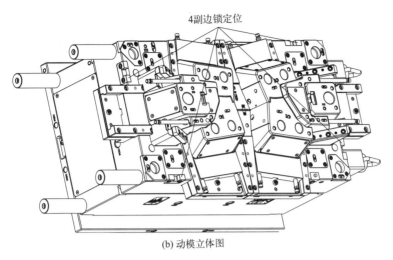

(b) 动模立体图

图 1-62　汽车后视镜旋转轴模具立体图

6. 脱模系统设计

模具采用"推杆+推管+斜推块"组合脱模机构，其中每腔设置推杆 2 支（直径 ϕ6mm）、推管 1 支（尺寸为 ϕ8mm×ϕ5mm×360mm），以及斜推杆 1 支，详见图 1-63。注塑机顶棍通过螺纹和连接柱 38 连接在一起，推动塑件脱模，并负责将推件固定板拉回复位，因此本模具不再设置复位弹簧。根据成型塑件的大小，推出距离为 95mm，由限位柱 23 控制。

（三）模具工作过程

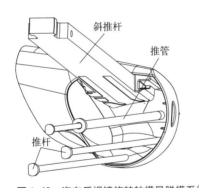

图 1-63　汽车后视镜旋转轴模具脱模系统

熔体通过注塑机喷嘴，经热射嘴 47 进入普通流道，最后由侧浇口进入模具型腔。熔体充满型腔后，经保压、冷却和固化，至足够刚度后，注塑机拉动模具的动模固定板 14，模具从分型面Ⅰ处开模。在分型面Ⅰ打开过程中，斜导柱 18、27 和 28 分别拨动滑块 19、26 和 30 进行侧向抽芯。同时斜导柱 44 拨动滑块 43，并通过 T 型扣 45 拉动抽芯 46 进行斜向抽芯。开模 300mm 后，注塑机顶棍通过连接柱 38 推动推件固定板 12，推件固定板推动推杆 34、37 以及推管 35 和斜推杆 9，一边将成型塑件和流道凝料推离动模，一边实现 S4 内侧抽芯。推件固定板移动距离 95mm，由限位柱 23 控制。塑件取出后，注塑机顶棍通过连接柱 38 拉动推件及其固定板复位，接着注塑机推动动模合模，模具开始下一次注射成型。

（四）结语

① 通过在斜推杆底座 15 上设计 15°倾斜导向槽，有效解决了汽车后视镜旋转轴脱模时可

能会产生变形的问题，这是该模具结构第一个创新点。

② 在滑块 43 与抽芯 46 中间设计一个冬菇头 T 型扣 45，经过运动和力的分解，实现了大角度侧向抽芯，避免了使用液压油缸，简化了模具结构，降低了塑件的生产成本，这是该模具结构第二个创新点。

③ 通过采用近乎随形水路的温度控制系统，降低了注射周期，模具的劳动生产率提高了约 10%，塑件精度提高了一级，提高了模具的综合产能。

模具试模一次成功，投产后运行安全平稳，成型周期控制在 35s 之内，成型塑件尺寸精度为 MT3（GB/T 14486—2008），达到了设计要求。

九、汽车左右后视镜镜圈注塑模具设计

汽车后视镜包括外后视镜和内后视镜两种，本例所述为外后视镜。以一款新能源电动折叠调节集成转向灯的外后视镜为例，其主要结构如图 1-64 所示，其典型的子零件主要包括镜圈、镜片、加热片、镜片托板、调节电动机、基板、副镜壳、转向灯、装饰罩、折叠电动机、护罩盖板、支座、护罩、密封垫以及线束等。本例所介绍的是一副外后视镜左右镜圈注塑模具结构。

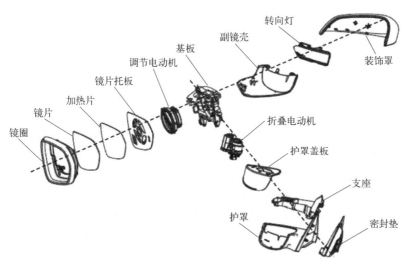

图 1-64 新能源电动汽车外后视镜组成

（一）塑件结构分析

成型塑件为某新能源汽车左、右后视镜镜圈，材料 ABS，收缩率 0.5%。图 1-65 为左后视镜镜圈的零件图，右后视镜镜圈主要结构与之对称。塑件最大外形尺寸为 220.32mm × 141.49mm × 59.45mm，属于中小型零件。塑件为装配零件，尺寸精度和外侧面要求较高，不允许有浇口

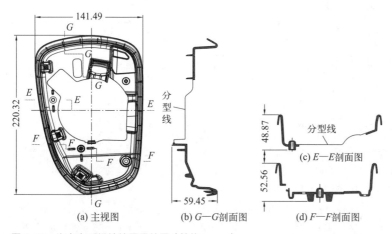

图 1-65 汽车左后视镜镜圈零件图（单位：mm）

痕迹,也不允许有熔接痕、流痕和银纹等成型缺陷。成型塑件空间形状较复杂,分型面也很复杂。模具成型零件、浇注系统和温度控制系统设计是重点和难点。

(二)模具结构设计

1. 成型零件设计

一模二腔,成型汽车左右两个后视镜镜圈成型零件和模板采用分体式,左右两个后视镜镜圈各设计一个成型零件,这种结构的优点是制造方便、维修方便。缺点是模具尺寸要大一些。模架最大外形尺寸为 600mm×600mm×567mm,属于大型注塑模具,模具结构详见图 1-66。

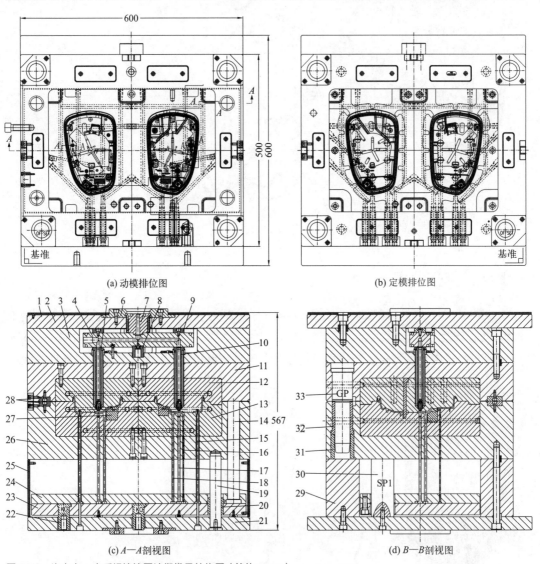

图 1-66 汽车左、右后视镜镜圈注塑模具结构图(单位:mm)

1—隔热板;2—定模固定板;3—框板;4—热流道板;5,10—二级热射嘴;6—定位圈;7———级热射嘴;8—定位柱;9—隔热垫圈;11—定模板;12—定模镶件;13—动模镶件;14—复位杆;15—推管;16,17,18—推杆;19—推件板导柱;20—推件板导套;21—动模固定板;22—注塑机顶棍连接柱;23—推件底板;24—推件固定板;25—挡尘板;26—动模板;27—动模型芯;28—耐磨硬块;29—垫块;30—支承柱;31—支承套;32—导套;33—导柱

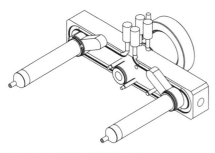

图 1-67 模具热流道浇注系统

2. 浇注系统设计

为了提高成型质量,降低成型周期,模具采用"热流道+普通流道"的浇注系统,熔体最后由潜伏式浇口进入模具型腔,这样不会影响塑件外观,且能够实现自动断浇口。热流道浇注系统由一级热射嘴、热流道板和二级热射嘴组成,其装配立体图详见图 1-67。普通流道部分由潜伏式浇口和圆形截面的分流道组成,其形状和结构详见图 1-68。

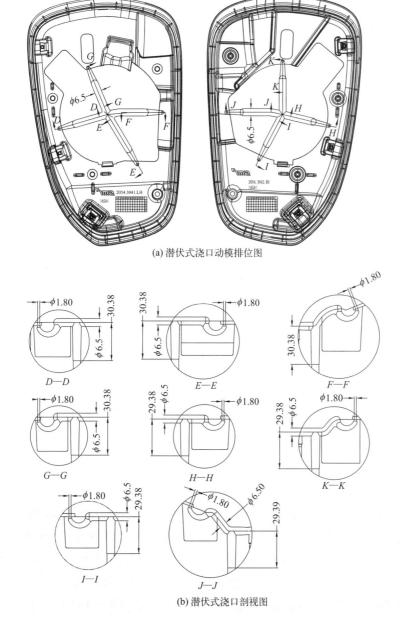

(a) 潜伏式浇口动模排位图

(b) 潜伏式浇口剖视图

图 1-68 模具普通流道浇注系统(单位:mm)

3. 温度控制系统设计

汽车后视镜镜圈的尺寸精度要求很高，这就要求模具的温度控制系统必须做到均衡冷却和快速冷却。为此模具的定模板、动模板和定模镶件、动模镶件均单独设计了一股冷却水路，其中动模冷却水路全部采用直通式冷却水管，定模冷却水路则采用"直通式冷却水管+隔片式冷却水井"的组合水路，详见图1-69和图1-70。

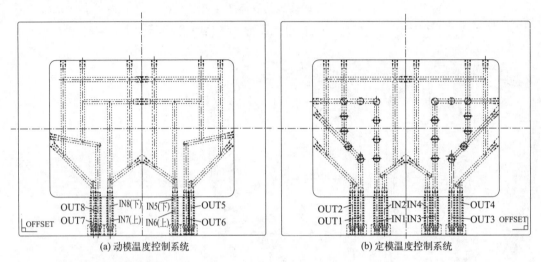

(a) 动模温度控制系统　　　　　　　　　　(b) 定模温度控制系统

图1-69　模具温度控制系统平面图

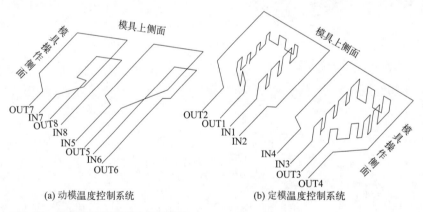

(a) 动模温度控制系统　　　　(b) 定模温度控制系统

图1-70　模具温度控制系统立体示意图

4. 脱模系统设计

成型塑件结构较复杂，孔和加强筋都较多，对模具的包紧力和黏附力较大。模具采用推杆和推管脱模，推杆和推管的布置图见图1-71。图中所示 A 为推杆，直径为 ϕ6mm，数量11支；B 为推管，外径 ϕ8mm，内径 ϕ5mm，数量6支；C 为推杆，直径 ϕ5mm，数量5支；D 为推杆，直径 ϕ8mm，数量2支；E 为推杆，直径 ϕ3mm，数量1支；F 为推杆，直径 ϕ10mm，数量6支。

汽车后视镜镜圈注塑模具的推件固定板由注塑机顶棍通过带螺纹的连接柱推动和拉回，故只需要复位杆，而不需要复位弹簧。

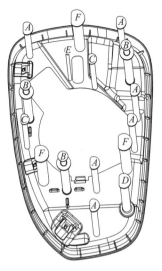 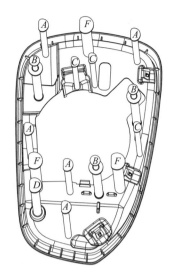

图 1-71 模具脱模过程图

（三）模具工作过程

① 塑料熔体经一级热射嘴 7 进入热流道板 4、二级热射嘴 5、10，再进入动、定模镶件之间分型面中的分流道，最后经由潜伏式浇口进入模具型腔。

② 熔体填满型腔后，经保压、冷却和固化，动模具由注塑机拉动打开，根据塑件高度，为保证成型塑件顺利脱离模具，开模距离取 166mm，见图 1-72。

③ 完成开模行程后，注塑机顶棍通过螺纹连接柱 22 推动推件底板 23、推件固定板 24，进而推动推杆和推管，将成型塑件推离模具动模镶件，推动距离 65mm，见图 1-72。

④ 成型塑件安全顺畅脱模后，注塑机顶棍通过螺纹连接柱 22 将推件底板 23、推件固定板 24 以及所有推杆、推管拉回复位。

⑤ 模具完成一次注射成型，同时开始下一次注射成型。

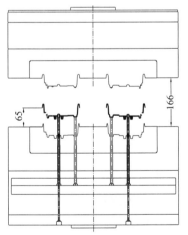

图 1-72 模具脱模过程图（单位：mm）

（四）结语

① 模具采用热流道转普通流道的浇注系统，既降低了成本，又满足了注射成型要求。

② 模具采用潜伏式浇口，既保证了成型塑件的外观质量，又能实现自动断浇口，使模具可以实现全自动化生产。

③ 模具采用随形水路温度控制系统保证了模具均衡冷却和快速冷却，模具注射周期为 35s，降低了约 10%。成型塑件精度达到了 MT3（GB/T 14486—2008），提高了一级。

十、汽车后视镜基板大型注塑模具设计

汽车后视镜是驾驶员坐在驾驶室座位上直接获取汽车后方、侧方和下方等外部信息的工具。为了驾驶员操作方便，防止行车安全事故的发生，保障人身安全，各国均规定汽车上必须安装后视镜，且所有后视镜都必须能调整方向。本例介绍一款新能源汽车后视镜基板大型注塑模具。

（一）塑件结构分析

模具成型汽车左右后视镜基板两个塑件，两个塑件形状对称，图 1-73 是左后视镜基板。成型塑件材料为聚丙烯加 45% 玻璃纤维增强，即 PP+45%GF，收缩率取 0.3%。成型塑件为内部装配零件，结构复杂，精度高，还有两个倾斜式倒扣。

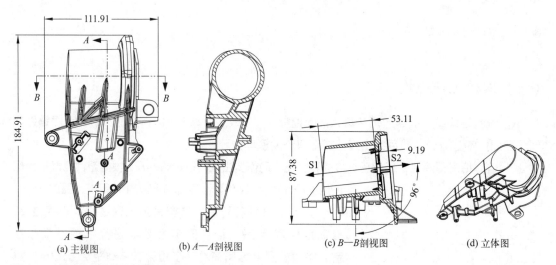

图 1-73　汽车左后视镜基板零件图（单位：mm）

（二）模具结构设计

一模二腔，成型汽车左右后视镜两个基板，模具采用普通流道浇注系统，塑件上的两个大尺寸倒扣采用"斜导柱+滑块"倾斜式侧向抽芯机构。模具最大外形尺寸为 750mm × 500mm × 540.5mm，属于大型注塑模具。详细结构见图 1-74。

1. 成型零件设计

模具分型面很复杂，为方便制造和维修，模具采用了分体式镶拼结构。动、定模成型零件各由一块动模镶件和一块定模镶件组成。模具定模成型零件材料采用硬度较高的 NAK80（硬度 37～43HRC）模具钢，也可采用 2343ESR、SMV3W 和 8407（硬度 46～49HRC）。动模成型零件材料为：P20 或 2738 模具钢。动、定模之间的分型面上设计了多处锥面内模管位，这大大提高了模具刚度，进而大大提高了模具的寿命和成型塑件的精度。图 1-75 是成型汽车左后视镜基板的动模镶件和定模镶件立体图。

2. 浇注系统设计

汽车后视镜基板注塑模具采用"普通流道+锥形侧浇口"浇注系统，分流道截面为"U"形，分流道及浇口形状及其主要尺寸见图1-76。

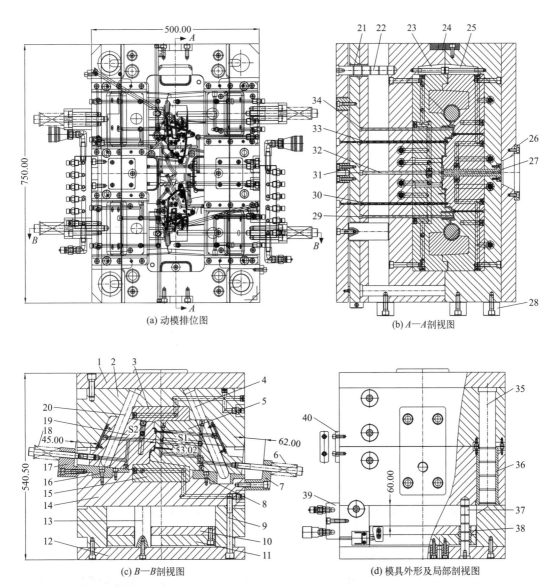

(a) 动模排位图　　(b) A—A剖视图

(c) B—B剖视图　　(d) 模具外形及局部剖视图

图1-74　汽车后视镜基板注塑模具结构图（单位：mm）

1—定模固定板；2—定模板；3—定模镶件；4—S1斜导柱；5—S1滑块；6—弹簧；7—S1挡块；8—耐磨块；9—垫块；10—推件固定板；11—推件底板；12—动模固定板；13、28—支承柱；14—动模板；15—动模镶件；16—耐磨板；17—S2挡块；18—弹簧；19—S2滑块；20—S2斜导柱；21—推件板导套；22—推件板导柱；23—动模锁紧块；24—定位块；25—定模锁紧块；26—定位圈；27—浇口套；29、34—推杆；30、33—推管；31—注塑机顶棍连接柱；32—主流道拉杆；35—导柱；36—导套；37—推件固定板导柱；38—推件固定板导套；39—冷却水接驳器；40—锁模块

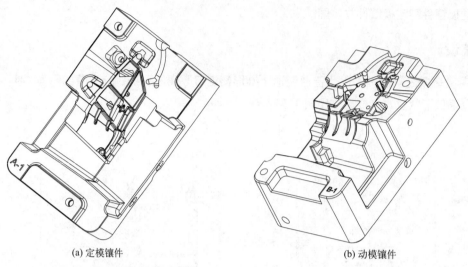

(a) 定模镶件　　　　　　　　　　(b) 动模镶件

图 1-75　汽车左后视镜基板成型零件立体图

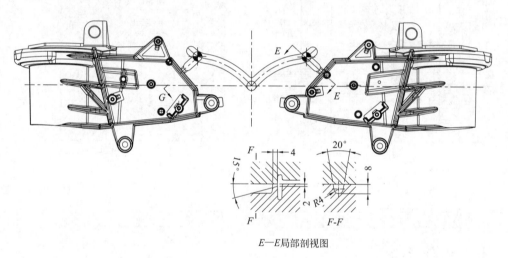

图 1-76　模具流道及浇口（单位：mm）

3. 侧向抽芯机构设计

　　成型塑件共有 9 个装配用的柱子，在柱子旁边还有多条加强筋和外壁，它们对模具的包紧力都很大，只能由动模型芯成型，根据这一分型方案，成型塑件在脱模时就存在两处倒扣，分别是 S1 和 S2，见图 1-73。为使成型塑件顺利脱模，模具必须设计侧向抽芯机构。两个倒扣的方向与开模方向成 96°夹角（而不是 90°），所以两个侧向抽芯机构均为倾斜式侧向抽芯机构。模具为大型模具，为了减小模具尺寸，减轻模具质量，两个侧向抽芯机构均采用外置挡块和外置弹簧来定位。客户反映同类型的其它车型后视镜基板在脱模时容易和 S2 滑块 19 碰撞，影响成型塑件脱模，进而影响注射成型周期。故本次设计在确定侧向抽芯距离时，对 S2 滑块 19 加了 35.81mm 的安全距离，即 S2 抽芯距离取 45mm。实践证明，这种安全距离大大方便了成型塑件取出，提高了模具的劳动生产率。

4. 温度控制系统设计

成型塑件结构复杂，尺寸精度高，这对模具的温度控制系统设计提出了更高的要求，必须做到均衡冷却和快速冷却，将模具镶件、型芯和侧向抽芯机构的温差控制在5°~10°。成型塑件的装配结构（如螺柱等）都在动模侧，为此本次模具设计时对动模进行了重点冷却，除了位置尽量做到随形、均匀地贴近型腔，还增加了4个隔片式冷却水井。由于模具的四个滑块尺寸较大、成型面积较大，故所有的滑块也都单独设计了1组冷却水路，图1-77是冷却水路的平面布置图，图1-77是动模镶件和动模镶件温度控制系统的3D示意图。从图中可以看出，定模共2组冷却水路，动模共7组冷却水路。其中，水路1为左后视镜基板定模镶件冷却水路，水路2为右后视镜基板定模镶件冷却水路，水路3为左后视镜基板动模镶件冷却水路，水路4为左、右后视镜基板动模镶件带水井的冷却水路，水路5为右后视镜基板动模镶件冷却水路，水路6、7、8和9分别为四个滑块的冷却水路。这种近乎随形水路的温度控制系统，使模具的注射周期下降了约10%，成型塑件的尺寸精度也达到了MT3的设计要求。

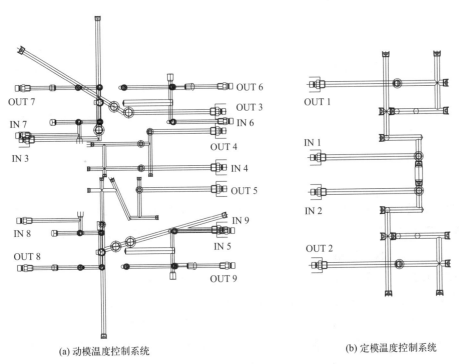

(a) 动模温度控制系统　　　　　　　　(b) 定模温度控制系统

图1-77　模具温度控制系统

5. 排气系统设计

汽车后视镜基板塑件有很多加强筋，由于成型零件要通冷却水路，再加上这些加强筋不是很高，所以没有镶拼，因此就需要设计较好的排气系统。若排气不良，轻则影响成型周期，重则影响成型质量，甚至产生困气烧焦等严重后果。对于汽车后视镜基板注塑模具，排气是否不良关系到模具设计的成败，需要慎重对待。后视镜基板注塑模具主要采用分型面和

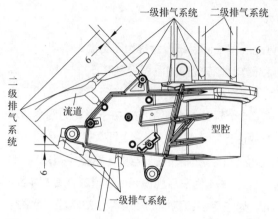

图1-78 模具排气系统（单位：mm）

推杆、推管排气，每腔分型面设计了7处排气槽，排气槽宽度6mm，见图1-78。PP料流动性很好，但增加45%玻璃纤维增强塑料后流动性下降了，基于以前的经验，一级排气槽深度取0.05mm。

（三）模具工作过程

塑料熔体经由浇口套27中的主流道进入分型面之间的弧形分流道，最后经侧浇口进入模具两个型腔。熔体填满型腔后，经保压、冷却和固化，当成型塑件固化至足够刚度后，注塑机拉动模具的动模固定板12开模，模具从定模板2和动模板14之间打开。在模具打开过程中，成型塑件脱离定模型腔，同时，动模滑块5和19分别在斜导柱4和20驱动下进行侧向抽芯。滑块5的抽芯距离为62mm，由挡块7控制；滑块19的抽芯距离为45mm，由挡块17控制。开模距离300mm，由注塑机控制。完成开模行程后，通过螺纹连接于连接柱31的注塑机顶棍推动推件底板11和推件固定板10，进而推动推杆和推管将成型塑件推离动模型芯。成型塑件安全无损坏地脱离模具后，注塑机顶棍将推件固定板和所有推件拉回，当行程开关接触后，推件准确复位，接着注塑机推动模具动模合模。模具完成一次注射成型，并开始下一次注射成型。

（四）结语

① 成型塑件形状复杂，对定模型腔的黏附力较大，为了避免塑件粘连定模型腔，模具采用定模弹块机构，开模时用来辅助弹开塑件，保证成型塑件能够留在动模型芯上，从而避免了塑件粘定模的发生，这是该模具创新点之一。

② 汽车后视镜作为汽车最重要的外饰件之一，外观要求极高，模具通过冷却水的调整对熔接痕以及塑件变形进行了有效控制，这是该模具创新点之二。

③ 客户反映同类型的其它车型，后视镜基板在脱模时容易和S2滑块19碰撞，影响成型塑件脱模，进而影响注射成型周期。模具通过加大S2滑块19的安全距离，成功解决了后视镜基板在脱模时容易和滑块19碰撞的故障，大大方便了成型塑件取出，提高了模具的劳动生产率，这是该模具创新点之三。

模具结构先进合理，试模一次成功。模具投产后，成型塑件各项指标均达到了设计要求，成型周期成功控制在30s之内，受到了客户的高度肯定。

十一、汽车后视镜支架大型注塑模具设计

汽车后视镜是汽车外饰件的重要组成部分，位于汽车的两侧。汽车后视镜一般由镜圈、基座、镜壳、支架和旋转轴等零件组成。汽车后视镜支架外观表面要做细皮纹，要求极高，其成型模具结构复杂，设计难度很大。本例详细研究和总结了某款新能源汽车后视镜支架注塑模具设计的要点与经验技巧。

（一）塑件外观要求与结构分析

图 1-79 为某款新能源汽车后视镜支架零件图，材料为工程塑料 ASA，它是丙烯酸酯类橡胶体与丙烯腈、苯乙烯的接枝共聚物，收缩率取 0.5%。一模二腔，成型左右两个结构对称的后视镜支架塑件。塑件外形最大尺寸为：240.1mm × 74.9mm × 112.5mm。塑件特点如下：①塑件外观面要求高，不允许有斑点、浇口痕迹，更不允许有收缩凹陷、熔接痕和飞边等缺陷。②塑件外形复杂，外观熔接痕要求极高，不允许有段差。塑件外侧面有 2 个大面积倒扣，内侧面有 2 个倒扣，倒扣多且面积大，成型塑件脱模困难。

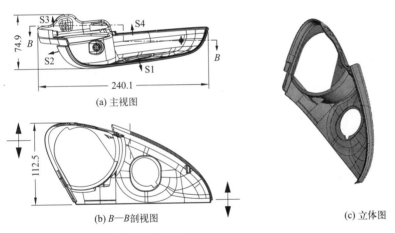

图 1-79 汽车后视镜支架零件图（单位：mm）

（二）模具结构设计

汽车后视镜支架和保险杠、手套箱等塑件一样空间结构很复杂，分型面的选择及开模方向的确定是模具设计的难点。模具设计时必须考虑以下三个因素。①塑件外观：确定哪些是塑件的外观面，哪些是塑件的内侧面。②模具结构：选择分型面和出模方向必须使倒扣数量最少，侧向抽芯机构越少且越简单越好。模具结构越简单，则模具的制造和生产成本就越低。③塑件的加强筋、螺钉连接柱方向：尽量以骨位和柱位的脱模方向作为开模方向。

综合考虑以上三个因素后确定图 1-79（b）所示的型腔纵向摆放的分型方案，模具外形尺寸为 750mm × 600mm × 723.5mm，总质量约 2t，属于大型注塑模具。

1. 成型零件设计及排气系统设计

本车型后视镜注塑模具寿命为 50 万次,模具定、动模具均采用镶拼式,材料均为模具钢 2344。由于定、动模镶件硬度相同易致使模具磨损与插烧,故定模镶件洛氏硬度应比动模镶件大 2HRC 左右。成型零件设计的原则是在保证模具强度和寿命的前提下尺寸做到最小,以降低模具的制造成本和生产成本。

汽车后视镜支架属于外饰件,如果排气设计不合理,会出现填充不满、困气和脱模不顺等注塑缺陷,严重困气时还会使产品局部烧焦。鉴于成型塑件的形状、大小以及一体式成型零件的结构特点,模具主要通过分型面Ⅱ之间的排气槽排气,排气槽开设在定模镶件的分型面上,位置位于料流末端或塑件转角处,以及壁厚最薄处,因为这些地方最容易形成熔接痕,详见图 1-80 所示。

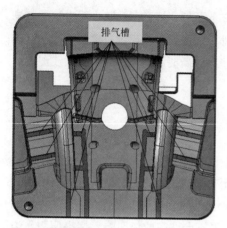

图 1-80 定模排气系统

2. 浇注系统设计

成型塑件属于中大型塑件,外表面要求高,不允许有浇口痕迹,故模具采用热流道转普通流道浇注系统,熔体最后由侧浇口进入型腔,详见图 1-81。分流道设计在定模镶件上,侧浇口设计在动模推块上。由于面板与定模板要从分型面Ⅰ处打开,为避免热射嘴和定模板、定模镶件之间摩擦磨损,设计了一个热射嘴镶套。

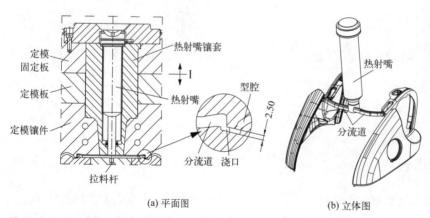

(a) 平面图　　　(b) 立体图

图 1-81　1 点开放式热流道浇注系统(单位:mm)

3. 侧向抽芯机构设计

模具外侧面倒扣 S1 采用"斜向滑块+斜导柱+弹簧"的抽芯结构,由斜导柱固定块 10、斜导柱 11、斜向滑块 12、定位螺钉 13 和定位弹簧 14 组成,详见图 1-82(c)。倒扣 S2 采用定模隧道斜向抽芯结构,由定位珠 26、定模隧道滑块 27、复位块 28 和拉块 29 组成,详见图 1-82(d)。

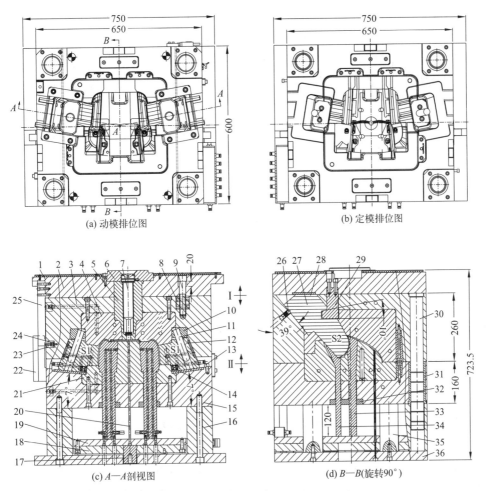

图 1-82 汽车后视镜支架注塑模具结构图（单位：mm）

1—隔热板；2—定模固定板；3—定模板；4—定模镶件；5—热射嘴镶套；6—定位圈；7—热射嘴；8—开模弹簧；9—限位钉；10—斜导柱固定块；11—斜导柱；12—斜向滑块；13—定位螺钉；14—定位弹簧；15—动模板；16—垫块；17—注塑机连接柱；18—推件底板；19—推件固定板；20—流道推杆；21—动模镶件；22—压块；23—活动块；24—弹簧；25—挡块；26—定位珠；27—定模隧道滑块；28—复位块；29—拉块；30—导柱；31—导套；32—直顶导向块；33—直推块1；34—直推块2；35—支承柱；36—动模固定板

  侧向抽芯机构是本模具的核心结构，结构复杂，定模隧道斜向抽芯与开模方向成39°夹角，以前同类型模具定模隧道滑块27的抽芯和复位经常会出现卡滞现象。为解决这一问题，提高抽芯的安全性，本次设计将隧道滑块27的导向槽长度加长了30mm，并依靠两个与滑块抽芯方向成90°的"弹簧+滚珠"定位，同时将拉块29斜面角度增大至10°，取得了良好的效果。分型面Ⅰ打开时，依靠拉块29的作用拉动隧道滑块27进行斜向抽芯。在模具合模时依靠复位块28将斜向滑块压回复位。由于S2在定模侧，模具定模固定板2与定模板3需要在定模板与动模板打开之前开模，这种模架俗称假三板模。为了保证两个分型面的开模顺序和开模距离，模具设计了定距分型机构，由开模弹簧8、限位钉9等组成，其结构详见图1-82（c）。

  塑件内侧面倒扣3和倒扣4倒扣面积大，如采用斜推块结构，解决不了倒扣出模问题，因此采用了直推块结构，塑件成型并直接顶出后再用机械手自动取出。为取件方便，模具定模设

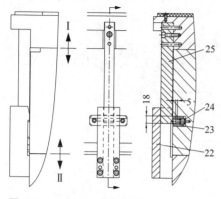

图1-83 合模顺序机构（单位：mm）

图中22～25见图1-82

计时一定要保证有充足的取件空间。这种结构在后视镜零件注塑模具中应用广泛，在镜壳注塑模具中也会用到。

由于直推块33上端面存在倒扣，合模时若斜向隧道滑块27先复位，则直推块33就无法复位，即直推块33必须先复位至准确位置后，斜向隧道滑块27才可以复位。为保证正确的复位顺序，模具设计了合模顺序机构，该机构由压块22、活动块23、弹簧24和挡块25组成。详见图1-82和图1-83。分型面Ⅰ和Ⅱ打开后，在弹簧24作用下，活动块23弹出5mm，合模时活动块23抵住挡块25阻挡分型面Ⅰ合模，当分型面Ⅱ完成合模后，压块22将活动块23压入定模板，消除了挡块25的阻力，分型面Ⅰ合拢，模具开始注射成型。

4. 温度控制系统设计

汽车后视镜支架为外饰件，外观和尺寸精度要求都很高，温度控制系统设计的好坏对模具的成型周期与塑件成型质量影响很大。为了保证成型塑件冷却快且不变形，模具的温度控制系统采用了近乎随形水路的温度控制系统，该系统由"直通式水管+倾斜式水管+隔片式水井"组合而成，详见图1-82和图1-84。其中定、动模都设计了4组水路，每个模腔各设计2组水路，定、动模都是4进4出，模具冷却水流向与料流方向大致一致。各冷却水路纵横交错，互相之间的距离控制在水管直径的3.5～5倍（约50～60mm），与型腔表面的距离在15～25mm之间。另外，在热射嘴附近还单独设计了一组水路，该水路不能与其它水路串联，以利于热射嘴区域的热量散失。模具斜滑块以及定模隧道斜抽芯、动模直推块与料位接触面积较大，吸收热量较多，也单独设计了冷却水路。

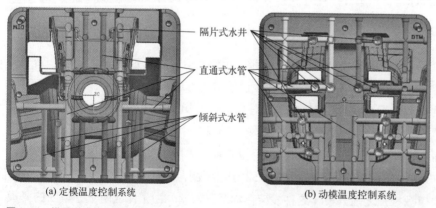

(a) 定模温度控制系统　　(b) 动模温度控制系统

图1-84 模具温度控制系统

模具各冷却水路长短大致相等，保证了冷却水出入口温差控制在3℃左右，从而保证了模温大致相同。由于温度控制系统充分且均衡，有效保证了后视镜支架的精度和劳动生产率。成型周期控制在 33s，与同类型塑件注塑模具相比，成型周期降低了约 10%，成型塑件尺寸精度也由 MT4 升至 MT3（GB/T 14486—2008）。

5. 导向定位系统设计

汽车后视镜支架外观要求高，分型线处不允许出现段差。为了保证定、动模不错位，模具设计了精准的定位结构，该机构包括动模止口、定模止口分型面管位，以及 4 副直身边锁。导向机构则包括 4 个角上的 ϕ50mm × 520mm 圆导柱，详见图 1-82 和图 1-85。合模后，模具的六个自由度被完全限制，从而保证了成型塑件的精度和模具的寿命。由于动模有两个斜向滑块，ϕ50mm 的圆导柱 30 必须保证在斜导柱 11 插入斜向滑块 12 之前 20mm 就插入导套 31，避免斜向滑块复位时产生安全隐患。

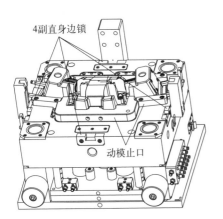
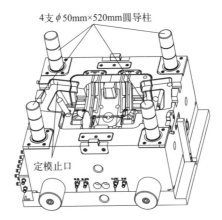

图 1-85　汽车后视镜支架模具导向定位系统

6. 脱模系统设计

汽车后视镜支架内表面为复杂的空间曲面，多个内侧表面倾斜角度较大，且有一个较深的自攻螺纹空心柱，脱模时极易产生变形、顶白甚至开裂。为了使成型塑件平稳安全地脱离模具，脱模系统采用了两个大尺寸直推块和两支推管。在定、动模完成开模行程后，注塑机通过连接柱 17 推动推件固定板以及所有推件，将后视镜支架推离动模镶件 21 并由机械手取出。在取件过程中塑件先要横向向外侧移出 50mm，再纵向上升移出注塑机。合模之前，注塑机通过连接柱 17 先将所有推件拉回复位。本模具有 4 支复位杆，它们起最终准确复位作用，但不能设计复位弹簧。

（三）模具工作过程

①熔体通过热射嘴 7 进入普通流道，最后由侧浇口进入模具型腔。②熔体充满型腔后，经保压、冷却和固化，至足够刚性后，注塑机拉动模具的动模固定板 36 开模。③在定距分型机构开模弹簧 8 的作用下，模具首先从分型面 I 处打开，开模距离 20mm，由限位钉 9 控制。在此过程中，定模隧道滑块 27 在拉块 29 的作用下完成定模斜向侧抽芯 S2。④模具继续打

开,在注塑机开模力的作用下定、动模板从分型面Ⅱ处打开。开模距离300mm,由注塑机控制。在分型面Ⅱ开模过程中,斜向滑块12在斜导柱11的作用下完成S1侧向抽芯,抽芯距离为25mm。⑤完成开模行程后,注塑机油缸推动推件底板18,推件底板推动推杆20和直推块33、34,成型塑件推出75mm后脱离动模。行程开关启动,机械手将塑件自动取出。⑥注塑机油缸拉动推件及其固定板复位,接着注塑机推动动模合模。在合模顺序机构作用下,模具分型面Ⅱ先合拢,然后分型面Ⅰ合拢。⑦模具开始下一次注射成型。

(四)结语

① 型腔纵向摆放,模具采用斜向滑块及隧道滑块侧向斜抽芯机构,大大简化了模具结构,成功解决了成型塑件脱模困难的难题。

② 模具采用合模顺序机构,结构简单巧妙,稳定可靠,成功解决了隧道滑块和直推块合模时相互干涉的问题。

③ 模具采用"直通式水管+倾斜式水管+隔片式水井"温度控制系统、"导柱+边锁+止口"导向定位系统以及"推杆+直推块+推管"脱模系统,结构先进合理。模具试模一次成功,投产后运行平稳安全,与同类型模具相比成型周期降低了约10%,尺寸精度提高了一级,达到了MT3(GB/T 14486—2008),全部达到了塑件的设计要求。

十二、汽车高位制动灯盖板大型注塑模具设计

制动灯安装在汽车尾部两侧，刹车时提示后方车辆及时减速，防止追尾。汽车高位制动灯盖板是对制动灯起保护作用的一个塑料零件，材料为ABS，注射成型。ABS是具有优良综合性能的工程塑料，强度硬度较高，耐热及耐化学腐蚀性能较好。本例详细介绍了一副汽车高位制动灯盖板注塑模具结构，该模具采用一种新型的交叉辅助杆斜顶，其经验和技巧值得同行借鉴。

（一）塑件外观要求与结构分析

图1-86所示为某新能源汽车高位制动灯盖板塑料零件图，材料为奇美 ABS PA-747S，收缩率取0.6%，外形最大尺寸：438.5mm×108.6mm×199.3mm。塑件特点设计要点如下：①塑件表面要求高，不能有推杆和浇口等痕迹，也不能有收缩凹陷、熔接痕和飞边等缺陷。塑件结构复杂，尺寸较大，内侧加强筋多，刚性和强度好。②塑件外侧中间有一大斜孔，与脱模方向成60°夹角，内外均有倒扣（S4和S14），侧向抽芯非常复杂。此外，塑件内侧面还有12个装配用的卡扣，脱模非常困难。③塑件分型面复杂，外观需细皮纹，为防止塑件皮纹面粘凹模型腔，产生拖伤等现象，凹模型腔面脱模斜度必须大于5°。

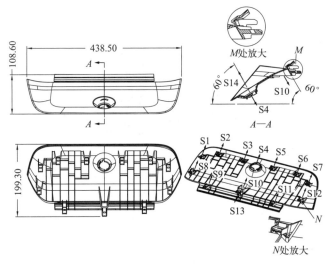

图1-86　汽车高位制动灯盖板零件图（单位：mm）

（二）模具结构设计

一模成型左右两件制动灯盖板，采用开放式热流道浇注系统。针对塑件不同方向的倒扣，外侧采用隧道斜抽芯结构，内侧分别采用了滑块和斜顶抽芯结构。由于S4抽芯方向与开模方向成60°夹角，模具采用了一种交叉辅助杆斜顶的创新结构。模具外形尺寸为1400mm×940mm×829mm，总质量5t，属于大型注塑模具，详细结构见图1-87。

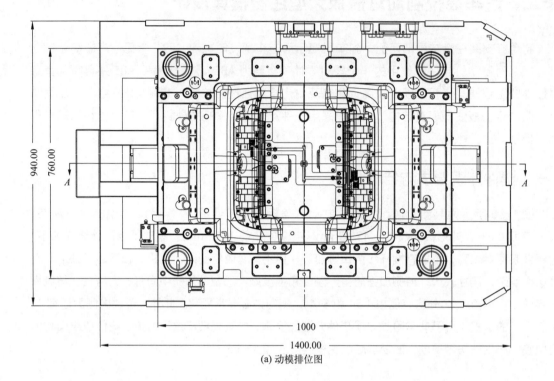

(a) 动模排位图

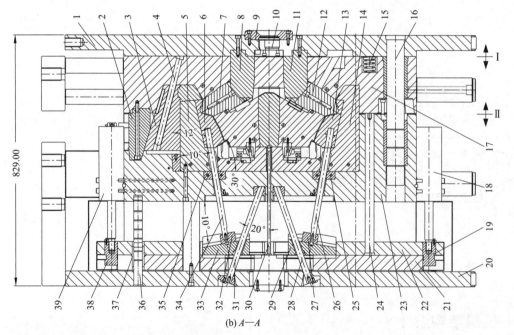

(b) A—A

图 1-87 汽车高位制动灯盖板注塑模具结构图

1—定模固定板；2—锁紧块；3—滑块；4—斜导柱；5—动模镶件；6,13—斜顶；7,12—隧道斜向抽芯；8,11—T 型扣锁紧块；9—定位圈；10—热射嘴；14—动模镶件；15—弹簧；16,36—导柱；17—定模板；18,39—脱模油缸；19,38—油缸连接柱；20—动模固定板；21—推件底板；22—推件固定板；23—动模板；24—复位杆；25,35—导向块；26,34—斜推杆；27,32—导滑块；28,31—斜向导杆；29,33—滑座；30—拉料杆；37—导套

1. 成型零件设计

凹模采用整体式，凸模采用镶拼式。定模板采用 718H 预硬模具钢，硬度为 30～35HRC，凸模采用 P20 模具钢，硬度为 30～33HRC。为了保证汽车高位制动灯盖板的表面质量要求，凸模和凹模的成型面粗糙度需达到 Ra0.4。

模具分型面为复杂的空间曲面，光滑平顺无尖角，无薄钢，无线点封胶，有效保证了 CNC（计算机数控）加工精度，不需 EDM（电火花加工）清角操作。分型面封胶尺寸取 20mm，所有插穿孔和插穿面角度均在 7°以上，有效保证了模具使用寿命。

2. 浇注系统设计

模具浇注系统见图 1-88，主流道采用开放式热流道，分流道采用圆形截面普通流道，浇口则采用圆弧潜伏式浇口，见图 1-89。这种浇注系统既简化了模具结构，又保证了塑件的外观质量，表面无浇口痕迹，还能够自动脱浇。采用圆弧潜伏式浇口的塑件，塑件外观面很容易产生气纹，分流道不能直冲型腔。在热射嘴附近以及靠近热射嘴的动模区域，都单独设计了冷却水路，成功解决了热射嘴流延、拉丝和浇口残留过高等问题。由于定模存在分型面Ⅰ，为避免热射嘴和定模板因相互运动而磨损，模具设计了热射嘴镶套，镶套和定模板采用锥面配合。

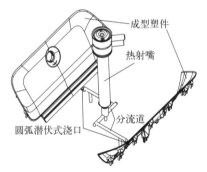

图 1-88 浇注系统立体图

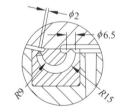

图 1-89 圆弧潜伏式浇口

3. 侧向抽芯机构设计

外侧大斜孔倒扣 S14 采用"定模斜滑块 +T 型槽"隧道斜抽芯机构，抽芯方向见图 1-90 和图 1-87（件 7 和件 8）。左右斜滑块的限位采用 DME 定位夹，安全可靠。由于定模有斜滑块抽芯，定模固定板 1 与定模板 17 需要在动模、定模打开之前开模，为保证开模顺序和开模距离，设计了定距分型机构。在开模力与弹簧 15 的作用下模具定模板与面板开模，接着驱动 T 型槽，T 型槽带动滑块完成斜向抽芯。塑件内侧倒扣 S3 以及内侧的其余倒扣全部采用了"动模滑块 + 斜导柱"的抽芯结构，依靠弹簧定位，见图 1-90 和图 1-87 中的滑块 3、斜导柱 4。

根据制动灯盖板内侧结构特点，倒扣 S4 只能采用斜顶抽芯。常规斜顶的最大倾斜角度一般不超过 25°，但倒扣 S4 抽芯方向与开模方向夹角达到了 60°（图 1-91），即使采用"斜顶 + 平行辅助杆"也不能安全抽芯。为了实现大角度侧向抽芯脱模，经分析研究和试验后，设计了一种新型的交叉辅助杆斜顶抽芯结构并取得了成功，详细结构见图 1-87（b）与图 1-91。该结构由 1 个斜顶组件、1 根交叉辅助杆与 1 个滑座组成。滑座安装在推件固定板上,斜推杆导滑块在滑座上滑动,交叉辅助杆两端分别固定在动模固定板与底板上,交叉辅助杆穿过滑座。顶出时,脱模油缸驱动顶针固定板,顶针固定板带动滑座及斜推杆及导滑块一起运动,斜推杆和斜顶受到滑座导轨的作用而斜向下侧向运动。交叉辅助杆穿过滑座,使其运动向下(与开模方向成 20°夹角),两个运动合成后就使得斜顶按照与开模方向成 60°夹角的方向运动,顺利完成侧向抽芯,见图 1-91(b)。

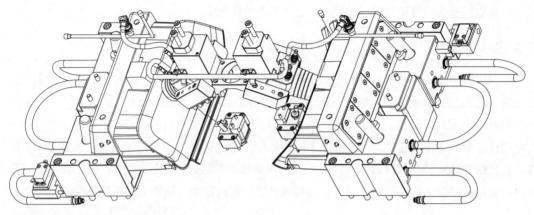

图 1-90 汽车高位制动灯盖板滑块抽芯机构

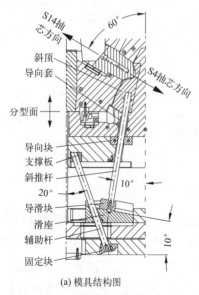
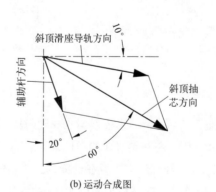

(a) 模具结构图　　　　　　　　　(b) 运动合成图

图 1-91 交叉辅助杆斜顶抽芯机构

4. 温度控制系统设计

模具温度控制系统采用"直通式水管 + 隔片式水井"组合而成的网格式立体结构,所有冷却水路距离型腔面尺寸都大致相近,保证了模具温度均衡,极大地提高了模具的冷却效果和制动灯盖板的尺寸精度,详见图 1-87 和图 1-92。

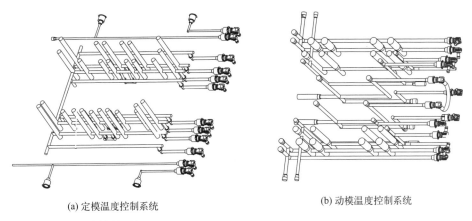

(a) 定模温度控制系统　　　　　　　(b) 动模温度控制系统

图 1-92　模具温度控制系统

模具热射嘴周围温度较高，设计一股独立的冷却水路重点冷却。左右滑块由于倒扣面积大，热量集中，也各设计了一组独立水路。充分且均衡温度控制系统，使模具成型周期成功控制在 35s 内，效率提高了约 8%，成型质量也得到了大大提高。

5. 导向定位系统设计

模具由 4 支尺寸为 $\phi 60mm \times 500mm$ 的圆导柱导向，导柱布置在 4 个角上。为方便制动灯盖板取出，导柱装配在凹模侧。模具分型面四周设计了锥面定位结构，4 个角上设计了定位止口，有效保证了模具的精度和寿命。由于定模板与定模固定板必须在动模板之前打开，因此在模具两侧设计了 4 副定距分型机构，模具导向定位系统详见图 1-87 和图 1-93。

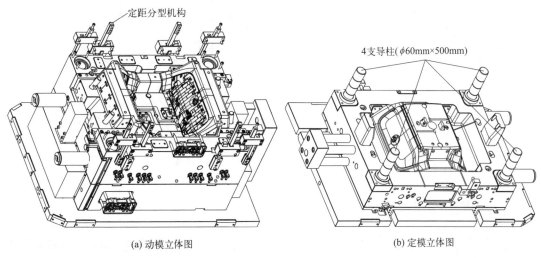

(a) 动模立体图　　　　　　　(b) 定模立体图

图 1-93　汽车高位制动灯盖板注塑模具立体图

由于模具存在"斜导柱 + 滑块"的侧向抽芯机构，导柱必须在斜导柱插入滑块前 20mm 插入导套，确保滑块安全复位。

6. 脱模系统设计

成型塑件加强筋较多，脱模力较大，推杆布置尽量多些，直径尽量大一些，避免塑件顶部出现发白开裂现象。模具在定、动模打开后，依靠推杆、斜推杆和直顶等推件推出塑件（见图 1-94），驱动推件的不是注塑机而是两个液压油缸 18、39。塑件脱模后推件由油缸拉回，初步复位，合模后在 4 支复位杆的作用下准确复位。由于顶针都布置在斜面上，故推杆上端面要加工防滑阶梯，下端面要设计防转结构。

7. 排气系统设计

汽车高位制动灯盖板属于大型内饰件，加强筋多，型腔内有大量气体，注射成型过程中这些气体必须及时排出，否则就会产生熔接痕，严重困气处还会产生局部烧焦。该模具主要通过分型面上的排气槽、镶件配合面、侧向抽芯和推件与镶件配合间隙等结构排气，其中分型面上的排气槽是主要的排气结构，它开设在定模侧，位于型腔的周围，见图 1-95。

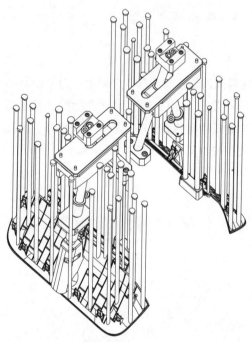

图 1-94 模具脱模系统

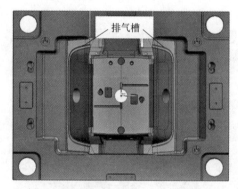

图 1-95 模具排气系统设计

（三）模具工作过程

①熔体经由开放式热射嘴 10 并经普通分流道和圆弧形潜伏式浇口进入型腔，完成注射及冷却定型后，注塑机拉动模具的动模固定底板 20 开模。②模具在弹簧 15 的作用下从分型面 I 处打开。在此过程中，定模侧左右两个隧道斜滑块在斜导柱的作用下分别作侧向抽芯，脱离塑件。③动模继续后退，模具再从分型面 II 处打开，打开过程中，左、右侧向滑块与塑件倒扣脱离。④动模、定模开模距离达到 300mm 后，液压油缸启动，推动推件固定板 22，进而推动所

有推杆和斜推杆，推杆推动塑件脱模，斜顶进行侧向抽芯。塑件取出后，油缸拉动推件及其固定板复位，注塑机推动动模合模，模具继续下一次注射成型。

（四）结语

① 成型塑件倒扣多，方向各不相同，倾斜角度大，本例模具采用一种新型的交叉辅助杆斜顶抽芯结构，成功解决了塑件大角度倒扣抽芯困难的问题，这是本模具设计的最大创新点。

② 模具温度控制系统采用"直通式水管+隔片式水井"组合而成的网格式立体结构，使成型周期成功控制在 35s 内，效率提高了约 8%，大大提高了成型质量。

③ 模具脱模系统采用油缸顶出和复位的方式，不但保证了塑件顶出平衡和模具复位的安全可靠，并且保证了足够顶出距离。

模具一次试模成功，交付使用后，运行安全稳定，汽车高位制动灯盖板外观质量和尺寸精度均达到了设计要求。

十三、汽车灯饰面盖零件热流道双色注塑模具设计

近年来，随着对塑料产品外观及功能的要求越来越高，双色注射成型应用越来越广泛。在一台注塑机上使用两个独立的注射系统，将不同材质或不同颜色的塑料，分别先后注射入模具内的成型方法，称为双色注射成型。双色模具的定模部分（型腔）安装在注塑机的固定模板上；动模部分（型芯）安装在注塑机的回转装置上，动模可旋转180°；两副模具，分别在两个注射系统和两副模具共用一个合模系统。当其中一个注射系统向腔模内注射A种塑料后，开模后动模旋转180°，再次合模后将已成型的A种塑料零件放入另外一个注射系统上注射B种塑料，注入的B种塑料对A种塑料进行全包覆或半包覆；经过注射、保压和冷却定型后脱模，得到两种不同材质或不同颜色的塑料成型的产品。与单色注射模具对比，双色注射成型具有生产效率高，产品质量好，可实现自动化生产等特点，越来越适合现代的生产需求。

（一）塑件结构和工艺性分析

某新能源汽车双色注射成型塑件为复杂形状的灯饰面盖，图1-96为该塑件的产品图，该塑件的外形尺寸中等，为285mm×33mm×63mm，平均壁厚为3mm，质量为93g，塑件外观质量要求高，要求外观表面光滑，产品表面不能有浇口痕迹。

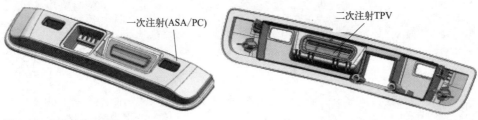

图1-96 灯饰面盖产品图

塑件第一次注射的材料为：丙烯腈-苯乙烯-丙烯酸酯+PC（ASA+PC）。丙烯腈-苯乙烯-丙烯酸酯三元共聚物是针对ABS耐候性差的缺点而开发的工程塑料，其收缩率为0.5%。PC的收缩率为0.5%。ASA/PC综合丙烯酸酯的耐冲击性、耐候性、耐化学品性、高硬度和苯乙烯的优良加工性为一体，力学性能好，常用于汽车、电子、机电装饰材料等领域。该塑件的外观品质要求高，外表面不允许有浇口残留或熔接痕等缺陷。

二次注射材料为热塑性硫化橡胶（TPV），它的收缩率为1.2%，主要是由聚丙烯、三元乙丙橡胶（PP/EPDM）组成的动态硫化橡胶，由于它是由硫化的乙丙橡胶分散在连续的聚丙烯相中，所以相对苯乙烯类热塑性弹性体、热塑性橡胶材料（TPE-S/TPR）来说，其具有摩擦系数更大，防滑性更好，使用温度更高等特点。

（二）模具结构设计

模具设计的原则是：选用标准模架，方便直接购买，降低模具成本，还可以缩短制模周期。以上述原则确定的模具结构，需要设计带有垫板的两板模架：选用DI-5565-A165-

B155-C135 的标准模架,所以定模导柱高度需要增加 80mm。由于模具需要推出动模来进行动模滑块脱模,垫板高度为 50mm。模具的总体闭合高度为 612mm。

该塑件模具设计为分体模,其结构特点是两套注塑模具的动模结构相同,定模结构的二次注塑位置不同。为了塑件的外观要求和高产能要求,模具设计为:一模两腔的模具结构布局;采用两板模的热流道浇注系统;第一次成型采用热流道转冷流道侧浇口进料,成型主体部分;第二次成型采用热流道直接点浇口形式。设计难点是:灯饰面盖尺寸中等大小,第一次注射成型时中间有多处碰穿,容易出现熔接痕问题;同时其结构相对复杂,脱模困难,长方向的两侧分别有长形凹槽扣位和两个小方形凹槽扣位,需要做滑块抽芯机构;还有底面内部的两端筋位上面有梯形孔扣位,需要采用隧道滑块抽芯机构来实现脱模;再有两端带加强筋的螺钉柱也是有 6°的倒扣角度,需要采用动模(推出)滑块抽芯机构来实现脱模,同时采用扣机来控制开模顺序,以保证动模(推出)抽芯的顺利进行。模具的总体结构图,如图 1-97 所示。

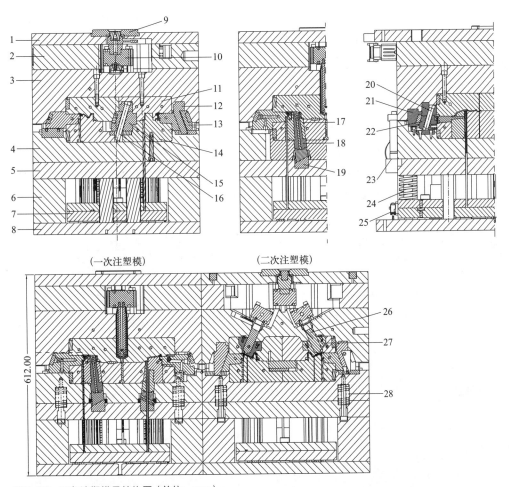

图 1-97 双色注塑模具结构图(单位:mm)

1—面板;2—分流道型腔板;3—定模板;4—动模板;5—垫板;6—垫块;7—推杆板;8—底板;9—定位法兰;10—热流道;11—定模型芯;12—抽芯 T 块 1;13—动模滑块 1;14—动模型芯;15—动模滑块 2;16—斜导柱;17—动模镶件;18—动模先抽滑块 5~6;19—抽芯 T 块 5;20—斜导柱 3;21—锁紧块;22—动模隧道滑块 3~4;23—扣机;24—复位弹簧;25—复位开关;26—热流道 2;27—定模镶件;28—限位机构

1. 成型零件设计

第一次注塑的定模型芯、动模型芯和动模滑块 1 均采用整体式结构，有利于保证产品的尺寸精度。动模滑块 2～6 成型部位尺寸较小，容易变形或者断裂，采用组合式结构，如图 1-97 所示。由于第一次注塑的塑件，其外观面是第二次注塑 TPV 软料的外表面，为了避免在二次注塑时滑块重新复位造成塑件损坏从而影响外观品质，第二次注塑的成型部位定模镶件采用整体式结构。分别在定模型芯和动模型芯的 4 个角位置设计了限位定位结构，来承受注塑时产生的侧向力，同时也可以保证合模时的装配精度。

2. 浇注系统设计

双色注塑模浇注系统设计难点：塑件内部碰穿多，容易有熔接痕等缺陷；其四周滑块多，布置浇口、设计流道困难。因为产品外观表面品质要求高，正面外观不能有浇口痕迹，所以一次注射成型选择热流道转冷流道，在隐蔽的侧面进料，每个产品使用两个浇口，一次注射成型模使用两个热射嘴，如图 1-98（a）所示。二次注射成型由于 TPV 软料产品结构与开模方向有一定斜度，为了保证浇口位置的材料的均匀性和填充的顺畅性，采用热流道斜方向针阀热射嘴点浇口进料。解决了软料部位因进料口处受热不均易脱料问题，开模以后无残留的浇口痕迹，如图 1-98（b）所示。

第一次注射成型流道无法自动脱离，需要脱模后再人工分离。第二次成型的定模型腔与流道和浇口配合位置需要适当留间隙 2mm，为了避免压伤产品，二次成型的定模型腔封料位有 15mm 的范围做紧配，其它位置的定模型腔需要避空 0.7mm。二次注射的部位位于定模一侧，采用整体设计结构可以使模具结构稳定，产品外观良好。

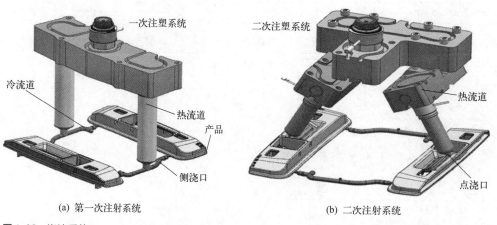

(a) 第一次注射系统　　　(b) 二次注射系统

图 1-98　浇注系统

3. 抽芯机构设计

塑件四周有 6 处多方向动模滑块抽芯机构，需要抽芯后顶出才能完成脱模。塑件主体结构相对复杂，其长方向的两侧扣位，选用两方向动模滑块，如图 1-99（a）所示；塑件底面 2 处内部的梯形孔扣位，采用两方向动模隧道滑块，如图 1-99（b）所示；另外 2 处带有加强筋的螺钉柱同时有 6°的倒扣角度，采用两方向动模先抽滑块抽芯机构，如图 1-99（c）所示。

(a) 两方向动模滑块

(b) 两方向动模隧道滑块

(c) 两方向动模先抽滑块

图 1-99　动模滑块抽芯机构

该模具抽芯部位较多，都是一次注塑时的动模滑块抽芯，同时还需要推动模抽芯。一次注塑模具的设计思路要点：塑件主体结构相对复杂，其长方向的两侧分别有一个长形凹槽扣位，另外一侧有两个小方形凹槽扣位，这些凹槽扣位均采用滑块抽芯机构来实现脱模，如图 1-99 的两方向动模滑块所示。其底面内部的两端筋位上面有梯形孔扣位，这两端的梯形孔扣位均采用隧道滑块抽芯机构来实现脱模，如图 1-99 里面的两方向动模隧道滑块所示。同时，两端带有加强筋的螺钉柱也是有 6°的倒扣角度，倾斜的螺钉柱采用动模（推出）滑块抽芯机构来实现脱模，一次注塑的动模滑块抽芯结构设计如图 1-99 的两方向动模先抽滑块抽芯机构所示。二次注射时动模滑块不需要抽芯，为了避免二次注射滑块重新复位造成塑件损坏，二次注射的滑块抽芯机构相应位置不做斜导柱和锁紧块。

4. 温度控制系统设计

塑件长方向的尺寸较大，宽度和高度尺寸小，而且其四周都有滑块，其底部也有许多脱模推杆，在设计温度控制系统时采用直通式冷却水路，水路顺着产品的长度方形和四周排布，可以冷却均匀防止产品变形，如图 1-100（a）、（b）所示。动模滑块 1 相对较大，需要设计独立的冷却水路，如图 1-100（c）所示。设计水路时需要避开其四周的滑块、螺钉等相关零件。

（三）模具工作过程

① 首次合模，抽芯机构和扣机进入工作状态。

② 第一次注塑，熔融状态的 ASA+PC 注入一次注塑模里面成型灯饰面盖主体部分，完成一次注射。

③ 首次开模，扣机 23 按顺序开始工作。首先是（长）扣机 23 拉开，动模板 4 与垫板 5 之间第一次开模，使得动模先抽滑块 5～6 脱模（注：动模先抽滑块 5～6，动模隧道滑块 3～4 是相同的、一致的 2 个滑块，所以在图 1-97 列表只标注一次），同时限位机构（弹簧和限位螺钉）28 给动模板 4 定位。之后是（短）扣机 23 拉开，使得定模斜导柱抽芯机构带动动模滑块 1，后续动模滑块 2、动模隧道滑块 3～4 相继抽芯脱模。一次注射成型主体，但是采

用了不同的顶出方式。说明：动模隧道滑块 3～4 的开模动作与动模先抽滑块 5～6 的开模动作是没有发生干涉的。

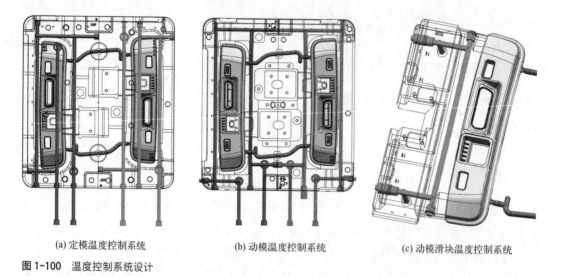

(a) 定模温度控制系统　　(b) 动模温度控制系统　　(c) 动模滑块温度控制系统

图 1-100　温度控制系统设计

④ 整个动模部分旋转 180°后，再次合模。一次注塑模具的滑块抽芯机构和扣机相继复位，一次注塑模具合模压紧塑件，准备注塑。说明：二次注塑的定模部位不安装斜导柱和扣机零件，所有抽芯机构不复位，不工作（防止碰伤塑件）。

⑤ 再次注塑，一次注塑模注入熔融状态的 ASA/PC，同时二次注塑也注入熔融状态的 TPV。此时，一次注塑模和二次注塑模同时工作。既完成灯饰面盖硬料部位注射，也完成二次软料部位注射。

⑥ 顶出工作，完成二次注射以后，只有二次注塑模具的顶针板 7 工作从而把产品顶出脱模。重复上述的工作过程，一次注射都是没有顶出产品脱模环节的。

⑦ 之后，热流道双色模再次重复上述的开模和合模的工作，形成连续生产。

（四）结语

根据上述方案设计和制造出来的双色注塑模具，在实际试模、打样中，塑件检验都符合设计要求，模具结构合理、工作顺畅、生产塑件质量稳定、可满足生产要求。

① 双色注塑模的浇注系统设计采用热流道斜方向针阀热射嘴点浇口方式，很好地解决了塑件 TPV 软料部位因浇口处受热不均有脱胶现象等问题。

② 双色注塑模采用侧向滑块抽芯机构解决塑件侧面的孔位倒扣的问题；采用动模推板脱模结构解决塑件底部柱子斜孔的扣位问题。

③ 双色注塑模采用长扣机和短扣机结构，解决了模具开模顺序的问题，保证了各个零部件的顺序工作。

小结　汽车车灯与后视镜模具设计

（一）汽车车灯模具概述

车灯是车辆夜间行驶在道路上照明的工具，也是发出各种车辆行驶信号的提示工具。车灯包括前大灯、雾灯、后灯、高位制动灯、阅读灯、行李箱灯、侧转向灯、门灯和牌照灯。汽车车灯产品属于汽车最重要的外饰件之一，外观要求高，所以对模具要求高。汽车车灯注塑模具设计是汽车制造过程中不可或缺的一环，它直接影响着汽车车灯的质量和性能。因此，对于汽车车灯注塑模具设计技术的掌握是非常必要的。

1. 对汽车车灯注塑模具设计的基本要求

① 注塑模具精度要求高：汽车车灯是汽车的重要组成部分，其精度要求非常高。因此，汽车车灯注塑模具设计必须保证模具的精度和稳定性，以确保生产出的车灯符合质量标准。

② 注塑模具结构设计合理：汽车车灯注塑模具的结构设计必须合理，以确保模具的使用寿命长、生产效率高。同时，模具的结构设计也需要考虑到生产过程中的安全性和易操作性。

③ 注塑模具钢料选择合适：汽车车灯注塑模具的材料选择必须合适，以确保模具的强度、硬度、耐磨性等性能符合要求。同时，材料的选择也需要考虑到模具的成本和生产效率。

④ 注塑模具表面光洁度高：汽车车灯是汽车的外观部分，因此，汽车车灯注塑模具的表面光洁度也非常重要。模具表面光洁度高可以确保生产出的车灯外观美观、质量优良。

⑤ 注塑模具维护方便：汽车车灯注塑模具的维护必须方便，以确保模具的使用寿命长。同时，模具的维护也需要考虑到生产过程中的安全性和易操作性。

汽车车灯注塑模具设计需要考虑到多个方面，以确保生产出的车灯符合质量标准、生产效率高、成本低。只有满足这些要求，才能保证汽车制造的质量和效率。

2. 汽车车灯注塑模具设计要点和经验技巧

（1）了解汽车车灯的结构和功能

在进行汽车车灯注塑模具设计之前，需要先了解汽车车灯的结构和功能。汽车车灯通常由灯罩、灯座、反射器、光源等部分组成。不同的车灯还有不同的功能，例如前大灯需要具备远光、近光、转向等功能，而尾灯需要具备刹车、示宽、倒车等功能。熟悉汽车车灯的结构和功能可以帮助设计师更好地进行车灯注塑模具设计。

（2）选择合适的模具材料

汽车车灯注塑模具设计需要选择合适的材料，以确保注塑模具的质量和性能。常用的模具材料包括钢、铝、铜等。不同的材料有不同的特点，例如钢材具有高强度和耐磨性，但重量较大；铝材则比较轻便，但强度较低。设计师需要根据具体情况选择合适的材料。

（3）确定车灯注塑模具的结构

车灯注塑模具的结构对于汽车车灯的质量和性能有着重要的影响。设计师需要根据汽车车灯的结构和功能，确定车灯注塑模具的结构。例如，前大灯需要具备远光、近光、转向等功能，因此需要设计多个反射器和光源。而尾灯则需要具备刹车、示宽、倒车等功能，因此需要设计多个反射器和光源，并且需要考虑灯罩的透光性。

（4）优化车灯注塑模具的制造工艺

车灯注塑模具的制造工艺对于模具的质量和成本有着重要的影响。设计师需要优化模具的制造工艺，以提高模具的精度和效率，降低制造成本。例如，可以采用数控加工技术和电火花加工技术，提高模具的精度和效率；可以采用模块化设计，降低车灯注塑模具的制造成本。

（5）进行模具测试和优化

进行车灯注塑模具测试和优化完成模具设计后，需要进行模具测试和优化，以确保车灯注塑模具的质量和性能。测试包括车灯注塑模具的尺寸精度、表面质量、耐磨性等方面。根据测试结果，设计师需要对车灯注塑模具进行优化，以提高车灯注塑模具的质量和性能。

（二）透镜类注塑模具

1. 前大灯透镜注塑模具

前大灯透镜塑件见图 1-101，模具排位图见图 1-102。

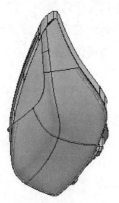

图 1-101　前大灯透镜塑件图

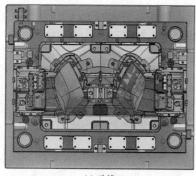
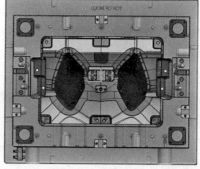

(a) 动模　　　　　　　　　　　　　(b) 定模

图 1-102　前大灯透镜注塑模具排位图

（1）前大灯透镜注塑模具设计要点

① 塑件材料：透明 PC。

② 模具钢材：模具成型零件通常采用 NAK80 或者 S136H（33～37HRC）模具钢，需提供原厂材质证明，定模成型零件和动模成型零件的硬度不能相同，定模成型零件的硬度宜高 2～5HRC。

③ 型腔表面或花纹面的加工：数控加工做中光再放电配模，飞完模后再高速机一次到位，20000r/min，动模所有成型零件装配好后一起精铣。

④ 型腔表面镜面抛光。镜面抛光指成型表面像镜面一样光洁，其粗糙度低于 $Ra0.2\mu m$。成型表面在机械加工或者电极加工后不能用油石抛光，须用砂纸抛光到 1000 号，再用研磨膏抛光至镜面。

⑤ 成型表面不能烧焊，如需烧焊，需从本料上切钢料经打磨抛光再烧，还需回火。

⑥ 为防止夹产品，顶块做 2°斜度。

⑦ 排气开通到模架外，排气槽通常开设在定模一侧，定、动模分型面在有效封胶面外都做避空。承压板也需要开设排气槽。

⑧ 内侧抽芯零件的侧面要避空 0.03mm，并加耐磨块。

（2）前大灯透镜注塑模具基本结构

① 汽车透镜斜滑块设计特点。滑块需要如图 1-103 所示在定、动镶件有定位，在图中 A 处斜度要大于 B 处斜度，防止倒扣。在图中 C 处要设计 5°斜度，反锁保护产品外观。滑块要设计工艺螺钉孔，方便与定模装在一起抛光。对于图中高的滑块，图中 D 处耐磨块槽不要开通。滑块锁紧块有效高度 $E > 2/3$ 产品胶位面高度。

② 内侧抽芯设计要点。滑块四面与模具镶件接触面设计耐磨块，方便配模，增长模具使用寿命。内侧抽芯的滑块需要多开一次模具，所以需要在动模板底部增加一块托板。内侧抽芯的滑块在抽芯时要防止与其它零件干涉，在锁紧块底部要设计支承柱支撑。详见图 1-104。

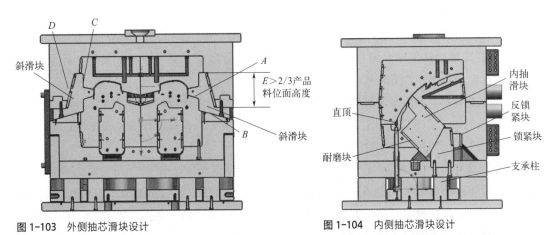

图 1-103 外侧抽芯滑块设计　　图 1-104 内侧抽芯滑块设计

③ 温度控制系统设计。由于透镜模具为汽车最重要的外观件之一，因此冷却水装置设计的好坏对模具的成型周期影响很大，车灯模具一般为一模两腔，成型左右两个塑件，两个塑

件镜像对称，每一个产品要保证两组以上回路。冷却水路一般采用"直通式水管 + 倾斜式水管 + 隔片式水井"的组合形式，每个镶件采用四组冷却水路，见图 1-105。

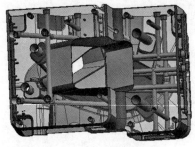
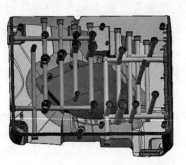

(a) 透镜动模镶件温度控制系统　　(b) 透镜定模镶件温度控制系统

图 1-105　模具温度控制系统

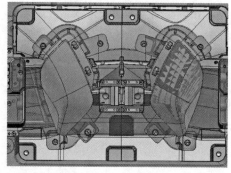

图 1-106　模具浇注系统

（3）前大灯透镜注塑模具进料方式

前大灯透镜注塑模具通常采用普通流道（又称冷流道），从侧面进料，见图 1-106。

2. 装饰框类注塑模具

（1）塑件材料

PC/PBT+GF/PBT+PET/PA66+GF。

（2）塑件结构特点

直接镀铝外观件，表面要求高。

（3）模具设计要点

① 保证外观质量。前期设计时就要注意熔接痕问题，并做针对性预防措施，保证外观质量。

② 保证开模后成型塑件留在动模一侧。由于塑件内外侧结构复杂，若分型面选择不当成型塑件很容易粘定模，模具设计前期就要做好预防措施。

③ 保证成型塑件平稳脱模。若脱模力不平衡就会导致成型塑件脱模时变形，甚至开裂。模具设计前期就要做好预防措施。

④ 成型塑件的花纹容易导致塑件表面产生流纹，浇口位置选择时要加以注意。

⑤ 装饰框类注塑模具成型工艺范围小，产品亮斑难控制，模具设计须考虑应对措施。

图 1-107 所示为装饰框塑件图。

（4）模具常用钢材

装饰框类注塑模具定模镶件一般采用 NAK80（37～43HRC）、2343ESR、SMV3W 或 8407（46～49HRC）等模具钢。动模镶件一般采用 P20、2738 或 8407（46～49HRC）等模具钢。

（5）装饰框类注塑模具基本结构

装饰框类注塑模具一般无滑块无斜顶，采用直顶和推杆顶出。图 1-108 所示为装饰框注塑模具脱模系统。

第一章 汽车车灯与后视镜 注塑模具 91

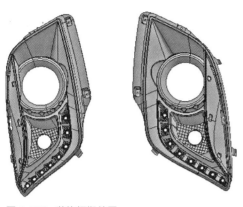

图 1-107 装饰框塑件图

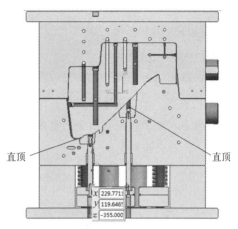

图 1-108 装饰框注塑模具脱模系统

（6）装饰框类注塑模具浇注系统设计

装饰框类注塑模具通常采用热流道转普通流道的组合式浇注系统，中间一点开放式热射嘴转普通流道侧浇口，详见图 1-109。

（7）装饰框类注塑模具温度控制系统设计

由于装饰框为汽车最重要的外观件之一，因此模具温度控制系统设计很重要，温度控制系统不但影响成型周期，还会影响成型塑件脱模后的变形。车灯注塑模具一般为一模两腔，成型左右两个镜像零件。每一个型腔要保证两组以上冷却水路。冷却水路的形式一般为"直通式冷却水管 + 倾斜式冷却水管 + 隔片式水井"的组合冷却形式，其中定模共采用 6 组冷却水路，动模共采用 4 组冷却水路，详见图 1-110。

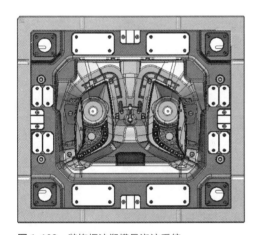

图 1-109 装饰框注塑模具浇注系统

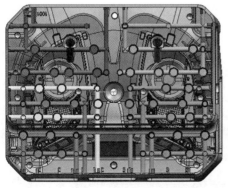

(a) 定模镶件温度控制系统

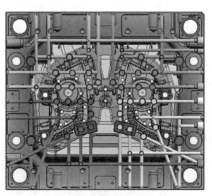

(b) 动模镶件温度控制系统

图 1-110 装饰框注塑模具温度控制系统

3. 灯壳类注塑模具

（1）塑件材料

PP+20%TD/PP+40%TD。

（2）塑件结构特点

①装配位置多，尺寸精度高；

②灯调整孔和线束接插孔有密封要求。

图1-111为灯壳塑件图。

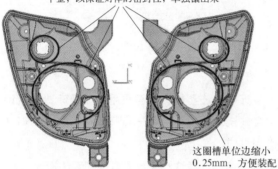

图1-111　灯壳塑件图

（3）模具要点

①模具成型零件多，镶件多，滑块多，易产生飞边；

②水路设计注意分组，防止产品变形；

③主要采用电极加工，电加工时间较长。

（4）模具成型零件钢材

灯壳类注塑模具成型零件通常采用P20和2738（28～34HRC）模具钢。

（5）灯壳类注塑模具结构

灯壳类注塑模具基本结构见图1-112排位图和图1-113剖视图，侧向抽芯机构采用"斜导柱+滑块"和斜顶两种形式，脱模系统采用推杆顶出。

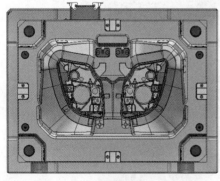

(a) 定模排位图

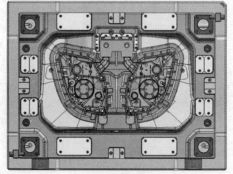

(b) 动模排位图

图1-112　灯壳类注塑模具排位图

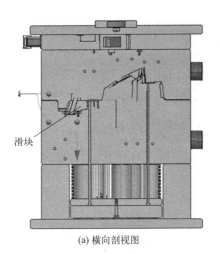
(a) 横向剖视图

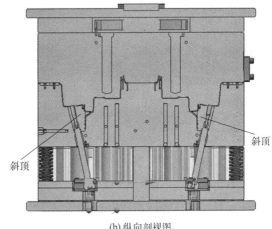
(b) 纵向剖视图

图 1-113　装饰框注塑模具剖视图

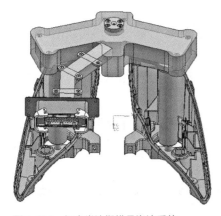

图 1-114　灯壳类注塑模具浇注系统

灯壳类注塑模具一般采用两点开放式热射嘴热流道浇注系统，进料点在塑件内表面，详见图 1-114。

灯壳类注塑模具温度控制系统：灯壳模具冷却水路装置设计的好坏对模具的成型周期影响很大，车灯模具一般为一模两腔，成型左右两个灯壳，两个灯壳镜像对称，每一个塑件要保证两组以上冷却水路。

灯壳类注塑模具冷却水路的形式一般为"直通式冷却水管+倾斜式冷却水管+隔片式水井"的组合冷却形式，其中定模和动模均采用 3 组冷却水路，详见图 1-115。

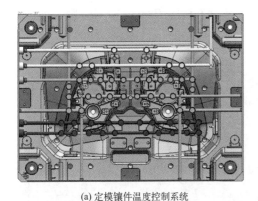
(a) 定模镶件温度控制系统

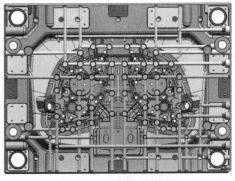
(b) 动模镶件冷却水路

图 1-115　灯壳类注塑模具温度控制系统

4. 反光镜类注塑模具

汽车反光镜主要功能是对灯光进行反射，避免灯光直射。反光镜立体图及其技术要求见图 1-116。

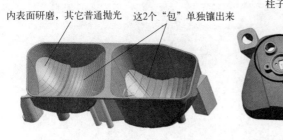

图1-116 反光镜零件立体图

反光镜类注塑模具设计要点如下。

① 塑件材料：热固性塑料 BMC，此种塑料属于特硬料，对模具钢材要求高。

② 模具材料：定、动模成型零件采用 8407（需达到高抛光效果）模具钢，定模镶件硬度 46～50HRC，动模镶件硬度 44～48HRC。

定模型腔（反射面）抛光，不能用油石抛光，先用砂纸抛光到 1000 号，再用研磨膏研磨至 Ra0.2μm；动模成型表面用普通砂纸抛光至 600 号即可。

③ 对于热固性塑料 BMC 来说，模具成型表面不能烧焊，热处理工艺和质量（可以到材料厂加硬）真空热处理。

④ 模具上不能有任何尖角锐边（包括底孔），倒圆角半径尽可能大，加硬前先深孔钻加工加热管孔（尺寸精确度为 +0.02mm），待配好加热管后再加硬，所采购加热管本身尺寸精确度需为 –0.05～0.1mm。

⑤ 排气开通到模板外，排气开定模，定、动模分型面有效封胶外都做避空。承压板需开通排气槽。

⑥ 模具采用热流道转普通流道浇注系统，熔体最后由扇形浇口进入型腔，见图 1-117。

⑦ 由于这是热固性材料，需要采用快速填充成型，需要在型腔周圈做密封圈（图 1-118），采用模腔抽真空注塑，需要有相对配套的设备。

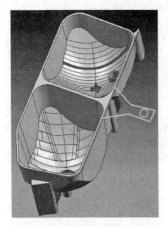

图1-117 模具浇口位置

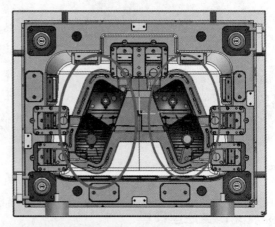

图1-118 模具型腔四周加密封圈

⑧ 由于产品材料是 BMC 热固性塑料，所以不需要设计冷却水，需要在定、动模设计如图 1-119 形式加热管，定、动模板四周需设计隔热板。定、动模加热管要均匀排布，见图 1-119。

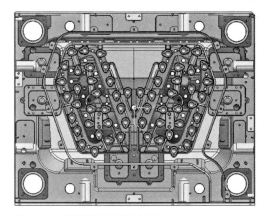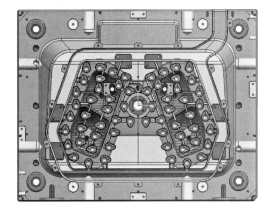

图 1-119　模具发热管要均匀排布

（三）汽车车灯模具设计总结

① 进料方式：做模流分析，进料点数和位置及熔接痕给客户确认。

② 开模之前，镶件拼接前的位置需给客户确认。

③ 模具钢料：透明塑件采用 NAK80 或者 S136H 模具钢，定、动模硬度宜相差 2～5HRC。反光塑件定模采用 NAK80 或者 S136H（32～36HRC），动模可以用锻钢，硬度 30～34HRC。BMC 材质的产品定、动模钢料采用 8407（需达到高抛光效果），定模镶件硬度 46～50HRC，动模镶件硬度 44～48HRC。其它产品的钢材采用锻钢（需达到抛光效果）32～36HRC。采用真空热处理。

④ 内抽芯件的侧面避空 0.03mm，加耐磨块。

⑤ 排气开通到模架外，排气槽开设在定模侧，动、定模分型面有效封胶外都做避空。

⑥ 加大面积平衡块并需开通排气槽。

⑦ 透明塑件/散光塑件须研磨抛光，不能用油石抛光，先用砂纸抛光到 1000 号，再用研磨膏研磨。

⑧ 注射热固性塑料 BMC 的模具：数控加工至 Ra0.4～0.8μm，再用电极进行放电加工，配模后再用高速机一次加工到位，机床转速 20000r/min，动模所有成型零件装配好后一起精铣。BMC 产品钢料不能烧焊，镀铝面的钢料不能烧焊。成型透明塑件或表面有花纹塑件的模具，如需烧焊需从本料上切钢料经打磨抛光再烧焊，烧焊后还需回火。模具上不能有任何利角（包括底孔），淬火前先深孔钻加工发热管孔，配好加热管后再淬火。

⑨ 周圈顶块需做 2°斜度以防夹成型塑件。

第二章
汽车车门门板注塑模具

十四、汽车后背门护板热流道大型注塑模具设计

汽车后背门护板位于汽车内侧尾部,是汽车内饰件的重要组成部分,它集安全性、舒适性、美观性于一体,同时触摸感还要良好。汽车后背门护板以塑料为原料,由模具注射成型。塑料不但能满足其功能要求,还因其质轻,为汽车轻量化设计提供了有力保证。针对同类车型门护板在成型过程中存在的问题,本例都做了优化设计,并取得了满意的效果。

(一)塑件外观要求与结构分析

图 2-1 所示为某新能源汽车后背门护板零件图,材料为 PP+EPDM(三元乙丙橡胶),PP 质轻、韧性好、耐化学品性好、耐磨性好、流动性好。EPDM 用以改善 PP 的阻燃性、耐候性与强度。收缩率取 1.2%。塑件特点与技术要求如下:①最大外形尺寸为 1168mm×563mm×222mm,平均壁厚为 2.5mm,属于大型薄壁塑件。②塑件外侧面没有倒扣,但内侧面卡(倒)扣较多,L1~L14 共有 14 个,都是安装结构,精度要求高。③塑件加强筋多,成型及脱模较困难。④塑件外观面质量要求高,需外饰皮纹,不允许有浇口痕迹,更不允许有斑点、收缩凹陷、熔接痕和飞边等缺陷。

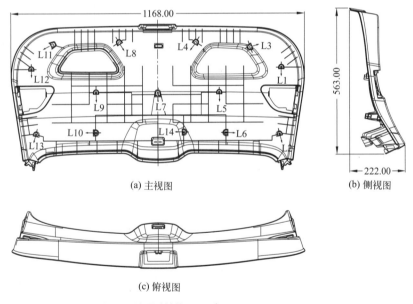

图 2-1 汽车后背门护板零件图(单位:mm)

(二)模具结构设计

模具为一模一腔的设计,采用热流道浇注系统。因塑件外观面不允许有浇口痕迹,只能从塑件内侧面进料,即脱模系统和浇注系统都设计在定模侧,这种模具称为定模脱模或倒装模。该模具设计寿命为 30 万次,成型注塑机采用海天 2000T。模具最大外形尺寸为

1750mm×1100mm×1015mm，总质量约16t，属于大型注塑模具。详细结构见图2-2。

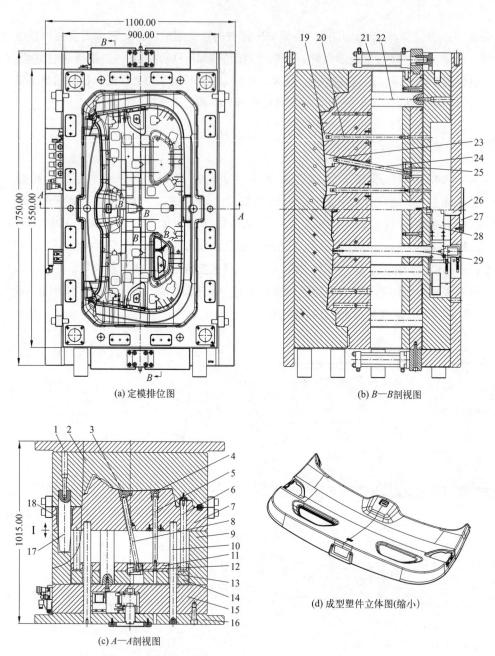

图2-2 汽车后背门护板模具结构图（单位：mm）

1—动模固定板；2—动模板；3,23—内侧抽芯；4,19—推块；5,20—推杆；6—复位杆；7—定模板；8,24—斜推杆；9—垫块；10—推件板导柱；11—推件固定板；12,25—斜推杆滑座；13,18—导套；14—推件底板；15—热流道框板；16—定模固定板；17—导柱；21—脱模油缸；22—支承柱；26——级热射嘴；28—定位圈；27—热流道板；29—二级热射嘴

1. 成型零件设计

本模具定、动模都采用整体式结构，即模板和镶件做成一体。定模板采用718H模具钢，

调质硬度为 30 ~ 35HRC，动模采用 P20 模具钢，调质硬度为 30 ~ 34HRC。本模具定、动模对插部分的插穿角度保证在 7°以上，为了保证定、动模精准定位，模具定、动模板做四面围边管位互锁。塑件外表面（即 A 面）严禁做镶件，塑件有碰穿或插穿孔可以选择在动模做镶件，方便磨损后更换。模具动模局部凸起区域，为方便加工与节省材料，可以采用做镶件。

2. 浇注系统设计

汽车后背门护板尺寸大，外观面不允许有浇口痕迹，形状复杂、加强筋多，特别是塑件中间区域网状加强筋，极易因困气而造成真空吸附，造成熔体填充较困难。模具采用热流道从塑件内侧多点进料。图 2-3 所示为汽车后背门护板的进料方案，其中 3 个点浇口，直接从塑件内侧面进料，还有 2 个点浇口转内侧浇口，在塑件碰穿位置。模具热流道浇注系统由一级热射嘴、顺序电磁阀、热流道板、二级热射嘴等组成，详见图 2-4。热射嘴采用开放式结构，按 G1、G2、G3、G4 顺序依次进料，由顺序阀控制。通过模流分析，证明这种进料方案填充良好，无成型缺陷。由于开放式热射嘴有一段冷料把，为避免冷料把的反面即塑件外观面出现收缩凹陷，开放式热射嘴前段浇口最大直径，即冷料把的最大直径尺寸应控制在 3mm。G3 分流道采用梯形截面，尺寸为 10mm × 8mm。

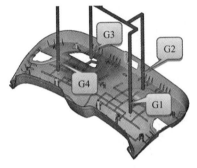

图 2-3 汽车后背门护板进料方案

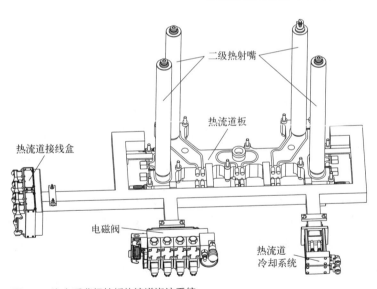

图 2-4 汽车后背门护板热流道浇注系统

热流道框板内的线槽应设计工艺圆角，避免划伤电线。热流道插座的位置应符合客户要求。一级热射嘴必须低于面板至少 2mm。液压系统与电气系统连接在非操作侧，不可超出模板。

3. 侧向抽芯机构设计

由于塑件倒扣 L1 ~ L14 均在塑件内侧，故全部采用"内侧抽芯 + 斜推杆"的侧向抽芯结构,详见图 2-2 和图 2-5。

所有斜推杆底座采用整体式,开模时不受剪切力作用,斜推杆需设计止转定位结构,斜推杆导向段的长度至少是斜推杆长度的 2/3,为安全起见,所有斜推杆倾斜角度均为 10°。斜推杆直径均为 $\phi 25mm$,材料为 SUJ2,热处理高频淬火。斜推杆导向块材料全部采用铍铜,铍铜耐磨性和热传导性能好。

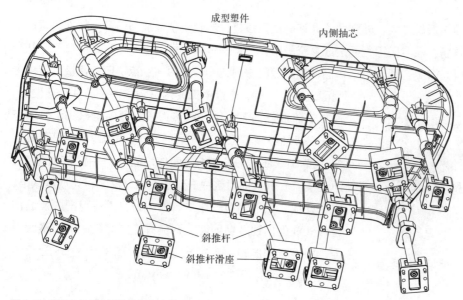

图 2-5 模具 14 个内侧抽芯机构立体图

4. 温度控制系统设计

汽车后背门护板为大型平板类内饰件,需要良好的温度控制系统来保证塑件外观质量与成型周期。动、定模均采用"直通式水管 + 隔片式水井"的组合形式,其中动模设计了 12 组水路,定模设计了 10 组水路。模具冷却水路与料流方向一致,水路冷却均匀,冷却水路之间的距离在 50~60mm,冷却水管直径为 $\phi 15mm$,水井直径为 $\phi 25mm$,模具型腔冷却面积达到了型腔投影面积的 60%。详见图 2-2 和图 2-6。模具定、动模采用内循环式冷却水路,它可以调节及矫正塑件的变形。另外,模具热射嘴附件需重点冷却,每个热射嘴周围都设计了水路。模具冷却充分,水路设计均匀合理,保证了抽芯塑件的质量,提升了模具的生产效率,成功将注塑周期控制在 60s 左右,与同类车型门护板注塑模相比提高生产效率约 8%。

5. 导向定位系统设计

模具导向系统主要是 4 支圆导柱,布置在动模板的 4 个角上,直径 $\phi 70mm$。定位系统主要是内模四周定位锥面,锥面插穿斜度为 5°,详见图 2-7。

动模导柱的长度 340mm,能够满足动、定模接触前 30mm 插入定模导套内。因为模具打开后成型塑件留在定模侧,导柱安装在动模不但有利于机械手取件,避免塑件粘上导柱上的油污，而且导柱还起到支撑整个定模的作用，方便钳工配模。导柱前端单边做 5°斜度，保证导柱顺利地插入导套，也方便钳工开、合模。

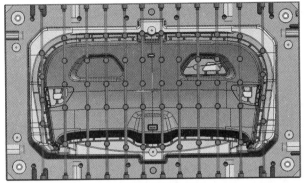

(a) 动模温度控制系统

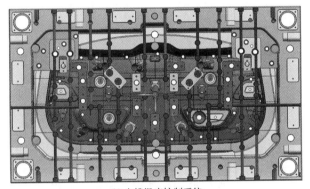

(b) 定模温度控制系统

图 2-6　汽车后背门护板模具温度控制系统

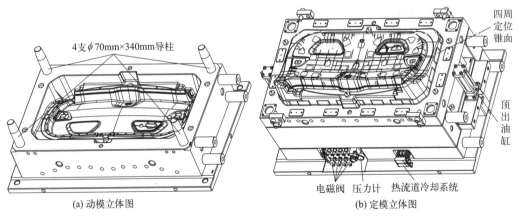

(a) 动模立体图　　(b) 定模立体图

图 2-7　汽车后背门护板模具立体图

6. 脱模系统设计

模具采用"推杆+推块+斜推杆+油缸顶出"组合脱模结构，见图 2-2 和图 2-8。模具在定、动模开模后,依靠推杆、推块和斜推杆推出塑件。由于脱模系统和浇注系统都在注塑机定模板一侧,模具的推件无法采用注塑机顶棍驱动,只能采用油缸驱动,油缸规格为 $\phi 63mm \times 180mm$。油缸安装在定模上下两侧,见图2-7。

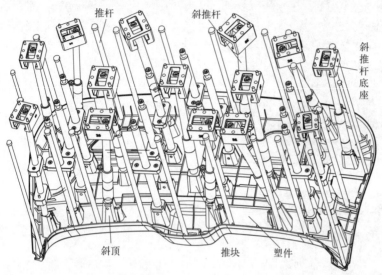

图2-8 汽车后背门护板模具脱模系统立体图

7. 排气系统设计

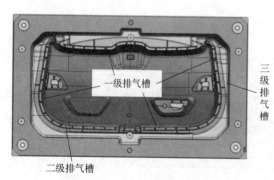

图2-9 汽车后背门护板定模分型面排气槽

汽车后背门护板属于大型内饰件,型腔内有大量空气,在熔体高速进入型腔时,这些空气必须及时排出。否则就会影响成型质量,或延长成型周期。排气系统主要由分型面排气槽、各推件与模板之间的间隙组成。分型面上的排气是主要的排气结构,它开设在动模板的分型面上、型腔的周围,包括一级排气槽(深0.04mm,宽10mm,数量50个),二级排气槽(深0.5mm,宽10mm,数量50个)和三级排气槽(深1mm,宽10mm),一级排气槽之间的距离在70mm左右,详见图2-9。

(三)模具工作过程

熔体通过注塑机喷嘴,经一级热射嘴26、热流道板27、二级热射嘴29进入模具型腔,熔体充满型腔后,经保压、冷却和固化,至足够刚性后,注塑机拉动模具的动模固定板1,模具从分型面Ⅰ处打开。开模距离达到400mm后,脱模油缸21推动推件底板14,推件底板推动 32 支推杆和 14 支斜推杆，一边将塑件推离定模，一边进行内侧抽芯。塑件由机械手取出后，脱模油缸拉动推件及其底板复位，接着注塑机推动动模合模，模具继续下一次注射成型。

（四）结语

① 模具设计前利用模流分析，预测并成功解决成型塑件熔接痕、困气、填充和收缩变形等问题很重要，避免了后期反复修改造成的经济损失。

② 通过控制开放式热射嘴浇口前端最大直径，成功解决了汽车后背门护板表面出现收缩凹陷问题。

③ 通过在热射嘴周围与热射嘴前端定模区域设计单独的冷却水路，成功解决了热射嘴出现拉丝、流延与浇口残留过高等问题。

模具结构先进合理，投产后运行平稳，成型周期控制在 60s 之内，与同类车型门护板注塑模相比提高生产效率约 8%。塑件质量达到了客户的设计要求。该车型目前已成功上市，为客户创造了良好的经济效益。

十五、汽车右后门板顺序阀热流道大型薄壁注塑模具设计

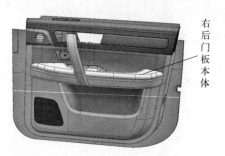

图 2-10 汽车右后门护板总成效果图

汽车门板是汽车的重要内饰件,也是车门的重要组成部分,见图 2-10。它集美观性、安全性、舒适性与装饰性为一体,还要满足人机工程、功能性和方便性要求。在侧碰时提供适当的缓冲保护,对车外噪声提供屏蔽功能,其复杂程度仅次于正副仪表板。汽车门板模具结构复杂,成型难度大。本例为某款新能源汽车右后门板注塑模具成功设计案例。

(一)塑件外观要求与结构工艺分析

图 2-11 所示为该款汽车右后门板塑件图,材料为 PP+EPDM+20%TD,收缩率 1.2%。它是将 PP(聚丙烯)树脂、EPDM(三元乙丙橡胶)和 TD(滑石粉)按照一定比例混合均匀后形成的材料。这种共混改性塑料克服了普通 PP 塑料性能上的不足,具有较好的流动性,较低的热扭曲温度(100℃),较高的光泽度、刚性以及冲击强度,综合性能大幅提高,而且表面抗划痕性能非常好,且耐臭氧、耐热、耐候等耐老化性能优异,大大提高了门板的弹性。

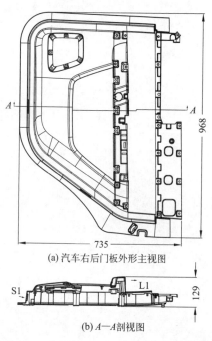

(a)汽车右后门板外形主视图

(b)A—A剖视图

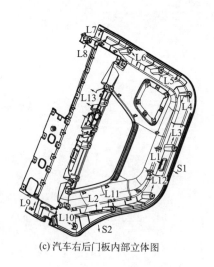

(c)汽车右后门板内部立体图

图 2-11 汽车右后门护板零件图(单位:mm)

该款门板结构特点如下:①最大外形尺寸为 968mm × 735mm × 129mm,平均壁厚为 2.5mm,最大壁厚 3mm。熔体最大流长比为 600÷3=200,大于 150,属于大型薄壁塑件。

②表面需要做皮纹处理，A 面（即外观面）脱模角至少取 5°。外观和尺寸精度要求高，不允许有收缩凹痕、熔接痕和气纹等外观缺陷。③塑件外侧面有 2 处侧孔，内侧有 13 个卡扣，结构复杂，脱模困难。④为提高门板刚性，设计了很多加强筋，增加了模具的制造难度和熔体的填充阻力。

（二）模具结构设计

一模一腔，采用顺序阀控制的热流道四点进料浇注系统。塑件外侧倒扣 S1、S2 在定模侧，均采用"油缸 + 锁紧块 + 滑块"的间接隧道抽芯结构。塑件内侧共有 13 个倒扣，由于在塑件内侧，皆采用"斜顶 + 斜顶杆"的侧向抽芯结构。模具详细结构见图 2-12。本模具最大外形尺寸为 1700mm × 1200mm × 902mm，总质量约 18t，属于大型注塑模具。

1. 成型零件设计

模具定、动模均采用整体式，定模板采用 718H 预硬模具钢，调质至 32 ~ 36HRC。动模板采用 P20，调质至 30 ~ 34HRC。为了保证塑件的表面质量要求，型腔和型芯粗糙度为 Ra0.8μm。塑件加强筋多，深度大于 8mm 需要设计镶件，镶件都能从分型面侧拆装。

模具定、动模插穿角度取 5°，由于插穿处需要精确定位，在配模时，定、动模需要紧配，为了方便模具制造与维修，在动模侧设计了 11 块 5° 耐磨块。

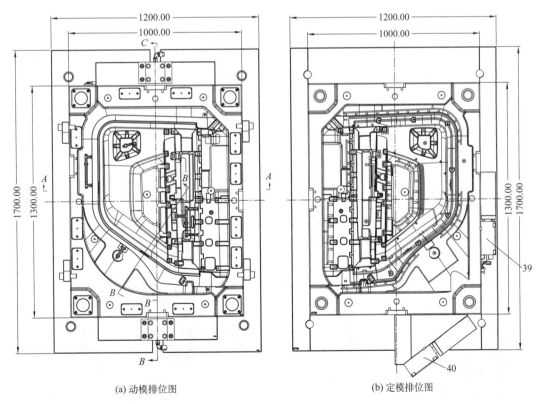

(a) 动模排位图　　(b) 定模排位图

图 2-12

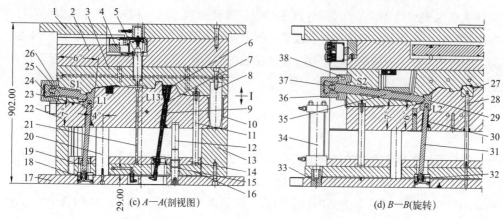

(c) A—A(剖视图)　　　(d) B—B(旋转)

图 2-12　汽车右后门板注塑模具结构图（单位：mm）

1—定模固定板；2—框板；3—定模板；4—热流道板；5—热射嘴；6，23，29—斜顶；7，31—斜推杆；8—动、定模导柱；9，30—斜推杆导套；10—导套；11—复位杆；12—推杆固定板导柱；13—垫块；14—推件固定板支承柱；15—推杆底板；16—推件底板；17—动模固定板；18，32—斜推杆滑座；19—斜推杆；20—支承柱；21—流道推杆；22—动模板；24—定模T型块1；25—定模滑块；26—T型块固定块1；27—推块；28—推杆；33—油缸连接柱；34—液压油缸；35—定模滑块2；36—T型块固定块2；37—定模T型块2；38—油缸固定板；39，40—抽芯油缸

用UG设计分型面时尽量使用延伸、扫掠和网格等方法，少用或者不用拉伸的方法，以保证分型面光滑平顺无尖角。这样的分型面方便加工，分型面也不容易出飞边。

2. 浇注系统设计

为保证门板外观质量，模具采用"热流道+普通流道+侧浇口"的进料方式。鉴于以前门板注塑模具采用同步进料的普通热流道会产生熔接痕、填充不足以及变形等成型缺陷，本例右后门板注塑模具浇注系统采用4点顺序阀热流道进料（即采用SVG技术），进料顺序为G1→G2→G3→G4，通过调整各点进料时间来保证门板的成型质量，见图2-13。

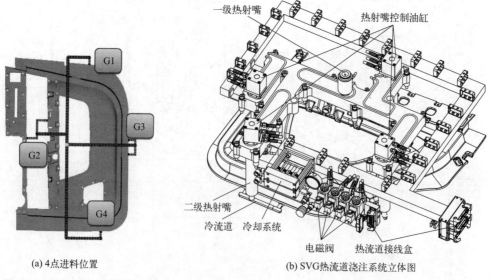

(a) 4点进料位置　　　(b) SVG热流道浇注系统立体图

图 2-13　汽车右后门板热流道系统

为检验该浇注系统的合理性，下面进行模流分析。

（1）填充时熔接痕分析

图 2-14 所示为汽车右后门板填充时熔接痕分布图，从图中可知：塑件外观面无明显熔接痕，孔引起熔接痕较短但不可避免，熔接痕产生在塑件非外观面上，符合门板外观要求。

（2）收缩凹痕分析

图 2-15 所示为汽车右后门板收缩凹痕分布图，从图中分析结果可得出：塑件外观没有明显收缩凹痕，塑件加强筋与推管（司筒）柱背面有轻微凹痕。

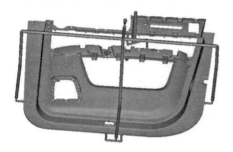 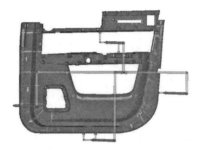

图 2-14　汽车门板填充时熔接痕分布图　　图 2-15　汽车门板零件收缩凹痕分布图

（3）总体变形分析

图 2-16 所示为汽车右后门板总体变形分布图，从图中分析结果可得出：塑件总体最大变形量较小，没有明显的翘曲变形现象。

模流分析结论：塑件外观填充较顺畅，非外观处有较明显滞留，没有填充不良。无明显困气，外观无熔接痕。体积收缩均匀，无严重缩痕。塑件总体变形小，符合设计要求。

3. 排气系统设计

汽车右后门板注塑模具属于浅型腔大型薄壁注塑模具，排气槽主要开设在分型面上，由一级排气槽、二级排气槽和三级排气槽组成，见图 2-17。分型面上的排气槽不但排气效果好，而且加工方便，不容易堵塞。靠近镶件或壁厚最薄处也开设了排气槽，因为这些地方最容易形成熔接痕。分型面上排气槽都与外部贯通，防止形成内循环。排气槽都没有与定位止口、流道和浇口等发生干涉。排气槽与排气槽之间的距离都控制在 60～80mm 之间。

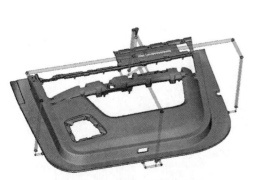 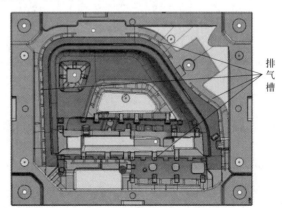

图 2-16　汽车右后门板零件总体变形分布图　　图 2-17　汽车右后门板排气系统

4. 侧向分型与抽芯机构设计

塑件外侧面共有 2 个倒扣 S1 和 S2，都在定模侧，模具采用"油缸 +T 型块 + 滑块"的油缸间接大角度隧道抽芯结构，结构很复杂，是本模具的核心结构，详见图 2-12 和图 2-18。该机构的驱动零件是油缸 39 和 40，装配在定模板 3 上，它们分别驱动 T 型块 24 和 37，通过倾斜 10°的 T 型槽带动滑块进行侧向抽芯，详细结构见图 2-19。为减小磨损，前端导向段设计了单边 1°～ 3°的斜度，为了保证抽芯滑块的定位可靠，前端需要设计台阶定位。滑块导向块需要在定模板上做冬菇头定位，保证滑块运动平稳安全可靠。

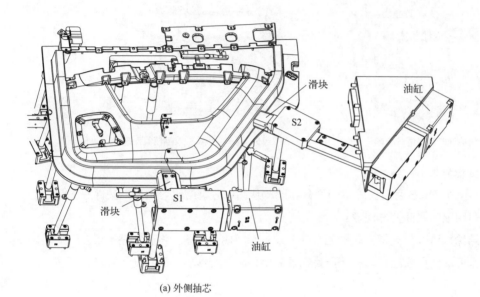

图 2-18 汽车右后门板注塑模侧向抽芯机构（立体图）

内侧倒扣 L13 的侧向孔多，极容易粘斜顶，侧向孔脱模斜度均大于 5°。与塑件外侧倒扣 S1 和 S2 相对应的内侧也是倒扣，模具采用斜顶机构，分别为 L1、L2，详见图 2-18（b）。设计这种内外侧抽芯时，为保证抽芯准确，滑块与斜顶需要设计定位结构，在此处，模具在滑块上设计了四面锥面定位。模具滑块的四面都设计了耐磨块，作用是减轻滑块磨损，同时减少了钳工工作量，方便加工。由于斜顶数量多，斜顶座需要错开安装，而且必须采用正装与反装两种形式，以避免斜顶座之间的干涉。

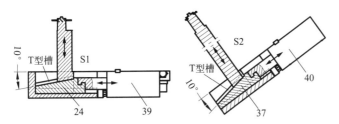

图 2-19　外侧侧向抽芯机构 S1 和 S2

24—定模 T 型块 1；37—定模 T 型块 2；39，40—抽芯油缸

5. 温度控制系统设计

汽车门板投影面积较大，为提高生产效率，保证模具温度均匀，防止塑件脱模后变形，模具定模设计了 12 组水路，动模设计了 10 组水路，定、动模水路交叉布置，形成了纵横交错的水路交织网。模具型腔、型芯同时冷却，每一组水路均采用"直通式水管（俗称线形运水）+ 隔片式冷却水井"的组合式温度控制系统，模具每个热嘴附近都单独设计了一组冷却水路，见图 2-12 和图 2-20。为避免冷却水路与相关模具元件发生干涉，同时又不影响塑件冷却效果，模具定、动模均设计了一进一出的内循环式冷却水路。内循环式冷却水路是通过中途塞来改变水流方向，从而避免了因外部接驳而导致的漏水和运输不便。

由于模具水路设计合理，冷却充分，加之采用了先进的 SVG 热流道浇注系统，注塑周期控制在 50s 以下，下降了 10%，塑件的尺寸精度达到了 MT3（GB/T 14486），提高了一级，门板最大变形量由 0.6mm 降为 0.3mm。

6. 导向定位系统设计

大型薄壁注塑模具对导向定位系统设计要求非常高。门板注塑模具 4 个角上各设计了 1 支 $\phi 70mm \times 285mm$ 的圆导柱，以及 4 个 5°锥面止口定位机构。模具所有分型面配合斜度为 5°。塑件外观面需做皮纹，模具上设计了 4 个边锁和 1°精定位，详见图 2-21。

导柱的长度必须高出定、动模型芯最高点 30mm，否则在模具的制造和生产中可能会撞模，损坏模具。导柱安装在定模侧，这样不但有利于机械手取件，避免塑件粘上导柱上的油污，而且导柱还起到支撑整个定模的作用，方便模具制造。

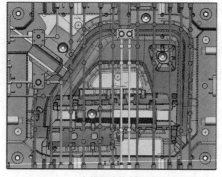
(a) 定模温度控制系统

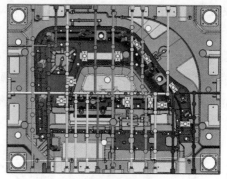
(b) 动模温度控制系统

图 2-20 汽车右后门板注塑模温度控制系统

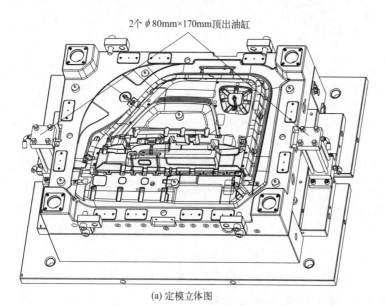
(a) 定模立体图

(b) 动模立体图

图 2-21 汽车右后门板模具立体图

7. 脱模系统设计

模具采用"推杆+斜顶+直顶+推管+油缸顶出"组合脱模机构，汽车右后门板面积大，且为 PP 料，为保证塑件顶出安全可靠及美观，模具除了斜顶外，还设计了 10 个直顶，均匀分布在塑件上，详见图 2-22。模具所有直顶杆底部都设计了调节块，用以调节直顶杆长度，目的是避免在制作直顶杆时因加工误差造成的直顶杆烧焊或作废。开模后依靠推杆和斜顶推出塑件，推件固定板由注塑机通过油缸推动，在 6 支复位杆的作用下复位。2 个脱模油缸规格为 $\phi 80\text{mm} \times 170\text{mm}$，油路并联布置，可以保证模具的顶出平衡。

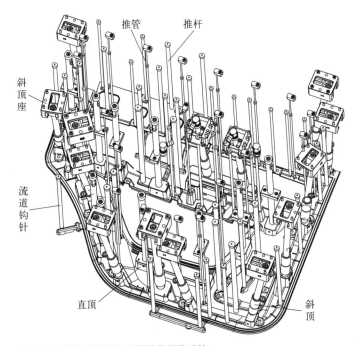

图 2-22　汽车右后门板注塑模具脱模系统

（三）模具工作过程

① PP+EPDM+20%TD 熔体通过一级热射嘴进入热流道板，在顺序阀控制下按 G1 → G2 → G3 → G4 顺序进入模具型腔。②熔体在型腔中冷却固化至足够刚性后，油缸 39 和 40 分别拉动 T 型块 24 和 37，进行定模外侧抽芯。③注塑机拉动动模固定板 17，模具从分型面 I 处打开。④注塑机顶棍通过模具底板中心的顶棍孔推动推件底板 16，进而推动推杆和斜顶，一边进行内侧抽芯，一边将抽芯塑件推离动模镶件。⑤油缸 39 和 40 分别推动 T 型块 24 和 37 复位。⑥注塑机推动动模合模，斜顶复位。⑦模具开始下一次注射成型。

（四）结语

① 根据汽车右后门板的结构特征和塑料的成型工艺性能，成功设计了一副大型薄壁注塑

模具。通过采用 4 点顺序阀热流道浇注系统和"直通式水管 + 隔片式冷却水井"组合式温度控制系统，注塑周期下降了 10%，塑件的尺寸精度提高了 1 级，达到了 MT3（GB/T 14486），门板最大变形量由 0.6mm 降为 0.3mm。

② 模具采用"推杆 + 推管 + 斜顶 + 直顶 + 油缸顶出"的脱模机构、"斜顶 + 斜顶杆"与"油缸 +T 型块 + 滑块"的侧向抽芯结构，成功解决了塑件内外倒扣多、脱模困难的难题。

③ 模具设计前期采用模流分析，对熔体填充、温度、压力、收缩凹痕、熔接痕和变形等进行了预测，为模具设计的成功奠定了基础。

模具结构先进合理，投产后运行安全平稳，脱模顺利，塑件尺寸精度和外观质量均达到了设计要求。

十六、汽车左右前门板大型注塑模具设计

汽车门板是汽车内饰件的重要组成部分，位于汽车车门的内侧，有前后左右之分，根据车系的不同而不同，通常为两门与四门，这些零件统称门板系列，左右门板本体，为叙述方便，统称为门板。本例介绍了某款新能源汽车左右前门板注塑模具的设计要点与经验。

（一）塑件外观要求与结构分析

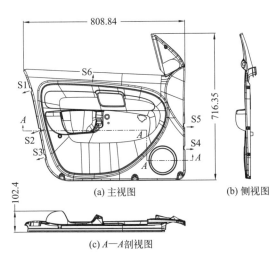

图 2-23 汽车左右前门板零件图

图 2-23 所示为某新能源汽车前门板零件图，材料为 PP+EPDM，收缩率一般取 1.1%，其中 EPDM 是 ethylene propylene diene monomer 的简称，中文名称三元乙丙橡胶，它是乙烯、丙烯和少量的非共轭二烯烃的共聚物，是乙丙橡胶的一种，能够提高门板的弹性。塑件尺寸为：804.84mm × 16.35mm × 102.4mm。塑件特点如下：①外观面要求高，塑件外观面需皮纹，塑件外观面不允许有斑点、浇口痕迹，更不允许有收缩凹陷、熔接痕、飞边等缺陷。②塑件为皮纹件，塑件外观面（A面）脱模斜度设计要合理（一般设计 5°以上）。③塑件外形复杂，曲面光洁度高，塑件内外侧面共有 S1 ~ S6 共 6 个倒扣，倒扣多且成型困难。

（二）模具结构设计

模具型腔数为一模两腔。成型汽车左右两块前门板。根据门板塑件的结构特点，模具优先采用热流道注塑模结构，采用 2 点针阀式顺序阀热流道 + 冷流道 + 扇形浇口进料。图 2-23 所示塑件内外侧面共有 6 个倒扣，倒扣 S1、S2、S3、S4、S5 均采用"斜导柱 + 滑块"抽芯结构。倒扣 S6 面积大，在本模具中采用斜推块结构。

本模具外形尺寸为 2050mm × 1610mm × 995mm，总质量约 20t，属于超大型注塑模具。详细结构见图 2-24。

1. 成型零件设计

为提高模具刚度，减小模具的外形尺寸，模具定、动模成型零件采用一体式结构，即型腔直接开在定模板和动模板上，定模板和动模板的材料选用 P20 模具钢。模具定、动模板采用四面围边锥面定位的方式，见图 2-25。在门板模具设计中，斜推杆与斜顶的设计是门板的核心结构，斜顶的设计要防止侧向抽芯时塑件粘斜顶，或斜顶拉伤塑件。

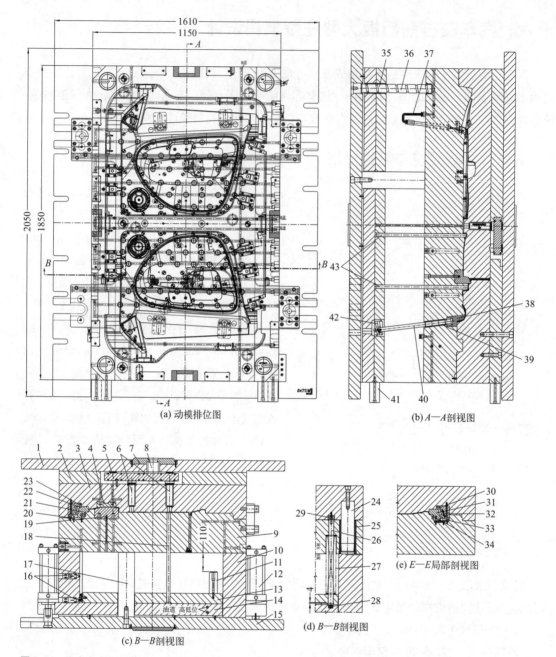

图 2-24 汽车左右门板注塑模具结构图（单位：mm）

1—定模固定板；2—框板；3—定模板；4—定模镶件；5—热流道板；6—二级热射嘴；7—定位圈；8——级热射嘴；9—动模板；10—垫块；11—限位柱；12—液压油缸；13—推件固定板；14—推件底板；15—动模固定板；16—行程开关；17,41—支承柱；18,43—推杆；19—动模镶件；20—挡块；21,31—滑块；22,30—斜导柱；23,32—锁紧块；24,36—导柱；25—滚珠导套；26—复位杆；27—复位弹簧；28—弹力胶；29—硬块；33—挡销；34—弹簧；35,39—导套；37—输油管；38—斜顶；40—斜推杆；42—斜推杆底座

前门板零件一般都有网孔，网孔的设计也是门板注塑模具的难点之一。本模具成型的门板有网孔，且网孔数量多，若全部画出会严重影响电脑运行速度，因此门板网孔设计时，不需要在 3D 上面把每一个网孔都设计出来，只需要设计少部分的参考网孔，再在零件上面设计上不同颜色的网孔分布线，以 2D 线条来表示网孔的分布，见图 2-26。以碰穿网孔的高度为基准，

长钢料封图,在局部切出几个网孔作为网孔尺寸基准进行设计。如果碰穿网孔或者不碰穿网孔都不等高,那么需对所有不同高度的网孔都进行 3D 真实建模。这种设计方法只针对圆形网孔,其它形状网孔需 3D 真实建模。碰穿与不碰穿的网孔在 3D 设计时要有区分,用颜色区分最好,见图 2-27。网孔附近要设计进料点,以便注塑时保压,见图 2-28。所有的 2D 线条都需要是标准的圆形,加工电极是通过捕捉圆心来进行钻孔加工的;线条要和网孔零件放置在同一个零件档内;网孔线条要始终显示,不要隐藏。门板网孔定模斜度尽量大,定、动模对碰,设计 0.1 ~ 0.15mm 台阶,见图 2-29;动模设计加强筋防止粘定模。

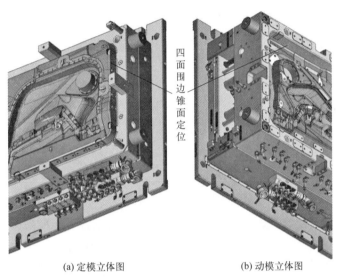

(a) 定模立体图　　(b) 动模立体图

图 2-25 模具立体图

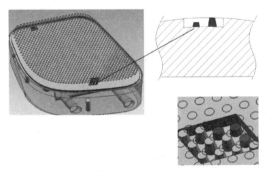

图 2-26 汽车左右前门板网孔设计 1

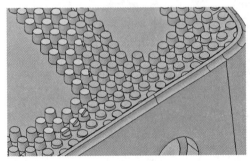

图 2-27 汽车左右前门板网孔设计 2

为避免困气,网孔镶件需要采用透气钢材料。透气钢材料一般价格较高,如果采用 S136 钢料,需要在网孔镶件上设计排气针或者镶针,网孔镶件底部还要设计排气槽,方便气体排出。

2. 导向定位系统设计

在汽车注塑模具设计中,由于模具大,塑件外观要求高,尺寸精度要求也高,因此对模具的导向定位设计非常严格,导向定位系统设计的好坏直接影响成型塑件的精度和模具的寿命。

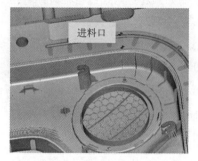

图 2-28 网孔附近要设计进料口

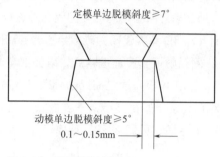

图 2-29 网孔脱模斜度设计

在模具 4 个角上各设计 1 支圆导柱，尺寸为 $\phi 80\mathrm{mm} \times 300\mathrm{mm}$。同时在模具的 4 个边的中间位置设计 1 支方导柱，尺寸为 $100\mathrm{mm} \times 40\mathrm{mm}$，方导柱还起精定位作用，详见图 2-24 和图 2-25。其中 4 支圆导柱和 4 支方导柱都安装在定模侧，由于塑件开模后留在动模侧，这样就不会影响塑件取出。同时 4 支导柱在翻模时还可作为支撑脚用，方便配模，见图 2-25 所示。

模具有滑块，导柱必须在斜导柱插入滑块前 20mm 就插入导套，否则模具在制造和生产时容易产生故障，导致模具损坏。

3. 浇注系统设计

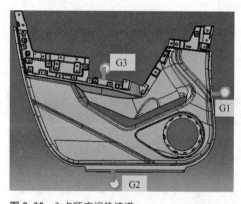

图 2-30 3 点顺序阀热流道

塑件材料为 PP+EPDM，料流动性好，模具采用"3 点顺序阀热流道 + 冷流道 + 扇形浇口"的浇注系统。热射嘴至塑件边缘的流道长度尽量设计在 60～100mm 之间，避免冷流道过长与避免压力损失大。门板为外观件，表面不允许有熔接痕，注射成型时必须把熔接痕引导至非外观面或消除熔接痕，这是本模具设计的重点和难点之一。传统的同步多点进浇，虽然能使熔体充满整个型腔，但是由于熔接痕的存在，很难使产品质量达到理想的要求。为此本模具采用了 3 点顺序阀热流道浇口控制技术，它通过油缸的驱动来控制 3 个热射嘴的开启和关闭，由此达到了塑件表面无熔接痕的理想效果。门板注塑模热流道浇口位置见图 2-30，图中 G1、G2 和 G3 为热射嘴位置。

4. 侧向抽芯机构设计

侧向抽芯机构是本模具最重要的结构之一。针对塑件外侧的 5 处倒扣 S1～S5，模具采用了"滑块 + 斜导柱 + 弹簧"的侧向抽芯机构，S6 倒扣面积大，在产品内侧，本模具采用"斜顶 + 斜推杆"的内侧抽芯机构。模具侧向抽芯机构详见图 2-24（b）、（c）、（e）。S6 倒扣深度也较大，为避免成型塑件在侧向抽芯时粘斜顶，导致塑件变形甚至断裂，侧向加强筋的脱模斜度不得小于 2°。由于 S6 倒扣方向不是和脱模方向垂直，属于斜向内侧抽芯，故斜推杆的底座中滑动导轨的方向须与内侧抽芯的倾斜角度一致，否则，内侧抽芯时加强筋会断裂，见图 2-31。

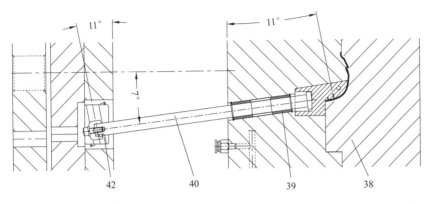

图 2-31　内侧抽芯机构

5. 温度控制系统设计

汽车前门板为汽车最重要的内饰件之一，也是外观要求很高的塑件之一，因此温度控制系统设计的好坏对模具的成型周期与产品成型质量影响很大。冷却水道设计原则之一是距离型腔面要大致相等，以达到模具型腔各处温度大致均衡。本模具的温度控制系统采用了"直通式水管 + 隔片式冷却水井"的组合形式，设计此种组合形式虽然冷却效果有所下降，但会节约模具制造成本。其优点是塑件冷却均匀，成型周期较短，成型质量较高，适用于外观性能要求较高的模具。

本模具定模设计了 10 组水路，动模设计了 8 组水路，详见图 2-32。模具冷却水路设计应做到与料流方向大致相同，进出水路长度大致相等，水路之间的间距保证在 50~60mm 之间，冷却水路距型腔面在 20~25mm 之间，冷却水路与推杆、推块等推件孔保持至少 8mm 的距离，做到快速冷却和均衡冷却。

本模具定、动模设计了网孔镶件，动、定模网孔镶件都单独设计一组冷却水冷却。

对于汽车前门板注塑模具，自然随形的冷却水路对塑件的冷却、模具的寿命都有好处，要求严格的欧美模具一般不允许或尽量少采用冷却水井和密封圈等。因为水井直径较大，数量太多会影响模具强度，进而影响模具寿命。密封圈容易老化失效，因而在设计上必须尽量减少使用。

6. 脱模系统设计

本模具采用"斜顶 + 直顶 + 推杆 + 推管顶出 + 油缸"的组合式脱模机构，模具在定、动模开模后，依靠推件推出塑件与浇注系统凝料，推件固定板由注塑机通过油缸驱动，在 4 支复位杆的作用下准确复位。模具定、动模板长宽尺寸为 1850mm × 1150mm，属于超大型模具，需设计 6 支复位杆与 6 支推杆板导柱。所有汽车模具复位杆上要设计一块比复位杆大 10mm

的回复硬块，回复硬块一般选用 45 号钢（或 S50C），表面氮化处理。推杆板导柱要布置在推出力大的推出元件附近（如油缸和复位杆等）。模具需要设计限位柱 11，顶出距离控制在 110mm。限位柱平衡布置，且尽量靠近顶棍孔。推杆要排布在靠近塑件 R 处的受力位置，布置在包紧力大的位置，推杆设计要大，推杆布置要多些，设计推杆尽量设计成同一规格，不要设计很多种规格，这样可以避免频繁更换钻嘴，节省加工时间与加工成本。汽车门板的推出零件布置详见图 2-33。图中圆圈标记处为推管，外侧矩形区域为推块，圆形区域为圆推杆位置。

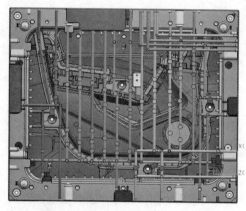 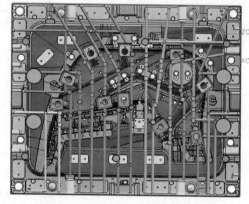

(a) 定模温度控制系统　　　　　　　　　　　　(b) 动模温度控制系统

图 2-32　模具温度控制系统设计

7. 排气系统设计

汽车前门板体积大，模具在注射成型过程中型腔内有大量气体需要及时排出，故排气系统的设计相当重要。如果排气设计不合理，会严重影响塑件的品质，出现填充不满、困气、脱模不顺等成型缺陷，严重困气时甚至会烧焦塑件。汽车左右门板注塑模具属于平板类零件，模具主要通过分型面排气，分型面上的排气槽沿型腔布置，由一级排气槽、二级排气槽和三级排气槽组成，排气槽开设在定模侧的分型面上，详见图 2-34。一级排气槽深度 0.04mm，二级排气槽深度 0.5mm，三级排气槽深度 1mm，排气槽宽度均为 10mm。分型面上的排气槽排气顺畅，易清理，不会堵塞。

（三）模具工作过程

熔体通过注塑机喷嘴，经一级热射嘴 8 进入热流道板 5，再由二级热射嘴 6 进入分型面之间的普通流道，最后由扇形浇口进入模具型腔。熔体充满型腔后，经保压、冷却和固化，至足够刚性后，注塑机拉动模具的动模固定板 15 开模。在开模过程中，成型塑件离开定模型腔，同时 5 支斜导柱拨动 5 个滑块进行外侧抽芯。开模 500mm 后，注塑机顶出油缸推动推件底板 14，一边推动斜推杆 40 及斜顶 38 进行内侧抽芯，一边推动所有推杆、推管和推块将成型塑件推离动模。塑件取出后，注塑机油缸拉动所有推件及其底板复位，接着注塑机推动动模合模，模具开始下一次注射成型。

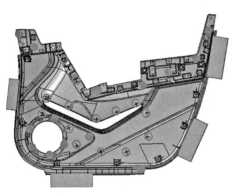

图 2-33　模具温度控制系统设计

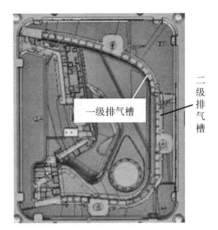

图 2-34　模具排气系统设计

（四）结语

① 汽车左前门板喇叭网孔成型零件采用粉末冶金透气钢，提高了排气效果，改善了熔体流动，成功消除了喇叭网孔填充不良和熔接痕等成型缺陷。模具采用倾斜式导滑槽，有效解决了倾斜式内侧倒扣脱模难题。

② 模具 3 个针阀式热射嘴采用顺序阀热流道智能控制技术（简称 SVG），精确控制喷嘴的流量和压力，成功解决了大型薄壁塑件熔体填充难题，大大提高了成型质量。

③ 动、定模共 18 组水路呈网格状，纵横交错，有效达到了模具型腔各处的温度平衡，这种温度控制系统应用效果明显，注射周期缩短了约 8%，尺寸精度达到了 MT3（GB/T 14486—2008）设计要求。

模具设计思路正确，结构先进合理，对大型、薄壁、精密、长寿命注塑模具设计具有较强的参考价值。模具顺利投产，运行安全，各项指标均达到设计要求。

十七、汽车左后门板大型注塑模具设计

本章以某新能源汽车左后门板为例阐述汽车门板注塑模具的设计要点与经验。

（一）塑件外观要求与结构分析

图 2-35 所示为某新能源汽车左后门板零件图，材料为 PP+EPDM，收缩率一般取 1.1%，EPDM 主链由化学稳定的饱和烃组成，只在侧链中含有不饱和双键，故其耐臭氧、耐热、耐候等耐老化性能优异，能够提高门板的弹性。

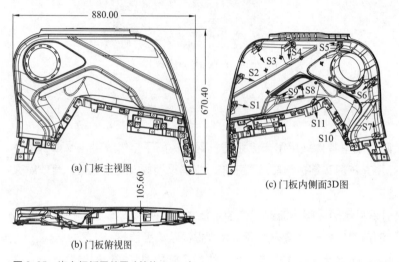

图 2-35 汽车门板零件图（单位：mm）

门板为外观件，外形尺寸为：880mm × 670.4mm × 105.6mm。其结构特点如下：
① 外表面要求高，不允许有斑点、浇口痕迹，更不允许有收缩凹陷、熔接痕和飞边等缺陷。
② 门板为皮纹件，外观面脱模斜度至少 5°。
③ 门板曲面光洁度高，外形结构复杂，分型线复杂，倒扣多，塑件内外侧面共有 11 个倒扣（见图 2-35 中门板内侧面 3D 图中 S1 ~ S11），脱模困难。

（二）模具结构设计

由于门板尺寸大且结构复杂，模具采用了热流道浇注系统，4 个针阀式热射嘴由顺序阀控制进料，依次通过普通流道和扇形浇口进入型腔。门板塑件内外侧面共有 11 个倒扣，只有 S11 倒扣在塑件外侧面，从模具可靠与加工角度考虑，S11 采用"斜导柱 + 滑块"的侧抽芯结构，其余倒扣均采用"斜推杆 + 斜推块"的侧抽芯结构。

本模具外形尺寸为 1450mm × 1400mm × 985mm，总质量约 16t，属于大型注塑模具。详细结构见图 2-36 平面图与图 2-37 立体图。

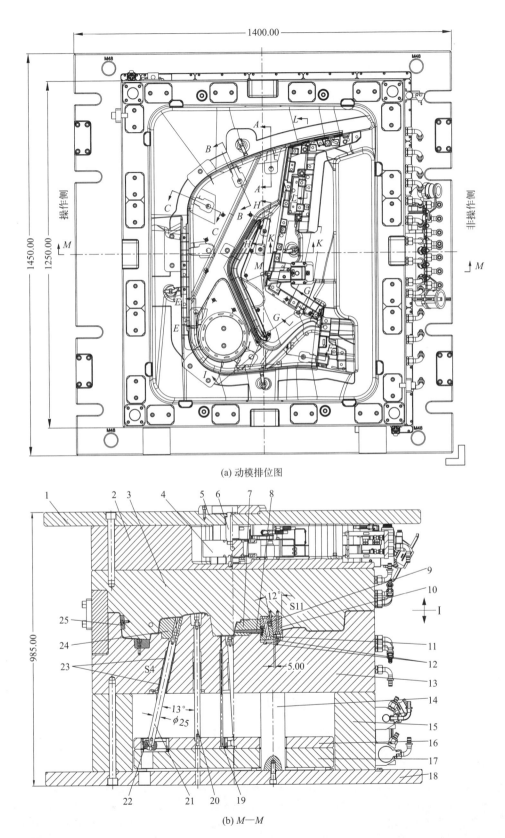

(a) 动模排位图

(b) M—M

图 2-36

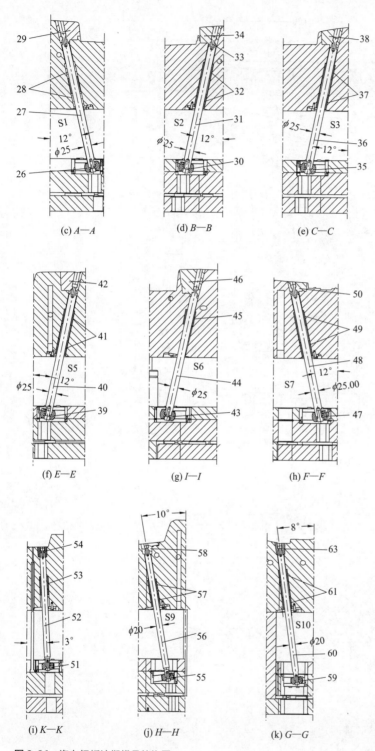

图 2-36 汽车门板注塑模具结构图

1—定模固定板；2—框板；3—定模板；4—热流道板；5—定位圈；6——级热射嘴；7—侧向抽芯 1；8—侧向抽芯 2；9—斜导柱；10—锁紧块；11—滑块；12—限位块；13—动模板；14—支承柱；15—垫块；16—推件固定板；17—推件底板；18—动模固定板；19，20—推杆；21，27，31，36，40，44，48，52，56，60—斜推杆；22，26，30，35，39，43，47，51，55，59—滑柱；23，28，32，37，41，45，49，53，57，61—斜推杆导套；24，29，34，38，42，46，50，54，58，63—斜推块；25—耐磨块；33—螺钉

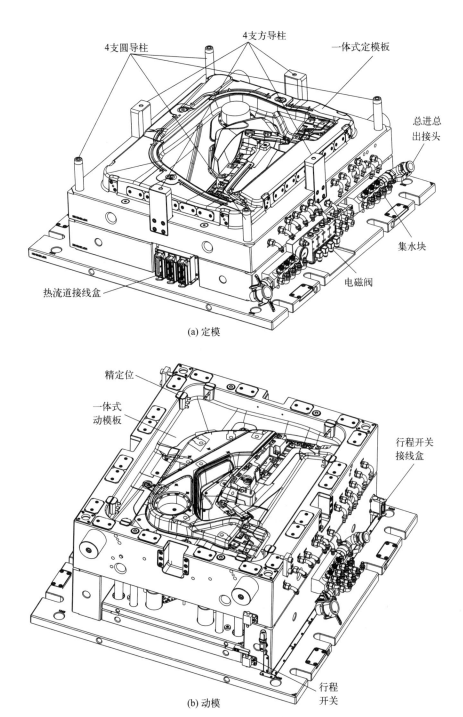

图 2-37 汽车左后门板注塑模立体图

1. 成型零件设计

汽车左后门板注塑模具的成型零件和模板均采用一体式。采用这种形式，注塑模具结构更紧凑，强度更好，模具体积相对较小，且避免了开框、配框和制造斜楔等工序。

定模板和动模板材料均采用 P20 模具钢（也可以采用 2738）。由于模具属于大型注塑模具，定模板和动模板采用了四面周边的内模定位结构，见图 2-37。这种结构使得模具合拢后，动、定模浑然一体，大大提高了门板的成型精度和模具的生产寿命。

2. 浇注系统设计

本模具浇注系统采用"热流道 + 普通流道"进料形式，其中热流道采用热流道板加 4 个针阀式热射嘴，见图 2-38 中 G1、G2、G3 和 G4。4 个针阀式热射嘴不是同时进料，而是由顺序阀控制，根据塑件形状和尺寸依次开启，熔体最后经普通流道通过扇形浇口进入型腔。

门板为外观件，表面不允许有熔接痕，注射成型时必须把熔接痕引导至非外观面或消除熔接痕，这是本模具设计的重点和难点之一。传统的同步多点进料，虽然能使熔体充满整个型腔，但是由于熔接痕的存在，很难使产品质量达到理想的要求。为此，本模具采用了 4 点顺序阀热流道浇口控制技术，它通过油缸的驱动来控制 4 个热射嘴的开启和关闭，由此达到了塑件表面无熔接痕的理想效果。门板注塑模热流道浇注系统见图 2-38。

由于塑件采用 PP+EPDM 材料，流动性好，普通流道的长度可控制在 60 ~ 100mm 以内，普通流道过长会造成压力和热量损失过大，影响熔体填充和塑件成型质量。

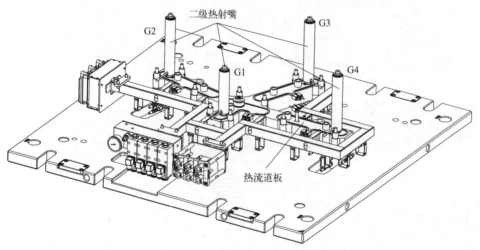

图 2-38　4 点顺序阀热流道控制系统

3. 侧向抽芯机构设计

侧向抽芯机构是门板注塑模的核心机构，本模具共有 11 处侧向抽芯，分别是 S1 ~ S11。在这 11 个侧向抽芯机构中 S11 采用"斜导柱 + 滑块"的结构，滑块的限位采用限位夹与挡块联合的结构，安全可靠。S1 ~ S10 都采用"斜推杆 + 斜推块"的结构。其详细结构及重要尺寸见图 2-36（c）~（k）。

在"斜推杆 + 斜推块"的结构设计中，斜推杆的倾斜角度不宜超过 12°，斜推块的设计要防止塑件在脱模时粘连斜推块，导致塑件变形开裂。

4. 温度控制系统设计

温度控制系统设计的好坏对模具的成型周期与产品成型质量影响很大，对于外观要求较高的汽车门板注塑模具尤其重要。冷却水道设计原则之一是距离型腔面要大致相等，以达到模具型腔各处温度大致均衡。本模具的温度控制系统采用了"直通式水管＋倾斜式水管＋水井"的组合形式，详见图2-39（a）和（b）。这种组合形式是优先采用直通式水管，辅以倾斜式水管，万不得已才采用水井。其优点是塑件冷却均匀，成型周期短，成型质量高，适用于高要求与外观性能要求高的模具。

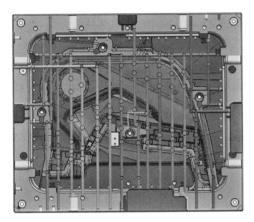
(a) 定模温度控制系统

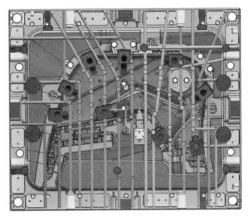
(b) 动模温度控制系统

图2-39 门板注塑模具温度控制系统

在汽车模具设计中，类似于内外饰件模具如汽车前后保险杠、仪表板、中央通道、格栅和汽车装饰条等内外饰塑件，冷却水路布置一般遵循以下规律。

① 3m原则。冷却水路总长度不能超过3m，因为超过3m，冷却效果差，必须避免模具开模了冷却水还没走出来。另外，单条冷却水路的长度必须考虑钻头长度，孔太深，钻头长度不够，将无法进行钻削加工。汽车大型模具的直通式冷却管直径一般为ϕ15mm，门板注塑模具的定、动模冷却水路如果随形设计（随塑件形状布置），则要尽量设计成两端钻孔。

② 手掌效应。设计大型汽车塑件模具水路时，可布置水路向一个方向流动，间隔排布有如手掌，水路之间距离控制在50～60mm之间。

③ 定、动模冷却水路优先设计成十字网格形式，冷却水路互相交叉形成水路交织网，均匀冷却塑件。

④ 在不能设计成十字交叉式水路时，定、动模水路在互相有缝隙处交互布置。

⑤ 冷却水流动方向要与料流方向一致。

⑥ 冷却水路要设计成可与另一组水路进行外部水管连接的方式，方便后续塑件因变形、收缩等现象而调整。

⑦ 每一组冷却水路尽量只设计四条循环水路，避免水路距离长，影响塑件冷却效果。

⑧ 各冷却水路之间的距离要控制在水管直径的3.5～5倍（一般取50～60mm左右），型

腔表面与冷却水路的距离一般在 15 ~ 25mm 之间，具体根据模具大小决定。

⑨ 在汽车注塑模具设计中，热射嘴尽量要单独设计一组冷却水路，不能与其它水路串联，以利于热射嘴周围的热量散失。

⑩ 冷却水路与推杆、斜推杆及镶件之间的距离要保证在 8 ~ 10mm 以上，须避免因水路与型腔或其它结构相距太近导致冷却水漏水现象的发生。

本模具定、动模温度控制系统特点为：定、动模都设计了七组水路，定、动模都是七进七出，模具冷却水路设计做到了与料流方向一致，优先采用了"直通式水管 + 倾斜式水管 + 水井"的紧随塑件形状布置的冷却形式，进出水距离做到了水路长度大致相等，因而使模具冷却均匀，既保证了塑件的尺寸精度和外观质量，又保证了注射成型周期在合理的范围之内。

5. 导向定位系统设计

导向定位系统设计的好坏直接影响成型塑件的精度和模具的寿命，在汽车注塑模具设计中，由于模具大，塑件批量大，外观和尺寸精度都要求高，因此对模具的导向定位系统设计非常严格。

在模具 4 个角上各设计 1 支方导柱与圆导柱，以及 4 个 1°的精定位结构，详见图 2-36 和图 2-37。其中 4 支圆导柱尺寸为 $\phi 40mm \times 225mm$（导柱最长不能超过其直径的 10 倍），安装在定模侧。塑件开模后留在动模侧，这样就不会影响塑件取出。同时 4 支导柱还起到翻模时可作为支撑柱的作用，方便配模。

无滑块的模具导柱的长度必须要高出定、动模最高点 30mm；有滑块的模具要保证在斜导柱插入滑块前 20mm 插入导套，否则在模具的制造和生产中会带来很大的麻烦，严重时会损坏模具。

6. 脱模系统设计

本模具的脱模机构采用了"推杆 + 斜推块 + 推块 + 氮气弹簧"推出结构，模具在定、动模开模后，依靠推件推出塑件与流道，推件固定板由注塑机顶棍通过顶棍孔机械推动和在 4 支复位杆的作用下复位。在设计脱模系统时要注意以下几点：

① 大型汽车注塑模具（质量大于 2t）需设计 6 支复位杆与 6 支推杆板导柱。

② 所有汽车注塑模具定模板上与复位杆接触的地方要设计一个比复位杆直径大 22mm 的回复块（又称硬块），回复块一般选 45 号钢（S50C）表面氮化处理。

③ 所有汽车注塑模具都需要设计推杆限位柱，限位柱要优先布置在顶棍孔上方或附近。

④ 推杆要排布在靠近圆角处（即模具的半径或中心附近）的受力位置，布置在包紧力大的位置，推杆设计要大，推杆布置要多些，设计推杆尽量采用同一规格，这样可以避免频繁更换钻刀，节省加工时间与加工成本。

7. 排气系统设计

在汽车模具设计中，排气系统的设计相当重要。如果排气设计不合理，会严重影响塑件的质量，出现填充不满、困气和脱模不顺等注塑缺陷，严重困气时甚至还会使塑件局部烧焦。

汽车门板注塑模具的排气槽主要开设在定模分型面上，见图2-40。排气槽开设在分型面上不但效果好，而且方便清除排气槽内的积屑和积粉。

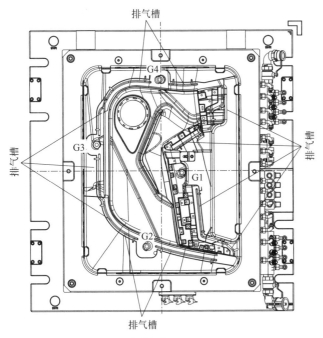

图2-40 门板注塑模具定模排气槽

（三）模具工作过程

熔体通过注塑机喷嘴，经热流道板后进入由顺序阀控制的四个热射嘴 G1～G4，再由四个热射嘴根据成型要求依次进入模具型腔。熔体充满型腔后，经保压、冷却和固化，至足够刚性后，注塑机拉动模具的动模固定板18，模具从分型面Ⅰ处开模，塑件脱离定模型腔，同时锁紧块10离开滑块11，在斜导柱9的拨动下，滑块带动侧向抽芯7和8完成倒扣S11的侧向抽芯。开模距离达到500mm后，注塑机油缸推动推件固定板16和推件底板17，进而推动所有直推杆和斜推杆，在这一过程中，斜推杆21、27、31、36、40、44、48、52、56和60分别推动斜推块24、29、34、38、42、46、50、54、58和63，完成倒扣S1～S10的侧向抽芯，同时将塑件推离动模型芯。

塑件由机械手取出后，注塑机油缸拉动推件及其固定板复位，接着注塑机推动动模合模，模具开始下一次注射成型。

（四）结果与讨论

1. 斜顶对成型塑件脱模的影响

该模具斜顶多，直顶多。模具制作工作量大，门板类模具生产时经常会出现塑件跟着斜顶运动，导致取件困难。其原因是直顶加工减料限位槽，无法拉住塑件。解决的办法是：根据塑件壁厚，将直顶与斜顶底部的分型线提高，至少有 1/2 的塑件壁厚在直顶上面成型。

2. 模具加工对成型塑件的影响

门板对外观要求高，表面需要加工皮纹，对模具制造质量要求高。第一次试模时门板把手位置分型线处有明显级差，影响外观和安全。后采取以下办法，问题已解决。

① 提高加工质量，钳工重新配模及抛光；

② 在碰穿处增加硬片；

③ 推杆板多增加 2 根支承柱；

④ 加冷料井、优化注射成型工艺。

（五）结语

① 通过采用顺序阀热流道浇注系统，成功解决了大型塑件熔接痕对塑件外观影响的问题；

② 通过优先采用"直通式水管 + 倾斜式水管"的温度控制系统，成功保证了塑件的成型质量和模具的劳动生产率；

③ 通过采用"推块 + 推管 + 推杆"脱模系统，成功解决了大型塑件脱模时容易变形的问题。

本模具结构先进合理，自放产以来模具动作安全可靠，塑件各项指标都达到了设计要求。

十八、汽车门板下本体二次顶出大型注塑模具设计

汽车门板下本体是汽车内饰件的重要组成部分,位于汽车车门的内侧,有前后左右之分,根据车系的不同而不同,通常为两门与四门,这些零件统称门板系列。门板有前后左右之分,但前后门板外形与结构在不同的车系设计上各有不同,常规门板为整体式门板,也有分体式门板。整体式与分体式门板的区别是:整体式门板塑件为一个整体,分体式门板设计时将门板分成上中下三截,这在汽车塑件设计中很常见,本例所介绍的为分体式门板。

(一)塑件外观要求与结构分析

图 2-41 所示为某新能源品牌汽车门板下本体零件图,材料为 PP+EPDM,收缩率一般取 1.2%。

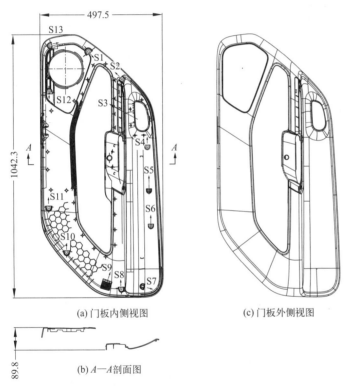

图 2-41 汽车门板下本体零件图(单位:mm)

成型塑件为大型零件,最大外形尺寸为:1042.3mm × 497.5mm × 89.8mm。塑件特点如下:①塑件为外观件,外观面要求高,塑件外观面不允许有斑点及浇口痕迹,更不允许有收缩凹陷、熔接痕、飞边等缺陷。②塑件为皮纹件,塑件外观面(A面)脱模斜度设计要合理(一般设计 5°以上)。③塑件外形复杂,曲面光洁度高,塑件内侧面共有 13 个倒扣。

(二)模具结构设计

一模成型左右门板下本体两个塑件,根据门板下本体塑件的结构特点,模具采用热流道注

塑模结构，采用 10 点针阀式顺序阀热流道 + 冷流道 + 弧形浇口进料。塑件内侧面共有 13 个倒扣，均采用斜推块抽芯结构。

本模具外形尺寸为 1780mm × 1750mm × 1342mm，总质量约 18t，属于超大型注塑模具。详细结构见图 2-42。

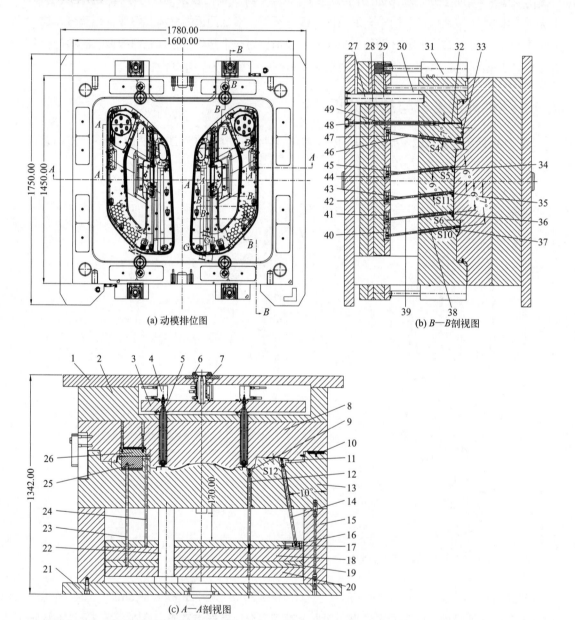

图 2-42 汽车门板下本体注塑模具结构图

1—定模固定板；2—框板；3—热流道板；4—油阀；5—二级热射嘴；6—定位圈；7——级热射嘴；8—定模板；9—推块；10—耐磨块；11—S12 斜顶；12—推杆；13—动模板；14—S12 斜推杆；15—垫块；16—S12 斜推杆底座；17—第一组推件固定板；18—第一组推件底板；19—第二组推件固定板；20—第二组推件底板；21—动模固定板；22—限位柱；23—活动型芯推杆；24—塑件推杆；25—活动型芯；26—定模型芯；27—第二组推件板导套；28—推件板导柱；；29—第一组推件板导套；30—复位杆；31—液压油缸；32—推管型芯 1；33—S4 斜顶；34—S5 斜顶；35—S11 斜顶；36—S6 斜顶；37—S10 斜顶；38—S10 斜推杆；39—S6 斜推杆；40、41、42、44、47—斜推杆底座；43—S11 斜推杆；45—S5 斜推杆；46—S4 斜推杆；48—推管型芯 2；49—推管

1. 成型零件设计

模具定、动模采用一体式结构，即型腔直接做在动模板和定模板上，这样可以大大减小模具大小，同时大大提高模具刚性。成型零件材料为 P20（或 2738）模具钢。模具定模板和动模板采用四面围边的定位结构。门板零件一般都有喇叭网孔，在门板模具设计中，网孔成型零件的设计是门板模具的难点之一。本模具网孔采用动模镶件成型，为了让网孔排气顺利，网孔采用镶件内套镶件的镶拼方式。网孔镶件材料要求严格，一般为 S136 或者透气钢。成型零件设计的原则是在保证模具强度和寿命的前提下尺寸做到最小，以降低模具的制造成本和生产成本。

根据一个塑件的尺寸大小与结构来设计模具，首先让设计者困惑的是模具强度是否足够？分型面管位的大小、位置和强度是否合理？又该如何来解决这些问题？在进行模具设计时首先要考虑的是模具强度与模具成本问题。一个有丰富经验的设计师相比一般的设计师所设计的模具在模具成本上要节省很多。合理的模具设计是：模具强度合理而不浪费，就地取材，模具强度与成本兼顾，选取最优的设计方案与加工工艺。模具强度太强会产生浪费，太弱则影响模具使用寿命。本模具分型面管位设计在定、动模之间，定、动模四面围边且四周做5°斜度，四周设计耐磨块，此种四面围边的设计方法在汽车门板与挡泥板等模具上应用广泛。图 2-43 所示 A、B 尺寸不同，塑件数值会不一样，"A"是定模型腔最深处距离定模板底面的尺寸，要保证 $A > 8mm$；"B"是动模型腔至动模板底面尺寸，由于承受注塑压力大，尺寸需相应加厚，必须保证 $B > 100mm$。C、D 两尺寸的计算方法是：首先从塑件最大边缘加 50mm 封料位 [在汽车模具设计中，小型模具（5050 以内）30mm 封料，中型模具（5050～1010）40mm 封料，

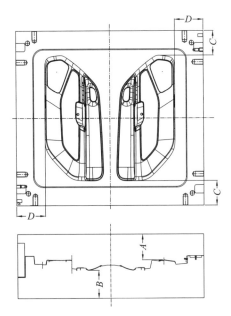

图 2-43 成型零件

大型模具（1010 以上）50mm 封料]，再加 50～70mm 避空位（在汽车模具设计中，只有封料位配合，其余全部避空，减少配模（FIT 模）工作量。避空位也是保证模具强度的区域），然后再加上模架处分型面承压板的尺寸就是 C、D 的尺寸，这样就设计出既符合客户模具强度要求又节省成本的模具。总之，在日常设计中要依据不同的客户客户与工厂情况灵活运用。

表 2-1 所示为汽车门板模具成型尺寸设计。

表 2-1 汽车门板模具成型尺寸设计

客户名称	门板模具强度参考尺寸 /mm			
	A	B	C	D
佛 吉 亚	170	180	190	220

续表

客户名称		门板模具强度参考尺寸 /mm			
		A	B	C	D
铃木		160	170	170	190
伟世通		140	150	150	180
总结规范	国外模具	170	180	190	220
	国内模具	140	150	150	180
	实验模具	90	100	100	120

2. 浇注系统设计

塑件为 PP+EPDM 料，流动性好，在设计流道时要求不高，但热射嘴至塑件边缘的流道长度尽量设计在 60mm 以内，如果实在不行也尽量控制在 100mm 以内，避免冷流道过长及压力损失大。门板为外观件，表面不允许有熔接痕，注射成型时必须把熔接痕引导至非外观面或消除熔接痕，这是本模具设计的重点和难点之一。传统的同步多点进料，虽然能使熔体充满整个型腔，但是由于熔接痕的存在，很难使产品质量达到理想的要求。为此本模具采用了 10 点针阀式顺序阀热流道浇口控制技术，它通过油缸的驱动来控制 10 个热射嘴的开启和关闭，由此达到了塑件表面无熔接痕的理想效果。门板注塑模热流道浇口位置见图 2-44，图中 G1～G10 为热射嘴位置。本模具为左右镜像件，每腔各 5 个进料点。门板模具有网孔的必须在网孔附近设计一浇口，以便于注塑保压。

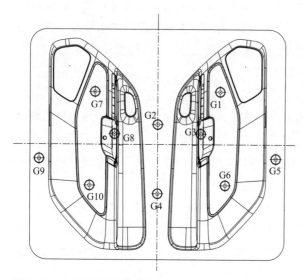

图 2-44 10 点顺序阀热流道控制系统

3. 侧向抽芯机构设计

侧向抽芯机构是本模具最重要的结构之一。针对塑件内侧的 12 处倒扣，模具均采用了 12 个斜推块侧向抽芯机构，抽芯方向及抽芯角度详见图 2-42 和图 2-45。门板模具由于斜推块众多，实际生产中经常出现塑件跟着斜推块走的现象。造成这种现象的原因有很多，设计时必须提前注意，防止成型塑件粘斜推块，以及拉伤塑件。

4. 温度控制系统设计

汽车门板下本体为汽车最重要的内饰件之一，也是外观要求很高的塑件之一，因此温度控制系统设计的好坏对模具的成型周期与产品成型质量影响很大。冷却水路设计原则之一是距离型腔面要大致相等,以达到模具型腔各处温度大致均衡。本模具的温度控制系统采用了"直通式水管+倾斜式水管+水井"的组合形式,详见图 2-46。这种组合形式是优先采用直通式水管,其次是倾斜式水管,万不得已才采用水井。其优点是塑件冷却均匀,成型周期短,成型质量高,适用于高要求与外观性能要求高的模具。

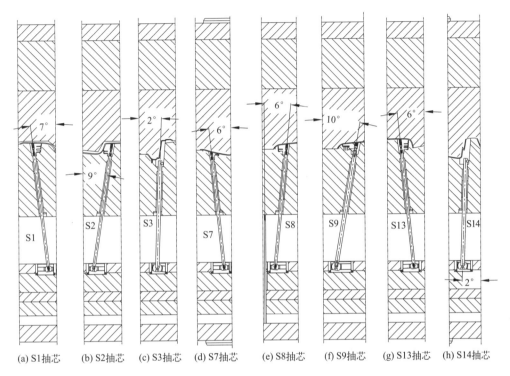

图 2-45　侧向抽芯机构

在大型汽车注塑模具设计中,冷却水路排布通常按以下规律设计:

① 冷却水方向要与料流方向一致。

② 定、动模冷却水路尽量设计成十字网格形式,冷却水路互相交叉形成水路交织网,均匀冷却塑件。

③ 在不能设计成十字交叉式水路时,定、动模水路在互相有缝隙处交互布置。

④ 每一组冷却水路尽量只设计四条循环水路,避免水路距离长影响塑件冷却效果。

⑤ 冷却水路要设计成可与另一组水路通过外部接水管进行连接的方式,方便在后续塑件出现变形、收缩等现象时进行调整。通过水路调整塑件缺陷,在汽车内外饰塑件模具上应用广泛。

⑥ 各冷却水路间隔距离控制在水管的 3.5~5 倍直径(一般 50~60mm 左右),塑件料位面与水管的距离一般在 15~25mm 之间,具体根据模具大小决定。

⑦ 冷却水路与推杆、斜推杆和镶件之间的距离要保证在 8~10mm 以上,因为模具大且水路长,容易钻偏。

⑧ 在汽车模具设计中，热射嘴尽量要单独设计一组水路，不能与其它水路串联，以利于热射嘴区域的热量散失。

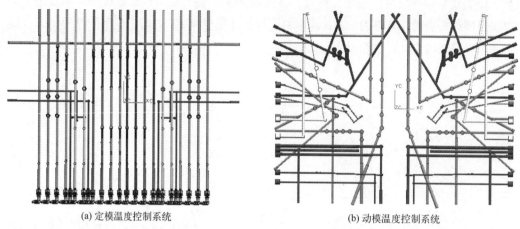

(a) 定模温度控制系统　　　　　　　(b) 动模温度控制系统

图 2-46　模具温度控制系统

本模具定、动模温度控制系统为：定、动模都设计了 12 组水路，定、动模都是 12 进 12 出，模具冷却水路设计做到了与料流方向一致，优先采用："直通式水管＋倾斜式水管＋水井"的随塑件形状的设计形式，进出水距离做到了水路长度大致相等，因而使塑件得到了良好的冷却效果与外观质量。本模具网孔镶件单独设计水路，热射嘴区域均有水路，因而塑件生产时得到了良好的冷却效果，保证了产品质量，缩短了成型周期。

本模具温度控制系统设计时还做到了以下几点。

① 水道之间的间距保证在 50～60mm 之间，冷却水道距型腔面在 20～25mm 之间。本模具的网孔区域和热射嘴区域热量较为集中，因此进行了重点冷却。

② 考虑到加工问题，本模具的冷却水道与推杆、推块等推件孔保持了至少 8mm 的距离。

③ 冷却水路长短做到了大致相等，保证了冷却水出入口温差大致相等，从而保证了模温大致均衡。

④ 根据塑件形状，模具采用了大角度的斜孔，虽然钻头有侧滑现象，极易钻偏，但只要钻孔之前铣削一个垂直于斜孔的平台即可解决问题。

5. 导向定位系统设计

在汽车注塑模具设计中，由于模具大，塑件外观要求高，尺寸精度要求也高，因此对模具的导向定位设计非常严格，导向定位系统设计的好坏直接影响成型塑件的精度和模具的寿命。

在模具 4 个角上各设计了 1 支方导柱，以及 4 个 1°精定位，详见图 2-42 和图 2-47。4 支方导柱尺寸如图所示，安装在定模侧，由于塑件开模后留在动模侧，这样就不会影响塑件取出。同时 4 支方导柱在翻模时还可作为支撑脚用，方便配模。

导柱的长度必须做到：无滑块的模具导柱要高出定、动模最高点 30mm，有滑块的模具要在斜导柱插入滑块前 20mm 插入导套，否则在模具的制造和生产中会带来很大的麻烦，严重时会损坏模具。

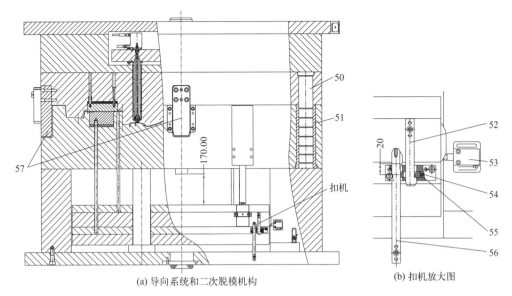

图 2-47　模具导向定位系统和二次脱模机构（单位：mm）

50—导柱；51—导套；52—扣机拉杆；53—行程开关；54—弹簧；55—活动块；56—拨块；57—方导柱

6. 脱模系统设计

模具采用"推杆+推管+斜推块+推块+油缸推出"组合式脱模系统，模具在定、动模开模后，依靠推件推出塑件与流道，推件固定板由注塑机通过油缸推动和在 4 支复位杆的作用下复位。汽车门板下本体注塑模具属于超大型模具，设计 6 支复位杆与 6 支推杆板导柱，模具复位杆上设计一个比复位杆直径大 10mm 的回复块，回复块选 45 号（S50C）钢氮化处理。推杆板导柱布置在油缸、复位杆等推出力大的推出元件附近。还设计了 6 个限位柱，限位柱布置在顶棍孔上方或附近。所有推杆都排布在靠近 R 处（即模具圆心或半径处）的受力位置以及包紧力大的位置，推杆直径均为 16mm，每腔 24 支，共 48 支。汽车门板下本体注塑模具网孔由动模型芯成型，网孔数量多，对型芯的包紧力很大，为了网孔的顺利脱模，模具采用了二次顶出结构，成型塑件先脱离动模镶件，之后再脱离网孔型芯。二次脱模机构采用了两组推杆板，两组推杆板采用扣机控制。本模具两次顶出距离分别是：第一次 20mm，第二次 150mm。

一般网孔周围需要设计推块顶出，本模具采用二次顶出机构，将网孔镶件安装在推杆上，既解决了网孔排气困难的问题，又解决了网孔顶出困难的问题。

7. 排气系统设计

汽车门板下本体塑件属于大型平板类零件，在注射成型过程中，型腔里面的大量气体必须及时排出，否则不但影响注射周期，还会严重影响成型塑件的质量，出现填充不良、熔接痕、气纹和脱模不顺等注塑缺陷，严重困气时会使塑件局部烧焦。汽车门板下本体注塑模具排气槽开设在分型面上，位置在料流末端与塑件转角处。推杆、推管、镶件和型芯也能够排气（图 2-48）。

（三）模具工作过程

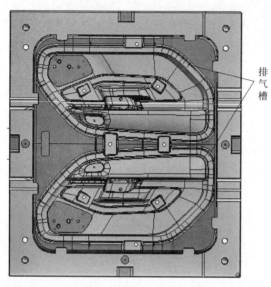

图 2-48　汽车门板下本体定模排气系统设计

熔体通过注塑机喷嘴，经二级热射嘴 5 进入模具型腔，熔体充满型腔后，经保压、冷却和固化，至足够刚性后，注塑机拉动模具的动模固定板 21，模具从分型面处开模。开模 500mm 后，注塑机油缸推动推件固定板 19，推件固定板推动顶杆 23，第一次推出 20mm，在定距分型器的作用下，第一次推出完成。接着油缸继续作用，继续推出 150mm，推动所有推件将成型塑件推离动模。塑件取出后，注塑机油缸拉动推件及其固定板复位，接着注塑机推动动模合模，模具开始下一次注射成型。

（四）结语

本模具采用"推杆+推管+斜推块+推块+油缸推出"的脱模系统以及"直通式水管+倾斜式水管+水井"的温度控制系统和二次顶出系统。

对于大型汽车模具温度控制系统，设计要遵循以下几点：

① 3m 原则，汽车大型模具的直通式冷却管一般设计在 $\phi15mm$，门板定、动模冷却水如果设计成随形（随塑件形状），需要设计成两端钻孔，冷却水路总长度不能超过 3m，因为超过 3m，深孔钻将无法加工，钻嘴长度不够。

② 手掌效应。设计大型汽车塑料件模具水路时，布置水路向一个方向流动，间隔排布如手掌，水道之间距离控制在 50～60mm 之间。

③ 水路流程不能太长，避免模具开模了冷却水还没走出来。

在汽车模具温度控制系统设计中，主要有以下两种组合形式。

① 第一种组合形式：直通式水管+倾斜式水管+隔片式水井；

② 第二种组合形式：直通式水管+隔片式水井+倾斜式水管。

此两种形式的区别在于：在倾斜式水管和隔片式水井之间，前者是优先采用倾斜式水管，而后者是优先采用隔片式水井。此两种组合侧重点不同，因而效果也不同。

第一种形式的优点是型腔各处冷却均匀，成型周期短，塑件质量高，适用于高要求与外观性能要求高的模具，如汽车前、后保险杠，汽车上、下仪表板本体和汽车左、右门板等内外饰注塑模具。缺点是加工成本高，主要适用于欧美系客户的模具。

第二种形式的优点是加工成本较低，加工方便快捷。缺点是在模具上过多地设计水井对模具强度造成了一定的影响，型腔冷却效果相对于第一种要差些，在日系与中国本国生产的汽车模具中应用较多。

对于汽车塑件，自然随形设计的冷却水路对塑件的冷却、模具的寿命都有好处，要求严格的欧美模具甚至不允许或尽量少采用冷却水井和密封圈等。因为水井直径较大、数量太多会影响模具强度，进而减短模具寿命。密封圈容易老化失效，因而在设计上必须尽量减少使用。

下面重点讨论一下本模具的二次顶出系统以及佛吉亚模具的设计特点。

本模具网孔采用镶件成型，是为了让网孔排气顺利，网孔采用镶件内套镶件的镶拼方式。一般网孔周围需要设计推块顶出，用来顶出喇叭孔的筋骨。本模具采用二次顶出机构，将网孔镶件安装在推杆上，这样设计既解决了网孔排气困难的问题，又解决了网孔顶出困难的风险。网孔镶件材料要求严格，一般为S136或者透气钢。透气钢有很好的透气性能，但材料价格昂贵，只有高附加值的模具才采用。喇叭网孔需要有很好的排气，因而使用其它材料做网孔镶件，必须在网孔镶件内设计镶件或者镶针排气。在考虑排气的同时，也要兼顾喇叭网孔的顶出，为此本模具设计了二次顶出机构。

门板模具由于斜推块众多，实际生产中经常出现塑件跟着斜推块走的现象。造成这种现象的原因有很多，具体设计时应注意以下几点。

① 检查沿斜推块运动方向塑件扣位脱模斜度是否足够。在不影响塑件装配的前提下，扣位脱模斜度应尽量加大，一般方孔与料位脱模斜度做到7°以上。

② 在有粘斜推块风险的塑件区域，预先设计定位柱，如在斜推块附近区域设计塑料定位柱。

③ 在粘斜推块附近区域设计一推块，也可以避免粘斜推块现象的发生。

佛吉亚是全球顶尖的汽车零部件供应商，总部位于法国。与美国江森、伟世通，加拿大麦格纳，德国博世，日本电装同为世界500强企业。佛吉亚的模具遍布全球，在汽车模具设计中会经常遇到。佛吉亚的模具本身有很多特点，比如模具需要在上下码模板4个角落倒斜角，在地侧上下码模板上镶8块尼龙材料的镶块，这样设计的目的是保护注塑机导柱在模具起吊到注塑机上不被模具撞到。

① 导柱的保护。如果码模时，模具与导柱有干涉风险，在不影响码模的情况下，模具4个角可以切掉一部分，如果模具外围与导柱的间距最小为50mm，保护板的位置和数量按以下原则设计，如图2-49所示。

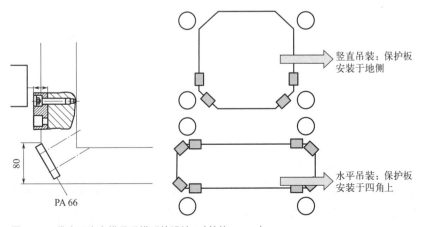

图2-49 佛吉亚汽车模具码模系统设计1（单位：mm）

② 磁力码模系统。

磁力：MAG 码模。

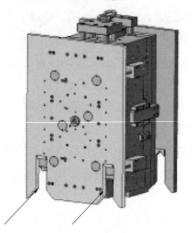

图 2-50　佛吉亚汽车模具码模系统设计 2

定、动模都用两个定位销固定在注塑机上。

码模方式：定、动模都用磁力码模系统（图 2-50）

③ 码模系统。

码模系统设计：模具的码模板是用来定位和安装的。码模板的最小尺寸按照表 2-2 设计。如果模具的一边尺寸比上述最小尺寸宽，码模板必须向外延伸来保护模具。

侧边：100mm（操作侧和非操作侧）。

底部：150mm。

顶部：最小超出其它部件 20mm（油缸、接头、水嘴、水管等）。

表 2-2　码模板的最小尺寸

模具规格	MAG 板	码模板最小尺寸（宽 × 长）/mm
650t	MAG5	910 × 1080
800t	MAG5	910 × 1080
1000t 1300t	MAG4	1250 × 1420
1600t 2000t	MAG3	1420 × 1590
2300t	MAG2	1590 × 1760
2700t	MAG2	1760 × 1590
3200t	MAG1	1930 × 1760

码模系统设计原则：任何情况下，模具零部件都不允许超出码模板。如果模具尺寸规格比表 2-2 小的话，那么面底板必须扩大到表 2-2 中的尺寸规格。如果与注塑机的导柱存在干涉的话，局部可以减小。

例如：模具 1600t → MAG4 → 码模板最小尺寸 1590mm × 1420mm。

模具 A0、B0 尺寸 =1800mm × 1000mm。

注塑机导柱间距 1800mm × 1400mm。

模具面底板的尺寸需要调整为：

H=1800+100+100=2000(mm)>1590(mm) → OK。

V=1000+150+20=1170(mm)<1420(mm) → V =1420(mm) → 与注塑机导柱有干涉风险的尺寸（1420cm>1400cm）→ 在 1590mm 宽度方向外部的尺寸，V 向大小的局部需要减小到 1300mm。

小结　汽车车门门板模具设计

汽车车门门板注塑模具设计是汽车生产过程中非常重要的一环，其设计质量直接影响到汽车的外观、性能和安全性。因此，新能源汽车车门门板注塑模具设计要求非常严格，需要考虑到车门门板注塑模具的结构设计、材料选择、表面处理和加工精度等因素。同时，还需要进行充分的准备工作和设计流程，以确保车门注塑模具的质量和使用寿命。

1. 车门门板注塑模具设计基本要求和一般流程

① 车门门板注塑模具设计前期准备　在进行汽车车门门板注塑模具设计之前，需要进行充分的准备工作。首先，需要对汽车车门门板的结构和尺寸进行详细的了解和分析。其次，需要确定车门门板注塑模具的使用寿命和维护成本等因素。最后，需要进行车门门板注塑模具加工工艺的分析和确定。

② 车门门板注塑模具结构设计　在进行汽车车门门板注塑模具结构设计时，需要考虑到车门门板注塑模具的使用寿命、加工精度和维护成本等因素。同时，还需要考虑到车门门板注塑模具的结构简单、易于加工和维修等因素。

③ 车门门板注塑模具材料选择　在进行汽车车门门板注塑模具材料选择时，需要考虑到车门门板注塑模具的强度、硬度、耐磨性、耐腐蚀性和温度稳定性等因素。同时，还需要考虑到车门门板注塑模具材料的加工难度和成本等因素。

④ 车门门板注塑模具表面处理　在进行汽车车门门板注塑模具表面处理时，需要采用高精度的加工工艺，以确保车门门板注塑模具表面的光洁度和平整度。同时，还需要进行镀铬、氮化等处理，以提高其耐磨性和耐腐蚀性。

⑤ 车门注塑模具加工精度　在进行汽车车门注塑模具加工精度时，需要采用高精度的加工工艺，以确保车门注塑模具的尺寸精度和形状精度。同时，还需要考虑到车门注塑模具的使用寿命和维护成本等因素。

2. 汽车车门门板注塑模具设计要点

（1）汽车门板模具浇注系统设计

门板为外观件，表面不允许有熔接痕，注射成型时必须把熔接痕引导到非外观面或消除熔接痕，这是汽车门板模具设计的重点和难点之一。采用 4 点顺序阀热流道浇口控制技术，通过油缸的驱动来控制 4 个热射嘴的开启和关闭，由此可达到塑件表面无熔接痕的理想效果。

（2）汽车门板模具温度控制系统设计

温度控制系统设计的好坏对模具的成型周期与产品成型质量影响很大，对于外观要求较高的汽车门板注塑模具尤其重要。冷却水路设计原则之一是距离型腔面要大致相等，以达到模具型腔各处温度大致均衡。

（3）汽车门板模具排气系统设计

在汽车模具设计中，排气系统的设计相当重要。如果排气设计不合理，会严重影响塑件的质量，出现填充不满、困气和脱模不顺等注塑缺陷，严重困气时还会烧焦塑件。

汽车门板属于内饰件，塑件外观要求严格，合理设计排气至为重要，在设计模具排气系统时要注意以下几点：

① 排气要优先开设在料流末端与塑件转角位置。

② 靠近镶件或壁厚最薄处，因为这里最容易形成熔接痕。

③ 最好开设在分型面上，因为在分型面上产生溢料最容易清除。本模具排气开设在定模。

（4）其它方面

① 模架大小合理设置，动、定模为整体，材料为 P20，以减少材料节约成本。

② 充分考虑冷却，水路尽可能多地布置，且直径要大。

③ 顶出安全、合理，导向杆辅助斜顶顶出。

④ 分型面设置合理，方便加工和配模，倒圆角分型面加工成顺断差。

⑤ 模具基本外观构造包括：热流道保护导柱、定位圈、锁模块、撬模坑、模脚、吊环螺栓及水路等。

a. 热流道导柱比热射嘴高出 20mm 以上，在安装时起保护作用。

b. 每两块板间撬模坑尺寸设置为 45mm×45mm，深 8mm。

c. 模具地侧设置模脚。

d. 定模板、动模板各 4 点起吊，吊环位置尽量设置在模具两侧。

⑥ 模具导向定位系统。汽车门板注塑模具属于大型注塑模具，方导柱、精定位及 4 面定位设计是汽车门板注塑模具导向定位系统的特点。围绕模架外沿一圈有 10°锥度配合，起整体模具定位和防涨模作用。此外，需根据实际需要加上耐磨板。4 配克长度（4 配克=1 蒲式耳）尺寸为 85~90mm，高度为 50mm，且底部在 R5mm 以上，顶部棱角 C6，由模架公司精加工到位。因为模板太厚，因此导柱要用螺钉固定，固定部分的配合长度为 1.5 倍直径以上。

⑦ 门板注塑模具网孔设计方法。网孔设计，不需要在 3D 上面把每一个网孔都设计出来，只需要设计少部分的参考网孔，再在零件上面设计不同颜色的网孔分布线，以 2D 线条来表示网孔的分布，见图 2-51。

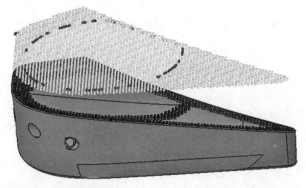

图 2-51　门板网孔设计

碰穿和不碰穿网孔为等高的设计方法：

a. 以碰穿网孔的高度为基准，长钢料封图，在局部切出几个网孔作为网孔尺寸基准进行设计。

b. 如果碰穿网孔或者不碰穿网孔都不等高，那么需对所有不同高度的网孔进行 3D 真实建模，见图 2-52。

c. 这种设计方法只针对圆形网孔，其它形状网孔需 3D 真实建模。

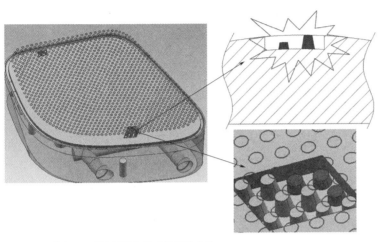

图 2-52　碰穿和不碰穿网孔为等高的设计方法

网孔的分布，在 AUTO CAD 里面进行平面设计，设计完成后，再转到 3D 数据里面。

a. 碰穿和不碰穿的网孔要能通过不同颜色的线条进行区分，不同高度的网孔也要有所区分，见图 2-53。

b. 所有的 2D 线条需要是标准的圆形，加工电极是通过捕捉圆心来进行钻孔加工的。

c. 线条要和网孔零件放置在同一个零件档内。

d. 网孔线条要始终显示，不要隐藏。

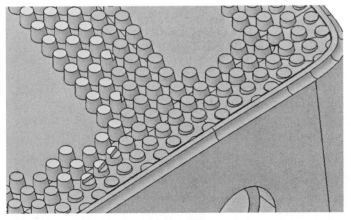

图 2-53　碰穿和不碰穿的网孔要能通过不同颜色来区分

第三章
汽车其它主要外饰件注塑模具

十九、汽车侧裙板热流道大型注塑模具设计

汽车侧裙板是指车体两侧安装的裙板,位于汽车前后门槛上,见图 3-1。它是集外观性与功能性于一体的最重要的外饰件之一,不但具有美观装饰作用,而且有一定的扰流作用,可以减少车体两侧的气流进入车底,以降低空气阻力,减少车辆行驶中产生的逆向气流,高速行驶时就好像地面吸着底盘一样。侧裙板需要配合前后扰流板使用,扰流使汽车高速运行时产生的风阻流畅地从车底划过,不会造成车辆行驶时产生漂移,因此侧裙板很大程度上增加了汽车操控的稳定性。一些高档汽车如奔驰和宝马等,具有高速行车主动修正线路的功能,驾驶员在高速路上驾驶汽车,如果一直保持很稳定的方向,电脑会记录下来。如果因气流造成的行车方向发生偏移,电脑则会自动修正方向。本例详细介绍了一副新能源汽车侧裙板注塑模具的结构及其设计要点与经验技巧。

图 3-1 汽车侧裙板装配图

(一)塑件结构分析

图 3-2 所示为某款新能源汽车侧裙板零件图,材料为 PP+EPDM+20%TD。该款侧裙板外形最大尺寸为 1865.90mm × 149.20mm × 108.20mm,长宽比例相差较大,属于大型塑件。共混后的塑料收缩率取 1.1%。侧裙板技术要求如下。

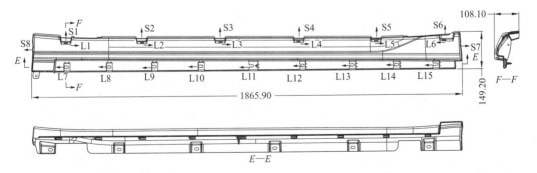

图 3-2 汽车侧裙板零件图(单位:mm)

① 外表面要求高，需做皮纹处理，不允许有推杆痕迹，也不允许有浇口痕迹，更不允许有收缩凹陷、熔接痕和飞边等缺陷。

② 由于塑件外观面需做皮纹，塑件外观面脱模斜度至少 5°，防止加工皮纹后塑件粘定模或拖伤外表面。

③ 塑件外侧有 8 处倒扣，倒扣面积较大。塑件内侧有 15 处倒扣，倒扣距离长，均在 25 ~ 45mm 之间，塑件侧向抽芯较困难。

（二）模具结构设计

根据侧裙板的生产纲领和细长形的结构特点，一模成型二腔，模具采用热流道 5 点进料，进料顺序由顺序阀控制。塑件外侧 8 个侧孔倒扣采用"斜导柱 + 滑块"抽芯结构，塑件内侧面的 15 个倒扣采用"斜顶 + 斜推杆"抽芯结构。模具外形尺寸为 2550mm × 1300mm × 1091mm，总质量约 25t，属于大型注塑模具。详细结构见图 3-3。

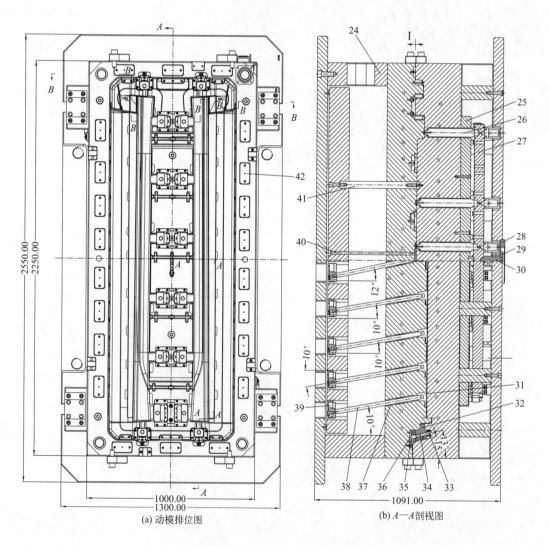

(a) 动模排位图　　(b) A—A 剖视图

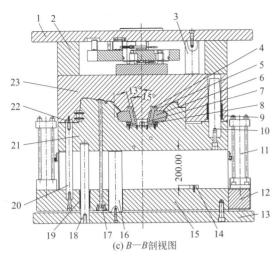

(c) B—B剖视图

图 3-3 汽车侧裙板注塑模具结构图（单位：mm）

1—定模固定板；2—热流道框板；3, 16—支承柱；4—内斜导柱；5, 33—斜导柱固定板；6—内侧抽芯；7, 35—定位块；8, 36—定位弹簧；9—导套；10—导柱；11—油缸；12—油缸固定座；13—动模固定板；14—限位柱；15—推件固定板；17—推杆；18—推件固定板导柱；19—推件固定板导套；20, 41—复位杆；21—动模板；22—硬块；23—定模板；24—垫块；25—二级热射嘴固定板；26—二级热射嘴；27—热流道板；28—定位圈；29—一级热射嘴压块；30—一级热射嘴；31—斜顶；32—外侧抽芯；34—斜导柱；37—斜推杆导向套；38—斜推杆；39—斜推杆滑座；40—流道推杆；42—承压块

1. 成型零件设计

汽车侧裙板注塑模具定、动模均采用整体式，定、动模板采用四面围边互锁定位的形式，大大提高了模具的整体强度和刚性。定模板钢材选用预加硬塑料模具钢 718H，调质硬度为 30～35HRC。动模板钢材为预硬化塑料模具钢 P20，调质硬度为 30～33HRC。

模具分型面顺滑无尖角锐边，无薄钢，加工方便，配模简单，封料可靠。所有非成型转角均设计为圆角，防止应力开裂。分型面的配合面尺寸攸关模具的大小和寿命，通过计算，一模二腔的侧裙板注塑模具锁模力约为 1200t，模具分型面封料宽度取 45mm，封胶面以外的区域分型面全都避空 1mm，以降低制造难度和成本。在分型面避空处设计了 22 块承压块，承压块经淬火处理，以保证模具受力均匀，提高模具寿命。

2. 浇注系统设计

（1）进料方案

鉴于以前其它车型侧裙板在注射成型过程中塑件经常出现变形、熔接痕等缺陷，本例在浇注系统设计过程中做了多处改进，采用了一些先进技术，包括热流道技术和顺序阀控制技术，制定了浇注系统方案为：①热流道转普通流道（因表面不允许进料）；② G1～G5 五点进料，位置见图 3-4；③进料顺序为 G3→G2→G4→G1→G5，即先从中间进料，然后依次从两边进料，由顺序阀控制；④分流道截面为梯形，浇口采用侧浇口，见图 3-5。

（2）模流分析

为了验证以上浇注系统的可行性和正确性，采用 MOLDFLOW 软件根据以上方案进行模拟填充分析，结果见图 3-6～图 3-11。

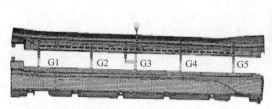 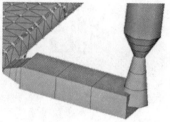

图 3-4　汽车侧裙板五点进料　　　　　图 3-5　侧浇口

图 3-6 显示汽车侧裙板填充时间为 3.66s，填充均匀。

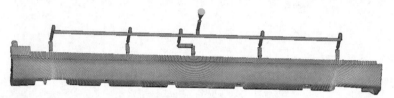

图 3-6　汽车侧裙板填充分析

图 3-7 显示推荐的成型温度范围为 200～250℃，塑件的流体温度范围为 223～225℃。温差为 2℃，在合理范围之内。

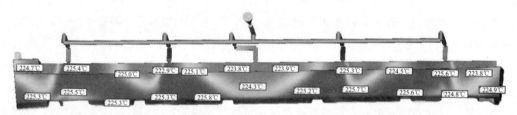

图 3-7　汽车侧裙板流动前沿温度分布

图 3-8 显示塑件填充 + 保压时间 20s。浇口、流道冻结情况及冻结时间合理，无浇口位置过早冻结，影响塑件保压补缩的情况。

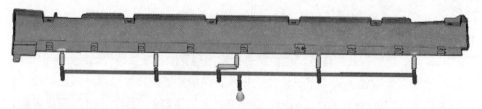

图 3-8　汽车侧裙板冻结层因子分布

图 3-9 显示塑件外观面无明显熔接痕。

从图 3-10 中分析结果可得出：塑件主体体积收缩比较均匀。判断依据：理想的体积收缩是塑件整体收缩均匀，局部的体积收缩不均是引起塑件翘曲、缩痕的主要原因。

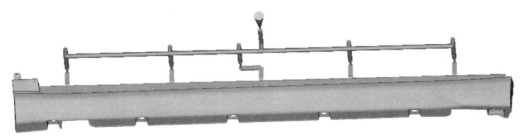

图 3-9　汽车侧裙板填充时熔接线分布图

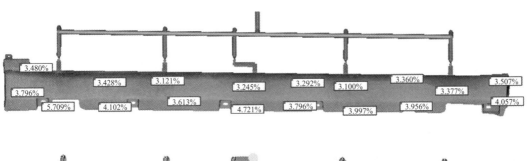

图 3-10　汽车侧裙板体积收缩率分布

从图 3-11 中分析结果可得出：塑件外观没有明显缩痕。

图 3-11　汽车侧裙板缩痕分布

模流分析显示，采用以上浇注系统方案时汽车侧裙板充填效果良好，填充顺畅，填充压力比较小，塑件没有填充不足、熔接痕，没有严重困气，变形在公差范围之内，所定方案完全合理。模具热流道浇注系统包括一级热射嘴、二级热射嘴、热流道板、顺序阀和相关电子配件，其立体图详见图 3-12。

3. 侧向抽芯机构设计

侧向抽芯机构是本模具最重要的核心结构之一。针对塑件外侧的 8 处倒扣，模具采用了 8 个"动模滑块＋斜导柱"的抽芯机构，抽芯方向见图 3-3 和图 3-13（a）。滑块的定位采用弹簧加限位柱，安全可靠。向下抽芯的滑块由于滑块的自身重量，所以不需要弹簧，只采用限位柱限位。

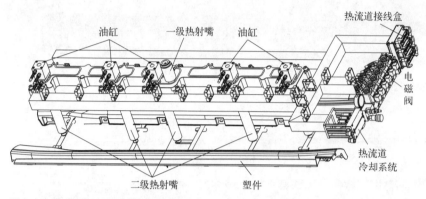

图 3-12　汽车侧裙板模具热流道浇注系统

为了提高模具寿命，方便模具的加工、维修，滑块底部和背部都设计了耐磨块，耐磨块与滑块之间设计了油槽，以减小摩擦力。

塑件内侧有 L1～L15 共 15 处倒扣，模具全部采用"内侧斜顶+斜推杆"的抽芯机构，抽芯方向见图 3-3 和图 3-13（b）。内侧倒扣距离较长，最长为 38mm，安全脱模距离取 5mm，总抽芯距离达 43mm。因此本模具斜顶数量多，抽芯距离长，设计时需避免塑件脱模时因对斜顶包紧力过大而发生变形，同时还要避免所有斜顶沿同一方向抽芯，以防止塑件跟着斜顶移动。在汽车注塑模具设计中，防止塑件粘斜顶的方法有很多种，汽车侧裙板注塑模具主要采用加大塑件倒扣处的脱模斜度和将塑件的加强筋全部设计在模板或镶块上的方法。

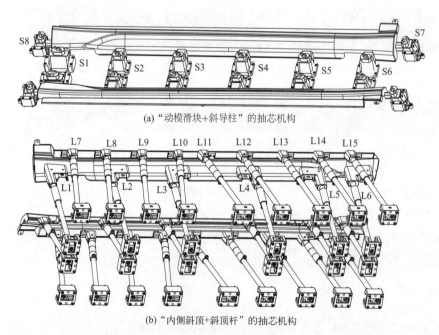

图 3-13　汽车侧裙板模具侧向抽芯机构立体图

侧裙板模具斜推杆直径全部为 ϕ25mm，钢材 SUJ2，高频淬火处理。斜推杆底部通过螺钉固定在滑轮上，在模具底板相应位置设计过孔，这样不拆模具时就能装拆斜顶。斜推杆导向套的长度为斜推杆长度的 2/3，斜推顶出角度分别为 10°和 12°。

4. 温度控制系统设计

汽车侧裙板长宽尺寸相差较大，塑件注射成型后容易变形，温度控制系统设计的好坏对模具的成型周期与成型质量影响很大。本模具属于大型汽车注塑模具，冷却水路间距应严格控制在 45～60mm 之间，冷却水管与型腔面距离控制在 20～25mm 之间。冷却水流向需与料流方向一致，每个热射嘴区域需重点冷却。对于长条形塑件，为了防止塑件翘曲变形，冷却水路设计成内外部均可连接的方式，注塑生产时还可根据塑件变形的缺陷调整冷却方式。

汽车侧裙板模具定模设计了 20 组水路，排布方式见图 3-14（a），动模设计了 18 组水路，排布方式见图 3-14（b）。由于模具为大型热流道模具，推件板由油缸驱动，因此模具既有水路，还有油路、气路和电路，它们的接头全部安装在非操作侧，按照电、气、水、油的顺序排列，避免相互干涉。侧裙板模具采用"直通式水管 + 隔片式水井"的组合温度控制系统，进出水管距离大致相等，水管直径 ϕ10mm，水井直径为 ϕ24mm，冷却水路面积达到了塑件面积的 60%。

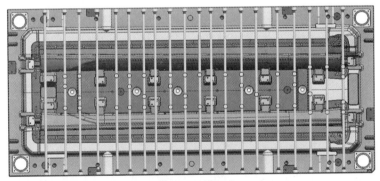

(a) 定模温度控制系统

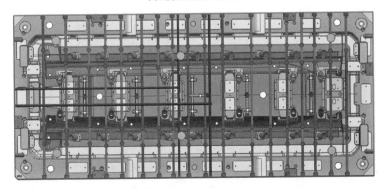

(b) 动模温度控制系统

图 3-14 汽车侧裙板模具温度控制系统

侧裙板模具温度高的地方，如热射嘴附近，还单独设计了一组冷却水路。而在塑件易出现熔接痕的位置都避免了冷却水经过。由于模具得到了均衡且充分的冷却，成型塑件的尺寸和外观质量均达到了设计要求，注射周期控制在 75s 之内，比以前同类型模具缩短约 5s。

5. 液压系统设计

模具顶出油缸四个，油缸固定在动模板上。根据顶针面板和顶针底板的质量，基于常用的安全系数，油缸选用高压 HOB 油缸，缸径 $\phi 80mm$，油缸顶出行程为 220mm。顶出油路设计在板上，如图 3-15 所示。

为保证顶出平衡，侧裙板模具油路的长度差都没有超过 50mm。油嘴间距全部大于油管的弯曲直径，防止油管接不上。

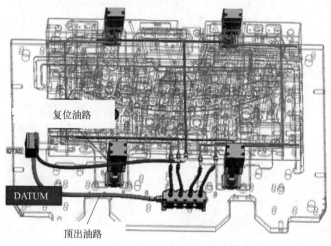

图 3-15 汽车侧裙板模具顶出机构油路

6. 导向定位系统设计

侧裙板模具导向系统包括四部分：①动、定模之间的 4 支圆导柱 10 及与之相配合的 4 支圆导套 9，其中导柱尺寸为 $\phi 70mm \times 340mm$；②动模内对推件固定板导向的 6 支圆导柱 18 及与之相配合的 6 支圆导套 19，其中导柱尺寸为 $\phi 50mm \times 450mm$；③侧向抽芯机构中滑块的导向 T 型槽；④圆形斜推杆的导向套 37，数量 30 个。

定位系统也包括四部分：①8 个 1° 斜度的精定位块，布置于模具内部靠型腔侧，每侧 2 个；②8 个 0° 精定位块（俗称边锁），布置于模具外侧，每侧 2 个；③滑块的定位块；④分型面四周的定位斜面，斜度为 8°，为提高模具寿命及方便维修，定位斜面上设计耐磨块。本模具导向定位系统详见图 3-3 和图 3-16。

由于模具有"滑块+斜导柱"的侧向抽芯机构，动、定模之间的导柱必须在斜导柱插入滑块前 20mm 插入导套，否则在模具的制造和生产中可能会产生故障，严重时会损坏模具。

7. 脱模系统设计

本模具采用"推杆+斜顶+油缸顶出"组合脱模机构，模具在定、动模开模后，油缸通过液压驱动推件固定板，依靠推杆和斜顶推出塑件。合模之前，油缸驱动推件先复位，合模后，定模推动 6 支复位杆，所有推杆及斜顶准确复位（这是因为油缸内的液体为非刚性体，无法保证推件固定板准确复位）。由于定模板硬度远远小于复位杆的硬度，在反复的撞击后易出现凹坑，因此在二者接触的地方设计了一块硬块 22（图 3-2），硬块直径比复位杆直径大 2mm，材料为 45 号钢（或 S50C），淬火至 45HRC。

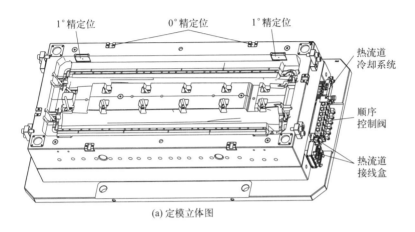

(a) 定模立体图

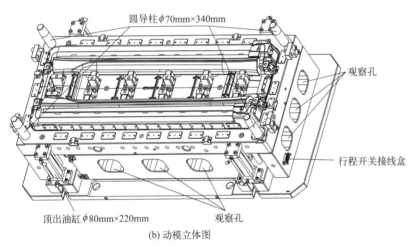

(b) 动模立体图

图 3-16 汽车侧裙板模具导向定位系统

汽车侧裙板属于大型塑件，推杆直径全部取 16mm，数量 31 支，其中流道推杆采用 11 支。注意在斜顶 30mm 之内不能设置推杆，避免相互干涉。汽车侧裙板内外表面属于复杂的空间曲面，所有推杆固定端必须设计止转结构，顶出端曲面上必须设计网格槽，避免顶出时推杆打滑导致塑件变形。推件固定板导柱要布置在推出力大的推出元件（如油缸、复位杆等）附近。为了简化模具结构，提高模具刚性，汽车侧裙板模具只采用一块推件固定板，而没有推件底板。

8. 排气系统设计

汽车侧裙板属于大型内饰件，模具型腔内空气较多，熔体填充时若气体不能及时排除，就会在塑件表面产生气纹、熔接痕或填充不良而影响外观，或在塑件内部产生气泡而影响强度。模具的排气槽都开设在型腔靠模具外侧的周围，详见图3-17。排气槽总数量为58处，宽度均为10mm，深度为0.05mm。所有排气槽均与外部贯通，排气槽与排气槽之间的距离应均匀合理，控制在60～80mm之间，模具分型面上的排气槽全部开设在定模板上。

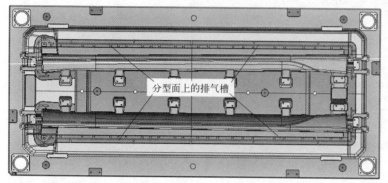

图3-17　汽车侧裙板注塑模具排气系统

（三）模具工作过程

熔体通过一级热射嘴30进入热流道板27，再由顺序阀控制的二级热射嘴26进入模具分型面上的普通流道，最后经侧浇口进入模具型腔。熔体充满型腔后，经保压、冷却和固化，至足够刚性后，注塑机拉动模具的动模固定板13，模具从分型面Ⅰ处打开。在开模过程中，动模侧的内侧抽芯6和外侧抽芯32分别在斜导柱4、34作用下进行侧向抽芯。分型面Ⅰ打开距离500mm，完成开模行程后油缸启动，通过液压推动推件固定板15，在此过程中斜顶与塑件倒扣分离，同时和推杆一起推动成型塑件推离动模。塑件推出距离为200mm，由油缸控制。塑件取出后，油缸拉动推件及其固定板复位，接着注塑机推动动模合模，模具开始下一次注射成型。

（四）结语

根据汽车侧裙板的结构特征、材料特征、塑件外观质量与批量要求等，设计了一副顺序阀控制5点进料的热流道大型注塑模具，浇注系统先进合理，提高了熔融塑料在注射成型过程中的流动性，改善了熔体的填充效果，减少了成型后流道系统凝料，同时降低了塑件的成型周期，提高了模具的劳动生产率。在浇注系统设计过程中做了详细的模流分析，成功预测了塑件外观的成型质量，确定了最佳进料位置，为模具设计提供了可靠的依据。本模具自量产以来，由于各机构设计合理，模具运行稳定可靠，成型周期控制在75秒之内，塑件尺寸精度达到了MT4，取得了良好的经济效益。

二十、汽车挡泥板大型薄壁顺序阀热流道注塑模具设计

汽车塑料挡泥板主要用于保护车轮周围的钣金,其位置见效果图 3-18 所示。挡泥板设计时一般参考车轮跳动包络极限,与车轮保持 30mm 以上距离。挡泥板常用材料有 PP 或 HDPE。成型方法一般有注射成型、热压成型和吸塑成型等。由于挡泥板通常结构复杂,且大于半圆,故注射成型工艺比较困难,技术要求高,模具结构复杂。本例详细介绍了某款新能源汽车挡泥板注塑模具的设计要点与经验技巧。

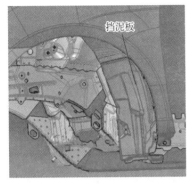

图 3-18 汽车挡泥板装配位置

(一)塑件外观要求与结构分析

图 3-19 所示为某新能源汽车的挡泥板零件图,挡泥板外形类似马鞍形。塑件材料为 PP/ABP-0980。收缩率取 1.45%。塑件结构特点与技术要求如下:①塑件尺寸为 1209.80mm × 435.30mm × 517.40mm。塑件平均壁厚只有 3mm,为典型的大型薄壁塑件。②塑件外观面不允许有斑点、浇口痕迹,不允许有收缩凹陷、熔接痕和飞边等注射缺陷。③塑件结构复杂,高低落差大,熔体填充困难,模具浇注系统设计是难点之一。④塑件的外侧有 2 处倒扣 S1、S2,位置和角度均很复杂。模具侧向抽芯机构设计是难点之二。⑤塑件内侧面不允许布置推杆,因为薄壁塑件用推杆顶出容易产生顶白和顶裂等外观缺陷。模具脱模系统设计是难点之三。

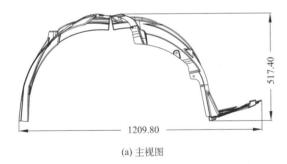

(a) 主视图

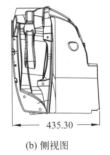

(b) 侧视图

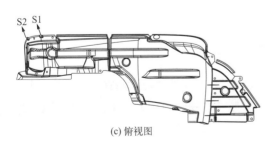

(c) 俯视图

(d) 立体图(缩小)

图 3-19 汽车挡泥板零件图(单位:mm)

(二) 模具结构设计

1. 成型零件设计

模具型腔数为1+1,形状对称,成型汽车左右两个挡泥板。成型塑件为大型薄壁零件,模具为大型注塑模具。为提高模具刚性,减小模具大小,模具定、动模均采用整体式结构。定模板采用718H预硬塑胶模具钢,预硬度为30~35HRC,动模采用P20锻打,硬度为30~33HRC。模具尺寸大,加工及配模难度高,型腔型芯具有多面复杂角度且深度较大,采用常规刀具及设备无法加工,要订制非标刀具并采用大型5轴机床加工。

模具定、动模对插成型零件的插穿角度必须保证7°以上,为了保证定、动模精准定位,模具定、动模板采用四面锥面定位方式,锥面角度为5°。模具所有分型面光滑无尖角、无薄钢、无线或点封料。弹块、镶件与动模的配合部分,止口根部必须设计合适的工艺倒圆角或避空位,$R \geqslant 5mm$。由于是大型注塑模具,定、动模分型面封胶距离取50mm左右。由于是大型汽车注塑模具,为方便拆装,成型零件的紧固螺钉都设计在分型面一侧。

2. 浇注系统设计

根据汽车挡泥板的结构特点,模具采用热流道浇注系统。为了避免熔接痕影响塑件强度和外观,浇注系统采用15点顺序阀热流道进料,每腔7点进料,直接在塑件表面进料,还有1点开设在分型面上,热流道转普通流道,由侧浇口进入型腔,详见图3-20。

A	B	C	D	E
φ8~φ22	φ22	φ8	φ8~φ12	φ12

(a) 浇口位置及数量　　　　　　(b) 流道与浇口尺寸

图3-20　汽车挡泥板注塑模具浇注系统

为验证该浇注系统设计的合理性,下面采用MOLDFLOW软件对熔体填充进行模流分析。通过模拟熔体在模具型腔中的流动,预测和显示熔体填充过程中的压力与温度变化、流动时间、气穴与熔接痕的位置等。

由图3-21可知:汽车挡泥板大部分区域是以较高的温度进行填充的,填充结果可以接受。由图3-22可知:汽车挡泥板体积压力转换时的压力为52.00MPa。由图3-23可知:汽车挡泥板最大注射压力 72.58MPa 出现在填充 1.5s 时。

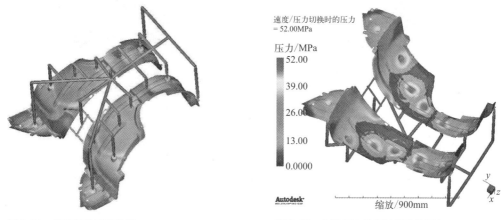

图 3-21　熔体前沿温度分析　　　　图 3-22　体积压力控制转换时的压力

由图 3-24 可知：黑点处为可能出现气泡的位置，请注意此区域的排气。塑件定、动模深筋区域设计镶件，加强排气。

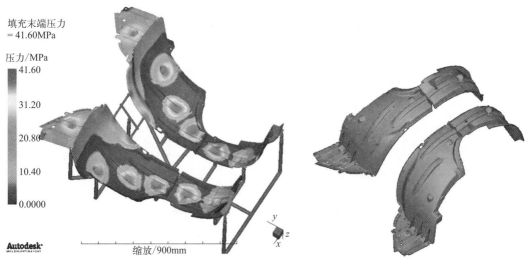

图 3-23　注射位置压力分布　　　　图 3-24　气穴分布图

由图 3-25 可知：汽车挡泥板在此情况下注塑，部分区域可能会出现熔接痕。在塑件可能出现熔接痕区域加强排气设计，同时防止此处温度过低出现熔接痕。由图 3-26 可知：成型塑件体积收缩率均衡，没有明显的翘曲变形。

从以上模流分析可知，汽车挡泥板注塑模具浇注系统方案合理，无明显成型缺陷。根据这一方案，15 点顺序阀热流道浇注系统见图 3-27。

3. 侧向抽芯机构设计

汽车挡泥板塑件 S1、S2 都在塑件外侧，模具采用动模"斜导柱 + 滑块"的抽芯结构。由于倒扣抽芯方向与水平方向成倾斜角度，因此采用水平方向的斜滑块抽芯结构，详细结构见图 3-28。

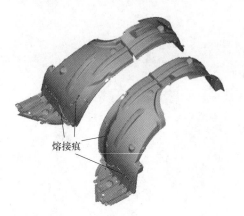

图 3-25 注射时熔接痕分布

图 3-26 汽车挡泥板顶出时体积收缩率

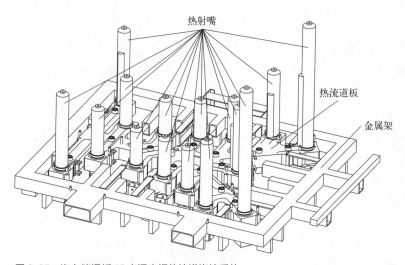

图 3-27 汽车挡泥板 15 点顺序阀热流道浇注系统

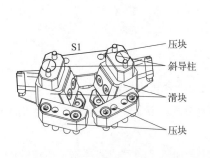
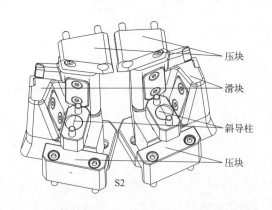

图 3-28 汽车挡泥板注塑模侧向抽芯机构

根据挡泥板结构，打开 S1 和 S2 侧向抽芯滑块与水平方向分别成 20°与 16°的夹角。依靠斜导柱驱动，抽芯距离为 15mm。斜导柱的设计合理与否相当重要，一般斜导柱在 12°~22°时最平稳可靠，超过 22°时斜导柱承受扭力较大，直径需要设计得大一些。滑块座四面设计耐磨块,耐磨块凸出滑块座表面 1mm,方便钳工配模作业,同时避免钳工打磨滑块座。依靠滑块定位夹与限位柱对滑块定位以及控制行程。滑块底部与背面设计耐磨块,耐磨块长宽不得小于滑块滑动区域长度的 2/3,厚度一般选用 6~12mm,本模具选用 12mm。滑块背面与底部的耐磨块至少需要两个方向的定位,最好设计 4 个方向定位,耐磨块与耐磨块槽紧配。滑块座依靠压块导向,压块导向长度为滑块长度的 2/3 以上,保证滑块抽芯过程中平稳可靠。

本模具 S2 侧向抽芯滑块很有特色,由于受塑件形状与位置限制,滑块压块采用非对称设计。滑块压块一侧固定在动模正面,一侧固定在动模侧面。这种滑块的压块结构,一般用于分型面复杂与空间受限制的模具上,如汽车保险杠注塑模、汽车仪表板注塑模和挡泥板注塑模等。本模具动模上侧面的滑块压块由于加工精度高、加工困难,普通机床难以满足,需要采用 5 轴 CNC 等设备加工。

4. 温度控制系统设计

汽车挡泥板由于塑件投影面积大,为保证塑件能够在同一温度均匀冷却注射成型,同时提高生产效率,模具采用型腔、型芯同时冷却的方式。由于塑件投影面积大,为了提高塑件的生产效率,设计 12 组"直通式水管 + 倾斜式水管 + 隔片式水井"组合式随形水路。对于汽车注塑模具,自然随形的冷却水道对塑件的冷却效果最佳,并遵守了 3m 原则(每条冷却水路总长度都没有超过 3m)和手掌效应(水路之间距离控制在一掌宽度,即 50~60mm 之间),详见图 3-29。模具对 15 个热射嘴区域进行了重点冷却,防止了热射嘴出现拉丝、流延和浇口残留过高等缺陷。模具水路布置均匀充分,水路设计随形设计,动、定模水路形成了水路交织网,塑件获得了良好的冷却效果,成功将注塑周期控制在 80s 左右,比同类型注塑模具降低约 10%。

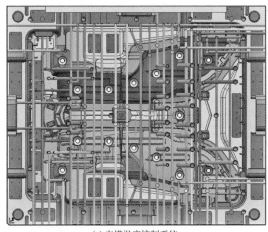

(a) 定模温度控制系统　　　　　　(b) 动模温度控制系统

图 3-29　挡泥板注塑模具温度控制系统设计

5. 导向定位系统设计

汽车挡泥板注塑模具采用 4 支 200mm × 80mm × 548mm 方导柱导向,定位则主要采用四面的5°围边。同时为了保证定、动模的精准定位，在定、动模板上还设计了8套精定位结构，精定位尺寸为120mm×35mm×100mm，8套精定位设计在定、动模板拐角处，是精定位的最佳位置。模具导向定位系统详见图3-30。

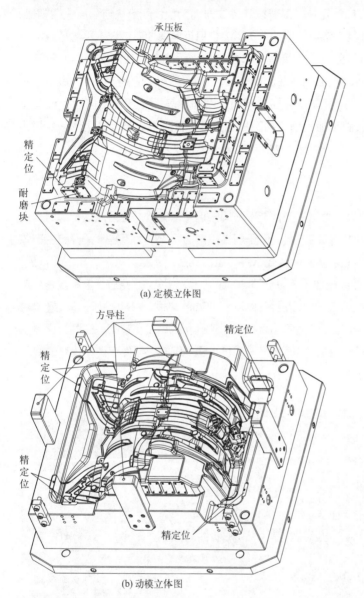

图3-30 汽车挡泥板模具立体图

方导柱装配在模具的动模侧，其长度必须高出动模最高点30mm以上，同时保证在斜导柱插入滑块前20mm插入导套，以确保导向安全可靠。汽车大型注塑模具广泛采用方导柱，与圆导柱相比，方导柱导向精度更高，与导套间隙小，不易弯曲。

6. 脱模系统设计

汽车挡泥板注塑模具依靠注塑机油缸的作用力开、合模。由于塑件内侧面是外观面，不允许有推杆痕迹，因此模具采用多个动模弹块脱模，弹块由矩形弹簧驱动。模具开模后，塑件通过动模弹块弹出，动模弹块依靠导柱、导套导向定位，由限位拉杆限位。模具合模后，动模弹块合模时又将定模分型面上的推块推回复位，因此模具中没有推杆板和推杆固定板，大大简化了模具结构。

7. 排气系统设计

汽车挡泥板属于大型薄壁塑件，型腔内的气体必须及时排出，否则熔体的填充阻力会更大，导致填充不良。由于多点进料，难免产生熔接痕，在可能出现熔接痕的位置必须设计排气槽，排气槽主要开设在分型面上。由于挡泥板结构复杂，模流分析所显示的熔接痕位置仅供参考，分型面上排气槽的位置必须等试模以后确定。另外，模流分析显示，本模具定模与动模部分区域由于加强筋多且深，极易造成困气，影响熔体填充。在这些区域必须设计镶件，避免造成填充不良。挡泥板材料为PP，排气槽深度取0.04mm，排气槽之间的距离宜控制在60～80mm之间。

（三）模具工作过程

根据以上设计方案，汽车挡泥板注塑模具详细结构见图3-31，模具最大外形尺寸为1900mm×1700mm×1159mm，总质量约20t，属于大型注塑模具，所用注塑机为海天2100t。

模具工作过程如下：

熔体通过注塑机喷嘴，经一级热射嘴8进入热流道板3，再在顺序阀4、9控制下由二级热射嘴5、10进入模具型腔。熔体充满型腔后，经保压、冷却和固化，至足够刚性后，注塑机拉动模具的动模固定板14，模具从分型面Ⅰ处打开。开模距离达到600mm后，侧向抽芯机构中的滑块在斜导柱的驱动下与塑件脱离（见图3-28）。动模弹块6、15在矩形弹簧的作用下弹出塑件，使塑件与动模脱离。塑件由机械手取出后，注塑机推动动模合模。在合模过程中，斜导柱推动滑块复位，定模复位块19推动动模弹块复位，模具开始下一次注射成型。

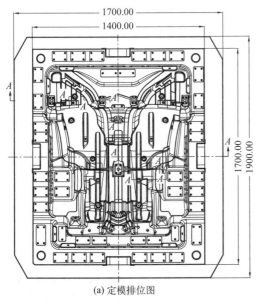
(a) 定模排位图

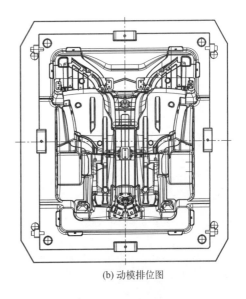
(b) 动模排位图

图 2-31

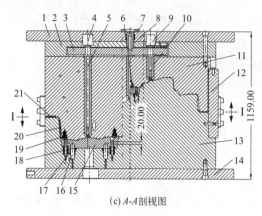

(c) A-A剖视图

图 3-31　汽车挡泥板注塑模具结构图

1—定模固定板；2—热流道框板；3—热流道板；4, 9—顺序阀；5, 10—二级热射嘴；6, 15—推块；7—定位圈；8——级热射嘴；11—定模板；12—方导柱；13—动模板；14—动模固定板；16—推块导柱；17—推块导套；18—推块弹簧；19—复位块；20—耐磨块；21—承压块

（四）结语

① 汽车挡泥板注射成型一直是个棘手的问题，由于其是大型薄壁塑件，在注射成型过程中容易造成填充不良、飞边严重、熔接痕多且明显等难以解决的成型缺陷。本例首先通过模流分析，确定了 15 点顺序阀热流道浇注系统最优方案，有效保证了汽车挡泥板塑件的成型质量。

② 模具采用 12 组"直通式水管＋倾斜式水管＋隔片式水井"组合式随形水路，模具的注射周期降低了约 10%。

③ 模具采用推块并通过矩形弹簧推出的脱模系统，成功解决了大型薄壁塑件脱模困难的问题，并大大简化了模具结构。

模具自投产以来，运行安全可靠，成型塑件质量稳定，为客户创造了良好的经济效益。

二十一、汽车导流板顺序阀热流道注塑模具设计

汽车导流板位于汽车后保险杠下方，其作用是降低车底气压，减小汽车在高速行驶时所产生的升力，防止后轮飘浮。汽车导流板为大型薄壁注塑件，内侧抽芯多，生产过程中很容易产生局部填充不足、熔接痕明显、制件出现发亮以及推出不平衡导致塑件变形等缺陷。为此模具采用顺序阀热流道浇注系统（sequential valve gating hot runner，SVG）以及氮气弹簧推出，成功解决了这些问题，模具结构有一定的创新性、实用性和新颖性。

（一）塑件外观要求与结构分析

图 3-32 所示为某新能源汽车导流板零件图，位于汽车后保险杠下方。塑件材料 PP+EPDM+20%TD，收缩率取 1.05%。塑件特点与技术要求如下：①外形最大尺寸为 1243.40mm × 279.60mm × 240.50mm，平均壁厚为 3mm，属于大型薄壁塑件，为了提高刚性和强度，塑件内侧设计了很多加强筋。②表面要求高，不允许有推杆痕迹，也不允许有浇口痕迹，更不允许有收缩凹陷、熔接痕和飞边等缺陷。③左右结构对称，结构复杂，内外侧共有 14 处倒扣，脱模困难。

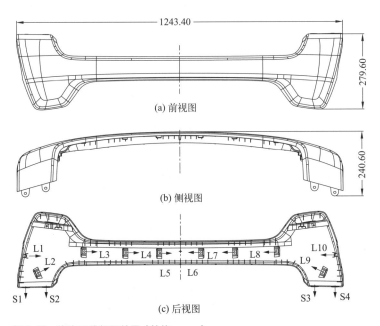

图 3-32 汽车导流板零件图（单位：mm）

（二）模具结构设计

经模流分析，模具浇注系统采用热流道 3 点进料，进料顺序由顺序阀控制。塑件所有的内外侧倒扣均采用"斜顶+斜推杆"侧向抽芯结构。模具外形尺寸为 1800mm × 1040mm × 1090mm，总质量约 16t，属于超大型注射模具。其 2D 结构见图 3-33。

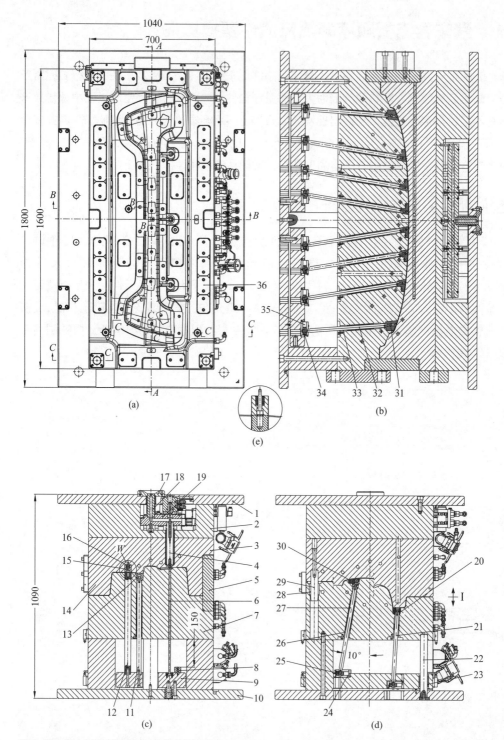

图 3-33 汽车导流板注射模 2D 结构图（单位：mm）

1—定模固定板；2—热流道框板；3—定模板；4—二级热射嘴；5—方导柱；6—流道推杆；7—动模板；8—限位柱；9—推件固定板；10—动模固定板；11—推杆；12—复位杆；13—垫块；14—锁模块；15—先复位推块；16—先复位弹簧；17—定位圈；18——一级热射嘴；19—热流道板；20, 30, 31—斜顶；21, 27, 32—斜推杆；22—推件板导柱；23—推件板导套；24, 35—底座；25, 34—滑块；26, 33—导向套；28—导套；29—导柱；36—承压板

1. 成型零件设计

为减小模具尺寸，提高模具强度和刚性，定、动模均采用整体式结构，即型腔直接设计在定模板和动模板上，中间不再设计镶件。在选材方面，定模板采用预硬塑料模具钢 718H，调质硬度为 30～35HRC，动模板采用预硬塑料模具钢 P20，锻打后调质硬度为 30～33HRC。成型零件的分型面必须光滑无尖角锐边，所有非成型转角处必须圆弧过渡，这样既容易封料，防止应力开裂，又方便数控加工，不需电火花清角。分型面包括封料面和避空面，导流板模具锁模力在 1000t 以上，分型面封胶面的宽度为 50mm 左右，封料面以外的区域都避空 1mm，目的是减少加工成本，方便维修，提高模具寿命。由于分型面面积大，在避空面处设计了 22 块承压块，以分担封料面的锁模力，保证模具受力均匀，见图 3-35。

2. 浇注系统设计

鉴于以前燃油汽车的导流板在注射成型过程中容易出现填充不足、熔接痕和表面发亮等缺陷，本模具浇注系统采用热流道，由 1 个一级热射嘴、1 块热流道板和 3 个二级热射嘴组成，见图 3-34（a）。其中 3 个二级热射嘴进料顺序由顺序阀控制，通过油缸控制顺序阀阀针的开启与关闭，通过模流分析，进料顺序为 G1→G2→G3。由于塑件表面不能有浇口痕迹，故熔体通过热流道后，再进入 U 形截面的普通流道，最后由搭接式浇口进入型腔，见图 3-34（b）。采用顺序阀控制热流道进胶技术后，不但将熔接痕移到不重要的部分，甚至移到了排气口，大大提高了塑件的强度，减少了注料过量和塑件表面发亮情况，得到了完美的塑件外观，而且锁模力也大大减小了 20%～30%，周期从 65s 缩短到了 55s，模具的生产效益提高了约 15%。

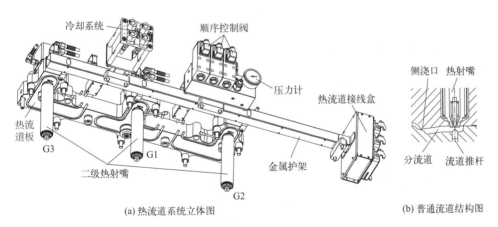

(a) 热流道系统立体图　　(b) 普通流道结构图

图 3-34　SVG 热流道浇注系统

3. 导向定位系统设计

在本模具 4 个角上各设计了 1 支圆导柱，规格型号为 $\phi 40mm \times 170mm$，安装在定模侧，这 4 支圆导柱只起辅助导向作用。起主要导向作用的是 4 支方导柱，方导柱设计在动模板 4 个侧面的中间位置，规格型号为 100mm×60mm×300mm，详见图 3-35。

由于方导柱是模具的主要导向零件，其长度必须保证在动、定模任何一个零件接触前就插入定模内的方槽内,以确保模具运行绝对安全可靠。

定位方面,在定、动模板4个角上设计了直身止口定位,同时,根据导流板结构特征,模具中间有较大的内凹面积,模具还设计了两侧围边定位结构,以防止模具向两侧变形,大大提高了模具的强度和刚性。

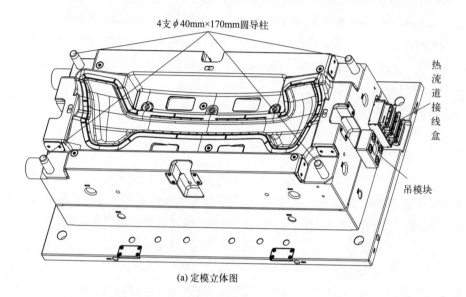

(a) 定模立体图

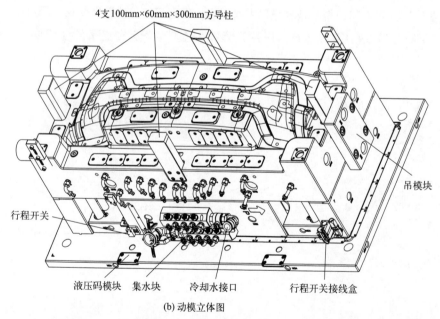

(b) 动模立体图

图 3-35　汽车导流板注塑模 3D 图

4. 侧向抽芯机构设计

成型塑件有 14 处与开模方向不一致的倒扣 S1～S14,模具全部采用了"斜顶+斜推杆"

的侧向抽芯机构，详见图3-33和图3-36。

该机构设计要点如下：①所有斜推杆滑动底座下的推件固定板11和模具底板12的相应位置应设计圆孔，使螺钉可通过底板孔进行装拆，做到不拆模具就能装拆斜推杆。②所有斜推杆需设计止转定位结构，斜推杆底座需设计4个螺钉与4个销钉，防止模具在维修装拆过程中出错。③斜推杆导向段的长度不得小于斜推杆长度的2/3。④斜推杆倾斜角度不得大于12°，大型汽车注射模具倾斜角度超过12°时需要设计保护杆。⑤导流板注射模具属大型模具，斜推杆直径不得小于25mm，材料选用SUJ2，并经高频淬火处理。

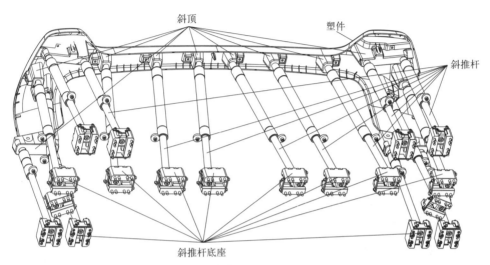

图3-36 汽车导流板注射模具侧向抽芯机构立体

5. 温度控制系统设计

综合考虑各因素后，导流板注射模具的温度控制系统采用了"垂直式水管+隔片式水井"的组合形式，详见图3-37。其中定模设计了3组循环水路，动模设计了8组循环水路，另外，定模热射嘴区域还单独设计了1组水路。模具冷却水路面积大致等于成型塑件面积的60%，水路呈网格状布置，间距在50～60mm之间，长度大致相等，且与料流方向做到了大致一致，使模具温度均衡，塑件冷却均匀。

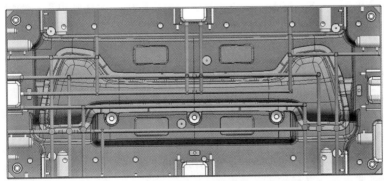

(a) 定模温度控制系统

图3-37

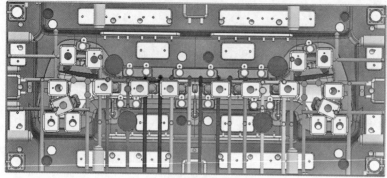

(b) 动模温度控制系统

图 3-37 模具温度控制系统

6. 排气系统设计

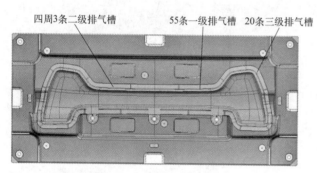

图 3-38 汽车导流板注射模具定模排气系统

在 SVG 系统中，良好的排气是非常重要的，如果模具排气不当，两股物料之间的空气就会残留在模具中影响熔体的填充和结合。汽车导流板模具排气系统除了动模侧的镶件、推杆和斜顶等的配合间隙外，分型面还开设了大量排气槽，位置在料流末端，靠近镶件和壁厚最大或最小处。分型面上的排气槽开设在定模侧，由 55 条一级排气槽（排气槽之间距离在 60～80mm 之间）、3 条二级排气槽和 20 条三级排气槽组成，深度分别为 0.04mm、0.5mm 和 1mm，宽度皆为 6mm，详见图 3-38。三级排气槽与外部贯通，防止气体内循环。

7. 脱模系统设计

汽车导流板的推出零件包括推杆、斜顶和推块，其中在塑件内侧面斜顶 14 个、方形推块 9 个、流道凝料推杆 3 支，详见图 3-39。由于斜顶多、推出力大，以前采用注塑机顶棍推出及复位弹簧复位常出现推出不平衡及复位不可靠的问题，为此本模具采用先进的氮气弹簧顶出机构，数量四个，规格 $\phi36mm \times 162mm$，对称布置在推件固定板上。氮气弹簧以高压氮气为工作介质，弹力大、行程长、体积小、工作平稳，使用寿命可达一百万次。氮气弹簧不但简化了模具的结构，而且方便模具安装和调整，确保了成型塑件的质量。

氮气弹簧选取的原则是：①所需要的顶出力与复位力等于所有顶出系统质量的 2～4 倍，模具超大时，倍数适当减小，反之适当加大。②氮气弹簧要布置在模具力系的中心，如顶棍孔位置或其附近。氮气弹簧必须做到在不拆模具的情况下也可以装拆。氮气弹簧需固定在氮气弹簧固定块内，为防止操作不当造成氮气泄漏而伤害装配人员，在氮气弹簧固定块上要刻上"危险"警示字样。③氮气弹簧的行程至少大于模具顶出行程 3～5mm。

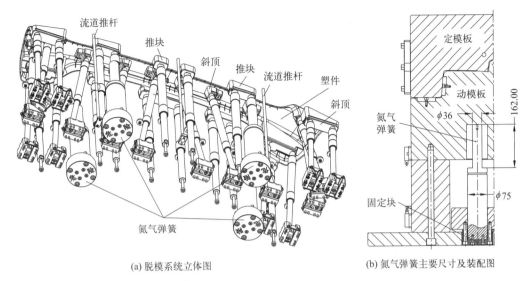

(a) 脱模系统立体图　　　(b) 氮气弹簧主要尺寸及装配图

图 3-39　模具脱模系统（单位：mm）

为防止推块在合模时撞击定模镶件，导致成型塑件产生飞边，模具设计了推件先复位机构，即在 6 支复位杆的上方、定模板内设计 6 个先复位弹簧 20，弹簧行程 5mm，它可以保证在动、定模分型面接触之前 5mm 先将斜顶和推块推回复位，详见图 3-33（e）所示。

（三）模具工作过程

熔体经热流道浇注系统充满型腔，经保压、冷却和固化，至足够刚性后，注塑机拉动模具的动模固定板 10，模具从分型面Ⅰ处开模，塑件脱离定模板，开模距离 400mm，由注塑机控制。完成开模行程后注塑机油缸推动推件固定板 9，推件固定板推动所有推杆、推块和斜顶，一边将塑件推离动模板，一边进行侧向抽芯。推件固定板推出行程为 150mm，由限位柱 8 控制。所有斜顶与塑件分离后，塑件由机械手取出。塑件安全取出后，氮气弹簧首先拉动推件固定板及其所有推件和斜顶复位，最后注塑机油缸推动动模固定板 10 合模，模具接着下一次注射成型。

（四）结语

① 汽车导流板属于大型薄壁塑件，结构复杂，要求具有优良的外观质量及结实的内部组织，对模具设计和制作要求很高。模具通过采用热流道顺序阀控制（SVG）技术，成功解决了注射时熔体流动困难、熔接痕影响塑件强度和表面发光影响塑件外观的问题。

② 模具推件数量多，形式复杂，脱模力大，推出行程长，通过采用氮气弹簧成功解决了推件的推出和复位不平衡、成型塑件易变形的难题。

③ 汽车导流板加强筋数量多，高度尺寸大，加之型腔体积大，模具通过采用动模镶件、斜顶、推杆和推块，以及定模型腔外围排气槽的排气系统成功解决了模具注射成型排气困难的问题。

模具结构先进合理，试模取得了圆满成功。模具投产后，运行平稳顺利，注射周期 55s，与同类型塑件相比，劳动生产率提高约 15%，锁模力降低了 20%～30%。经测试，成型塑件尺寸精度和表面质量等各项指标均达到了设计要求。

二十二、汽车尾箱盖热流道注塑模具设计

图 3-40 尾箱盖位置示意图

汽车尾箱盖是汽车的后备箱"门",具有封闭后备箱的作用,也有防护车身及保护乘客安全的作用。如图 3-40 所示,汽车尾箱盖位于轿车后尾部,它可以使用冲压钢板来制作,也可以使用塑料注射成型,使用螺钉固定和卡扣固定的方式。汽车尾箱盖要求有一定的强度,还需满足整个车身的外观功能,同时追求零件本身的轻量化、满足整车减重要求,本例介绍一款新能源汽车尾箱盖的注塑模具设计要点与经验技巧。

(一)塑件功能要求与结构分析

塑件最大外形尺寸为 1104mm × 521mm × 210mm,平均厚度为 3mm,属于大型薄壁塑件,其结构如图 3-41 所示。尾箱盖特点与外观要求如下:①塑件为功能结构件,对外观面要求一般,正面是一个较光滑的 3D 弧面,要求分型面处不允许存在飞边、斑点、熔接痕、明显收缩凹陷等缺陷;②塑件内部背面有 17 个卡扣位 S1 ~ S17,必须要保证卡扣位和塑件整体有足够的强度;③塑件两端侧面连接位置各有 5 个小碰穿孔,结构复杂容易冷料和困气,一侧长边侧面上有 2 个方形深孔倒扣和 1 个方形深孔倒扣,如图 3-41 所示。

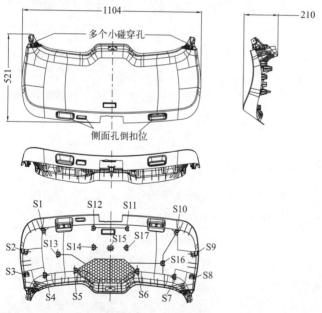

图 3-41 尾箱盖结构(单位:mm)

尾箱盖主要是功能结构件,对外观要求一般,材料采用增强改性 ABS(丙烯腈 - 丁二烯 - 苯乙烯共聚物),是一种强度高、韧性好、易于加工成型的热塑型高分子材料结构,一种重要的工程塑料合金,广泛应用于汽车、电子电气、办公和通信设备等领域。ABS 的热变形温度为

93～118℃，制品经退火处理后还可提高10℃左右。ABS在-40℃时仍能表现出一定的韧性，可在-40～100℃的温度范围内使用。

（二）模具结构设计

尾箱盖产品外形为3D弧面，其内部倒扣多、深度大、复杂，两端侧面连接位区域成型困难，结合CAE模流分析结果与技术讨论，模具采用热流道注塑模具结构，5个顺序阀热射嘴和热流道转冷流道侧进料方案。为保证熔体的填充效果以及减少熔接痕，在产品长边上各设置2个顺序阀热射嘴，在产品一侧的短边上设置1个顺序阀热射嘴，以保证产品生产质量。

对于塑件长边的方孔倒扣和内部17个倒扣（图3-41），分别采用：定模"液压缸锁紧+液压缸脱模+定模隧道滑块"的液压缸抽芯机构，动模"斜顶杆+斜推杆"的侧向抽芯机构。采用单腔的模具结构布局，模具最大外形尺寸为1500mm×1250mm×1186mm，模具总质量为9520kg，属于大型塑料注塑模具，模具结构如图3-42所示。

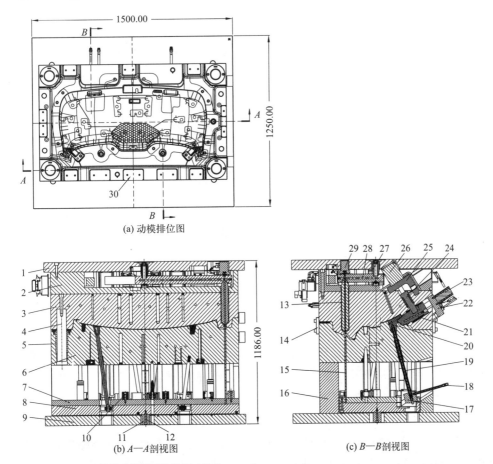

图3-42 汽车尾箱盖注塑模具结构图（单位：mm）

1—定模座板；2—热流道板框板；3—定模板；4—导柱；5—导套；6—动模板；7—推杆面板；8—推杆底板；9—动模座板；10—限位柱；11—顶棍套；12—螺钉；13—二级热射嘴；14—锁紧件；15—推杆；16—模脚；17—斜顶杆固定座；18—斜顶冷却水管；19—斜顶杆；20—斜顶块；21—隧道滑块；22—液压油缸架B；23—液压油缸B；24—锁紧块；25—液压油缸架A；26—液压油缸A；27—一级热射嘴；28—热流道板；29—顺序阀

1. 成型零件设计

该塑件较大且不规则，分型面是弧形面比较复杂，采用仿形延伸面和扫掠网格的方法，以保证分型面光滑无尖角、不易磨损和崩裂、无薄弱尖钢结构；同时模具定模和动模的插穿斜面采用 5°的合理插穿角度，对插面和合模的受力面都增加耐磨平衡块，防止磨损，保证定模和动模的合模精度。预估该汽车模具的锁模力 ≈ 12000 ~ 15000kN，分型面密封尺寸为 60 ~ 70mm，除密封面以外的分型面都做 1mm 的避空，减少模具高精度装配面的加工时间和配模时间，提高分型面的密封性。

在保证模具零件的强度和刚度的前提下，适当降低模具成本，同时保证零件的加工可行性。定模镶件、动模镶件均采用整体式结构，镶件和模板做成一体，使用无预加硬的模具材料 738，防止整体式结构硬度过高开裂，根据经验和综合计算得到成型零件尺寸，如图 3-43 和图 3-44 所示。

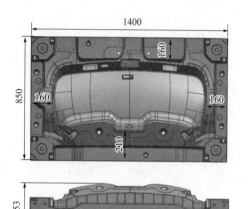

图 3-43　尾箱盖定模镶件（单位：mm）

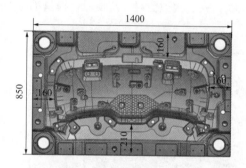

图 3-44　尾箱盖动模镶件（单位：mm）

2. 浇注系统设计

尾箱盖注塑模具采用"热流道 + 冷流道 + 侧浇口进料"的浇注系统，分别在塑件两个长边上设置 2 个顺序阀热射嘴，在产品一侧的短边上设置 1 个顺序阀热射嘴，做热流道转冷流道侧进料。5 个顺序阀热射嘴协同进料，生产时再做局部参数调整以平衡各个浇口的熔体填充，保证熔体填充顺畅，减少熔体热损失和熔接痕，以保证塑件成型良好的质量。5 个热射嘴的位置如图 3-45 所示，热流道浇注系统的组成如图 3-46 所示。

由于该模具分型面为 3D 弧形面，比较复杂，所以要在进料位置设计一个平台来做进料平面，辅助热流道转冷流道进料，有利于加工、配模和生产成型。G1 和 G2 两个顺序阀热射嘴附近有足够的空间可以设计较大的进料平面。G3、G4 和 G5 三个顺序阀热射嘴附近空间较小，设计一个圆形凸台来做进料平面，见图 3-47（a）。为了防止在热膨胀的影响下顺序阀热射嘴凸出碰撞和顶住封料面，容易形成合模间隙和出现飞边，每个热射嘴口对应的位置相比动模型芯封料平面要凹进去 $\phi24mm \times 1.5mm$，每个热射嘴底下设计一个进料井和一根推杆，如图 3-47（b）所示。

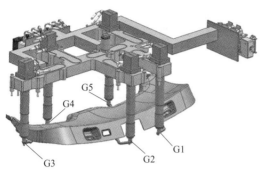

图 3-45　尾箱盖热射嘴位置

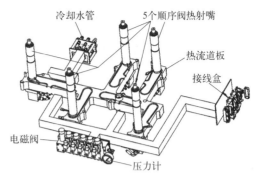

图 3-46　尾箱盖热流道浇注系统

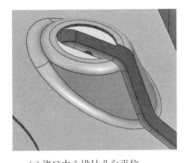

(a) 浇口中心设计凸台平位

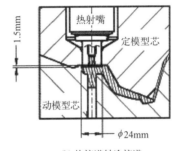

(b) 热流道转冷流道

图 3-47　进料口设计注意事项

热流道顺序阀控制热流道系统的设计要点有：①热流道板外做工艺倒角，避免尖角划伤人，通线槽尽量设计成直线方便加工，还要做工艺圆角避免划伤电线。②在热流道板背面增加圆柱形支撑块，来抵消热流道板在注射成型时的反作用，防止它变形。③每个热射嘴设置 2 个固定螺钉 + 等高固定柱，防止热射嘴在注射成型时受力后退。④按客户注塑机的配套接口要求来设计流道插座、电磁阀的规格型号和电气系统的接线插座。⑤接线盒、电磁阀、压力计等部件必须安装在操作侧，方便调试和操作。

3. 侧向抽芯机构设计

尾箱盖有侧孔倒扣和较多内部倒扣，需要使用定模隧道滑块抽芯与斜顶杆顶出等来帮助塑件脱模。塑件 3 个外侧方形倒扣孔，采用定模"液压缸 + 定模隧道滑块"的液压缸抽芯机构，结构如图 3-48（a）和（b）所示。塑件内部的 17 个（S1～S17）倒扣，采用动模"斜顶杆 + 斜推杆"的侧向抽芯机构。结构如图 3-49 所示。塑件较大，内部使用顶出力较大的直顶来顶出产品。

4. 温度控制系统设计

尾箱盖模具属于功能要求为主、外观其次的高端模具，为保证模具有较稳定的模温，塑件冷却均匀，设计和排布水路需要有良好的平衡性。

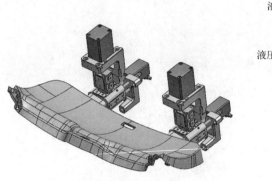 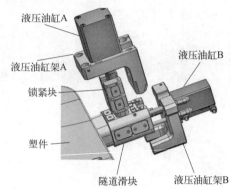

(a) 定模隧道滑块抽芯示意图　　(b) 定模隧道滑块抽芯结构图

图 3-48　侧向抽芯机构

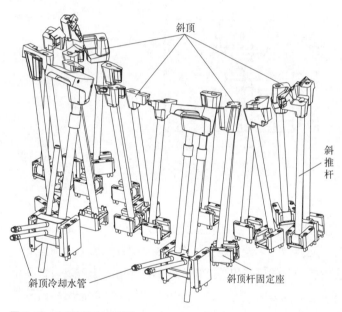

图 3-49　内部倒扣抽芯机构

定模设计了 11 组冷却水路，如图 3-50（a）所示，大部分冷却水路采用 "直通式水管 + 隔片式水井" 的组合形式，水管孔径为 11mm，水井孔径为 24mm。冷却水路与动模型芯底面的高度相差 20～25mm，每一条冷却水路的长度均保持在 2000～3500mm 之间，水井的深度沿产品内形表面 25～35mm 的距离来布置。产品外部有 3 个方形倒扣孔，设计了隧道滑块结构，部分水路无法贯穿型芯，需要采用 "驳接式水管 + 隔片式水井 + 水路分层设计"，同时部分水路采用方形水槽连接。

动模设计了 14 组冷却水路，如图 3-50（b）所示，动模冷却水路设计中每组冷却水路均采用 "直通式水管 + 隔片式水井" 的组合形式，水管孔径为 11mm，水井孔径为 24mm。冷却水路与动模型芯底面的高度相差 20～30mm，水井的深度在 2000～2700mm 之间，水井的深度沿产品内表面 25～35mm 的距离来布置。产品内部倒扣多，导致斜顶结构复杂，部分动模水路需要采用方形和弧形水槽连接。

隧道滑块和体积较大的斜顶，如图 3-50（c）所示，每个滑块各设计 1 组冷却水路，水路距离产品外表面 10～15mm，隧道滑块采用"驳接式水管 + 隔片式水井"的形式，斜顶采用"驳接式水管 + 斜通式水管"的组合形式。

定模、动模水路使用集水块把众多的进出水管接头连接起来，以简化操作人员的水管驳接工作。

采用以上温度控制系统，冷却总面积达到了塑件总面积的 75% 左右。模具各处温度均衡，冷却快速且充分，成型塑件尺寸精度达到了 MT3（GB/T 14486—2008），注射周期成功控制在 70s 左右，与同类型车型相比缩短约 13%，大大提高了模具的生产效率。

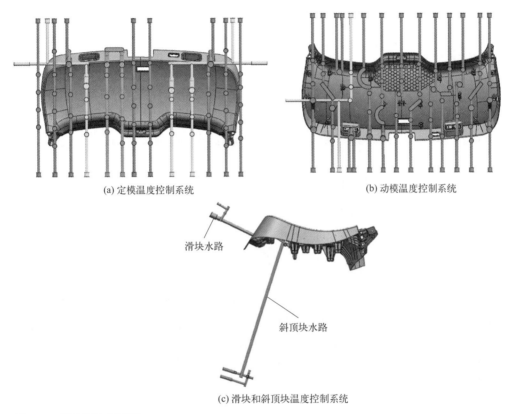

图 3-50　温度控制系统设计

5. 排气系统设计

尾箱盖模具内部无明显的阻力区域，但是型腔体积较大，内部气体需要在极短的时间内排除，以避免形成熔接痕、填充不良、困气、烧焦等成型缺陷。需设计良好的排气系统来保证塑件的熔体顺畅流动和成型质量，以大分型面上的排气槽为主，滑块分型面、斜顶及直顶分型面的排气槽为辅助，再增加 5 个角落的排气槽，排气槽宽度设计为 10～12mm，深度为 0.03mm，直接把气体排出分型面边界，如图 3-51 所示。

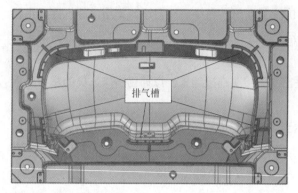

图 3-51 模具排气系统设计

6. 脱模机构设计

尾箱盖塑件的包紧力大，外观质量要求高，推出时尽量采用面积较大的直顶杆和斜顶杆，特殊位置采用圆推杆推出（包括 8 支 ϕ12mm 及 20 支 ϕ16mm 的推杆），模具采用"推杆 + 直顶杆（推块）+ 斜顶杆"组合脱模机构，如图 3-52 所示。

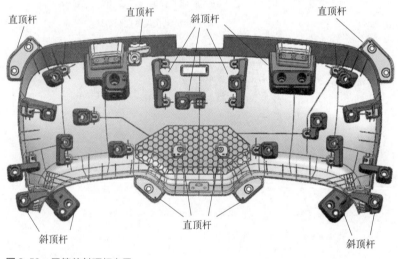

图 3-52 尾箱盖斜顶杆布置

7. 导向定位系统设计

为保证尾箱盖注塑模具有良好的导向精度和较高的模具寿命，采用 4 根 ϕ70mm × 380mm 的圆形导柱，4 个 ϕ70mm × ϕ70mm × 90mm 的圆形导套进行模具合模导向工作。定模板 3 和动模板 6 封料面外围的四周都设计了 5°的定位斜面，以保证动定、模板的合模紧密性，如图 3-53 所示。

为防止斜顶脱模顶出运动时，斜顶的水管运动和晃动影响斜顶的正常工作，需要在动模板 6 和动模座板 9 之间设计斜顶导向柱，以保证斜顶可以正常顺畅工作，见图 3-54。

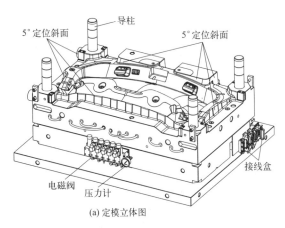
(a) 定模立体图

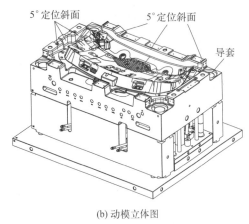
(b) 动模立体图

图 3-53 尾箱盖注塑模具立体

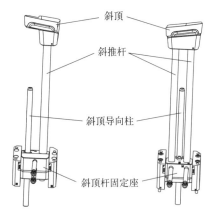

图 3-54 斜顶块定位导向立体图

（三）模具工作过程

整套尾箱盖模具工作过程如下所示：

① 注射成型：塑料熔体通过注塑机热射嘴，进入一级热射嘴 27 内的保温流道，再经过热流道板 28 进入二级直通热射嘴 13，从 5 个热射嘴转换到冷流道，通过侧浇口进入模具型腔填充成型，如图 3-42、图 3-45 所示。塑料熔体充满型腔后，经保压、冷却和固化至足够刚性。

② 定模抽芯工作：开模之前，先启动液压油缸 A26，油缸活塞拉动锁紧块 24 退出隧道滑块 21，去除锁紧块 24 对隧道滑块 21 的锁紧力，再启动液压油缸 B23，拉动隧道滑块 21 进行侧向抽芯脱模，抽芯距离为 55mm，如图 3-42、图 3-48 所示。

③ 开模工作：开模时，注塑机带动动模座板 9 后退开模，如图 3-42 所示。

④ 顶出工作：开模完成后，注塑机的顶棍直接推动推杆底板 8，间接推动斜顶杆 19 和直顶杆推出成型的塑件，推出距离为 200mm，如图 3-42、图 3-49 所示。

⑤ 复位工作：塑件取出后，注塑机的顶棍直接拉动推杆底板 8，间接拉动斜顶杆 19 和直

顶杆复位，距离为120mm，如图3-42、图3-49所示。

⑥ 合模工作：模具合模完成时，先启动液压油缸B23推动隧道滑块21进行复位，再启动液压油缸A26，拉动锁紧块24复位，锁紧块24紧紧压住隧道滑块21，模具闭合，等待下一次注射循环。

（四）结语

① 动、定模采用5°的合理插穿角度，解决大型模具合模精度这一难题；

② 通过采用"液压缸锁紧+液压缸脱模+定模隧道滑块"的液压缸抽芯机构，成功解决了多方向扣位脱模难的问题；

③ 通过采用均匀的"直通式水管+隔片式水井"组合温度控制系统，成功将注射周期缩短了13%。

模具各机构先进合理，投产后运行平稳，安全可靠。尾箱盖成型塑件尺寸精度达到了MT3（GB/T 14486—2008）的设计要求，装配效果良好，通过了各项实验测试。

第四章
汽车主要内饰件注塑模具

二十三、汽车 A 柱上护板大型复杂内侧抽芯注塑模具设计

本例详细介绍了某款新能源汽车 A 柱左右上护板大型薄壁注塑模具的设计要点与经验。

在汽车内饰件中,汽车车门两侧除了门护板所组成的门护板总成,车门两侧还有由 A、B、C、D 柱等上下护板以及前、后门槛护板和后侧围护板组成的机构,这些机构统称为汽车侧围内饰护板总成。侧围内饰护板主要功能是包覆金属板,提供优美外观,并满足人机工程、舒适性、功能性和方便性。在侧碰时提供适当的吸能保护,对车外噪声提供屏蔽作用。在汽车内饰件中,侧围内饰护板是集安全性,舒适性与装饰性于一体的部件,汽车侧围护板一般分为硬质与软质两种,从塑件设计上又分为整体式与分体式两种。硬质侧围护板通常采用注塑工艺。(若无造型、分色和材料特殊要求,也可与侧围护板做成整体)。软质侧围护板通常由表皮(针织面料、革或真皮)、发泡层、骨架组成。表皮的工艺可以是阳模真空成型或手工包覆,对皮纹、圆角等外观要求较高的中高档轿车,通常采用搪塑或阴模真空成型。一般硬质且整体式侧围护板由于成本低、需要的模具少、工艺设备简单,在低档汽车上应用广泛。软质且分体式侧围护板由于成本高、需要的工艺设备、模具设备多,一般广泛应用于中高档汽车上。侧围内饰护板可以增加乘客区舒适美观性,还对车身钣金、线束、安全带等起经久耐用的包覆作用。汽车侧围内饰护板总成组装效果如图 4-1 所示。

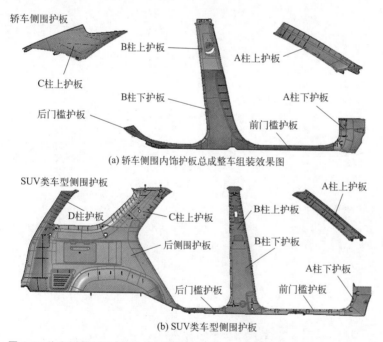

图 4-1 汽车侧围内饰护板总成整车组装效果图

图 4-1(a)是一款新能源轿车侧围护板总成,图 4-1(b)是一款 SUV 类车型侧围护板总成。从图中可以看出,SUV 类车型侧围护板总成要比轿车侧围护板总成零件多,产品构成也复杂些。通过对比发现,SUV 类车型侧围护板增加了 D 柱,一般普通的轿车只有 A、B、C 柱。汽车 A、B、C 柱是组成侧围护板的主要零件,汽车 A、B、C 柱又叫前立柱、中立柱、后立柱。

汽车侧围护板总成很多零件都要单独进行工艺处理，工艺技术一般有、水转印、塑件表面蒙皮真空吸附、电镀，以及低压双层注塑技术等。

（一）塑件外观要求与结构分析

汽车 A 柱左、右上护板先相互对称，图 4-2 所示为某新能源 SUV 汽车右上护板零件图，材料为上海赛科聚丙烯 PP-K7926，收缩率取 1.5%。塑件是汽车最重要的内饰件之一，尺寸精度 MT3（GB/T 14486—2008）。塑件最大外形尺寸为 702.2mm × 113.8mm × 95.8mm。塑件特点如下：①塑件外形复杂，外观熔接痕要求高，塑件外观面要进行蚀纹处理，由于蚀纹为粗皮纹，为防成型塑件粘定模型腔，或脱模时蚀纹面拖伤，外观面脱模斜度不得小于 5°。②塑件分型线为复杂空间曲线，分型面为复杂的空间曲面。③汽车 A 柱左右上护板与其它零件采用搭接配合与卡扣定位方式安装，塑件内侧面共有 S1、S2、S3 和 S4 四个倒扣。④塑件为外观零件，表面不允许有熔接痕、收缩凹陷、浇口痕迹、飞边和斑点等成型缺陷。

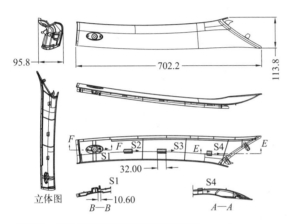

图 4-2 汽车 A 柱右上护板零件图（单位：mm）

（二）模具结构设计

模具成型汽车 A 柱左右两个护板，根据其结构特点，模具采用热流道注塑模结构，采用 2 点顺序阀热射嘴转冷流道 + 扇形浇口。塑件的 4 个倒扣都在塑件的内侧，全部采用"内侧抽芯 + 斜推杆"的侧向抽芯机构。模具外形尺寸为 1300mm × 900mm × 800mm，总质量约 4t，属于大型注塑模具。详细结构见图 4-3。

1. 成型零件设计

模具定、动模均采用整体式结构，这样可以有效提高模具刚度，减小模具尺寸。定模采用 718 模具钢，动模采用 P20 模具钢。为减小摩擦及损伤，模具所有分型面插穿处配合面斜度为 5°，定位锥面的斜度为 1°。在动模板的 4 个周边斜面上还设计了 5°耐磨块，这样可以避免制造模具时因使用打磨机损伤模具分型面的现象发生。模具分型面复杂，为有效保证数控铣床的加工精度，以及分型面不会出现飞边等注塑缺陷，每个地方都做到了顺滑无尖角、无薄钢,全部采用平面或弧面封料。斜顶、镶件与动模的配合部分,止口根部都设计了工艺倒圆角或避空位,简化了加工工序和减少加工工作量,大大降低了制造成本。为提高模具使用寿命,保证模具受力均匀,在动模分型面上还设计了12块承压块,其中8块尺寸为122mm×62mm×12mm,4块尺寸为102mm×62mm×12mm。

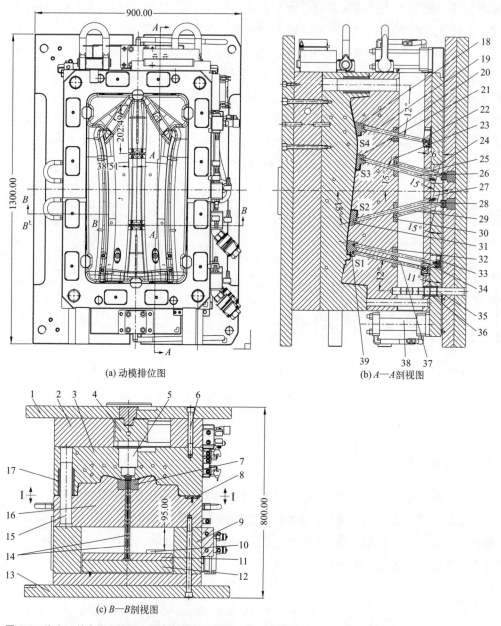

图4-3 汽车A柱左右上护板注塑模具结构图(单位: mm)

1—定模固定板;2—热流道框板;3—定模板;4—热流道板;5—热射嘴;6—螺钉;7—流道镶件;8—承压硬块;9—垫块;10—限位柱;11—推件固定板;12—推件底板;13—动模固定板;14—直顶;15—导柱;16—动模板;17—导套;18、21、31、39—内侧抽芯;19、26、28、38—斜推杆;20、23、30、32—斜推杆导向块;22、24、27、33—斜推杆底座;25、29—斜推杆导向杆;35—推件板导柱;36—推件板导套;38—液压油缸为使汽车 A 柱护板能够承受冲击力作用，塑件内侧面设计了大量加强筋，由于塑件外观不允许有收缩凹痕，加强筋厚度应取壁厚的 1/2～3/4。为避免模具型腔困气，深度大于 8mm 的加强筋都设计了镶件，为方便装拆，加强筋镶件均采用可以从分型面外侧装拆的结构。根据塑件表面要求，模具型腔表面需要蚀粗纹，为防成型塑件粘定模型腔，或塑件外表面划伤，型腔脱模斜度必须大于 5°。

2. 浇注系统设计

汽车 A 柱上护板最大尺寸为 702.2mm，平均壁厚 2.6mm，最大尺寸与壁厚之比为 270，属于薄壁塑件。模具采用 2 点热流道转普通流道进料的浇注系统，两个热射嘴由顺序阀控制进料顺序和进料时间，有效解决了熔体填充困难问题，通过调整两个浇口的进料时间，成功消除了熔接痕对成型塑件强度的影响。2 点顺序阀热流道浇注系统见图 4-4，熔体最后由扇形浇口进入模具型腔，扇形浇口最薄处的尺寸为 1mm，见图 4-5。

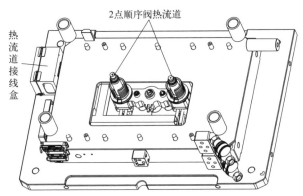

图 4-4　2 点顺序阀热流道浇注系统

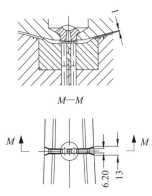

图 4-5　扇形浇口（单位：mm）

3. 导向定位系统设计

汽车 A 柱左右护板注塑模具属于大型模具，塑件外观要求高，尺寸精度要求也高，因此对导向定位系统要求很高。除了在模具分型面上采用定位锥面以及四面围边的定位方式，在 4 个角上还各设计了 1 支 ϕ50mm×270mm 的圆导柱，导柱安装在动模侧，导柱的长度必须保证高出动模最高点 30mm，以保证动、定模成型零件安全合模。大型注塑模具导套的上方应开设排气进气槽，避免动、定模合模时困气以及开模时出现真空（导致导柱无法拔出）。为安全起见，应避免将排气槽排气方向朝向操作侧，最好开设在模具上方。导柱的设计不能妨碍机械手取件。在汽车模具设计中，圆导柱前端要做一段单边 5°的斜度，导套长度做到导柱直径的 1.5 倍即可，导套用压板固定，导套压板材料用 CR12 淬火，既可做压板用，亦可做承压板用。

模具定位系统主要采用了四周定位锥面，锥面倾斜角度 5°，定位锥面主要由 6 副 1°精准定位块组成，精准定位块更换方便、便于维修。良好的分型面定位结构保证了的模具定位精度和成型塑件的尺寸精度。模具导向定位系统详见图 4-6。

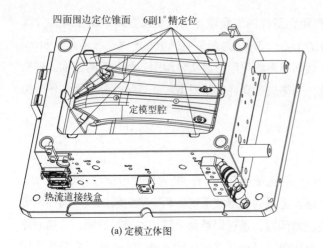

(a) 定模立体图

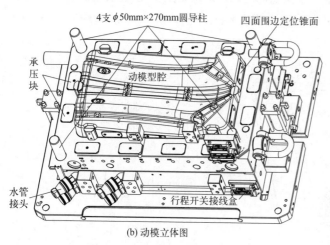

(b) 动模立体图

图 4-6 汽车 A 柱左右上护板注塑模具立体图

4. 侧向抽芯机构设计

汽车 A 柱上护板每个塑件内侧面存在四处倒扣 S1、S2、S3 和 S4，内侧空间小，因此均采用斜顶内侧向抽芯机构。倒扣 S2 和倒扣 S3 相似，抽芯距离较大，倒扣 S1 面积较大。客户反映 S1 因为斜顶体积较大，抽芯力也较大，加上倾斜角度达到 12°，相同车型注塑模具的斜推杆在顶出抽芯时常出现弯曲和断裂、复位时不能完全复位的故障。产生这个故障的原因是斜推杆太长，承受的扭矩大，为解决这些问题，侧向抽芯 S1 采用了双斜推杆斜顶结构。两根斜推杆的倾斜角度相同，共同承担斜顶抽芯时承受的扭矩，大大提高了侧向抽芯机构的稳定性和安全性，有效解决了侧向抽芯时斜推杆易变形断裂问题，大大提高了模具的使用寿命，详见图 4-3（b）。S2 和 S3 由于抽芯距离达 32mm，斜推杆倾斜角度达到了 15°。由于抽芯力和倾斜角度较大，也会发生斜推杆弯曲断裂现象，严重影响模具的劳动生产率，此次模具设计时在斜推杆 26 旁边设计了一根导向杆 25，在斜推杆 28 旁边设计了一根导向杆 29，详见图 4-3（b）。导向杆的作用是分担斜推杆的扭矩，提高斜推杆底座的运动精度和稳定性。导向杆倾斜角度与斜推杆倾斜角度必须相等。

汽车 A 柱护板倒扣处内表面均为斜面，为防内侧抽芯将成型塑件铲变形，所有斜推杆底座导向槽都设计了相同的倾斜角度，详见图 4-3。模具采用双斜推杆和导向杆侧向抽芯结构有效解决了大型注塑模具斜推杆易出现弯曲和断裂的问题。这是本模具的核心结构，也是本模具结构的创新点。模具斜顶内侧向抽芯机构立体图见图 4-7。

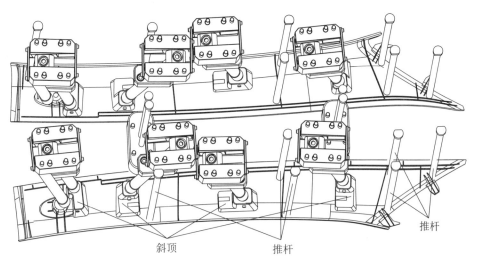

图 4-7　模具侧向抽芯机构立体图

汽车 A 柱护板注塑模具为大型模具，斜推杆、导向杆都应该做到可以从模具底部进行拆装，这样不拆除模具底板也能够装拆斜推杆。斜推杆底座为整体式，为减少磨损，斜推杆及其底座均设计了止转定位结构。模具斜推杆较长，为防止斜推杆弯曲变形，除了采用双斜推杆和导向杆，斜推杆直径全部取 16mm，而且都设计了导向块，导向段的长度为 119mm，约为斜推杆长度的 2/3。斜推杆和内侧抽芯材料均为 SKD61，淬火处理。

5. 脱模系统设计

汽车 A 柱左右护板面积较大，空间造型优美，外观要求高，为安全无损坏地脱模，顶出面积应尽量大，且顶出力必须平衡。因为普通圆推杆容易顶白、顶裂塑件，所以本模具采用了"直顶+斜顶+液压油缸"组合脱模机构，直顶由于顶出面积大，不容易出现顶白的现象。开模后，液压油缸驱动直顶和斜顶，完成侧向抽芯和成型塑件脱模。塑件脱模后，液压油缸又推动直顶和斜顶复位。但由于液体没有刚性，推杆和斜推杆的准确复位还必须依靠 4 支复位杆。4 个液压油缸油路采用并联布置，同时驱动，同时复位，保证脱模平衡。

6. 温度控制系统设计

模具定模温度控制系统采用了"直通式水管（俗称线形运水）+倾斜式水管"的组合形式。动模由于斜顶与推杆、推块较多，因此采用了"直通式水管+隔片式水井"的组合形式。定、动模都设计了 3 组水路，详见图 4-8 和图 4-9。本模具热射嘴区域需重点冷却，每个热射嘴都单独设计了一组水路。

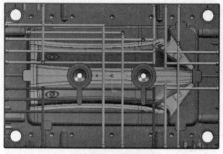
(a) 定模温度控制系统

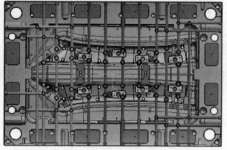
(b) 动模温度控制系统

图 4-8 温度控制系统

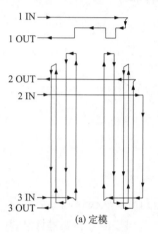
(a) 定模

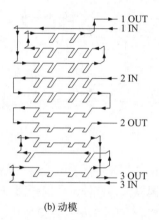
(b) 动模

图 4-9 温度控制系统简图

汽车 A 柱左右护板注塑模具冷却水路与料流方向一致，冷却水管直径取 10mm，水路之间的距离在水管直径的 5～6 倍之间，冷却水路与型腔面距离在水管直径的 2～3 倍之间，冷却面积达到了塑件表面积的 60% 以上（不包含塑件以外的区域）。模具冷却均匀充分，温度均衡，大大提高了成型塑件精度和模具的劳动生产率。模具投产后，成型塑件精度达到了 MT3（GB/T 14486—2008），成型周期 30s，与同类型塑件注塑模具相比，精度提高了一级，成型周期缩短了 10%。

7. 排气系统设计

汽车 A 柱左右护板注塑模具属于大型模具，注射成型时型腔内的大量气体必须及时排出，开模时外部气体又必须及时进入，否则会出现填充不满、困气、脱模困难等问题，严重困气时会烧焦塑件。本模具主要由分型面之间的排气槽排气，包括一级排气槽、二级排气槽和三级排气槽，详见图 4-10，这样不但加工方便，而且排气效果好，排气槽被料粉或垃圾堵住时也容易清除。一级排气槽之间的距离均匀合理，控制在 60～80mm 之间，三级排气槽全部与模具外部贯通，防止了气体封闭循环。

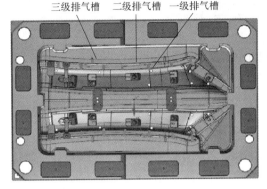

图 4-10　模具排气系统设计

（三）模具工作过程

PP 熔体由一级热射嘴，进入热流道板，最后通过顺序阀控制的二级热射嘴进入模具型腔。完成注射充模和冷却定型后，模具在注塑机驱动下从分型面 I 处打开，开模距离 300mm，由注塑机控制。完成开模行程后，液压油缸 38 推动推件底板 12，推件底板推动直顶 14、斜推杆 19、26、28、37，一边进行内侧抽芯，一边将成型塑件推出模具。在限位柱 10 作用下，塑件推出距离为 95mm，并由机械手取出。完成脱模后液压油缸 38 拉动推杆、斜推杆及其底板复位。最后注塑机驱动动模合模，模具继续下一次注射成型。

（四）结语

① 模具采用双推杆和导向杆斜顶内侧向抽芯机构，有效解决了大型注塑模具斜推杆易弯曲和断裂的问题，保证了汽车 A 柱左右护板顺利脱模，提高了模具的使用寿命。这是本模具的核心结构，也是本模具结构的创新点。

② 模具采用"直顶 + 斜顶 + 油缸顶出"组合脱模机构，保证了成型塑件安全无损坏地脱模。

③ 模具采用"直通式水管 + 倾斜式水管 + 隔片式水井"组合形式，这种近乎随形水路的温度控制系统，将模具成型周期控制在 30s 以内，降低了约 10%，塑件尺寸精度达到了 MT3。

模具结构新颖实用，制造方便，成型过程中模具运行安全平稳，可进行全自动化生产，塑件各项指标均达到了设计要求。

二十四、汽车 B 柱左右上护板注塑模具设计

汽车 B 柱左右上护板是汽车内饰件的重要组成部分。
本例详细介绍了某款新能源汽车 B 柱护板注塑模具技术的设计要点与经验。

（一）塑件外观要求与结构分析

图 4-11 所示为该汽车 B 柱左上护板零件图，塑件材料为 PP，收缩率取 1%，模具型腔数为 1+1。汽车 B 柱左、右上护板两塑件镜像对称。塑件最大外形尺寸为：436.5mm×174.5mm×44mm。

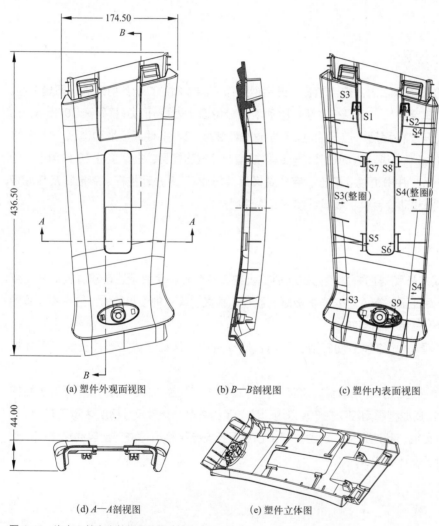

图 4-11 汽车 B 柱左上护板零件图（单位：mm）

塑件特点与设计要点如下：

① 塑件为典型的高要求内饰件，外观面不允许有斑点、浇口痕迹、收缩凹陷、熔接痕和飞边等缺陷。

② 塑件外形复杂，外观熔接痕要求高，塑件外观需皮纹处理。由于塑件外观面需做皮纹，因此塑件外观面脱模角设计在 5°以上，防止做皮纹后塑件粘定模、拖伤的现象发生。设计模具前检查塑件 A 面（即外观面）的脱模斜度：特别是需要蚀纹的区域是否达到允许的斜度；插穿斜度要求汽车塑件为 7°，定、动模都要检测；高抛光的塑件为 5°。

③ 塑件分型线复杂，曲面造型要求高。

④ 为了提高刚度，成型塑件设计了很多加强筋，设计模具的成型零件脱模系统时必须注意。

（二）模具结构设计

根据汽车 B 柱左右上护板的结构特点，模具采用热流道浇注系统，采用 2 点顺序阀热射嘴转冷流道 + 潜水进料。成型塑件 9 个倒扣都在内侧面，模具采用"斜顶 + 斜推杆"侧向抽芯结构。其中倒扣 S3 和 S4 为内侧整圈大倒扣，倒扣面积大且成型困难，加强筋也多，因此这两个斜顶侧向抽芯机构很容易出现塑件脱模时粘斜顶的现象，模具设计前与客户沟通时，要尽量加大塑件料位与加强筋沿斜顶抽芯方向的脱模斜度，模具制作时要加强加强筋的抛光，抛光需沿斜顶抽芯方向。本模具外形尺寸为 970mm×900mm×806mm，总质量约 4 吨，属于大型注塑模具。详细结构见图 4-12。

1. 成型零件设计

本模具定、动模成型零件和模板采用整体式结构，定模板采用 738 模具钢，动模板采用 P20 模具钢。本模具定、动模对插部分的插穿角度 5°，插穿角度小会造成模具容易插烧磨损，最终导致模具使用寿命变短。为了保证定、动模的精准定位，模具采用了四面围边的方式做 5°定位锥面，同时在模具的四角设计了 6 副 1°精准定位块，从而保证了模具定位的精确度，也避免了模具的分型线出现错位的现象，见图 4-13。

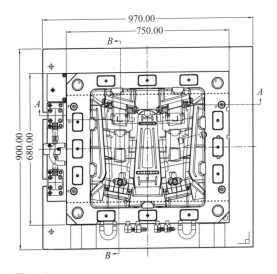
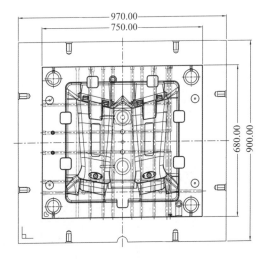

图 4-12

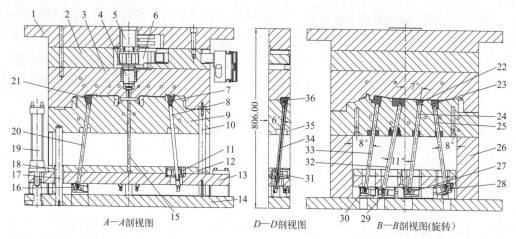

图 4-12 汽车 B 柱左、右上护板注塑模具结构图（单位：mm）

1—定模固定板；2—热流道框板；3—定模板；4—二级热射嘴；5——级热射嘴；6—热流道嘴；7—斜顶 1；8—斜推杆 1；9—动模板；10—复位杆；11—斜推杆底座 1；12—推件固定板；13—推件底板；14—动模固定板；15—流道拉杆；16—斜推杆底座 2；17—推件固定板导柱；18—导套；19—液压油缸；20—斜推杆 2；21—斜顶 2；22—斜顶 3；23—斜顶 4；24—斜推杆 3；25—斜推杆 4；26—垫块；27—斜推杆底座 3；28—斜推杆底座 4；29—斜推杆底座 5；30—斜推杆底座 6；31—斜推杆底座 7；32—斜推杆 5；33—斜推杆 6；34—斜推杆 7；35—斜推杆导向块；36—斜顶 7

模具的精准定位块一般布置在模具靠近拐角的位置。由于插穿处都需要精确定位，在配模时，定、动模需要紧配，为了模具美观与配模，需要在定模或者动模处设计 5° 耐磨块，从而避免钳工师傅因使用打磨机而将模具打磨得很难看的现象发生。分型面尽量做到平整顺滑，设计分型面时以简化模具加工为原则。模具分型面顺滑无尖角、无薄钢、无线或点封料；构建面封料，汽车模具在构建分型面时尽量使用延伸、扫掠、网格等做面方法，尽量少用或者不用拉

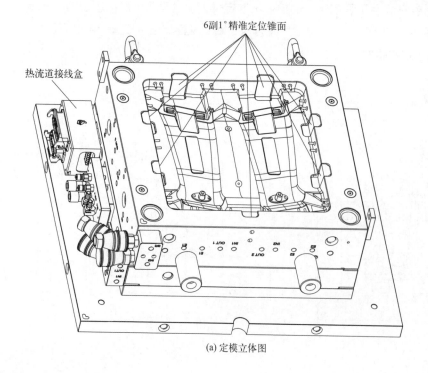

(a) 定模立体图

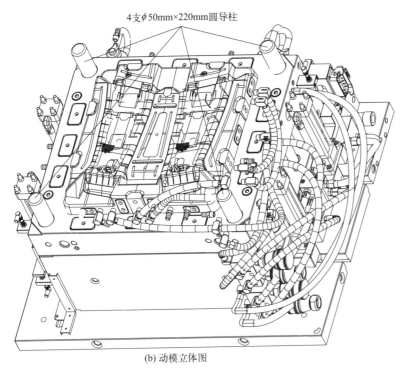

(b) 动模立体图

图 4-13　汽车 B 柱左右上护板注塑模具立体图

伸。这样构建的分型面能有效保证 CNC 加工精度，不需 EDM 清角，分型面也不容易跑毛边。斜顶、镶件与动模的配合部分及止口根部都设计了合适的工艺倒圆角或避空位，简化了加工工序和减少了加工工时，提高了加工效率。所有非成型转角都设计为圆角，防止应力开裂，工艺圆角不小于 $R5$mm。模具上锐利的棱边容易造成操作人员意外受伤，模具上非参与成型或配合的棱边都要设计倒直角或圆角，根据模具大小尽可能设计比较大的倒角。对于汽车 B 柱上护板模具的成型零件，在模具设计前首先要解决的是模具成型零件的刚度和寿命问题。模具成型零件尺寸的设计既要做到不浪费，又要做到保证模具刚度和模具使用寿命，图 4-14 列出了汽车 B 柱左右上护板成型零件的几个重要尺寸，供模具设计时参考。

塑件外表面（A 面）上严禁做镶件（汽车 A 面做镶件严重时可能造成整个定模报废，这个设计时要特别注意），塑件有碰穿或插穿孔可以选择在动模做镶件，方便磨损后更换。对于 B 柱模具一般采取原身留，镶件设计尽量做到能够从分型面一侧装拆。如果是型腔面可采取堵铜处理。

2. 浇注系统设计

经模流分析验证，本模具浇注系统采用 2 点顺序阀热流道转冷流道（即普通流道）潜水进料。冷流道的长度尽量设计在 60mm 以内，如果实在没办法，也要尽量设计在 100mm 以内，从而避免因流道太长而造成压力损失太大。

在设计模具时，在热射嘴区域以及热射嘴正对着的动模区域，要设计冷却水来加强对热射嘴区域的冷却，避免塑件外观出现缺陷，汽车 B 柱左右上护板注塑模热流道位置见图 4-15 所示。本模具为顺序阀热流道进料，在设计热流道时要注意以下几点：

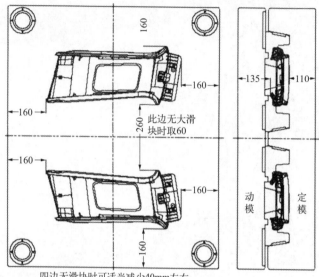

图 4-14　汽车 B 柱左右上护板模具成型零件尺寸参考（单位：mm）

① 为了防止热射嘴区域发热膨胀从而导致漏料的风险，在每个热射嘴附近需要增加螺钉固定。

② 热流道固定板涉及走线区域时需要设计工艺圆角，避免划伤电线。走线区域为了便于 CNC 加工，尽量走直线，少拐弯。

③ 热流道固定板下侧需要设计排水槽，便于热流道内有水时排出。

④ 设计热流道时需要仔细检查热流道插座、电磁阀的位置是否符合客户要求。

⑤ 模具的一级热射嘴必须低于面板至少 2mm，以防翻模时碰坏热射嘴。

⑥ 液压系统与电气系统连接在非操作侧，不可超出码模板，如果超出码模板就需要设计保护板，或者将液压系统与电气系统沉入模板内侧，起到保护热流道元件，避免液压系统与电气元件被撞坏的现象发生。

⑦ 所有其它部件（电磁阀、压力控制器、测压计）安装在操作侧。

⑧ 进料点附近必须重点冷却，热射嘴底部必须设计一个 1mm 深热胀平台，每个热射嘴前方需要设计拉料杆。

⑨ 任何情况下，浇口不可布置在塑件皮纹面与外观面上，浇口附近布置 1～2 支推杆以防止塑件顶出时变形。

⑩ 对于顺序阀热流道，如果油缸与喷嘴不同轴，必须有足够的配合面与支撑面。

3. 侧向抽芯机构设计

本模具塑件内侧面 9 个倒扣由于在塑件内侧而空间小，因此均采用了"斜顶杆 + 斜顶"的抽芯结构。倒扣 S1、S2、S5、S6、S7、S8 和 S9 结构类型相似，抽芯相对较简单，倒扣 S3 和 S4 为整圈大面积倒扣，抽芯困难，是本模具的核心结构。本模具倒扣 S3、S4 分别采用 2 支斜顶，每支斜顶采用了 2 支斜顶杆，由于塑件倒扣区域面积大，模具设计时需要在斜顶内设计冷却水，消除斜顶区域集中的热量。本模具斜顶冷却水设计成从斜顶杆内进出，在设计时斜顶杆尽量设计成 25mm 以上，防止斜顶杆内因钻入冷却水而削弱斜顶杆的强度。模具设计时要特别注意，此类塑件倒扣在计算倒扣的抽芯行程时要加上塑件的收缩值，尤其是沿塑件抽芯方向的收缩量，以防出现塑件顶出时塑件还没有完全脱离倒扣的现象。

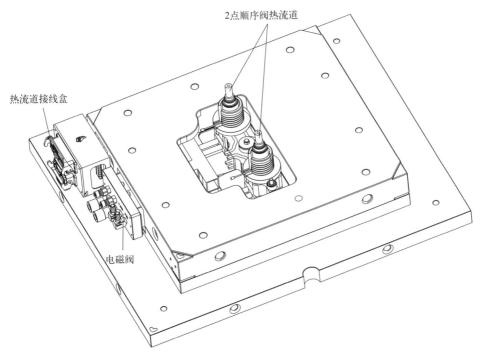

图 4-15　2 点顺序阀热流道控制系统

本塑件倒扣区域有很多加强筋，塑件上的加强筋的脱模方向要设计成与斜顶抽芯方向一致，为防止塑件粘斜顶，尽量加大加强筋的脱模斜度。

本模具 S3、S4 两处大面积倒扣为本模具的核心结构。两个成型塑件内侧大斜顶的外侧是倒八字结构，这样设计是根据 B 柱上护板与其它零件的组装形式设计的。汽车 A、B、C 柱一般采用搭接与卡扣安装的形式，所以很多 B 柱会采用这种倒八字结构。B 柱的这种组装形式往往造成模具结构的复杂多样。对于 B 柱左右上护板这种结构，注塑模一般有以下 4 种结构。

① 外侧设计成大滑块，滑块设计需要考虑型腔抛光，滑块的定位与工艺装夹显得特别重要。塑件内侧设计成大斜顶结构，斜顶抽芯方向的脱模角度特别重要，如图 4-16 所示。

a. 图中 S 值最小要做到斜顶直径的 1.5～2 倍之间（下同）；

b. 斜顶杆尽量做到 16mm 以上，位置与空间尽量做到 25mm 以上；

c. 滑块背与锁紧块接触面的高度超过滑块壁厚高度的 2/3；

d. 图中 A 为锁紧块有效高度，B 为塑件倒扣高度。

② 外侧设计成镶件结构，镶件需要与定模装在一起抛光。塑件内侧设计成大斜顶结构，

斜顶抽芯方向的脱模角度要特别重视，如图 4-17 所示。

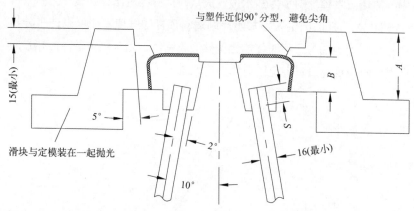

图 4-16　汽车 B 柱左右上护板注塑模具侧向抽芯机构结构之一（单位：mm）

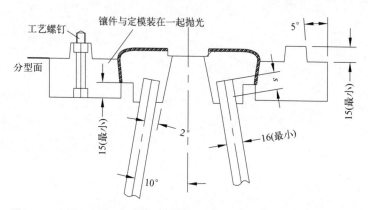

图 4-17　汽车 B 柱左右上护板注塑模具侧向抽芯机构结构之二（单位：mm）

③ 斜顶 + 直顶组合结构，直顶做在塑件外侧，直顶做定位锥面，直顶需与定模装在一起，如图 4-18 所示。

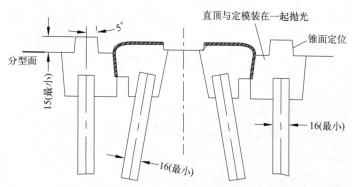

图 4-18　汽车 B 柱左右上护板注塑模具侧向抽芯机构结构之三（单位：mm）

④ 塑件设计时，为了防止塑件出现段差，在定、动模分型线处设计了台阶（俗称美观线）

或者设计成从塑件外观看不到塑件熔接痕的形式,这种直接采用定、动模分型的结构,外侧不需要做侧向抽芯结构。内侧倒扣依然采用斜顶抽芯结构,斜顶抽芯方向的脱模角度要特别重视,如图 4-19 所示。

本模具的结构属于第三种设计形式,因此塑件的倒八字结构成功避免了滑块结构的设置,这样设计既达到了塑件的使用效果与外观性能,又解决了模具结构复杂化的问题,可谓一举两得。从塑件设计上来说,本塑件倒八字结构的设计是 B 柱类塑件最理想的结构。

在汽车注塑模具设计中,设计斜顶结构时需要注意以下几点:

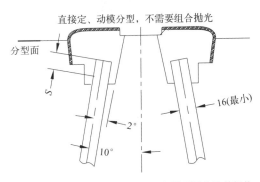

图 4-19 汽车 B 柱左右上护板注塑模具侧向抽芯机构结构之三(单位:mm)

① 由于汽车模具一般都较大,因此装拆一套模具时间较长,在设计斜顶时斜顶杆底部的螺钉可从底板装拆,设计时优先做到不拆模具就能装拆斜顶。

② 斜顶杆底座为整体式,开模时不受剪切力,斜顶杆需设计止转定位结构,斜顶座需设计 4 个螺钉与 4 个销钉,斜顶座尽量设计成防呆形式的,防止技工在装拆过程中出错。

③ 斜顶杆导向段的长度至少是斜顶杆长度的 2/3,斜顶顶出角度尽量设计在 12°以内,超过 12°需要设计护杆等结构。

④ 对于中大型汽车模具,斜推杆横截面尺寸尽量设计得大一些,一般应大于 25mm,中小型模具也应在 16 ~ 25mm 之间,避免斜推杆因强度不足而出现弯曲、断裂的现象。

⑤ 斜推杆直径小于 ϕ25mm 的模具材料一般为 SKD61,淬火处理。斜顶杆直径大于 ϕ25mm 的模具材料一般为 SUJ2,需高频淬火处理。

⑥ 当一套模具斜顶较多且空间有限时,斜顶往同一方向设计会有干涉,因此可采取正装与反装两种方式,即两斜顶座从两个方向安装,用来错开斜顶座,避免斜顶座干涉。

⑦ 斜顶较多的模具由于斜顶座的原因,推杆固定板需要加工很多孔,从而影响推件底板的强度,因此推件底板需加厚 10 ~ 20mm,且推件底板和推件固定板之间需多用 2 个螺钉固定,必要时推杆板还可以选用好一点的钢材,如 P20 等。限位钉也需布置均匀,一般 150 ~ 200mm 间距内需设计一个限位钉,尤其在油缸、复位杆、斜顶底部应多增加限位钉。

⑧ 在汽车注塑模具中,斜顶和直顶常常组合使用,常见的组合形式有两种,见图 4-20。

4. 温度控制系统设计

汽车 B 柱左右附板为内饰件,外观要求高,温度控制系统设计的好坏对模具的成型周期与塑件成型质量影响很大,因此非常重要。模具定模温度控制系统采用了直通式水管的设计形式,动模由于斜顶、推杆与推块较多,采用了"直通式水管 + 隔片式水井"的组合形式,见图 4-21。

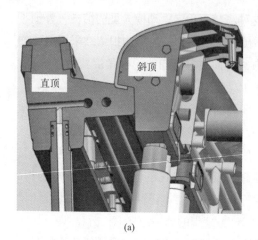 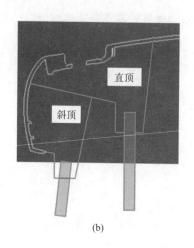

(a)　　　　　　　　　　　　　　　　(b)

图 4-20　斜顶 + 直顶结构的两种组合形式

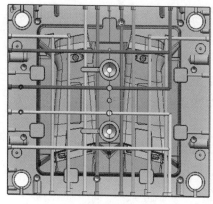 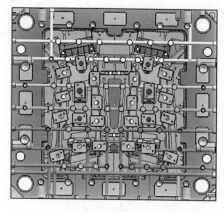

(a) 定模温度控制系统　　　　　　　(b) 动模温度控制系统

图 4-21　模具温度控制系统

　　模具热射嘴区域需重点冷却，每个热射嘴都单独设计了一组水路，它们不能与其它水路串联，以利于热射嘴区域的热量散失。对于要求严格的汽车内外饰模具，所有长宽方向超过 50mm × 50mm 的斜顶直顶，都需要单独设计冷却水。如果实在空间有限无法设计，斜顶、直顶材料就采用铍铜，但在斜顶直顶旁边也必须有冷却水经过，以利于成型塑件冷却，防止热量集中区域热量过高。

　　本模具定、动模温度控制系统为：定模设计了 8 组水路，动模设计了 5 组水路。模具冷却水路设计做到了与料流方向一致，水路冷却均匀充分。定、动模每组水路的循环回路设计时尽量控制在 4 条以内，避免因水路太长，模具开模后水路还没走出来，从而影响塑件冷却效果。本模具采用"直通式水管 + 水井"的组合形式，进出水距离做到了大致相等，因而使塑件得到了良好的冷却效果与外观质量。从图 3-22 中可知，本模具定、动模水路形成了水路交织网，水路设计均匀充分，因此量产后塑件获得满意的外观质量。一般 B 柱模具的成型周期在 40s 左右，由于本模具水路充分均匀，因此将注射成型周期缩短到了 30s，大大地提高了劳动生产率，节省了成本。本模具除了定、动模要冷却充分外，斜顶的冷却也至关重要。本模具斜顶的冷却主要集中在塑件内侧整圈大倒扣区域，由于此处料位面积大，加强筋多，因此为了提高生产效率与获得满意的外观质量，对 4 支大斜顶进行了重点冷却。

在汽车 B 柱注塑模具设计中，定、动模的冷却设计较容易，冷却水设计复杂且困难的部分主要集中在滑块与斜顶区域，本模具外侧无滑块，设计冷却水相对来说比斜顶容易，装拆也方便些。在斜顶区域设计冷却水，不但要考虑斜顶的强度、装拆方式、加工方法，还要兼顾斜顶冷却水的连接方式与冷却形式，在本模具两侧 4 个大斜顶处设计冷却水是本模具斜顶的设计难点之一，下面重点讲解斜顶冷却水路的设计要点与经验。

① 无论是斜顶还是滑块，冷却水优先设计成从分型面进出，装拆维修方便。

② 斜顶冷却水一般设计成从斜推杆内进出，所以斜推杆的强度要首先考虑，尽量将斜顶杆设计成 $\phi 25mm$ 以上，见图 4-22。

③ 若斜顶较大，空间足够，可以考虑单独设计一组冷却水杆来控制冷却水的进出，如图 4-23 所示。

④ 斜顶冷却水如果不能设计成从分型面进出，就设计成从斜顶杆底部进入，可以通过推杆板用水嘴接头与软管连接，推杆板需设计冷却回路用来连接斜顶杆，如图 4-23 ~ 图 4-25 所示。

⑤ 斜顶冷却水可以设计成从垫块进入，用加长水管与软管连接到斜顶杆上，这种形式垫块需要设计足够的避空，斜顶顶出加长水管与软管不能与垫块干涉。

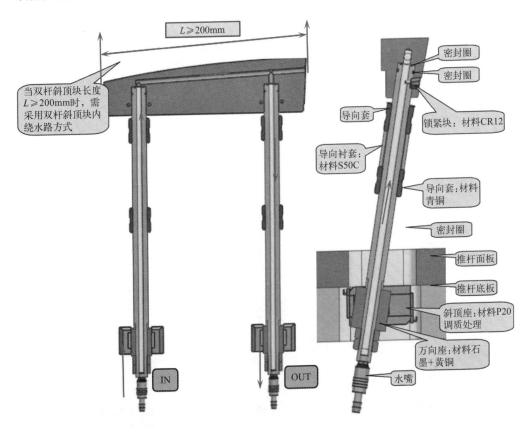

图 4-22　斜顶冷却水由斜推杆推出

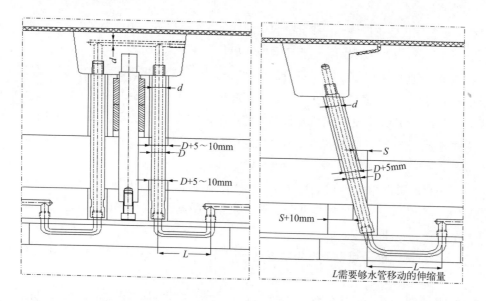

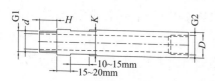

d	D	G1	G2	K	H
$\phi 6mm$	14	1/4	1/8	12	10
$\phi 8mm$	16	1/4	1/8	14	13
$\phi 10mm$	18	3/8	1/4	16	15
$\phi 12mm$	20	1/2	3/8	18	18

图 4-23 斜顶冷却水路（一）

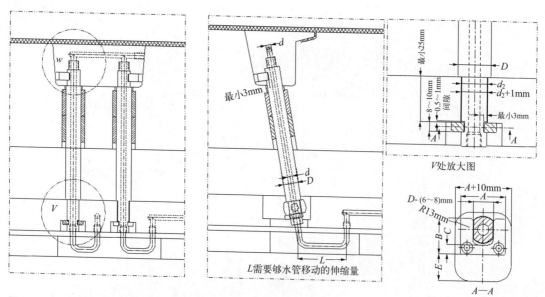

图 4-24 斜顶冷却水路（二）

5. 导向定位系统设计

汽车 B 柱左右上护板注塑模具，塑件外观要求高，尺寸精度要求也高，因此对模具的导向定位要求非常严格。本模具的 4 个角上各设计了 1 支 $\phi 50mm \times 220mm$ 的圆导柱，同时还设计了四面围边的定位方式，见图 4-14 所示。由于塑件需皮纹，因此在定、动模之间设计了 6 副 1°精定位块。本模具这种精定位设计，主要是为了方便在合模状态下也可以拆装。

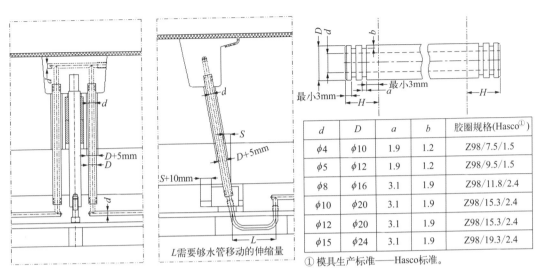

图 4-25　斜顶冷却水路（三）

在设计导柱时，导柱的长度必须做到：无滑块的模具导柱要高出定、动模最高点 30mm，有滑块的模具要在斜导柱插入滑块前 20mm 插入导套，否则在模具的制造和生产中会产生很大的问题，严重时会损坏模具，这一点在每套模具设计时都必须重视，在设计每一套模具时都要校验计算。为了使导柱与导套在运动过程中顺利插入，一般导柱上方开设排气槽，设计此排气槽时应注意，避免将排气槽排气方向朝向操作侧与非操作侧，应设计在天地侧，因为操作侧面向操作者，由于导套内有黄油，对注塑机操作者不利。导柱的设计不能妨碍机械手取件。

6. 脱模系统设计

模具采用"推杆 + 斜顶 + 油缸顶出"的组合脱模系统，模具在定、动模开模后，依靠推件推出塑件，推件固定板由注塑机通过油缸推动和在 4 支复位杆的作用下复位，详见图 4-26。本模具设计了 4 个 $\phi 40 mm \times 165 mm$ 的油缸，依靠集油块油路串联布置，这样设计的油路可以保证模具各推件及斜顶的顶出平衡。

对于汽车 A、B、C 柱类塑件，由于材料为聚丙烯 PP，制品外观要求高，所以一般在设计顶出时，尽量采用直顶及斜顶顶出，尽量少用推杆，因为容易出现顶白、顶裂现象，直顶由于顶出面积大，一般不容易出现顶白的现象。如果没有位置设计直顶，也尽可能将推杆设计得大些，对于汽车中、大型模具，最小的推杆不能小于 6mm。推杆应布置在塑件包紧力大、难顶出的位置，推杆离加强筋以及翻边 3mm 以上，这是因为模具长期生产易磨损。对于汽车 A、B、C 柱塑件来说，加强筋特别多而且深，对于深度在 8mm 以上的加强筋，需要将加强筋出在直顶上，由直顶将加强筋顶出，否则很难解决塑件顶白、顶裂的问题，所以在设计 A、B、C 柱模具时，尽量多设计直顶与规格大的推杆。

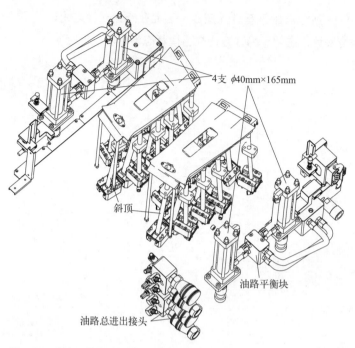

图 4-26 汽车 B 柱左右护板注塑模具脱模及复位系统

（三）模具工作过程

熔体通过注塑机喷嘴，经一级热射嘴 5、热流道板 6、二级热射嘴 4 进入模具分型面上的普通流道，最后由潜伏式浇口进入模具型腔。熔体充满型腔后，经保压、冷却和固化，至足够刚性后，注塑机拉动模具的动模固定板 14，模具从定模板 3 和动模板 9 之间的分型面处开模，成型塑件脱离定模型腔。开模 300mm 后，液压油缸 19 推动推件底板 13 和固定板 12，推件固定板再推动流道拉杆 15，斜推杆 8、20、24、25、32、33 和 34，一边进行侧向抽芯，一边将塑件推离动模。塑件取出后，液压油缸 19 拉动推件、斜推杆及其固定板复位，接着注塑机推动动模合模，模具开始下一次注射成型。

（四）结语

① 模具采用热流道顺序阀控制技术，有效提高了塑件的内部成型质量，各项力学测试均达到了使用要求。

② 模具采用网格型随形水路温度控制系统，大大降低了模具的注射周期，模具劳动生产率提高了约 10%，大大提高了成型塑件的尺寸精度，公差达到了设计要求的 MT3（GB/T 14486—2008）。

③ 塑件倒扣 S3 和 S4 为整圈大面积倒扣，斜顶尺寸大，结构复杂，抽芯困难。

模具采用双斜推杆的斜顶内侧抽芯结构，保证了大型斜顶稳定性和安全性。模具首次试模成功，投产后运行平稳，成型塑件达到了设计要求。

二十五、汽车 B 柱内饰板热流道大型精密注塑模具设计

B 柱又称中柱，是位于汽车前后门之间的立柱，它是车辆抵抗侧面撞击的重要力学结构之一。B 柱内饰板是用于包裹 B 柱的装饰板，是经注射成型的塑件，B 柱内饰板内部装载安全带等附加零件，需要有足够的强度，在刚度和韧性之间达到平衡，同时还要满足零件轻量化和整车减重要求。本例详细阐述了汽车 B 柱内饰板注塑模具设计要点与经验技巧。

（一）塑件结构分析

B 柱内饰板分为左 B 柱内饰板和右 B 柱内饰板两件，前者最大外形尺寸为 1004mm×364mm×232mm，后者最大外形尺寸为 960mm×377mm×204mm，平均厚度均为 2.5mm，属于大型薄壁塑件。其产品结构如图 4-27（a）、图 4-27（b）所示。

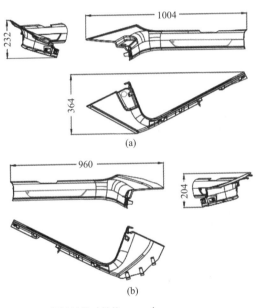

图 4-27　塑件结构（单位：mm）

（a）左 B 柱内饰板结构；（b）右 B 柱内饰板结构

B 柱内饰板性能要求如下：①塑件外观面要求高，塑件分型面处不允许存在飞边、毛刺，错位熔接痕，防止刮伤内部其它零配件。②塑件为功能性结构件，塑件整体和卡扣位必须有足够的强度，所以塑件不能有明显的熔接痕、变形、收缩凹陷等缺陷。③塑件内部有斜螺钉柱和有较多的斜异形孔，侧面有较多的卡扣位，既要保证这些结构顺利填充成型，也要保证其强度，同时也要顺利脱模。如图 4-28 所示。

B 柱内饰板主要是功能性结构件，一般都采用增韧改性聚丙烯（PP）材料作为原料注射成型。聚丙烯具有熔点高（可达 167℃）、耐热的特点，密度为 0.90g/cm³。增韧改性聚丙烯材料属于高聚物，并且内部结构稳定，因此 PP 材料就具有稳固的力学性能，在一般情况下可以保持 30MPa 的强度（远高于聚乙烯聚合物）。所以它不仅有装饰功能，还有吸收一定外界冲击力、防护车身，保护乘员安全的功能。

（二）模具结构设计

B 柱内饰板产品分为左右各一个，大小和形状不完全相同，其结构复杂，内部有斜螺钉柱和斜异形内孔，侧面有较多卡扣位；其外形为 3D 弧形曲面、产品填充难、冷却容易变形；结合 CAE 模流分析与技术讨论，确定模具采用一模两腔布置，使用简易三板模具结构，两个顺序阀热喷嘴进料、转冷流道在产品的侧面进料，这种热流道注射成型方案，既可以保证产品同时填充、成型质量的一致性，也可以保证定模 T 型槽抽斜滑块机构 2 的顺利工作，还可以提高

生产效率。模具最大外形尺寸为：1350mm×1210mm×1181mm，模具总质量为9750kg，属于大型塑料注塑模具，其模具结构如图4-28所示。

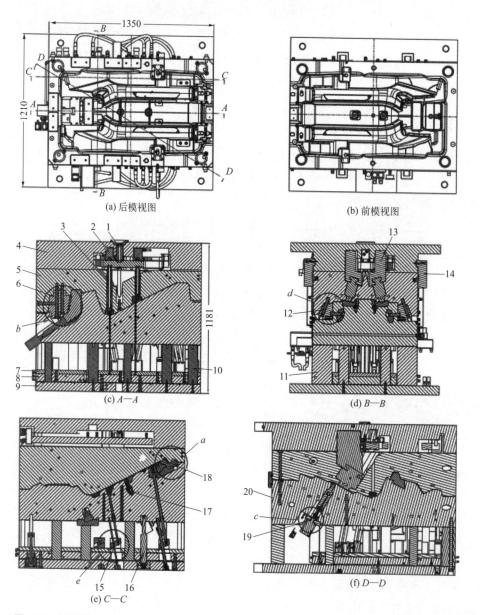

图4-28 注塑模具装配图

1—定位环；2—热流道；3—热喷嘴；4—面板；5—定模板；6,14—锁紧块；7—推杆面板；8—推杆底板；9—底板；10—支承柱；11—模脚；12—导柱斜抽芯；13—T型槽块；15—斜推杆；16—推杆板导柱；17—T型槽滑块；18—斜滑块；19—液压油缸；20—动模板；a—斜导柱滑块+T型槽间接斜抽芯脱模机构；b—液压油缸直接斜抽芯脱模机构；c—液压油缸间接抽镶针脱模机构；d—液压油缸直接滑块抽芯脱模机构；e—斜顶脱模机构

1. 脱模机构设计

左（右）B柱内饰板塑件一共有8类不同方向的倒扣［图4-29（a）和图4-29（b）］。模

具分别采用八类脱模机构来组成联合脱模系统：①弹簧弹镶针脱模机构；②定模T型槽抽斜滑块脱模机构；③斜导柱滑块+T型槽间接斜抽芯脱模机构；④液压油缸直接斜抽芯脱模机构；⑤液压油缸+T槽间接斜抽芯脱模机构；⑥液压油缸间接抽镶针脱模机构；⑦液压油缸直接滑块抽芯脱模机构；⑧斜顶脱模机构。

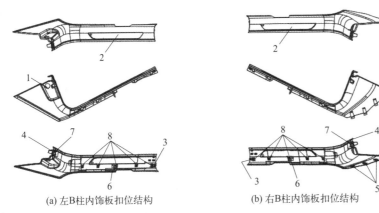

图 4-29　B柱内饰板扣位结构及对应的脱模机构

1—弹簧弹镶针脱模机构；2—定模T型槽抽斜滑块脱模机构；3—斜导柱滑块+T型槽间接斜抽芯脱模机构；4—液压油缸直接斜抽芯脱模机构；5—液压油缸+T型槽间接斜抽芯脱模机构；6—液压油缸间接抽镶针脱模机构；7—液压油缸直接滑块抽芯脱模机构；8—斜顶脱模机构

（1）弹簧弹镶针脱模机构设计

弹簧弹镶针脱模机构，采用弹块作为载体来固定镶针，由锁紧块提供锁紧力，开模以后由弹簧提供弹出的开模动力，它们联合起来就是一个顺畅的弹簧弹镶针脱模机构，如图 4-30 所示。

（2）定模T型槽抽斜滑块脱模机构设计

定模T型槽抽斜滑块脱模机构，采用整体式T型槽滑块作为型腔的一部分和滑块载体，开合模具都由T型槽锁紧块提供开模动力和锁紧力，它们联合起来就是一个顺畅的定模T型槽抽斜滑块脱模机构，如图 4-31 所示。

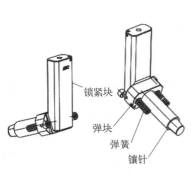

图 4-30　弹簧弹镶针脱模机构

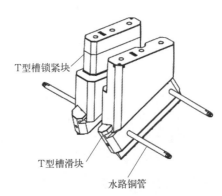

图 4-31　定模T型槽抽斜滑块脱模机构

（3）斜导柱滑块+T型槽间接斜抽芯脱模机构设计

斜导柱滑块+T型槽间接斜抽芯脱模机构，采用间接抽芯脱模方式。T型槽滑块1是型腔的一部分，T型槽滑块2是T型槽滑块1的载体；开模时通过斜导柱提供动力，直接带动滑块座，再间接带动T型槽滑块1和T型槽滑块2实现脱模功能。限位柱起到为滑块座定位的作用。它们联合起来就是一个顺畅的斜导柱滑块+T型槽间接斜抽芯脱模机构，如图4-32所示。

（4）液压油缸直接斜抽芯脱模机构设计

液压油缸直接斜抽芯脱模机构，采用整体式滑块作为型腔的一部分，由液压油缸直接提供开模动力，经过油缸连接杆带动整体式滑块实现脱模动作。它们联合起来就是一个顺畅的液压油缸直接斜抽芯脱模机构，如图4-33所示。

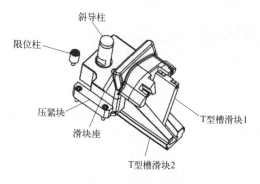

图4-32　斜导柱滑块+T型槽间接斜抽芯脱模机构　　图4-33　液压油缸直接斜抽芯脱模机构

（5）液压油缸+T型槽间接斜抽芯脱模机构设计

液压油缸+T型槽间接斜抽芯脱模机构，采用间接抽芯脱模方式。滑块固定在T型槽滑块座1上；T型槽滑块座1通过T型条固定在T型槽滑块座2上；开模时通过液压油缸直接提供动力，间接带动滑块实现侧向抽芯。它们联合起来就是一个顺畅的液压油缸+T型槽间接斜抽芯脱模机构，如图4-34所示。

（6）液压油缸间接抽推杆机构脱模机构设计

液压油缸间接抽推杆脱模机构，采用间接抽芯脱模方式。推杆固定在滑块上；滑块垫板保证滑块可以顺畅运动；开模时通过液压油缸直接提供动力，直接带动滑块，再通过T型槽带动推杆实现间接脱模功能。它们联合起来就是一个顺畅的液压油缸间接抽推杆脱模机构，如图4-35所示。

（7）液压油缸直接滑块抽芯脱模机构设计

液压油缸直接滑块抽芯脱模机构，采用直接抽芯脱模方式。开模时，液压油缸直接带动滑块推杆实现抽芯脱模；合模时，液压油缸直接带动滑块推杆实现复位；斜导柱带动滑块座，间接带动锁紧针对滑块推杆进行锁紧，防止注塑时滑块推杆发生退位。它们联合起来就是一个顺畅的液压油缸直接滑块抽芯脱模机构，如图4-36所示。

（8）斜顶脱模机构设计

斜顶脱模机构，部分内部扣位采用斜顶直接脱模方式。开模顶出时，斜顶座推动斜顶杆，推动斜顶进行脱模动作。斜顶脱模机构结构简单、工作效率高，如图 4-37 所示。

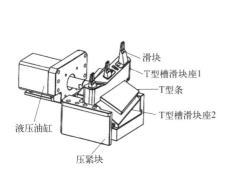

图 4-34　液压油缸 +T 型槽间接斜抽芯脱模机构

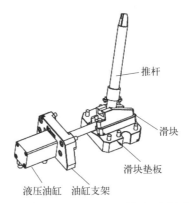

图 4-35　液压油缸间接抽推杆脱模机构

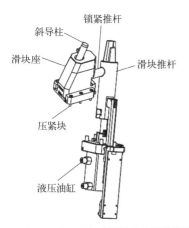

图 4-36　液压油缸直接滑块抽芯脱模机构

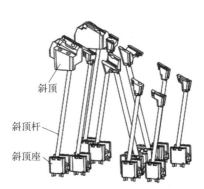

图 4-37　斜顶脱模机构

2. 型芯部分设计

B 柱内饰板成型零件是 3D 弧形曲面，设计分型面时需采用仿形延伸面和扫掠网格的方法，以保证 3D 弧形曲面分型面无缝连接，分型面光滑、连接无尖角和尖薄钢结构，不易磨损和崩裂等等。模具定模和动模之间采用 5°的插穿角度，以防止模具插伤和碰穿；为保证定、动模合模精度，在对插面和合模受力面设置加硬平衡块。除密封面以外的分型面都保留 1mm 的避空位，减少模具装配面的加工和配模时间，提高分型面的密封性。

在满足模具使用寿命及保证零件加工可行性的情况下，确定动、定模型芯采用整体式结构，型芯和模板一体成型。选用无预加硬的模具钢材 738，防止整体式结构硬度过硬而容易开裂及节省成本。

3. 浇注系统设计

B 柱内饰板模具采用"热流道 + 冷流道 + 侧浇口"的浇注方式，在两个模穴中间的封料面上设计 2 个顺序阀热喷嘴，在产品一侧设置 2 个凸台圆位，做热流道转冷流道侧进料。2 个顺序阀热喷嘴协同进料，防止塑料熔料在流动过程中冷凝，生产时调整 2 个浇口参数以保证平衡熔体同时进料填充，减少熔体热损失和减少熔接痕，以保证塑件成型质量。2 个热喷嘴的位置如图 4-38 所示，热流道浇注系统的组成如图 4-39 所示。

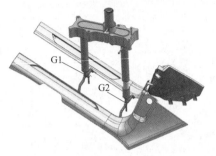

图 4-38　热喷嘴位置

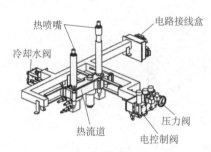

图 4-39　热流道浇注系统

由于该模具分型面是比较复杂的 3D 弧形曲面，所以要设计圆凸小平台来做进料平面，来辅助热流道转冷流道进料，方便加工、配模和生产成型。模具一模两腔，两个产品之间的封料面有足够的空间可以设计 2 个圆凸小平台的进料平面。G1 和 G2 两个顺序阀热喷嘴就延伸到圆凸小平台来做热流道转冷流道，顺序阀热喷嘴在热膨胀的影响下会延伸、凸起，会与封料面发生碰撞和干涉，容易形成合模间隙和出现飞边，所以两个热喷嘴口部对应的位置，设计 $\phi 24mm \times 1.5mm$ 平面凹台以防止喷嘴和圆凸小平台之间发生干涉。

4. 温度控制系统设计

B 柱内饰板模具属于功能性要求为主的模具，其外观要求高，为保证产品的形状和尺寸，有良好的成型质量，为了防止产品变形，设计时应考虑排布均匀和冷却充足，以保证水路有良好的温度平衡性，保证模具有较稳定的模温，塑件冷却均匀。

定模设计 10 组冷却水路。定模冷却水路采用"直/斜通式水管 + 隔片式水井"的组合形式，冷却水路距离定模型芯底面的高度为 30～45mm，水管孔径为 11mm，水井孔径为 24mm。每一条冷却水路的长度均保持在 2～3.5m 之间，水井的深度沿产品内形表面 25～35mm 的距离来布置。

动模设计 12 组冷却水路。动模冷却水路采用"直通式水管 + 隔片式水井"的组合形式，冷却水路距离动模型芯底面的高度为 30～45mm，水管孔径为 11mm，水井孔径为 24mm。水井的深度沿产品内形表面 25～35mm 的距离位置来布置。同时部分较短的直通水路采用外部连接软管的连接方式，以减少连接水管数量。

5. 排气系统设计

B 柱内饰板模具型腔体积较大，为了在极短的时间排除内部气体，避免型腔局部困气，防止排气不良造成困气、烧焦等成型缺陷，除了产品分型面的间隙被动排气以外，专门设计排气系统来保证气体顺利排除，使得熔体流动顺畅和保证产品成型的质量。排气槽宽度设计为

8~10mm，深度为 0.03mm，直接把气体排到圆角避空的位置，再由圆角避空的位置排到模具外面。

6.模具导向定位系统设计

为保证 B 柱内饰板注射模具有良好的导向精度和较高的模具寿命，相应设计导向定位系统。定模型芯和动模型芯之间的定位：在封料面外围的四周插穿面，均设计了 5°的定位斜面，以保证整体式动、定模板的合模紧密性，避免发生错位，图 4-40 所示。定模板和动模板之间的定位：采用 4 根 $\phi 70mm \times 600mm$ 的圆形高精度导柱，配 4 个 $\phi 70mm \times \phi 70mm \times 90mm$ 的圆形高精度导套，来保证模具合模的导向运动工作。推杆板采用 4 根 $\phi 50mm \times 400mm$ 圆形高精度的推杆板导柱来导向和定位，来保证推杆板的正常运动工作。

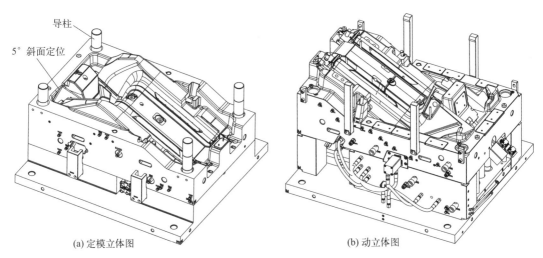

(a) 定模立体图　　　　　　　　　　(b) 动立体图

图 4-40　B 柱内饰板注塑模具立体图

（三）模具工作过程

B 柱内饰板模具工作过程如下所述。

① 注射成型：塑料熔体通过注塑机喷嘴，进入热流道板内的保温流道，再经过热喷嘴，从圆凸小平台转换到冷流道，再由侧浇口进入模具型腔填充成型，如图 4-28、图 4-38、图 4-39 所示。相对恒温塑料熔体充满型腔后，经保压、冷却和固化至足够刚性。

② 开模工作：开模时，锁紧块控制面板、定模板、动模板的开模顺序。先拉开面板和定模板开，同时带动 T 型槽块启动定模 T 型槽使斜滑块抽芯。然后锁紧块再拉开定模板和动模板，同时导柱斜抽芯带动滑块抽芯。最后，油缸带动其它的滑块进行开模抽芯。如图 4-28 所示。

③ 顶出工作：注塑机的顶棍推动推杆板进行顶出动作，间接推动斜推杆顶出成型的塑件脱模，推出距离为 180mm。如图 4-28、图 4-37 所示。

④ 合模（复位）工作：取出塑件以后，注塑机合模，在锁紧块控制下，面板、定模板、动

模板按顺序合模；油缸推动滑块复位；注塑机回针推动推杆板，间接拉动斜推杆 15 顶出复位，距离为 180mm。如图 3-29、图 3-38 所示。

(四) 结语

  B 柱内饰板塑件有外形尺寸较大，3D 弧形曲面比较复杂，内部有斜螺钉柱和有较多的斜异形内孔，侧面卡有较多卡扣位特点，模具结构相对复杂。模具设计采用一模两腔的布局，提高生产效率；采用热流道成型和多种联合脱模机构来保证模具的顺利工作。如图 4-28 ~ 图 4-37 所示。整体模具布局合理、多种联合脱模机构设计新颖、合理、实用，保证各个零件的运动顺畅和安全。常见的一模两腔的汽车 B 柱内饰板塑件模具的成型周期约为 85 ~ 95s，经过模具优化和改进水路排布后，模具可以快速均匀冷却，把生产周期时间减少为 70 ~ 75s。B 柱内饰板塑件模具生产成型时熔料温度参数、模具温度参数和注塑调机参数都合理，注塑生产时的尺寸精度高、品质稳定；该模具设计可以有效提高 B 柱内饰板塑件模具的生产效率和经济效益。

二十六、汽车 C 柱左下护板顺序阀热流道倒推注塑模具设计

汽车 C 柱左下护板是汽车侧围护板的重要组成部分，材料为 PP，通常采用注塑成型，见图 4-41。本例详细介绍了某款新能源 SUV 类车型 C 柱左下护板注塑模具设计要点与经验技巧。

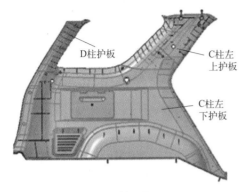

图 4-41　汽车侧围护板效果图

（一）塑件外观要求与结构分析

图 4-42 所示为某款新能源 SUV 汽车 C 柱左下护板零件图，材料为 PP，收缩率取 1.5%。塑件结构特点与技术要求如下：①最大外形尺寸为 1265.8mm × 701.4mm × 399.1mm，平均壁厚 3mm，因流长比大于 150，故属于典型的大型薄壁塑件。②塑件为高要求内饰件，外观面不允许有斑点、浇口痕迹，不允许有收缩凹陷、熔接痕和飞边等缺陷。③塑件外观需皮纹处理，外观面脱模斜度必须在 5°以上，防止加工皮纹后塑件粘定模型腔，或发生拖伤现象。④塑件外形复杂，分型面复杂，空间曲面造型复杂优美。⑤塑件加强筋较多，注射成型时熔体流动阻力较大。⑥塑件内侧有 S1 ～ S12 共 12 个倒扣，脱模困难。⑦塑件装配结构多，尺寸精度要求高，必须达到 MT3（GB/T 14486—2008）。

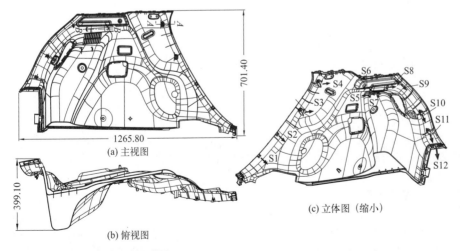

图 4-42　汽车 C 柱左下护板零件图

(二)模具结构设计

塑件外观面不允许有浇口残留,浇注系统和脱模系统必须在同一侧,塑件只能采用定模推出的倒装模结构。塑件的 12 个倒扣都在内侧面,模具采用"斜顶+斜推杆"侧向抽芯结构。塑件尺寸大,形状复杂,塑件高低起伏落差大,经模流分析与讨论,采用 4 点顺序阀热流道浇注系统。根据浇口位置,熔体最大流长比约 150,模具外形尺寸为 2040mm×1644mm×1344mm,总质量约 20t,属于大型薄壁注塑模具,其结构详见图 4-43。

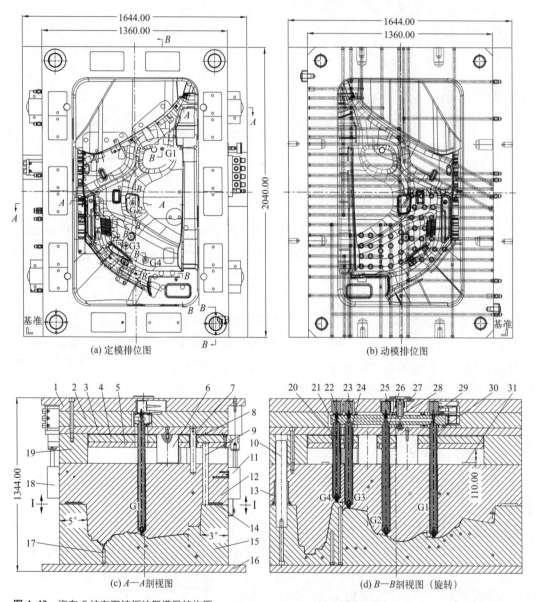

图 4-43 汽车 C 柱左下护板注塑模具结构图

1—定模固定板;2—热流道框板;3—斜推杆导向杆固定板;4—推件底板;5—推件固定板;6—支承柱;7—推件板导柱;8,13—导套;9—复位杆;10—定、动模板导柱;11,18—顶出油缸;12—定模板;14—承压块;15—动模板;16—动模固定板;17—排气销;19—垫块;20,24,26,30—二级热射嘴;21—热流道板;22,23,25,29—顺序阀;27—定位圈;28—一级热射嘴;31—限位柱

1. 成型零件设计

为减小模具外形尺寸,提高模具刚性,定模和动模均采用整体式,即型腔直接开设在定模板和动模板上,个别地方因结构复杂,为加工和维修方便,采用型芯镶拼结构,但所有型芯都能够从分型面装拆,在破坏成型表面处采取堵铜处理。定模板采用718H预硬塑料模具钢,硬度为30~35HRC,动模材料为P20锻件,硬度为30~33HRC。

模具定、动模对插部分的插穿角度全部采用7°,插穿角度太小会加剧模具磨损,严重影响模具的使用寿命。为了保证定、动模的精准定位,模具采用四面5°斜面围边定位,从而保证了模具的精准定位,避免了模具的分型线出现错位现象的发生,见图4-44。由于成型塑件高低落差大,分型面复杂,分型面设计时应尽量做到平顺光滑、无尖角锐边,所有非成型转角设计$R5$mm以上的圆角。为保证模具寿命,封料面距离应控制在40~50mm。在大面积的避空处都设计了承压块,以保证模具受力均匀,避免模具长期生产后变形使成型塑件产生飞边。在碰穿孔区域设计避空的同时,还在定模和动模设计了排气孔,以便定、动模合模时空气能够及时排出。

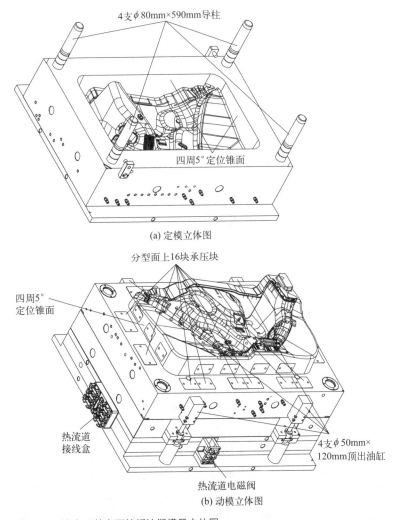

图4-44 汽车C柱左下护板注塑模具立体图

2. 浇注系统设计

由于成型塑件外观面要加工皮纹，不能有浇口痕迹，故只能从成型塑件内侧面进料，即动模成型护板的外表面，定模成型护板的内表面，这与普通模具刚好相反。模具采用 G1、G2、G3 和 G4 共 4 点热流道进料的浇注系统，其中 G1、G3 和 G4 在塑件内侧面上，G2 则开设在塑件碰穿孔内，详见图 4-42（c）和（d）。G2 热射嘴在斜面上，热射嘴的长度要大于斜面最低点 1~1.5mm，阀针的长度要与塑件最高点做齐或延入塑件 0.3mm。多点进料一定会产生熔接痕，为了最大限度地减小熔接痕对成型塑件外观和强度产生的不利影响，各二级热射嘴的阀针采用顺序阀控制，即由顺序阀控制各进料点的进料顺序和进胶时长。

为了防止热射嘴区域因发热膨胀而产生漏料，在每个热射嘴附近都增加了螺钉固定。热流道固定板的电线槽需要设计工艺圆角，避免划伤电线。线槽应便于 CNC 加工，少拐弯。热流道固定板的下侧需要设计排水槽，便于水汽排出。热流道插座、电磁阀的位置要符合客户要求。热流道电源插座应设计在模具的非操作侧，不可超出动、定模固定板，如果超出固定板就需要设计保护板，或者将电气元件沉入模板内，以保护热流道元件。进料点附近必须重点冷却，热射嘴底部必须设计一个 1mm 深的热胀平台，每个热射嘴前方需要设计拉料杆。对于顺序阀热流道，如果油缸与喷嘴不同轴，必须有足够的配合面与支撑面。

3. 脱模系统设计

成型塑件外观不能有浇口和推杆痕迹，故脱模系统和浇注系统必须在同一侧。由于浇注系统在定模侧，所以脱模系统也必须在定模一侧，这种模具结构俗称倒推模，它比普通注塑模具要复杂得多。因注塑机定模侧没有顶出机构，模具必须自己提供脱模动力。为此设计了 4 个顶出油缸用于驱动定模侧的脱模机构，模具采用"推杆+斜顶+直顶+油缸顶出"的组合脱模机构，脱模机构安装于定模侧的垫块内。开模后 4 个顶出油缸推动推件固定板推出塑件，同时推动斜推杆进行侧向抽芯。合模前，4 个顶出油缸拉动推件固定板及斜顶初步复位，合模后推件固定板在 4 支复位杆的作用下最终准确复位。4 个顶出油缸规格型号为 $\phi 50mm \times 120mm$，对称布置于模具外侧面。油缸油路并联连接，同时启动，确保成型塑件顶出的平衡。

4. 侧向抽芯机构设计

汽车 C 柱左下护板塑件 12 个倒扣全部在内侧，空间小，模具全部采用"斜推杆+斜顶"的侧向抽芯结构。在 12 个斜顶抽芯机构中，S9、S10 斜顶倾斜角度最大，达到了 15°，由于受到扭矩太大，以前同类型的模具这两个斜顶顶出时斜推杆常出现弯曲和断裂且复位时不能完全复位的现象。S3 和 S4 因为采用同一个斜顶抽芯，抽芯力较大，加上倾斜角度达到 12°，也经常会出现上述现象。为解决这个问题，这次模具设计时，S3 和 S4 采用了双杆抽芯结构，S9、S10 采用了辅助杆结构。双杆抽芯结构中两根斜推杆倾斜角度相同，共同承担斜顶抽芯时的扭矩，使斜顶运动更平稳、安全、可靠。辅助杆角度与斜顶杆倾斜角度也一样，它不但可以分担斜推杆的扭矩，还提高了斜推杆底座的运动精度和可靠性。双杆抽芯结构和辅助杆结构有效解决了斜推杆常出现弯曲和断裂的问题，是本模具斜顶抽芯的核心结构，也是本模具的重点与难点，详见图 4-45 和图 4-46。本模具斜顶较多，其斜顶侧向抽芯结构很有代表性。

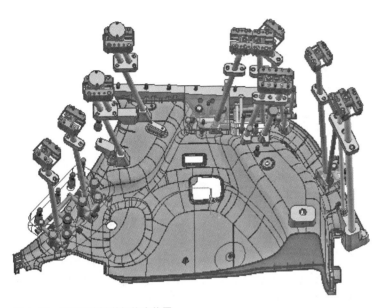

图 4-45　斜顶侧向抽芯机构立体图

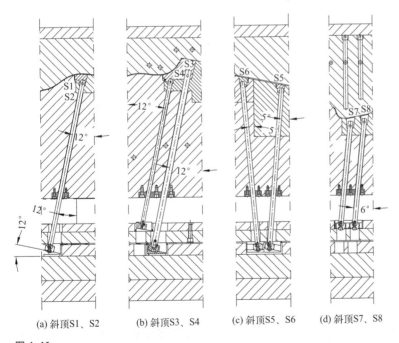

(a) 斜顶S1、S2　　(b) 斜顶S3、S4　　(c) 斜顶S5、S6　　(d) 斜顶S7、S8

图 4-46

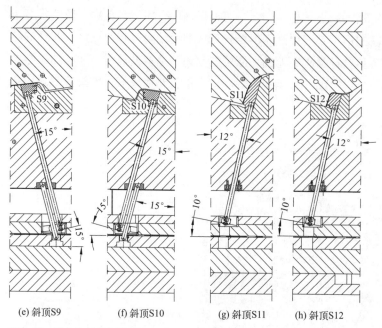

(e) 斜顶S9　　(f) 斜顶S10　　(g) 斜顶S11　　(h) 斜顶S12

图 4-46　侧向抽芯机构平面图

汽车 C 柱左下护板注塑模属于特大型注塑模具，模具装拆较困难，从斜推杆底部装拆螺钉可以方便模具装拆，做到不拆定模固定板、推件固定板和推件底板就能装拆斜顶。斜推杆底座采用整体式，开模时不受剪切力作用。斜推杆需设计止转定位结构，斜推杆底座需设计 4 个螺钉与 2 个销钉，斜推杆底座必须设计防转结构，即斜推杆底座两边的螺钉与销钉设计成不对称的形式，防止技工在装拆过程中出错。斜推杆导向段长度至少取斜推杆长度的 2/3。本模所有斜推杆直径均为 $\phi 23mm$，材料为 SKD61，淬火处理（注：斜推杆直径大于 $\phi 25mm$ 时，一般材料选用 SUJ2，并采用淬火处理，表面淬火深度 0.5～1mm）。汽车 C 柱护板注塑模斜顶较多，且空间有限，当两个斜顶背靠背抽芯时，下端要避免发生干涉。可以采取正装与反装两种方式，即两斜推杆底座从两个方向安装，用来错开斜推杆底座，避免斜推杆底座干涉。由于装配斜推杆底座，推杆板上的方孔较多，影响推杆板的刚度，为保证模具寿命，推杆板需加厚 10～20mm，且推杆面板和底板的固定螺钉需增加 2 个或 2 个以上，一般 150～200mm 间距内需设计一个锁紧螺钉，用来加强推杆板的强度，必要时推杆板可以选用好一点的钢材，如 P20 等，推杆底板下面的限位钉必须均匀布置，一般 150～200mm 间距内需设计一个限位钉。

汽车 C 柱左下护板注塑模中所有斜顶的上端成型部位都是斜面，为保证抽芯时不损坏成型塑件，斜顶下端导滑端都设计了同样倾斜角度的导向槽，并且采用平行导向杆的斜顶结构。

5. 温度控制系统设计

汽车 C 柱左下护板温度控制系统设计的好坏对模具的成型周期与成型质量影响很大。以前的汽车 C 柱左下护板注塑模在试模时经常会因为水路设计不充分，不均匀，导致塑件因局部高温而变形，影响塑件外观质量，同时注塑周期较长。针对这些问题，本次模具设计时定、动模均采用了"直通式水管+倾斜式水管+隔片式水井"近乎随形水路的温度控制系统。定、动模两侧各设计了4组水路,详见图4-47。模具冷却水路布置与料流方向一致,模具成型零件冷却均匀充分。模具还对热射嘴区域进行了重点冷却,每个热射嘴附件都设计了一组水路。

模具动、定模冷却水路形成了一张交织网,水路之间的间距保证在45～60mm,冷却水路距型腔面20～25mm,冷却水路与推杆、斜推杆等推件孔保持了至少8mm的距离。冷却面积约等于塑件面积的60%。在大的镶件上也设计了冷却水路,斜顶虽没有冷却水设计,但在斜顶附近都布置了冷却水路。

模具投产后成型塑件获得满意的外观质量。以前汽车C柱护板注塑模具成型周期一般在70s左右,本模具由于水路充分,冷却均衡,注射周期缩短到50s,模具劳动生产率提高了约15%,成型塑件的尺寸精度达到了MT3(GB/T 14486—2008),达到了设计要求。

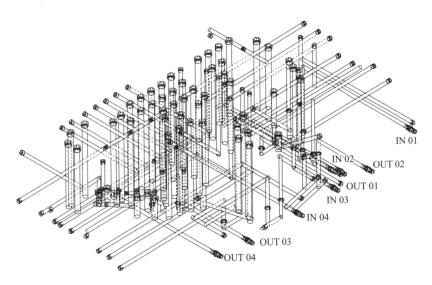

(a) 动模温度控制系统

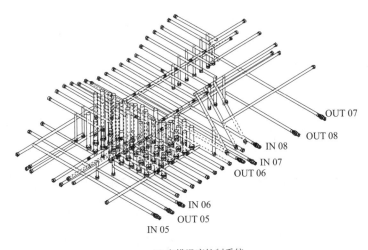

(b) 定模温度控制系统

图4-47 模具温度控制系统

6. 导向定位系统设计

汽车 C 柱左下护板注塑模具的导向系统是 4 个角上的 4 支 $\phi 80mm \times 590mm$ 的圆导柱和导套，由于定模型芯高低起伏较大，动、定模成型零件有多个碰穿接触面，导柱的长度必须保证动、定模成型零件碰穿面接触之前 30mm 即插入导套，防止撞模。为了使导柱与导套在运动过程中顺利插入，导套上方要开设排气槽，排气槽排气方向应朝向非操作侧，防止导套内的黄油伤害操作工人。模具的导柱装配在动模板中，开模后成型塑件和导柱处于模具两侧，这样可以方便机械手取件。成型塑件外观面需加工皮纹，模具采用四周 5°的锥面围边定位系统，定位准确可靠，大大提高了模具的刚性，有效保证了模具的精度、寿命以及成型塑件尺寸精度。汽车 C 柱护板注塑模的导向定位系统见模具立体图 4-44。

（三）模具工作过程

① PP 熔体通过注塑机喷嘴进入一级热射嘴 28，再经热流道板 21 进入二级热射嘴 20、24、26、30，在顺序阀 22、23、25、29 控制下依次进入模具型腔。

② 熔体充满型腔后，经保压、冷却和固化，至足够刚性后，注塑机拉动模具的动模固定板 16，模具从分型面 I 处打开。

③ 开模 300mm 后，顶出油缸 11、18 驱动推件底板 4，推件底 4 推动推块和斜顶，一边将成型塑件推离定模，一边进行侧向抽芯。顶出距离 110mm，由限位柱 31 控制。

④ 塑件由机械手取出后，顶出油缸 11、18 拉动固定板及推件复位。

⑤ 注塑机推动动模合模，复位杆 9 推动斜顶和推块准确复位。模具接着下一次注射成型。

（四）结语

① 模具采用顺序阀控制的 4 点热流道浇注系统，有效解决了熔接痕对成型塑件的外观质量和强度的影响。

② 模具采用动模成型外表面、定模成型内表面的倒推模结构，保证了成型塑件外观要求。定模脱模系统采用 4 个液压油缸驱动，油路并联布置，保证了大型薄壁塑件安全平稳脱模。

③ 模具采用双推杆和辅助杆斜顶侧向抽芯机构，有效解决了斜顶抽芯面积大、抽芯力大以及倾斜角度大的侧向抽芯难题。

④ 模具采用"直通式水管 + 倾斜式水管 + 隔片式水井"近乎随形水路的温度控制系统，水路布置均匀，模具冷却均衡充分，注射周期缩短了约 15%，成型塑件尺寸精度达到了 MT3（GB/T 14486—2008）。

模具一次试模成功，投产后运行安全，成型塑件质量稳定，尺寸精度达到了设计要求。

二十七、汽车中央通道主体大型注塑模具设计

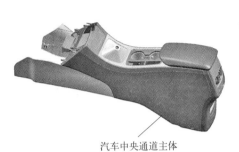

图 4-48 汽车中央通道 3D 效果图

汽车中央通道是用来操控挂挡换挡,放置茶杯等物件的一个机构,位于驾驶室正中位置。不同的车系的中央通道有不同的配置,同一车系因档次高低不同而配置也不相同。随着时代的进步,人们对新能源汽车的审美水平也越来越高,汽车不仅要有良好的使用功能,还要有和谐统一的外观和内饰零件。中央通道主体是中央通道中的主要零件,见图 4-48,作为内饰件,它不但外观要求高,表面需加工皮纹,而且其结构的复杂程度也仅次于仪表板,其成型模具的结构非常复杂。本例详细介绍某款新能源汽车中央通道注塑模具的设计要点和经验技巧。

(一)塑件外观要求与结构分析

图 4-49 所示为某新能源汽车中央通道主体塑件结构图,材料 PP+20%TD,收缩率取 1.1%,平均壁厚为 2.5mm,其中 PP 为中央通道主体的基材,添加剂是 20% 的滑石粉,该添加剂可以提高中央通道主体塑件的刚性。塑件结构特点如下:

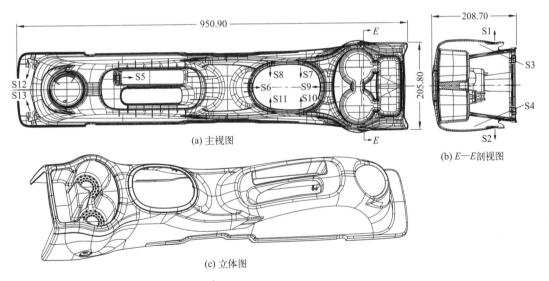

图 4-49 汽车中央通道零件图(单位:mm)

① 塑件尺寸大,形状复杂。本塑件外形最大尺寸为 950.9mm × 205.8mm × 208.7mm,属于大型复杂汽车内饰件。

② 本塑件两侧具有独特的长波浪状的外形,造型美观,外观面需做皮纹,所有粗皮纹面脱模斜度设计在 5°以上,从而防止塑件皮纹后拉伤,以及粘定模现象的发生。

③ 塑件内、外侧共有 13 处倒扣，其中倒扣 1、倒扣 2 两处倒扣面积很大，且此处内侧面凸台又是倒扣 3 和倒扣 4，由于受塑件内空间影响，无法设计斜顶滑块等内侧向抽芯机构，此处如何脱模是难点。

④ 塑件内侧加强筋多，熔体填充和塑件脱模都很困难。在汽车内外饰件中，加强筋一般大端做到 0.9mm，小端做到 0.7mm，脱模斜度一般为 1°左右，以防止加强筋正对的塑件表面收缩凹陷及方便脱模。

⑤ 塑件表面要求很严格，不但不允许有推杆和浇口痕迹，而且也不允许有熔接痕、收缩凹痕、飞边和气孔等注射缺陷。

（二）模具结构设计

根据中央通道塑件的结构特点，模具采用热流道 2 点顺序阀热射嘴进料。图 4-49 所示塑件外侧面有 2 个大面积倒扣，采用"斜导柱 + 滑块"侧向抽芯机构。其余 9 个内侧面倒扣则均采用"斜推块 + 斜推杆抽芯"的结构。

模具长 1600mm，宽 940mm，高 1017mm，总质量约 15t，属于大型注塑模具。模具结构详见图 4-50。

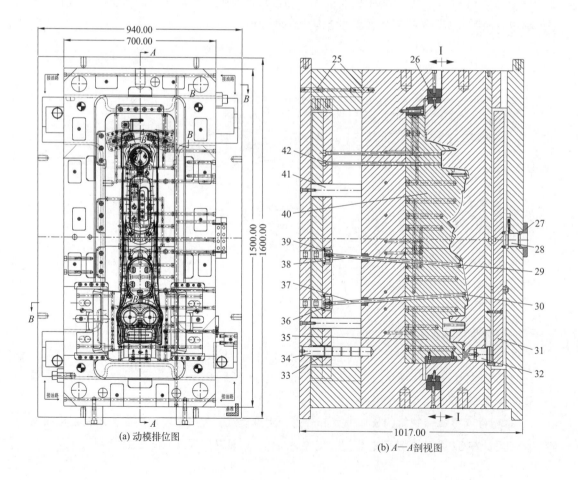

(a) 动模排位图
(b) A—A 剖视图

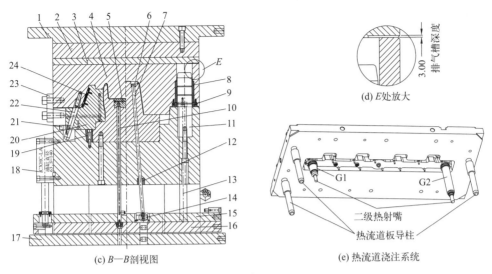

图 4-50 汽车中央通道主体模具结构图（单位：mm）

1—定模固定板；2—热流道板框板；3—垫板；4—定模板；5—推块；6—内侧抽芯 1；7, 37, 38—斜推杆；8—导套；9—导套压块；10, 42—推杆；11—导柱；12—导向块；13—复位杆；14, 36—斜推杆底座；15—推杆固定板；16—推杆底板；17—动模固定板；18—顶出油缸；19—镶件锁紧块；20—滑块；21—定位夹；22—斜推柱；23—锁模扣；24, 26—耐磨块；25—定位销；27—定位圈；28——级热射嘴；29—内侧抽芯 2；30—内侧抽芯 3；31—热流道板；32—二级热射嘴；33—推件板导套；34—推件板导柱；35—动模镶件 1；39—底座；40—动模镶件 2；41—支承柱

1. 成型零件设计

模具成型零件包括定模板 4、动模镶件 35 和 40 以及侧向滑块 20 等。定模采用整体式结构，其目的一是减小模具外形尺寸，降低模具成本，二是提高模具强度和刚性，提高模具寿命。由于型芯高出分型面很多，故动模采用镶拼式，以方便模具制造。根据客户要求，本模具使用寿命为 30 万次，动模镶件材料为 P20，定模型腔由于表面需加工皮纹，定模板材料采用 718。汽车中央通道主体模具成型零件见图 4-51。

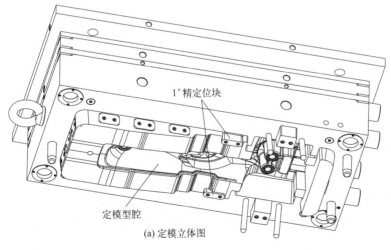

图 4-51

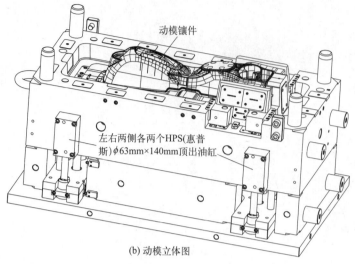

(b) 动模立体图

图 4-51　汽车中央通道主体模具立体图

2. 浇注系统设计

浇注系统中浇口的位置、大小与数量设计不当将使塑件产生气纹、熔接痕甚至填充不满等成型缺陷，这对汽车内饰外观件来说，是不能接受的。本模具浇注系统采用热流道 2 点进料，可以轻松解决气纹问题，但熔接痕在所难免，因此当务之急是如何将熔接痕形成在塑件的非外观区域。为此采用由顺序阀控制注射顺序的热射嘴，使得塑料熔体可以在不同的时间段依次进入模具型腔，从而控制塑件表面熔接痕的位置，将其形成于非外观面上。为保险起见，对于型腔的进料位置、数量、大小以及先后次序、相隔时间，在设计前都要进行模流分析验证。汽车中央通道注塑模具热流道板、热射嘴结构如图 4-50（e）所示。

模具的浇注系统由热流道和普通流道组成，塑料熔体由热流道进入普通流道，最后分别通过侧浇口和潜伏式浇口进入型腔，详见图 4-50（b）和图 4-52。

3. 导向定位系统设计

注塑模具的导向定位系统对其使用寿命和成型质量影响很大，客户对大型汽车注塑模具中的导向定位系统往往要求很严，模具设计工程师必须格外重视。该模具除了在 4 个角上各设计了 1 支 $\phi 70mm \times 300mm$ 的圆导柱，还设计了 6 副 1° 精确定位块。另外，对于表面需做皮纹汽车内外饰件，外观熔接痕精度要求高，动、定模具之间除了有精准止口定位外，还必须有边锁，详见图 4-52 所示。

导柱的直径按标准模架确定，导柱 11 的长度必须做到：在斜导柱 22 插入滑块 20 之前 20mm 就插入导套 8，否则在模具的制造和生产中将会造成安全事故，严重时会损坏模具，这一点必须重视。为了使导柱与导套在运动过程中顺利插入，导柱上方应开设排气槽，见图 4-50（d）。设计此排气槽时应注意，避免将排气槽排气方向朝向操作侧与非操作侧，应设计在上下两侧，避免导套内的黄油射向注塑机的操作者。

在汽车注塑模具中，圆导柱前端要做一段单边 5° 的锥面，保证导柱能够安全顺利地插入导套。导套长度一般取导柱直径的 1.5 倍,导套须用压板压住,防止脱出。导套压板材料用 CR12 淬火,既可作为压板用,亦可作为承压板用。

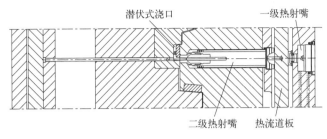

图 4-52　浇注系统

4. 侧向抽芯机构设计

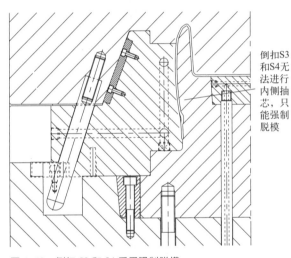

图 4-53　倒扣 S3 和 S4 采用强制脱模

侧向抽芯机构是本模具最重要也是最复杂的机构。侧向抽芯机构的数量达 11 个,分别完成塑件内、外侧共 13 处倒扣的脱模。其中倒扣 S1 和倒扣 S2 位置对称,面积大,抽芯力也大,模具采用了"滑块+斜导柱+限位夹"两个相同的外侧抽芯机构,详见图 4-49(c)。该机构包括滑块 20、斜导柱 22、限位夹 21 和耐磨块 24。倒扣 S5~S13 9 个倒扣结构也大致相同,内侧抽芯机构均采用"内侧型芯+斜推杆+导向块+滑动底座"的组合机构,详见图 4-49(b)和(c)。

倒扣 S3 和 S1 背靠背,倒扣 S4 和 S2 背靠背,由于靠太近,加上塑件内侧空间较小,无法设计斜顶或滑块等侧向抽芯机构,见图 4-53。经研究,倒扣 S3 和倒扣 S4 采用强制脱模机构,理由如下:①塑件材料本身具有良好的弹性;②倒扣 S3 和倒扣 S4 两处结构为光滑弧面;③倒扣深度相对于塑件此处的高度较小,变形率约为 2.5%,小于 PP 料的 5% 变形率;④强制脱模时,外侧面的滑块已经"远离"塑件,倒扣 S3 和倒扣 S4 外侧面存在塑性变形的空间。

5. 温度控制系统设计

根据模具的大小和结构特点,温度控制系统采用了"直通式水管+水井"的组合形式,详见图 4-54。它主要采用直通式水管,水管直径均为 ϕ12mm,同时在动模镶件中采用了 42 个水井,水井直径均为 ϕ20mm。这种温度控制系统结构的优点是冷却均衡,冷却速度快,塑件不会产生翘曲变形等成型缺陷,适用于大型和精密注塑模具。缺点是水井数量过多,会对模具强度造成一定的影响。本模具的定模侧设计了 18 股水路,动模设计了 4 股水路,动模每股水路的拐弯次数都控制在 4 次以内，冷却水路长短做到了大致相等，避免因水路太长而影响模具的冷却效果。同时冷却水路之间的距离必须在 50～60mm 之间，冷却水路到型腔表面之间的距离必须在 20～25mm 之间。冷却水的流动方向尽量做到了与塑料熔体流动方向一致。经验表明，这样可以使模具得到良好的冷却效果，同时塑件也可以得到良好的外观质量。

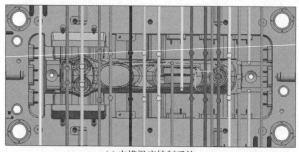

(a) 定模温度控制系统

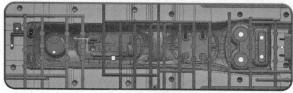

(b) 动模温度控制系统

图 4-54　汽车中央通道主体模具温度控制系统图

另外，热射嘴区域以及热射嘴正对着的动模区域，要设计冷却水来加强对热射嘴区域的冷却，避免塑件外观出现缺陷。在汽车模具设计中，模流分析是必需的，不但可以得到熔体流动情况，还可以得到模具的温度场情况，为冷却水路的设计提供参考。

6. 脱模系统设计

中央通道主体属于深腔类大型塑件，对模具型芯的包紧力大。为使塑件安全平稳脱离模具，脱模力必须足够大。因此本模具的推件数量应尽量多些，推件尺寸应尽量大些。该模具的推出零件包括推块 5 和推杆 42，另外，斜推杆 7、38 不但推动内侧抽芯 6、29、30 进行侧向抽芯，同时也起推动塑件脱模的作用。

模具推件全部装配在推件固定板 15 和推件底板 16 上。为了保证所有推件的推出和复位安全、平稳、顺畅，设计脱模系统时采用了以下措施：①推件固定板 15 和推件底板 16 采用 4 个 ϕ63mm×140mm 的油缸推动脱模和拉回复位，4 个油缸的油路串联布置，保证其动作同步，做到了顶出和复位平衡；②普通模具采用 4 支复位杆，本模具采用了 6 支复位杆 13，以保证复位平稳可靠；③普通模具的推件固定板一般采用 2 组或 4 组导柱和导套，本模具采用了 6 组导柱导套，以保证推件的运动精度和模具使用寿命，详见图 4-50（b）中的 33、34。

对于中央通道主体这样的采用 PP 料的汽车内外饰件一般应尽量多用推块，少用推杆，以防止塑件外观出现顶白等缺陷。本模具的 4 个顶出油缸底部必须设计限位钉，限位钉和紧固螺钉的间距应控制在 200mm 左右，以保证模具的强度。为保证装拆方便，除了模板上要设计吊环螺孔外，推件固定板和推件底板也要设计 6 个工艺螺孔。另外，对于汽车中央通道主体这样的大型模具，所有的斜顶、推块、油缸等零部件，必须要保证在不拆模的情况下可以拆卸。对于大型汽车注塑模具的所有推杆过孔、推管过孔、螺钉过孔、斜顶杆过孔，单边都必须避空 1mm 以上（而不是普通模具的 0.5mm）。模具的斜推杆数量较多，且位置较近，相互之间易发生干涉，对此斜推杆底座采用了正装和反装两种结构，相互错开。图 4-55 是汽车注塑模具斜推杆底座常见的四种结构，其中方式一和方式四是反装结构，方式二和方式三是正装结构。反装的斜顶座的斜顶杆与推杆底板之间的腰形避空孔避空要足够，以避免与万向斜顶座干涉。

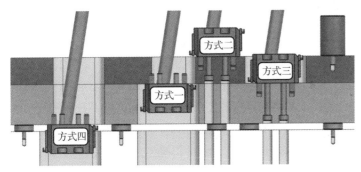

图 4-55　斜推杆的四种装配方式

（三）模具工作过程

① 塑料熔体通过注塑机喷嘴，依次通过一级热射嘴 28、热流道板 31、二级热射嘴 32 进入模具分型面之间的普通流道，最后经侧浇口和潜伏式浇口进入模具型腔。

② 熔体充满模具型腔后，经保压和冷却，当固化至足够刚性后，注塑机开模机构启动，拉动模具从分型面 I 处打开。在定、动模板打开过程中，斜导柱 22 拨动滑块 20 进行侧向抽芯，完成倒扣 S1 和 S2 的脱模。

③ 分型面 I 打开 300mm 后，4 个顶出油缸 18 同时启动，推动推件固定板及全部推件，将成型塑件推离动模，推件的推出距离 135mm。接着机械手取出塑件，最后油缸 18 推动推件及其固定板复位，注塑机推动动模合模，模具接着下一次注射成型。

（四）结语

塑件是日产某款新车的中央通道主体，位于汽车内部的中轴线上，集美观与功能要求于一身。模具尺寸大，结构复杂，设计难度很大。本例模具在设计之初通过研究大量相关资料，作了充分的准备工作。针对以前该车型相同塑件注塑模具在生产过程存在的问题（包括成型塑件的起皱、破裂以及直接影响到装配的回弹问题），本模具做了较大的改进，包括采用顺序阀热射嘴，动、定模各增加了一条冷却水路等。由于模具各部分结构先进合理，成型塑件的尺寸精度和外观质量都达到了设计要求，在耐冲击、抗压力、抗振动及安全性测试方面也取得了客户满意的效果。模具成型周期控制在 60s 左右，与以前汽车中央通道主体注塑模具相比，劳动生产率提高了 10% 左右。模具自放产以来，动作稳定协调。

二十八、汽车中央通道储物盒大型倒装注塑模具设计

汽车中央通道是汽车内饰件的重要组成部分，又叫副仪表板。中央通道一般由中央通道主体、储物盒、装饰盖主体、装饰条、护套骨架等零件组成。储物盒是中央通道内最主要零件之一，位于汽车中央通道下侧，是驾驶人员储物的装置。储物盒塑件与模具的复杂程度仅次于仪表板。本例详细介绍了一副中央通道储物盒注塑模具结构特点和设计经验。

（一）塑件外观要求与结构分析

图 4-56 所示为汽车中央通道储物盒零件图，材料为台湾塑胶工业股份有限公司（简称台塑）的 PP3015+17%TD，收缩率一般取 1.1%。塑件是汽车最重要的内饰件之一。塑件尺寸较大，最大外形尺寸为：453.00mm × 176.00mm × 244.00mm。塑件特点如下：①塑件内表面是外观面，要求极高，既不能有推杆痕迹，又不能有浇口痕迹，更不允许有斑点、收缩凹陷、熔接痕和飞边等缺陷。②塑件内表面需加工皮纹，有皮纹的侧面保证 7° 以上的脱模斜度。③塑件结构复杂，塑件外侧面有 5 个倒扣，倒扣多且面积大，抽芯机构是本模具设计的重点和难点。④塑件上有很多加强筋，其厚度尺寸大端不能大于对应壁厚的 3/4，否则在表面会产生收缩凹痕；小端不能小于 0.6mm，太小不利于加工和注射成型。

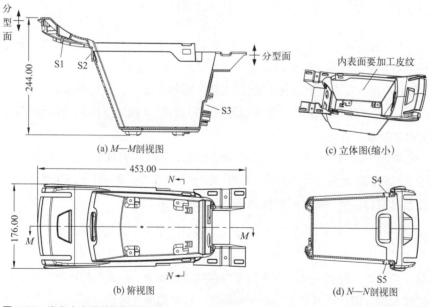

图 4-56　汽车中央通道储物盒零件图

（二）模具结构设计

由于储物盒塑件内表面不允许有浇口和推杆痕迹，因此模具必须采用倒装模结构，即浇注系统与脱模系统都设计在模具的定模侧。由于注塑机顶棍孔不在定模侧，因此定模推件采用了

油缸顶出。中央通道储物盒尺寸大、结构复杂,模具采用热流道浇注系统,既可以改善熔体填充,又可以提高塑件的成型质量。塑件外侧面有 5 个倒扣,模具采用了 5 个侧向抽芯结构。模具详细结构见图 4-57 和图 4-58。

本模具外形尺寸为 1400mm × 750mm × 947mm,总质量约 5t,属于大型注塑模具。

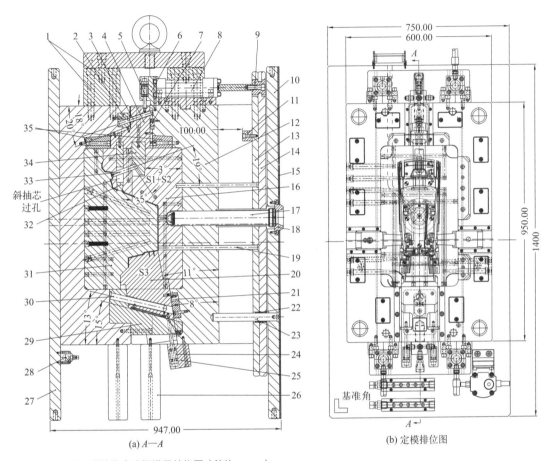

图 4-57 中央通道储物盒注塑模具结构图(单位:mm)

1—吊模架;2—斜导柱固定板;3—上斜导柱;4—上滑块;5—上定位弹簧;6—上挡块;7—上定位夹;8—油缸;9—油缸连接柱;10—定模固定板;11—限位柱;12—定模板;13—推件固定板;14—推件底板;15—隔热板;16—定模镶件;17—热射嘴;18—定位圈;19—推杆;20—下滑块;21—下定位夹;22—导套;23—导柱;24—下定位弹簧;25—下挡块;26—支撑脚;27—动模固定板;28—集水块;29、35—锁紧块;30—下斜导柱;31—动模镶件;32—侧向抽芯(纵);33—侧向抽芯(斜);34—T 型扣

1. 成型零件设计

本模具成型零件包括定模镶件 16、动模镶件 31 以及各侧向抽芯机构中的滑块。模具出口到美国,根据客户要求模具设计寿命为 50 万次,定、动模成型零件钢材均采用德国 Buderus(布德鲁斯)公司的 2738,该钢材与瑞典 ASSAB 一胜百公司的 718 在 AISI 标准中都属于 P20+Ni 的类型,化学成分与各项性能也比较接近。在订购钢材时,要注明动模成型零件硬度比定模成型零件小 2HRC 左右,因为硬度一致的成型零件相互之间容易磨损与发热烧结,应尽量避免。成型零件设计的原则是在保证模具强度和寿命的前提下尺寸做到最小,以降低模具的

制造成本,因此模具的定、动模成型零件均采用镶拼结构。这种结构与整体式结构相比还有制造和维修方便的优点,但缺点是模具整体尺寸较大,刚性也较差。

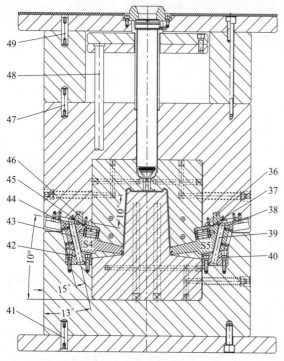

图 4-58 中央通道储物盒注塑模具侧向抽芯机构图

36、46—定位柱;37、45—定位弹簧;38—右斜向滑块;39—右斜导柱;40—右斜导柱固定座;41、47、49—定位销;42—左斜导柱固定座;43—左斜导柱;44—左斜向滑块;48—复位杆

2. 侧向抽芯机构设计

塑件有五处倒扣,模具设计了五个侧向抽芯机构,他们分别是 S1～S5。其中倒扣 1 和倒扣 2 位置相近,但方向相互垂直,其抽芯结构是模具设计的难点。本模具为倒装模,开模后成型塑件留在定模侧,因此将所有的侧向抽芯机构都设计在定模板 12 内,既方便抽芯,又简化了模具结构。

侧向抽芯机构 S1 和 S2 的抽芯距离很近,且方向成 71°夹角,相互干涉,模具采用的是同一套组合式侧向抽芯机构,结构相当复杂也相当巧妙,因在模具上方,故取名上侧向抽芯机构,详见图 4-57(a)。该套组合式侧向抽芯机构包括上斜导柱固定板 2、上斜导柱 3、上滑块 4、上定位弹簧 5、上挡块 6、上定夹 7、侧向抽芯(纵)32、侧向抽芯(斜)33 和 T 型扣 34。为了解决纵、斜两个方向上抽芯的干涉问题,在纵向抽芯块 32 的中间设计了一个方孔,斜侧向抽芯 33 穿孔而过。为不影响各自的运动,侧向抽芯(纵)32 中的方孔与侧向抽芯(斜)33 之间最小间隙必须大于其侧向抽芯的距离。

侧向抽芯机构 S3 在模具的下方,包括成型零件下滑块 20、动力零件下斜导柱 30、锁紧零件锁紧块 29、定位零件下定位夹 21、下定位弹簧 24 和下挡块 25,见图 4-57(a)。

S4 和 S5 为左右两个结构完全对称的侧向抽芯机构，采用的是"斜向滑块 + 斜导柱"的抽芯机构，详见图 4-11。它包括成型零件斜向滑块 38、44，动力零件斜导柱 39、43 和斜导柱固定座 40、42，以及定位零件定位柱 36、46 和定位弹簧 37、45 等。

3. 浇注系统设计

汽车中央通道储物盒注塑模热流道位置通过模流分析确定，详见图 4-59。本模具浇注系统采用一点开放式热流道，相当于中心进料，熔体直接进入型腔，这种设计的优点是不但速度快、周期短，而且成型塑件质量好，在倒装注塑模中尤其适用。缺点是塑件成型后会留下一个面积较大的圆形痕迹，如果控制得不好的话，塑件浇口反面的外观还可能会出现收缩凹痕。为此在热射嘴区域以及热射嘴正对着的动模区域设计了一组冷却水路，对此区域进行重点冷却，较好地解决了这个问题。

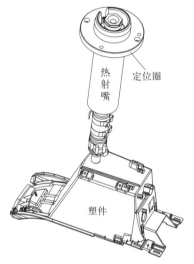

图 4-59 储物盒注塑模具浇注系统

4. 温度控制系统设计

本模具的动模和定模各采用了 4 股"直通式水管 + 倾斜式水管"组合式冷却水路，即优先采用垂直于模具侧面的水管，其次是倾斜式水管，所有水管尽量沿型腔面均衡布置。这种组合形式在汽车注塑模具中广泛采用，其优点是塑件冷却均匀、成型周期短、成型质量高，适用于高要求与外观性能要求高的模具。缺点是倾斜式水管加工较为麻烦。另外本模具定、动模冷却水路都尽量设计成十字交叉的网格形式，冷却水流动方向也尽量做到了与熔体流动方向一致。为了防止塑件浇口反面出现收缩凹痕，在定模镶件与热射嘴配合的区域还单独设计一组冷却水回路，详见图 4-57 和图 4-60。

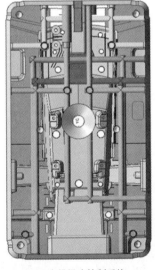
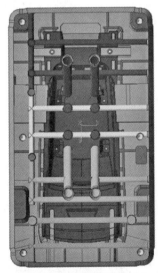

(a) 定模温度控制系统　　　　(b) 动模温度控制系统

图 4-60 储物盒注塑模具温度控制系统

5. 导向定位系统设计

储物盒注塑模具属于大型模具，成型塑件尺寸精度要求高，所以模具的导向定位系统非常重要。该模具的导向定位系统包括四个主要部分：①在模架的四个角上各设计了 1 支 ϕ50mm × 480mm（直径 50mm、长度 480mm）的圆导柱，保证动、定模开合时的精度和稳定性，避免动模镶件和定模镶件发生干涉。②在四边各设计了 1 副直身边锁，保证动、定模合模后的定位精度，防止动、定模在注射压力的作用下错位。③分型面上设计了 4 个镶件管位，保证动模镶件和定模镶件合模后的定位精度，在模具制造时还可以保证配模精度，在合模后注射成型时承受非对称胀形力，见图 4-61。④在各模板之间设计了 2 个定位销，见图 4-58 中的定位销 41、47 和 49。

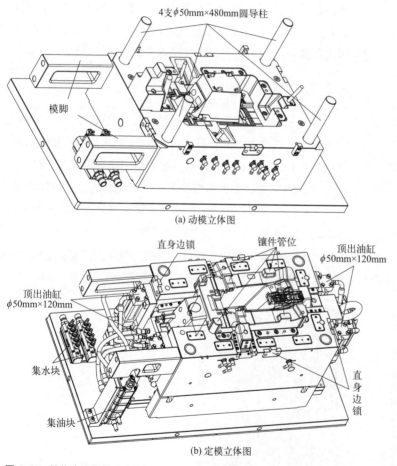

图 4-61 储物盒注塑模具立体图

6. 脱模系统设计

模具采用倒装模结构，其脱模系统与普通模具不同，一是位置不在动模内，而是和浇注系统一起设计在定模内。二是动力来源不能是注塑机的顶棍，本模具采用了 4 个 ϕ50mm × 120mm（油缸活塞直径 50mm，活塞运动最大轴向距离 120mm）的液压油缸作为脱模系统动力来源，原因之一是该模具为大型模具，有安装油缸的空间；原因之二是塑件的包紧力大，采用液压脱模较为平稳、安全、可靠；原因之三是油缸不但可以推出塑件，还可以将推杆拉回复位，能够简化模具结构。

油缸依靠集油块和油路串联布置，见图 4-62。这样设计油路可以使推件固定板运行平稳，从而保证了塑件顶出的平衡不变形。

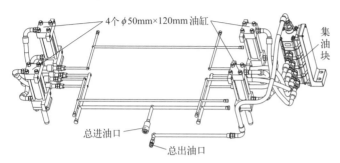

图 4-62　储物盒注塑模油缸油路控制系统

本模具推出零件为推杆和推管，其中 ϕ16mm 推杆 5 支，ϕ10mm 推杆 7 支，推管 2 支，型号为 ϕ7mm × ϕ4mm × 600mm（推管外径 7mm、内径 4mm、长度 600mm），见图 4-57（b）。

7. 排气系统设计

该模具属于深腔类注塑模具，型腔很容易困气，一旦困气就会造成填充不满、飞边、脱模不良甚至烧焦等成型缺陷。由于型腔从中心进料，熔体最后到达的地方都是分型面，因此排气槽主要开在分型面上，见图 4-63。

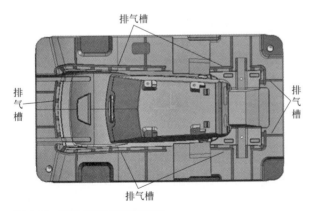

图 4-63　储物盒注塑模排气系统

（三）模具工作过程

① 熔体填充：塑料熔体通过注塑机喷嘴，经热射嘴 17 进入模具型腔。
② 保压冷却：熔体充满型腔后，保压、冷却并固化。

③ 开模：成型塑件固化至足够刚性后，注塑机拉动模具的动模固定板 27，模具动、定模从分型面处打开，塑件留在定模镶件 16 上。在开模过程中，上下左右四根斜导柱 3、30、43、39 分别拨动上下左右滑块 4、20、44、38，进行侧向抽芯。开模距离 300mm，由注塑机控制。

④ 塑件脱模：完成开模行程后，液压油缸启动，推动推件固定板 13、推件底板 14，同时推动推杆 19，将塑件推离定模镶件 16。

⑤ 推杆复位：液压油缸拉动推件固定板 13 及推杆复位。

⑥ 合模：注塑机油缸拉动动模合模，复位杆 48 推动推杆准确复位。模具接着下一次注射成型。

（四）结语

该模具结构紧凑，新颖实用，试模一次成功。投产后动作平稳安全，成型塑件各项精度指标都达到了设计要求。与国内外其它型号汽车的中央通道储物盒注塑模具比较，在以下方面采用了更科学、更先进的结构，取得了满意的效果，得到了客户的点赞。

① 脱模系统采用了倒推模结构，保证了成型塑件的外观质量；

② 浇注系统采用热流道，并利用模流分析准确地找到了热射嘴进料口的位置，保证了成型塑件的尺寸精度和内部质量；

③ 利用纵向抽芯块 32 上的过孔巧妙解决了同一位置上多个倒扣且方向不同的抽芯问题；

④ 利用油路控制系统保证了定模侧推件板平稳推出和复位；

⑤ 动、定模共采用了 8 股"直通式水管 + 倾斜式水管"组合式冷却水路，成功地将成型周期控制到 30s 之内，大大提高了模具的劳动生产率。

二十九、汽车中央装饰件顺序阀热流道二次顶出注塑模具设计

汽车仪表板中央装饰件为塑料零件,尺寸大,结构复杂,在注射成型过程中经常存在熔接痕、填充不足、表面发光缺陷、斜顶与成型塑件加强筋干涉以及成型塑件粘定模等问题,针对这些问题,对模具结构进行优化设计。首先,浇注系统采用了热流道,两个热射嘴的开启和关闭时间由顺序阀控制。其次,脱模系统增加了 4 个杠杆式二次顶出结构。最后,增加了加强筋和倒扣纹。结果取得了圆满成功,其设计经验和技巧可供同行借鉴。

(一)塑件外观要求与结构分析

图 4-64 所示为某款新能源汽车仪表板中央装饰件零件图(立体图可参考图 4-66 和图 4-67),塑件材料为 TPO,收缩率取 0.9%。塑件最大外形尺寸为:521.1mm × 269.7mm × 322.8mm。塑件最大壁厚 3mm,平均壁厚 2.5mm。塑件的内表面共有 8 处倒扣 L1 ~ L8,外侧有三处倒扣 S1 ~ S3,塑件加强筋较多,脱模困难。塑件结构复杂,外观需蚀皮纹。塑件外观面不允许有斑点、浇口痕迹、收缩凹陷、熔接痕和飞边等缺陷。塑件装配结构较多,尺寸精度高。

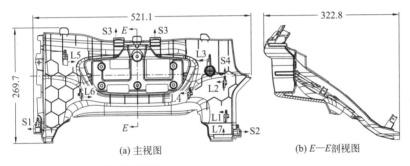

图 4-64 汽车中央装饰件零件图

(二)模具结构设计

模具采用 2 点顺序阀热流道浇注系统以及二次顶出脱模系统,模具侧向抽芯机构复杂,其中 S1、S2 采用"斜导柱 + 滑块"的抽芯结构,S3 采用"油缸 + 斜滑块"组合抽芯结构,S4 采用"斜导柱 + 斜滑块 + 弹簧"的隧道抽芯结构。塑件内侧的 7 个倒扣,除了 S4 采用"斜导柱 + 斜滑块 + 弹簧"的隧道抽芯结构外,其余 L1、L2、L3、L4、L5、L6 和 L7 均采用"斜顶 + 斜推杆"的侧向抽芯结构。模架采用非标模架,最大外形尺寸为:1080mm × 890mm × 1056mm,总质量约 7t,属于大型注塑模具,详细结构见图 4-65。

1. 成型零件设计

模具成型零件采用整体式结构,即定模板和定模镶件、动模板和动模镶件做成一体,见图 4-65。成型零件均采用 1.2738H 预硬塑料模具钢,调质硬度为 30 ~ 35HRC。根据塑件的表

面质量要求，型腔表面抛光至粗糙度 $Ra0.4\mu m$。为解决塑件存在粘定模的问题，型腔脱模斜度都取 5°以上，同时在塑件内侧增加了加强筋和倒扣纹。

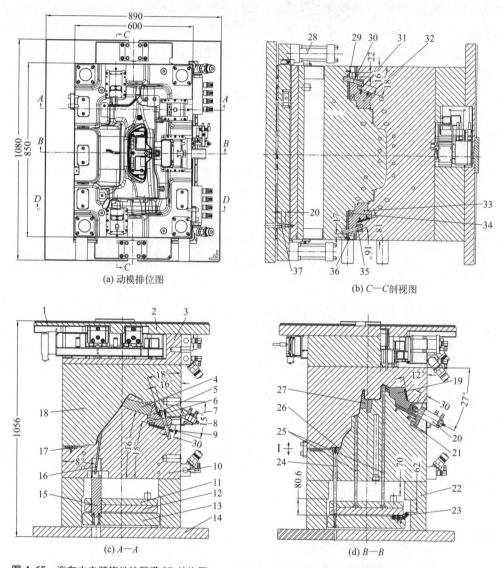

图 4-65　汽车中央装饰件注塑模 2D 结构图

1—隔热板；2—定模固定板；3—热流道框板；4—斜向抽芯；5—锁紧块；6, 19—斜向滑块；7—弹簧；8, 30, 35—斜导柱；9—限位柱；10—动模板；11—第一组推件固定板；12—第一组推件底板；13—第二组推件固定板；14—动模固定板；15—斜顶滑座；16—斜顶；17—承压块；18—定模板；20—抽芯油缸；21—油缸固定板；22—垫块；23—跷跷板式杠杆；24—顶块推杆；25—推杆；26—推块；27—动模型芯；28—顶出油缸；29, 36—挡销；31, 34—定位弹簧；32—上滑块；33—下滑块；37—限位钉

2. 浇注系统设计

针对以前成型塑件存在熔接痕、表面发光、填充不足和塑件变形等缺陷，利用 MOLDFLOW 模流分析软件对多个进料方案进行了比较分析。对浇口位置、数量和进料时间进行了优化设计，确定采用 2 点进料的顺序阀热流道浇注系统，该系统由一级热射嘴 36、热流道板 38 和两

个二级热射嘴 39 组成,见图 4-66。两个二级热射嘴的开闭顺序和时间由顺序阀控制,其中热射嘴 G1 首先开启,3 秒钟后热射嘴 G2 再开启,16s 后同时关闭。

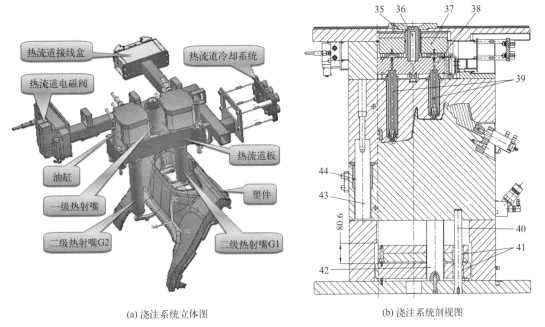

(a) 浇注系统立体图　　　　(b) 浇注系统剖视图

图 4-66　汽车中央装饰件模具浇注系统立体图(单位:mm)

35—定位圈;36——级热射嘴;37—热射嘴固定板;38—热流道板;39—二级热射嘴;40—推件板导柱;41—推件板导套;42—支承柱;43—动、定模导柱;44—动、定模导套

顺序阀热流道技术简称 SVG 技术,是最先进的热流道技术,虽然模具成本有所提高,但大大提高了中央装饰件的外观质量和尺寸精度。采用顺序阀热流道技术的模具注射周期为 40s,缩短了约 15%,锁模力也降低了约 20%,大大提高了企业的经济效益。

3. 脱模系统设计

脱模系统是中央装饰件模具中最复杂的部分,它包括"推杆+推块"组合顶出机构、杠杆式二次顶出机构、液压油缸顶出机构和侧向抽芯机构。推件固定板有两组,其中 18 支推杆固定在第一组推件固定板 11、推件底板 12 上,4 支推块和 6 支斜顶固定在第二组推件固定板 13 上,详见图 4-65(c)、(d)和图 4-67。采用杠杆式二次顶出机构可以保证推块和斜顶完成侧向抽芯后就停下来,而其它推杆继续加速将塑件推离动模。采用杠杆式二次顶出机构解决了成型塑件落差大、顶出力大和顶出距离长而导致斜顶沿开模方向运行的距离长从而会碰到其它的推件和塑件加强筋的问题。推件固定板由顶出液压油缸驱动。塑件脱模过程见本节"(三)模具工作过程"。

塑件倒扣全部采用侧向抽芯机构,其中斜向抽芯 S3 的倾斜角度为 27°,大于 25°,模具采用油缸抽芯机构,成功解决了以前采用斜导柱抽芯经常出现斜向滑块卡滞等问题。

塑件其它 10 个侧向倒扣均采用常规侧向抽芯机构,S1、S2 采用动模"滑块+斜导柱"的抽芯结构,S4 采用"斜滑块+斜导柱+弹簧"的隧道抽芯结构,L1、L2、L3、L4、L5 和 L6 均采用"斜顶+斜推杆"的侧向抽芯结构,详见图 4-65。

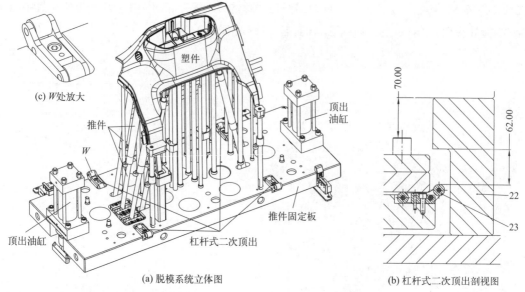

(a) 脱模系统立体图 (b) 杠杆式二次顶出剖视图

图 4-67 汽车中央装饰件模具二次脱模系统

4. 温度控制系统设计

汽车中央装饰件投影面积较大，为保证模具温度均衡，提高模具生产效率，模具定、动模设计了一进一出的内循环式冷却水路，温度控制系统采用了"正交式水管（水管与开模方向垂直或平行）+ 倾斜式水管 + 隔片式水井"的组合冷却形式，其中定模设计了 5 股水路，动模设计了 4 股水路。模具定、动模水路交错布置成网格状，进出水距离大致相等，详见图 4-65 和图 4-68。模具两个热射嘴区域都设计了一股独立冷却水路，以方便控制热射嘴区域的温度。动模侧"斜推杆 + 直推杆"组合结构的附件区域由于料位面积大，也设计了一股独立的冷却水路，水路直径全部为 15mm。模具冷却均匀充分，水路设计合理，大大提升了塑件的成型质量和模具的劳动生产效率。

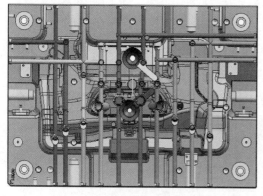

(a) 定模温度控制系统

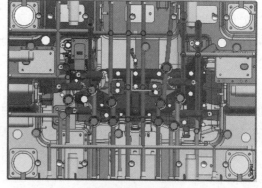

(b) 动模温度控制系统

图 4-68 汽车中央装饰件注塑模具温度控制系统

（三）模具工作过程

模具完成注射成型后首先从分型面Ⅰ处打开，成型塑件脱离定模型腔，开模距离为300mm。在此过程中，斜导柱8、30、35分别拨动滑块6、32、33，进行斜向抽芯。与此同时，油缸20启动，带动滑块19进行斜向抽芯。分型面Ⅰ完成开模行程后，顶出油缸28启动，推动两组推件固定板11、12、13，推杆25、推块26和斜顶16同时运动，一边将成型塑件推离动模型芯，一边进行侧向抽芯。两组推件固定板同时前进62mm后，当杠杆23一端接触到方铁22时，第一组推件固定板13停止运动。第二组推件固定板在杠杆跷跷板式杠杆23的作用下继续加速前进，推动推杆将汽车中央装饰件推离动模，推杆顶出距离为70mm。汽车中央装饰件由机械手取出后，顶出油缸28拉动所有推件及其固定板复位，抽芯油缸20推动滑块19复位。最后注塑机推动动模合模，在合模过程中，斜导柱8、30、35分别推动滑块6、32、33复位，模具接着下一次注射成型。

（四）结语

① 模具采用"推杆+斜顶+直顶+油缸顶出+杠杆式二次顶出"的脱模机构，以及"斜顶+直顶"组合的侧向抽芯结构，成功解决了定模具塑件脱模过程中存在的推件之间、推件与塑件之间容易相互干涉的问题。塑件脱模安全顺畅，无任何损坏。

② 鉴于以前注射成型塑件存在表面熔接痕，局部填充和表面发光等缺陷，本模具采用了2点顺序阀热流道浇注系统，改善了熔体填充效果，成型周期缩短了约15%，锁模力降低了约20%。

③ 型腔脱模斜度加大至5°以上，塑件内侧增加若干加强筋和倒扣纹，成功解决了塑件经常粘定模的问题。

改良后的模具结构先进合理，模具一次试模成功，投产后熔体填充平衡，塑件脱模顺利，外观质量和尺寸精度均达到了设计要求，取得了良好的经济效益。

三十、汽车前门地图袋低压双层注塑模具设计

汽车车门护板是汽车内饰件的重要组成部分，是集安全性、舒适性与装饰性于一体的部件，它包括门板本体、地图袋、装饰条、扶手、开关面板、嵌饰板、内扣手、门灯等零件，详见图 4-69。

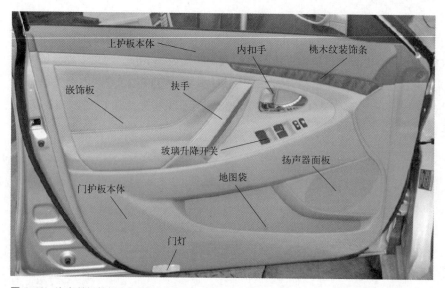

图 4-69　汽车前门护板实物图

所谓低压双层注塑模具，又称低压双料注塑模具，是一种新型的注塑模具结构。它是将传统的、依靠手工包覆及定、动模真空吸附的软质布料，直接在注塑模具内注射成型。在注射过程中，塑料熔体在软质布料上流动，为防止布料变形或移位，注射压力较低，速度较慢。采用这种低压注射技术生产出来的制品，由于表面有一层特殊的软质布料，无论是装饰性、手感还是美观性方面都得到了大大提高。低压双层注塑模具技术广泛应用于中高档汽车的地图袋和A、B、C柱等零件上。本例详细介绍了一款新能源汽车前门地图袋低压双层注塑模具的设计要点与经验技巧。

（一）塑件外观要求与结构分析

图 4-70 所示为某款新能源汽车车门地图袋零件图，材料为扬子石化公司的 PP-M20 增强塑料，即在 PP 料中添加 20% 的矿粉，其作用是提高 PP 料的屈服强度、流动性和耐候性。增强后的塑料收缩率取 1%。制品最大外形尺寸为 612.20mm × 258.60mm × 116.90mm。制品外观要求及结构特点如下：①外观面要求高，不允许有斑点、浇口痕迹，不允许有收缩凹陷、熔接痕和飞边等成型缺陷，分型线处不允许有明显痕迹或级差。②结构复杂，有多处倒扣。③制品为内饰件，表面有一层软布包覆，注射成型时软布必须先放入模具型腔，与塑料一起注射成型，必须采用低压成型技术，成型工艺条件严格，需要采用专门的低压注塑机设备。④由于制品外观面为软布包覆，成型制品的轻微缩水、顶白现象是可以接受的。

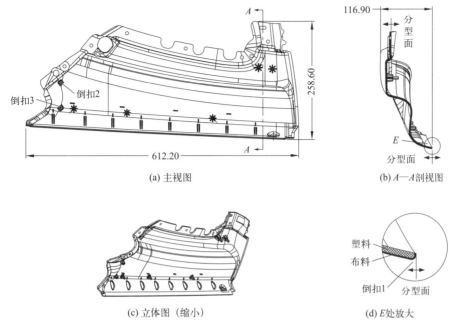

图 4-70 汽车前门地图袋零件图（单位：mm）

（二）模具结构设计

由于布料包覆的塑件表面为外观面，模具不能从定模侧进料，因此浇口和推出零件必须在同一侧，即模具必须采用倒装模结构。又由于采用低压注塑成型工艺，为便于制品上的布料与模具分离以及注射成型后裁剪布料，模具需要枕高分型面，采取大角度插穿的方式，而不是碰穿。这样制品侧壁底部就会出现倒扣（见图 4-70 中的倒扣 1），模具需要侧向抽芯。该处倒扣的面积较大，侧向抽芯机构采用了"油缸 + 滑块 + 锁紧块"的间接抽芯方式。这种油缸间接抽芯的结构是本模具的核心结构。

客户要求一模二腔，模具外形尺寸为 1150mm × 1035mm × 953mm，总质量约 9t，属于大型注塑模具，详细结构见图 4-71。

1. 成型零件设计

模具的定、动模成型零件均采用整体式结构，与镶拼式结构相比，它不但可以提高模具的强度和刚度，而且可以减小模具的外形尺寸，尤其适用于大型模具和分型面复杂的模具。成型零件材料定模为 718 模具钢，动模为 P20 模具钢。模具定、动模分型面对插部分的插穿角度全部在 5°~ 7°之间，因为插穿角度小会造成模具容易插烧磨损，最终导致模具使用寿命变短。为了保证定、动模的精准定位，模具在定、动模板四个角上设计了 4 个 100mm × 100mm × 60mm 的方形定位柱，详见图 4-72。在设计方形定位柱时，尺寸应尽量大些，以保证其强度和刚度，定位面倾斜角度一般取 5°。为了模具配模及维修方便，定模板上与方柱配合的平面上需要设计 5°耐磨块。

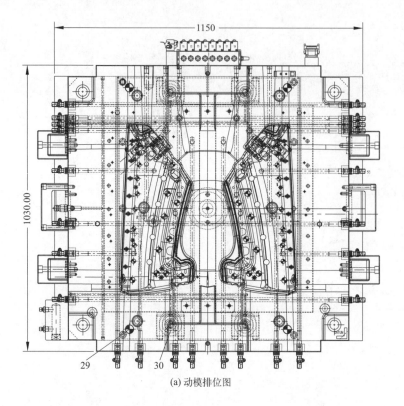

(a) 动模排位图

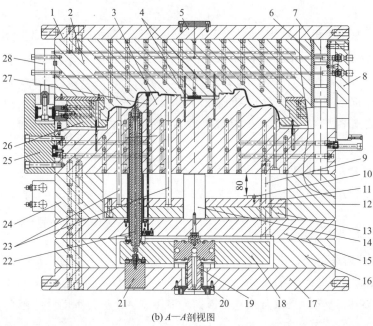

(b) A—A剖视图

图 4-71 地图袋注塑模具结构图（单位：mm）

1—定模固定板；2—定模板；3—动模板；4—挂布针；5—定模定位圈；6,12—导套；7,9—导柱；8—滑块锁紧块；10—限位柱；11—推件固定板；13—推件底板；14—支承柱；15—热射嘴固定板；16—框板；17—动模固定板；18—热流道板；19——级热射嘴；20—动模定位圈；21—油缸；22—二级热射嘴；23—推杆；24—垫块；25—顶块；26—滑块；27—推管；28—抽芯油缸；29—复位杆；30—顶出油缸

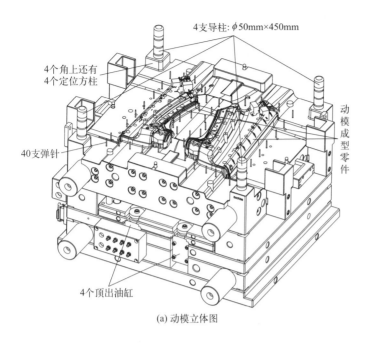

(a) 动模立体图

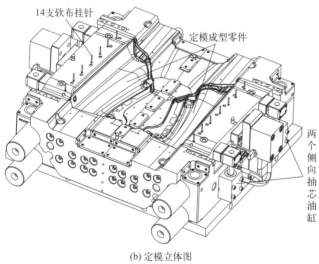

(b) 定模立体图

图 4-72　汽车前门地图袋注塑模具立体图

制品采用低压注塑技术，填充时塑料熔体在布料上流动，因此模具的分型面周圈需要设计挂针，防止软布移位或变形，挂针的另一个作用是合模前操作者或机械手将软布挂在针上，方便软布定位。制品顶出时，推杆顶在制品的内表面，制品上的软布则采用在动模设计弹针的方式弹出布料，使制品与布料一起脱离动模。

同时模具设计成型零件时还要注意以下几点：①分型面必须平顺光滑，无尖角，无易损易裂结。设计封料面时尽量使用延伸、扫掠、网格等方法，而少用或者不用拉伸的方法。这样构建的分型面能有效保证数控加工的精度，不需电火花加工清角，成型制品也不容易出现飞边。②斜顶、镶件与动模的配合部分，定位平面的根部必须设计合适的工艺倒圆角或避空位，以简化加工工序和减少加工工时，提高加工效率。③所有非成型面的转角必须设计倒圆角，防止应力开裂，工艺倒圆角应不小于 R5，根据模具大小，尽可能设计比较大的工艺倒圆角。④封料分型面的尺寸：锁模力 500t 以下的模具封料分型面宽度为 25～30mm；锁模力 500～1000t 的模具封料分型面宽度约为 40mm；锁模力 1000～2000t 的模具封料分型面宽度约为 45mm；锁模力 2000t 以上的模具封料分型面宽度约为 50mm。封料分型面以外的区域要避空 1mm，以方便加工，避免分型面之间的相互干涉。

特别说明：模具分型面的宽度包括排气槽在内。另外，在大面积的避空处要设计承压块，以保证模具受力均匀，避免模具变形，提高模具寿命。

2. 浇注系统设计

模具为低压双层注塑模具，制品外观面由于有布料包覆不能进料，因此塑料熔体必须从动模侧进入型腔。

对于大型汽车塑件，确定浇口的位置、数量和大小之前必须采用 CAE 模拟技术进行模流分析。模流分析的内容包括填充分析、冷却分析和变形分析。本模具经模流分析并经客户同意，最终确定采用顺序阀热流道直接进料的设计方案，浇口数量每腔 4 个，共 8 个。

汽车地图袋注塑模具浇注系统包括一级热射嘴、热流道板、二级热射嘴以及油缸、电磁阀、接线盒等配件，详细结构见图 4-71 和图 4-73。

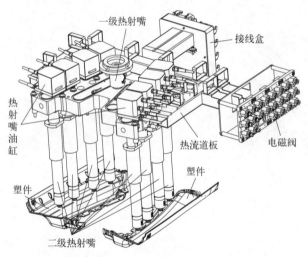

图 4-73　汽车前门地图袋浇注系统图

在设计顺序阀热流道时要注意以下几点：①由于模具为倒装模结构，为了避免热射嘴磨损，在推杆板热射嘴区域需要设计套筒来保护热射嘴。②为了防止热射嘴区域发热膨胀导致漏料的风险，在每个热射嘴附近需要设计螺钉固定，如图 4-71（b）所示。③热流道固定板上的电线过道尽量设计成直线，少拐弯，若必须拐弯，拐角处均需设计工艺角 R3，避免划伤电线，详见图 4-74。设计热流道时需要仔细检查热流道插座、电磁阀的位置是否符合客户要求。④模具的一级热射嘴必须低于动模固定板表面面板至少 2mm，以防模具装拆或运输时碰坏热射嘴。

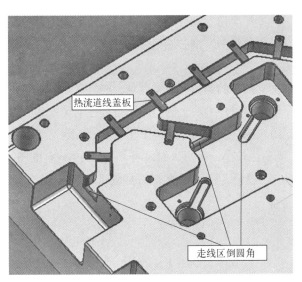

图 4-74　热流道板电线过道要圆角过渡

3. 侧向抽芯机构设计

根据制品的结构和分型特点，每个制品共有 3 处倒扣，其中倒扣 1 面积较大，模具采用了"油缸＋滑块＋锁紧块"的间接抽芯方式。该机构主要包括油缸、滑块、锁紧块零件，同时还包括定位块、压块和耐磨块等配件，详细结构见图 4-75。

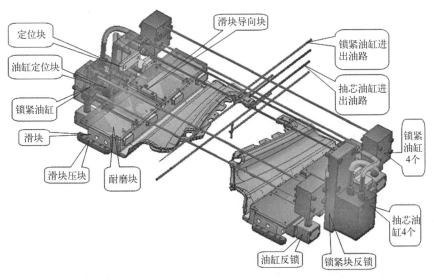

图 4-75　倒扣 1 处的侧向抽芯机构

该机构的油缸共有 8 个，其中抽芯油缸 4 个，由抽芯油缸进出油路控制，控制滑块的侧向抽芯；锁紧油缸 4 个，由锁紧油缸进出油路控制，控制滑块的锁紧，防止滑块倒退。合模开始前在抽芯油缸进出油路的驱动下先带动两个抽芯油缸将滑块合上，并合模至适当间隙。接着在注塑机油缸驱动下完全合模，同时 4 个锁紧油缸在锁紧油缸进出油路的驱动下将滑块锁紧，防止油缸倒退。最后注塑，保压，冷却制品。制品冷却至足够刚性时，锁紧油缸带动退出定模滑块反锁。接着在注塑机油缸的作用下开模，在开模过程中，抽芯油缸带动滑块完成抽芯。开模至足够距离后，顶出制品，取件。

在汽车注塑模具中，以液压油缸为动力的侧向抽芯的结构一般有两种：油缸直接抽芯和油缸间接抽芯。本模具采用油缸间接抽芯机构，油缸通过锁紧块上的斜向T型槽拉动和推动侧向抽芯，锁紧块既有锁紧滑块的作用又兼起拉动滑块向外抽芯的作用，见图4-76所示。

倒扣2和倒扣3在制品内侧，空间较小，面积也较小，模具只能采用"内侧型芯+斜推杆"斜顶侧向抽芯机构，它包括内侧型芯31、40，斜推杆34、37，斜推杆导套33、38以及斜推杆滑座35、36。详见图4-77。

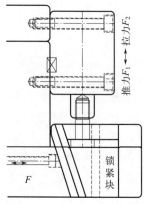

图4-76 油缸间接抽芯结构图

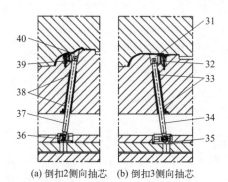

图4-77 倒扣2和倒扣3处的侧向抽芯机构

31，40—内侧抽芯；32，39—动模型芯；33，38—耐磨套；34，37—斜推杆；35，36—斜推杆滑座

4. 温度控制系统设计

模具的温度控制系统全部采用了直通式水管的设计形式，其中定模采用了10组冷却水路，动模采用了15组冷却水路，详见图4-71和图4-78。模具对热射嘴附近进行了重点冷却，每个热射嘴单独设计了一组冷却水路，它不能与其它水路串联，以提高冷却效果。采用直通式水管的冷却设计形式，每组水路的循环回路设计时尽量控制在4条以内，避免水路太长。进出水之间的距离要做到大致相等，以保证模具良好的冷却效果以及制品良好的外观质量。

5. 导向定位系统设计

汽车地图袋注塑模具尺寸大，制品外观要求高，精度要求也高，模具寿命较长，导向定位系统要求非常严格。在模具4个角上各设计了1支$\phi50mm \times 450mm$的圆导柱和4个$100mm \times 100mm$的精定位方形柱。模具所有插穿分型面配合斜度为5°。除此之外，推件固定板上也设计了4支$\phi32mm \times 270mm$圆导柱，所有相邻模板都采用了定位销定位，详见图4-70和图4-72。

为了使导柱顺利插入导套，导套上方应开设有排气槽，排气槽深度3～5mm（见图4-71），排气槽位置应朝上和朝下，避免导套内的黄油伤及操作工人。

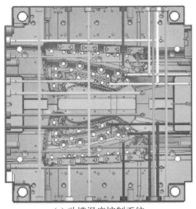 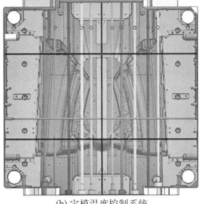

(a) 动模温度控制系统　　　　　　　(b) 定模温度控制系统

图 4-78　汽车地图袋注塑模温度控制系统图

6. 脱模系统设计

模具脱模系统由推出零件推杆 23，推管 27，斜推杆 34、37，固定零件推件固定板 11，推件底板 13，动力零件顶出油缸 30，导向零件导柱 9，导套 12 以及复位零件复位杆 29 等零件组成，详见图 4-71 和图 4-79。模具在定、动模开模后，四个顶出油缸推动推件固定板，推件固定板再推动推件将制品推出。推件固定板由注塑机通过油缸推动复位，但最终准确复位还必须靠 4 支复位杆。模具 4 个顶出油缸规格型号为 $\phi63mm \times 80mm$，4 个油缸串联在同一条油路上，这样能保证 4 个油缸同时启动，从而保证了制品顶出的平衡。由于模具为低压双层注塑模具，制品顶出后需要有专门的设备将包覆在表面的软布修剪切除。

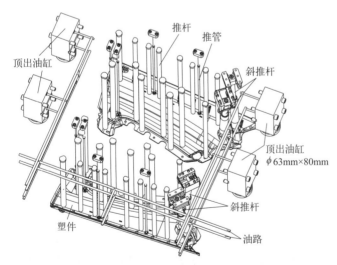

图 4-79　汽车地图袋注塑模脱模系统立体图

（三）模具工作过程

①模具在打开的状态下由人工或机械手将软布挂到定模挂针上，见图 4-80；②合模，熔

体通过注塑机喷嘴,经一级热射嘴 19、热流道板 18、二级热射嘴 22 进入模具型腔;③熔体充满型腔后,保压、冷却和固化;④固化至足够刚性后,抽芯油缸 28 启动,通过带 T 型槽的锁紧块拉动滑块 26 抽芯;⑤完成侧向抽芯后,注塑机拉动模具的动模固定板 17,模具的动、定模打开,打开距离 300mm;⑥完成开模行程后,顶出油缸启动,推动推件底板 13、推件固定板 11,进而推动各推件,将成型制品推离动模,推出距离 80mm,由限位柱控制;⑦制品取出后,将软布挂到定(动)模挂针上,注塑机油缸拉动推件及其固定板复位,接着注塑机推动动模合模,各推件最终由复位杆 29 推回并准确复位,模具又开始下一次注射成型。

(四)注意事项

① 由于模具为低压双层注塑模具,成型注塑机必须选用专用的低压注塑设备。低压注塑机与普通的注塑机相比,价格更昂贵,成型条件要求更严格。

② 低压双层注塑模具开模时要先将软布挂到定(动)模挂针上,然后再合模,见图 4-80。一般挂针布置在定模分型面上,本模具在动模侧的分型面上还设计了 40 支弹针,其作用是制品顶出时一起弹开分型面上的软布。

③ 低压注塑模具定、动模分型面之间必须要设计 0.5mm 间隙,以保证布料有足够的空间,因此低压注塑模具不需要设计排气系统。

④ 在设计低压注塑模具时,特别注意动模侧沿制品内侧面延伸时,延伸面控制在 15mm 以上,根部要倒 $R3 \sim R5$ 圆角,见图 4-81。此段延伸面需要避空 $0.3 \sim 0.5$mm,以便于软布与模具分离。

图 4-80 布料挂在定模型腔内

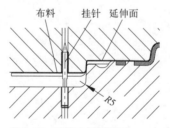

图 4-81 动模内侧延伸面

(五)结语

模具采用"推杆+推管+斜顶+油缸顶出"的组合脱模机构,采用"油缸+滑块+锁紧块"的油缸间接抽芯机构,注射压力 35bar(1bar=10^5Pa),成型周期控制在 30s 左右,与同类型制品的模具相比,效率提高 10% 左右,是一副非常成功的双层低压注塑模具设计实例。

三十一、汽车衣帽架热流道复杂抽芯注塑模具设计

汽车衣帽架是汽车内饰件的重要组成部分,它位于轿车后排座椅背后,是一种悬挂衣物的装置,具有超强实用性,详见图 4-82。汽车衣帽架大多是悬挂式的,既不占用车内空间又方便使用。汽车衣帽架的种类繁多,材料有金属、木质、塑料或者橡胶等等,本例介绍一款新能源汽车塑料衣帽架注塑模具的设计要点与经验技巧。

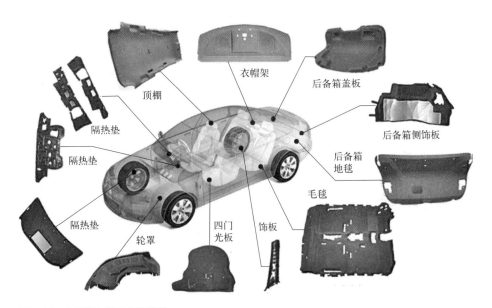

图 4-82 衣帽架在汽车内的位置

(一)塑件外观要求与结构分析

汽车衣帽架材料为 PP+PE+16%TD,其中聚丙烯 PP 和聚乙烯 PE 各占 42%,滑石粉 TD 占 16%,收缩率取 1.1%。塑件最大外形尺寸为 1267.3mm × 528.5mm × 120.1mm,零件详细结构见图 4-83。其特点与外观要求如下:①塑件为内饰件,外观面要求高,分型面处不允许存在级差,亦不允许有斑点、浇口痕迹,不允许有收缩凹陷、熔接痕和飞边等成型缺陷。②塑件外观面需做皮纹,因此塑件外观面脱模角至少设计在 5°~7°,防止皮纹后塑件粘定模、拖伤的现象发生。③塑件平均壁厚 2.5mm,由于外形尺寸大,属于大型薄壁塑件。④塑件加强筋多,并有两处大面积的喇叭网孔,脱模力大,熔体填充和排气都很困难。⑤塑件结构复杂、倒扣多,外侧共有 10 处侧孔,内侧共有 12 处倒扣。

(二)模具结构设计

汽车衣帽架外观要求高,结构复杂,尺寸大,网孔区域成型困难,模具采用热流道注塑结构,并经模流分析与技术讨论,最终采用 7 点顺序阀热流道的进料方案。其中在网孔附近必须设计热射嘴,有利于熔体的填充及减少熔接痕。图 4-83 所示塑件外侧面共有 11 个侧孔,内

侧共有13个倒扣，分别采用动模"斜导柱+滑块"的抽芯结构，定模"油缸+锁紧块+滑块"的油缸间接抽芯结构和"斜顶+斜推杆"的侧向抽芯结构。

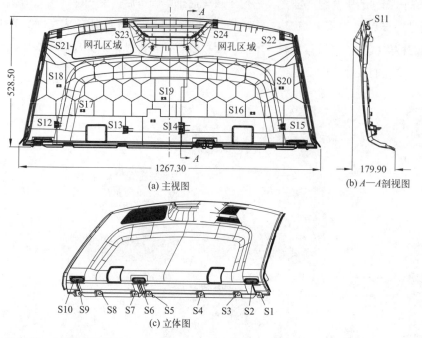

图 4-83 衣帽架零件图

客户要求一模二腔，模具最大外形尺寸为2100mm×1349.5mm×1148mm，总质量约13吨，属于大型注塑模具。模具详细结构见图4-84。

1. 成型零件设计

为提高模具刚性及减小模具外形尺寸，模具定、动模都采用整体式结构，定模材料为1.2738H模具钢，动模材料为1.2738模具钢，均为欧洲DIN标准钢材。模具定、动模成型零件设计对插部分的插穿角度保证在7°以上。成型零件设计首先从分型面设计开始，本模具分型面复杂，采用UG软件设计分型面时均采用延伸、扫掠、网格而不是拉伸的方法，使分型面顺滑无尖角，结构无薄钢，插穿角度合理。这样构建的分型面强度好，不会有应力集中导致的开裂，同时也方便加工，能有效保证数控加工精度，不需电火花加工清角，容易配模，成型塑件亦不会出现飞边。分型面的选取不要受到塑件的限制，必要时可对塑件进行优化处理。分型面封胶尺寸的设计：对于汽车模具，锁模力在500t以下的分型面封料尺寸为25～30mm；锁模力为500～1000t的模具分型面宽度为40mm，锁模力1000～2000t的模具分型面封料尺寸为45mm；锁模力2000t以上的模具分型面宽度为50mm。封料面以外的区域定、动模都要避空1mm，以减少加工工时。分型面的避空不仅指外围分型面，也包括大面积的分型面。在大面积的避空处要设计承压块，以保证模具受力均匀，避免模具长期生产变形产生飞边，在碰穿区域设计避空结构时，还要在定模或者动模设计排气孔，方便型腔内的空气排出。

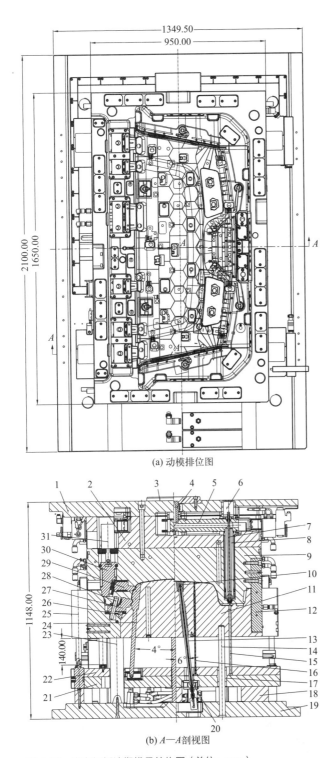

图 4-84 汽车门板注塑模具结构图（单位：mm）

1—定模固定板；2—框板；3—定位圈；4——级热射嘴；5—热流道板；6—顺序阀；7—阀针；8—二级热射嘴；9—定模板；10—斜顶1；11—动模板；12—方导柱；13—斜推杆；14—推件固定板导柱；15—流道推杆；16—塑件推杆；17—导套；18—垫块；19—动模固定板；20—斜推杆滑座；21—推件底板；22—推件固定板；23—支承柱；24—斜顶2；25—脱模油缸；26—限位珠；27—动模滑块；28—斜导柱；29—定模滑块；30—锁紧块；31—油缸

本模具成型零件设计的另一个综合性的核心技术是大面积网孔如何成型。设计时网孔镶件采用盲镶，即从镶件底部锁螺钉固定。排气方面，在网孔镶件上设计了排气针和排气镶件排气，并在网孔镶件的四周开设排气槽。冷却方面，对于网孔镶件，单独设计了一组冷却水路。在网孔区域熔体阻力很大，易产生熔接痕，为此在网孔附近设计了一个点浇口，以改善熔体填充和保压补缩。网孔镶件的材料也很讲究，根据经验，业界用得最多的是 S136，有的客户会要求用透气钢，但透气钢价格昂贵，只用于高档汽车。网孔区域包紧力大，一般用直顶顶出，有时也使用二次顶出的结构，本模具采用了限位直顶的结构，本模具顶出行程 140mm，限位直顶行程 120mm。网孔镶件在模具制作中的工艺也很关键，大多采用镜面火花机加工。所以网孔镶件的材料成本、加工成本是很高的。在用 UG 软件进行模具设计时，网孔区域的分模要单独切开，导出去存放到另一个图档，以免电脑运行较慢。

汽车衣帽架模具的成型零件设计时还要保证模具的强度和刚度，既要做到不浪费，又要保证模具使用寿命，图 4-85 是综合计算和经验所得到的汽车衣帽架模具的强度尺寸。

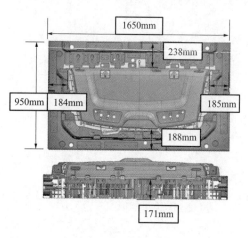

图 4-85　汽车衣帽架定、动模成型零件强度参考尺寸

2. 浇注系统设计

衣帽架模具采用"热流道 + 冷流道 + 侧浇口进料"的浇注系统，7 个热射嘴分别由 7 个顺序阀控制进料顺序，以平衡熔体填充，并将熔接痕赶到非外观区域，保证成型质量。7 个热射嘴的位置通过模流分析最终确定，如图 4-86 所示，热流道浇注系统的组成见图 4-87。

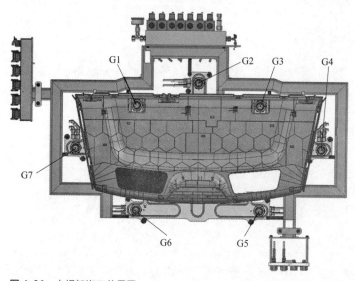

图 4-86　衣帽架浇口位置图

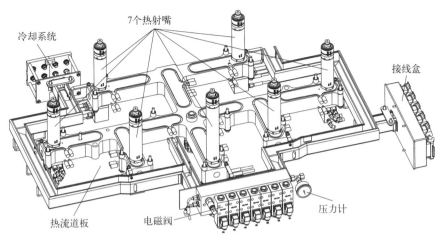

图 4-87 衣帽架注塑模热流道浇注系统

本模具的分型面为空间曲面，有的热射嘴在斜面上，一般来说，当斜面小于 30°时，热射嘴加工成斜面，热射嘴最小封料距离 5mm 以上，见图 4-88（a）。当斜面大于 30°时，必须在热射嘴区域设计一平台，见图 4-88（b）。如果热射嘴在分型面的斜面上，还要注意阀针的长度，避免回厂二次加工。图 4-86 中的 G2、G4、G5、G6 和 G7 都是热流道转冷流道，为防热射嘴加热后，长度超出分型面而撞击动模分型面，需要在热射嘴的正下方的动模镶件上设计沉孔，沉孔深 1~2mm，直径要大于热射嘴直径 2mm，脱模斜度 10°，见图 4-89。

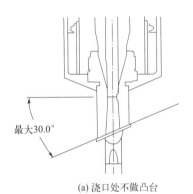

图 4-88 热流道设计注意事项

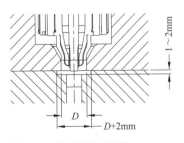

图 4-89 热流道转冷流道

本模具为顺序阀控制的热流道进料，在设计时要注意以下几点：①为了防止热射嘴区域因热膨胀从而导致漏料，在每个热射嘴附近需要增加螺钉固定。②热流道板框板上的走线槽需要设计工艺倒圆角，避免划伤电线。走线槽为了便于加工，尽量走直线，少拐弯。③热流道插座、电磁阀的规格型号和位置必须符合客户要求。④液压系统的油路接头与电气系统的电线插座必须设计在非操作侧，且不可超出模具固定板，否则就要设计保护柱，避免液压元件和电气元件被撞坏的现象发生。⑤电磁阀、压力控制器、测压计等其它部件则必须安装在操作侧。⑥任何情况下，浇口不可布置在塑件皮纹面与外观面上,浇口附近布置 1 ~ 2 支推杆以防止塑件顶出时变形。
⑦对于顺序阀控制的热流道,如果油缸与喷嘴不同轴,必须有足够的配合面与支撑面。

3. 侧向抽芯机构设计

对于汽车衣帽架塑件,侧孔与卡扣很多,因此滑块与斜顶也很多,抽芯复杂,成型塑件脱模困难。图 4-83 所示塑件外侧面共有 11 个侧孔,其中 S1、S3、S4、S5、S7、S8 和 S9 采用动模"斜导柱 + 滑块"的抽芯结构,S11 采用了定模弹块(俗称爆炸滑块)结构。S2、S6、S10 在定模,采用定模"油缸 + 锁紧块 + 滑块"的油缸间接抽芯结构。外侧抽芯机构立体图见图 4-90。

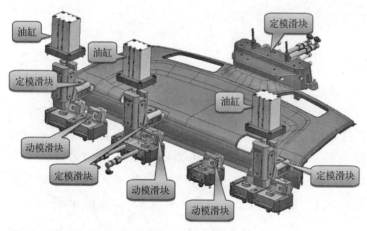

图 4-90　模具外侧抽芯机构立体图

塑件内侧共有 13 个倒扣,由于结构限制,皆采用"斜顶 + 斜推杆"的侧向抽芯结构,其立体图详见图 4-91。

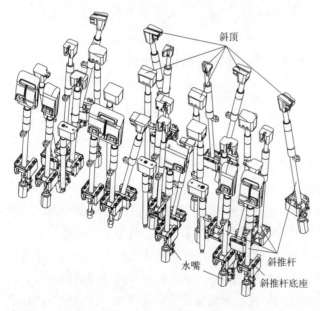

图 4-91　模具内侧斜顶抽芯机构立体图

4. 温度控制系统设计

该模具的定模设计了8组冷却水路，动模设计了10组冷却水路，每组冷却水路均采用"直通式水管+倾斜式水管+隔片式水井"的组合形式。模具冷却水路与料流方向大致相同，进出水距离做到了大致相等，水路冷却均匀充分，详见图4-92。模具热射嘴区域热量较集中，需重点冷却，因此每个热射嘴附近都设计了冷却水路。对于要求严格的汽车内外饰注塑模具，所有长×宽尺寸超过50mm×50mm的斜顶直顶，都需要单独设计冷却水路。如果实在空间有限无法设计，斜顶直顶就采用优良的导热材料铍铜，然后在斜顶或直顶旁边设计冷却水管，防止热量集中区域热温度过高。在汽车注塑模具中，经常会因为冷却水路设计不合理，导致模具局部温度过高，从而影响塑件成型质量和成型周期。在设计温度控制系统时，除了依靠设计经验，还需要对塑件进行模流分析，重点进行冷却变形分析，防止塑件脱模时温度严重不平衡。为了提高了塑件成型质量和模具的劳动生产率，模具所有斜顶、直顶都设计了冷却水路。

衣帽架模具属于大型汽车注塑模具，冷却水管长度不宜超过3m，水孔和水井距型腔面的距离为25～30mm，水路直径ϕ15mm，间距为75mm左右。冷却水路与推杆、推块等推件孔保持了至少10mm的距离。设计排布时要求水路交织的网格要有很好的平衡性，且尽量按照塑件的形状排布。

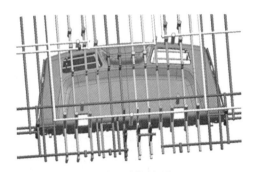
(a) 定模温度控制系统

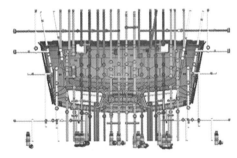
(b) 动模温度控制系统

图4-92 衣帽架模具温度控制系统

5. 排气系统设计

汽车衣帽架属于大型内饰件，模具型腔体积大，尤其是网孔区域，不但面积大，而且孔的密度也大，熔体流动阻力大，若排气不良，极易造成熔接痕、填充不良、局部飞边甚至困气烧焦等成型缺陷。该模具以分型面上的排气槽为主，辅之以镶件和推件与模板的间隙排气。分型面排气槽位置见图4-93（a），网孔区域则主要靠镶件排气，见图4-93（b）。排气槽宽度为8mm，与型腔连接的一级排气槽深度为0.03mm，之后的二级排气槽深度均为0.5mm。

6. 脱模系统设计

本模具采用"推杆+斜顶+直顶（推块）"组合脱模机构，位置见图4-94。推件固定板通过固定于动模板上的油缸推出和复位，油缸位置见图4-48。推动推件固定板最终准确复位的是 6 支复位杆。顶出油缸共 4 个，型号为 ϕ63mm × 160mm，油路并联布置，从而保证了模具顶出的平衡。

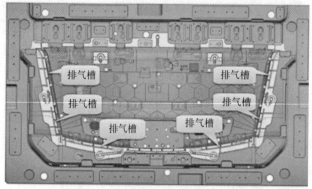

(a) 分型面排气槽

(b) 网孔区域镶件排气槽

图 4-93　衣帽架模具排气系统

因为包紧力大，外观要求高，衣帽架要尽量多地采用面积较大的推块直顶，斜顶也有顶出作用。圆形推杆容易顶白甚至顶裂塑件，如果没有位置加直顶只能采用圆推杆，也要用直径较大的推杆，衣帽架模具中直径 12mm 的推杆 16 支，直径 16mm 的推杆 24 支。

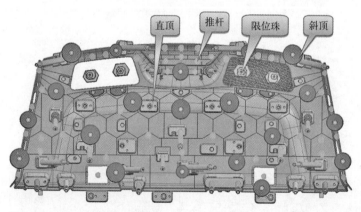

图 4-94　汽车衣帽架推件布置图

7. 导向定位系统设计

圆导柱最大直径只能做到 ϕ80mm，难以保证大型注塑模具的导向精度和模具寿命。因此本模具采用 4 支 100mm × 60mm × 389mm 的方导柱导向,它们布置在 4 个边上。在定位方面,四周设计了 7°的锥面定位,见图 4-95。本塑件外观面需皮纹,需要设计边锁或 1°精定位。

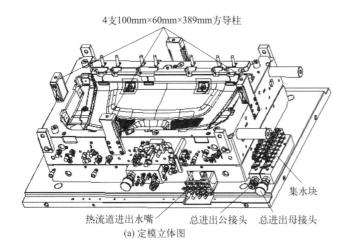

(a) 定模立体图

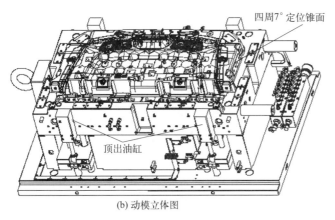

(b) 动模立体图

图 4-95 汽车衣帽架模具立体图

(三)模具工作过程

① 熔体通过注塑机喷嘴,经热射嘴 4、热流道板 5 进入 7 个二级热射嘴 G1 ~ G7,其中 G1 和 G3 中熔体直接进入模具型腔,而其余 5 个二级热射嘴中的熔体则进入冷流道,再由侧浇口进入模具型腔。

② 熔体充满型腔后,经保压、冷却和固化,至足够刚性后,油缸 31 电源启动,活塞拉动带 T 形扣的锁紧块 30,进而带动定模滑块 29 进行侧向抽芯,抽芯距离 40mm,由油缸的活塞行程控制,在抽芯过程中锁紧块的 T 型扣始终在定模滑块 29 的 T 形槽内,因此不需要设计限位装置,见图 4-96。

③ 完成定模侧向抽芯后,注塑机拉动模具的动模固定板 19 开模。开模 400mm 后,由注塑机控制。在开模过程中,斜导柱 28 带动动模滑块 27 侧向抽芯,在限位珠 26 的作用下,抽芯距离为 15mm。

④ 完成开模行程后，油缸 25 推动推件固定板 22，推件固定板推动斜推杆和推杆，其中斜推杆一边推动斜顶侧向抽芯，一边和推杆、推块一起推动塑件脱模。推动距离 140mm。

⑤ 塑件取出后，油缸 31 推动定模滑块 29 复位，油缸 25 推动所有推件及斜顶复位。

⑥ 合模，斜导柱推动动模滑块 27 复位。模具继续下一次注射成型。

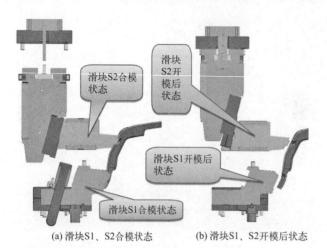

图 4-96 侧向抽芯机构 S1 和 S2 的开合模状态图

（四）结语

一般汽车衣帽架模具的成型周期在 80~90s 左右，由于本模具水路排布合理，冷却快速均匀，成型周期缩短到了 65s，大大地提高了劳动生产率和模具的经济效益。

汽车衣帽架结构复杂，尺寸大，有三处大面积网孔，包紧力大，注射成型困难。模具通过采用"推杆+斜顶+直顶+油缸顶出"的脱模机构，以及"斜顶+斜推杆""油缸+锁紧块+滑块""斜导柱+滑块"和"定模斜滑块+氮气弹簧"的侧向抽芯结构，第一次试模就取得了成功。模具各机构先进合理，新颖实用，放产后各动作安全顺畅，成型质量稳定，尺寸精度均达到了设计要求。

三十二、车载探测雷达固定架双色注塑模具设计

双色注射成型是近十年来注塑模具具有革新意义的核心技术之一。双色注射成型技术不但提高了注射成型的产品附加值和劳动生产率,也开拓了注射成型的新领域,使塑料制品越来越美观,立体感也更好。但双色注塑模具必须在双色注塑机注射成型,双色注塑机和双色成型模具都比较复杂,成型技术也要求较高。本例介绍一副车载探测雷达固定架双色注塑模具,其成功的设计经验可供同行们参考。

(一)塑件结构分析

图 4-97 所示的塑件为车载探测雷达固定架结构图,由六个结构相似的部分连接而成。塑件最大外形尺寸为 151.90mm × 22.50mm × 18.90mm,平均壁厚为 2.50mm。塑件尺寸精度要求达到 MT3 级(GB/T 14486—2008)。塑件最大的特点是由 PC 和 ABS 两种塑料组成,这两种塑料不是混成,而是分成两层,内层为透明 PC 料,外包层为红色 ABS 料。塑件的另一个特点是长度尺寸较大,碰穿孔较多,熔料填充困难,如果浇注系统设计不合理很容易造成填充不足或塑件脱模后翘曲变形等缺陷。客户要求塑件必须通过跌落(投掷)测试和冷热冲击测试,其中跌落(投掷)测试高度为 90cm,冷热冲击测试温度为 -40 ~ +40℃。

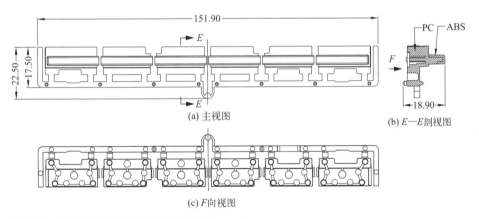

图 4-97 车载探测雷达固定架零件图(单位:mm)

(二)模具结构设计

生产这种塑件通常有两种办法:一是制作两副模具,分别装在两台普通注塑机上生产,注射两次,第一次注射塑件的 PC 料部分,该半成品塑件成型后,再将它作为嵌件放入另一副模具中再注射 ABS 包覆层;第二种方法是设计一副双色注塑模具,模具装在双色注塑机上生产,塑件也是由两次注射成型。双色注塑机(又称双料筒注塑机)有两个注射料筒,它的动模板部分有一个旋转台,第一次注射后,动模板部分的旋转台旋转 180°,模具重新组合后再进行第二次注射。第一种方法需用两台普通注射机,第二次注射成型时塑件放入较麻烦,生产效率较

低，精度不高，跌落（投掷）测试两种塑料结合处容易裂开；第二种方法虽然注塑机较复杂，但成型过程自动化程度高，生产效率高，尺寸精度也高，而且跌落（投掷）测试时不容易裂开。根据车载探测雷达固定架批量大和特殊的技术要求，采用第二种成型方法——双色注射成型。

1. 模架和成型零件设计

车载探测雷达固定架双色注塑模具由 A、C 两个定模和 B、D 两个动模组成，它们分别安装在同一块定模固定板和动模固定板上，详见图 4-98。两个定模和两个动模分别组成两个型腔，其中第一次注射时定模 A 和动模 B 组成型腔Ⅰ，定模 C 和动模 D 组成型腔Ⅱ。第一次注射后，B、D 两个动模在注塑机驱动下旋转 180°，第二次注射时，定模 A 和动模 D 组成型腔Ⅰ，定模 C 和动模 B 组成型腔Ⅱ。每一次注射时两个型腔都同时进料，其中型腔Ⅰ成型的是透明半成品，型腔Ⅱ才能成型一个完整的产品。定模侧的两个型腔 A 和 C 不同，而动模侧的两个型腔 B 和 D 旋转 180°后则完全相同。

双色注塑模具动模分型面将两种塑料的产品（即成品）合并后取得的分型面为动模分型面；而定模分型面则取单个产品（即半成品）的即可，不能取合并后的产品分型面。

双色注塑模模架的分中尺寸一定要完全一致，导柱孔的位置必须完全对称，不能有偏孔，动模底板上必须设计 2 个定位圈。双色注塑模具两套模架的动、定模要能够自由互换，同时两套模架的总高度也要相同，还要使两套定模和两套动模分别等高。

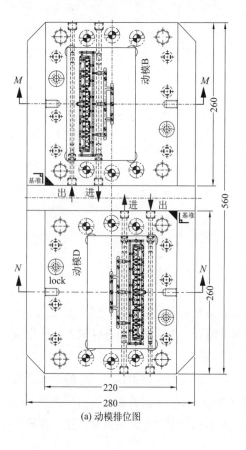

(a) 动模排位图

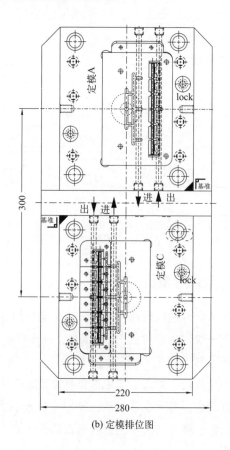

(b) 定模排位图

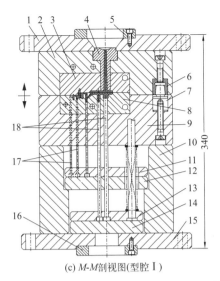
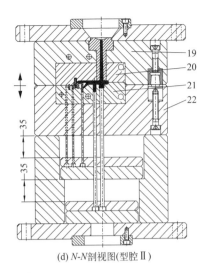

(c) *M-M*剖视图(型腔Ⅰ)　　　　　　　　　(d) *N-N*剖视图(型腔Ⅱ)

图 4-98　车载探测雷达固定架双色注塑模具结构图（单位：mm）

1—定模固定板；2—定模A主板；3—定模A镶件；4—浇口套；5—定模定位圈；6—锥面定位柱（上）；7—锥面定位柱（下）；8—动模B镶件；9—动模B主板；10—垫块；11—推杆固定板1；12—推杆底板1；13—推杆固定板2；14—推杆底板2；15—动模固定板；16—动模定位圈；17—塑件推杆；18—PC浇注系统凝料推杆；19—定模板；20—定模C镶件；21—动模D镶件；22—动模D主板

双色注塑模具两套模具的导向装置的尺寸和精度必须一致，安装在卧式注塑机上时，模具的闭合高度要一致，两套模具的中心应在同一回转半径上，且相差180°。模具安装时一定要保证第一次注塑的半成品在非操作侧，第二次注射成型的成品在操作侧，以方便取件。

动、定模成型零件均采用镶拼式，材料采用国产模具钢 S136H。

2. 浇注系统设计

浇注系统设计对于双色注射的成功非常重要。双色注塑模具对浇口的选择很有讲究，第一次注射的产品宜选择潜伏式浇口，保证产品与流道凝料可以自动切断。无法采用潜伏式浇口时，可采用点浇口或热流道，点浇口浇注系统的缺点是模具较复杂，压力损失大，流道凝料多。热流道的缺点是制造成本和维修保养成本都较高，对成型塑料也有一定的要求。本模具两个型腔各有一套浇注系统。第一次注射透明PC时（即型腔Ⅰ）采用潜伏式浇口，详细结构及尺寸见图 4-99（a）和（c）。第二次注射红色ABS时（即型腔Ⅱ）采用梯形侧浇口，浇口最小厚度 0.5mm，保证浇口在此处容易断裂，详细结构及尺寸见图 4-99（b）和（d）。

第一次注射PC料时，由于塑件长度尺寸较大，碰穿孔多，PC的流动性差，故采用八点进料。第二次注射ABS时，采用六点进料。型腔Ⅰ的分流道设计见图 4-99（a），型腔Ⅱ的分流道设计见图 4-99（b）。双色注塑模具流道长度与壁厚比值是影响黏合效果的主要因素，黏合效果不好就难以通过跌落（投掷）测试。根据经验，该比值不应超过 150:1，较为复杂的双色产品注塑模具，该比值应保持在 80:1 左右。本模具流道长度与壁厚比值约为 70:1，填充效果良好，试模时没有任何成型缺陷，尺寸精度达到了 MT3 级（GB/T 14486—2008），在跌落（投掷）测试和冷热冲击测试中都达到了要求。

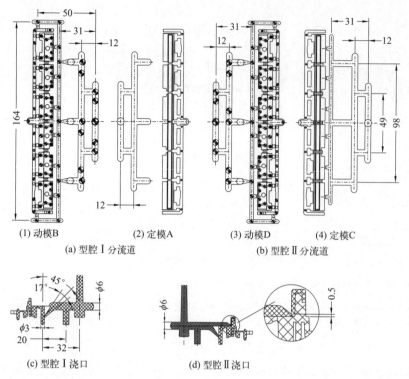

(1) 动模B　　(2) 定模A　　(3) 动模D　　(4) 定模C
(a) 型腔Ⅰ分流道　　　　　　(b) 型腔Ⅱ分流道

(c) 型腔Ⅰ浇口　　　(d) 型腔Ⅱ浇口

图 4-99　模具浇注系统（单位：mm）

3. 脱模系统设计

　　车载探测雷达固定架双色注塑模具两个型腔采用了两套脱模系统。型腔Ⅰ成型第一层塑料 PC 后，模具动、定模开启，脱模系统只顶出浇注系统凝料，半成品透明 PC 塑件则随模具动模部分在注塑机驱动下旋转 180°。旋转 180°后，动模 B 与定模 C 组合成型腔Ⅱ，第二次注射 ABS，即得到一件双色制品。型腔Ⅱ采用二次顶出脱模系统，注塑机顶棍先推动第一组推杆固定板 11 和 13，将浇注系统凝料推出，推出 35mm 后再将成型"PC+ABS"的成品推出。这样可以实现成型制品和浇注系统凝料自动分离，从而可以进行全自动化生产。

　　本模具全部采用推杆脱模，双色注塑模具推杆板只能用弹簧复位，不可用顶棍拉回复位，因为动模要旋转 180°，复位机构由复位杆 23、25 以及复位弹簧 24、26 组成，见图 4-100。

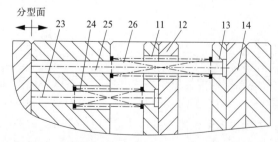

图 4-100　模具推杆复位机构

23—复位杆 1；24—复位弹簧 1；25—复位杆 2；26—复位弹簧 2

4. 温度控制系统设计

固定架双色注塑模具两个型腔和型芯的冷却水路完全相同，全部采用直通式冷却水管，数量充分，位置均衡。由于双色注塑机动模板要旋转180°，动模侧冷却水供应系统都在模板中心（图4-101），所以动模冷却水路须开在注塑机内侧（图4-98）。

图4-101 双色注塑机冷却水管

（三）模具工作过程

① 第一次注射时，定模A与动模B组合成型腔Ⅰ，定模C和动模D组合成型腔Ⅱ。注塑机料筒T1通过型腔Ⅰ的潜伏式浇口浇注系统向型腔Ⅰ注射透明PC料。同时，注塑机另一个料筒T2通过型腔Ⅱ的侧浇口浇注系统向型腔Ⅱ注射红色ABS料。

② 两种塑料熔体填满型腔后冷却固化，至足够刚性，动模从分型面处打开，打开距离200mm。型腔Ⅰ的脱模系统将潜伏式浇口及流道凝料推出脱模，成型的PC透明半成品仍然留在动模B内。同时型腔Ⅱ的脱模系统将浇注系统凝料和成型塑件推出脱模（第一次注射时型腔Ⅱ内的成型塑件非双色制品，不能用）。

③ 注塑机动模板带动模具动模B和D旋转180°。

④ 合模，此时定模A与动模D组合成型腔Ⅰ，定模型腔C和动模型腔B组合成型腔Ⅱ（旋转180°后动模B和D完全一样）。

⑤ 第二次注射进入正常注射成型。此时型腔Ⅰ为空腔，而型腔Ⅱ中已经有上一次注射的PC料透明半成品。熔体注射过程同过程①。完成注射成型后，两模具同时打开，脱模同过程②，不过型腔Ⅱ推出的塑件就是合格的"PC+ABS"双色成品。

⑥ 再合模，如此循环往复，模具每开合一次就推出一个合格的"PC+ABS"双色制品。

（四）结语

① 模具采用双色注射成型工艺，保证了制品的外观要求，尺寸精度需达到MT3级（GB/T 14486—2008），同时大大提高了模具的生产效率。

② 对于大面积的双色注塑件，在跌落（投掷）和冷热冲击测试中透明件和非透明件容易脱开，本次双色模具成型制品两个关键的测试都达到了要求。

③ 模具采用潜伏式浇口和二次脱模机构，实现了全自动化注射成型，大大提高了企业的经济效益。

模具试模一次成功，投产后运行安全平稳，成型塑件质量达到了设计要求。

三十三、汽车仪表板储物盒热流道大型注塑模具设计

在汽车内饰件中，仪表板是集安全性、舒适性及装饰性于一体的部件。仪表板总成主要由上、下仪表板本体、除霜风道、出风口、组合仪表护罩、储物盒、手套箱、中控面板和烟灰缸等零件组成。本例设计了一套汽车仪表板储物盒注塑模具，在成型零件、侧向抽芯机构、脱模系统和温度控制系统设计方面均有所创新，彻底解决了同类塑件一直存在的粘定模、脱模困难和成型周期长等问题。

（一）塑件外观要求与结构分析

图 4-102 所示为某款新能源汽车仪表板储物盒零件图，材料为 PPC，收缩率取 1.2%。PPC 中文名聚碳酸丙烯酯，它是以二氧化碳和环氧丙烷为原料合成的一种完全可降解的环保型塑料，主要性能为耐低温。仪表板储物盒是汽车最重要的内饰件之一，最大外形尺寸为：362.9mm × 274.6mm × 457.5mm。塑件技术要求及结构特点如下：①外观面要求极高，不允许有斑点、浇口痕迹、收缩凹陷、熔接痕和飞边等成型缺陷。外观熔接痕处不允许起级。②外观面需蚀皮纹，外侧面（又称 A 面）的脱模斜度不得小于 5°。③结构复杂，加强筋较多，内、外侧面共有 4 个大面积倒扣，分别为 S1、S2、S3 和 S4，脱模较困难。

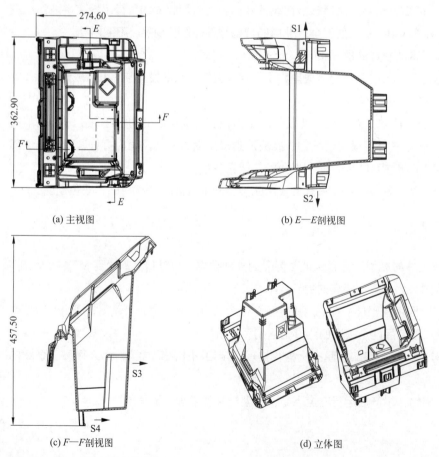

图 4-102　汽车仪表板储物盒零件图

（二）模具结构设计

储物盒的内表面为外观面，不允许有推杆痕迹，因此由定模成型，外表面由动模成型，成型塑件对定模包紧力较大，模具需要解决塑件粘定模的问题。储物盒为大型塑件，浇注系统采用热流道，由 2 点开放式热射嘴转冷流道侧进料。侧向抽芯分别采用"滑块+斜导柱""油缸+滑块"和"斜顶+斜推杆"等侧向抽芯机构。模具详细结构见图 4-103。

模具采用非标准模架，外形尺寸为 1200mm×950mm×1160mm，总质量约 7t，属于大型注塑模具。

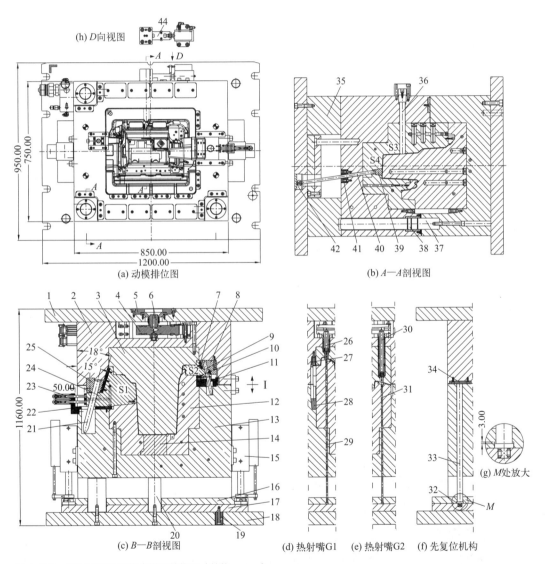

图 4-103　汽车仪表板储物盒模具结构图（单位：mm）

1—定模固定板；2—定模板；3—定模镶件；4—热流道板；5—热射嘴压板；6——级热射嘴；7,36—侧向抽芯；8,25,27,28—锁紧块；9,21—斜导柱；10,23—弹簧；11,22—挡块；12—动模镶件；13—动模板；14—动模型芯；15—脱模油缸；16—推件固定板；17—推件底板；18—动模固定板；19—推柱；20—支承柱；24—滑块；26—二级热射嘴G1；29,31—流道凝料推杆；30—二级热射嘴G2；32—先复位弹簧；33—复位杆；34—硬块；35—垫块；37—导柱；38—导套；39—斜抽芯；40—斜推杆；41—导向块；42—斜推杆滑座；43—抽芯油缸

1. 成型零件设计

模具定、动模都采用镶拼结构。模具分型面高低落差较大，为保证受力平衡，注射时无侧滑趋势，型腔四周的分型面设计了互锁式止口定位，详见图4-104。

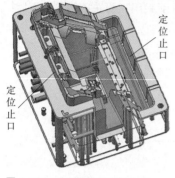

图4-104 分型面设计定位止口

为了得到动模对成型塑件的拉力，在动模侧设计了多条加强筋增加拉力，在无法设计加强筋的地方则设计倒扣纹或将推杆顶端磨出"Z"形倒扣，倒扣纹深度0.5~1mm，这些措施成功解决了储物盒粘定模的问题。

模具使用寿命为30万次，出口到日本，因而材料采用SCM440。SCM440属于SCM类材料，为日本的CrMO系合金钢。模具定、动模镶件为同一种材料，为减小定、动模镶件之间的磨损，防止插烧，动模镶件的硬度必须比定模镶件小2 HRC左右。

2. 导向定位系统设计

储物盒模具属于大型精密模具，导向定位必须可靠。为此模具在4个角上各设计了1支 ϕ60mm×550mm的圆导柱，并设计了4个模架管位，详见图4-105。4支圆导柱安装在定模侧，这样方便塑件取出。为保证斜导柱和滑块安全复位，导柱的长度必须做到在斜导柱插入滑块前20mm插入导套。在汽车模具设计中，圆导柱前端要做一段单边5°的斜度，导套长度等于导柱直径的1.5倍即可，导套用压板压住，导套压板材料用CR12淬火，既可做压板用，又可做承压板用。

3. 浇注系统设计

根据模流分析，模具采用2点开放式热流道转冷流道侧进料的浇注系统。热流道浇注系统由一级热射嘴、热流道板和二级热射嘴组成，详见图4-106。热嘴区域以及热射嘴正对着的动模区域，设计了冷却水来加强对热射嘴区域的冷却，避免了塑件外观出现缺陷。

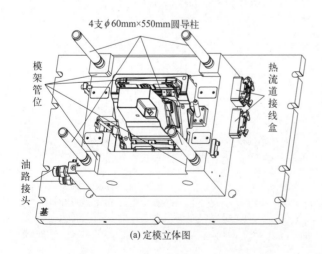

(a) 定模立体图

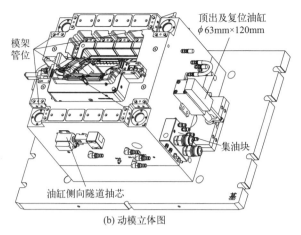

(b) 动模立体图

图 4-105 汽车仪表板储物盒模具导向定位系统

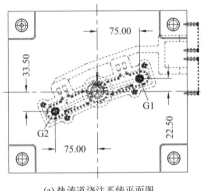

(a) 热流道浇注系统平面图

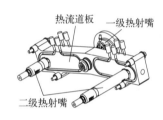

(b) 热流道浇注系统立体图

图 4-106 2 点开放式热流道浇注系统（单位：mm）

4. 侧向抽芯机构设计

侧向抽芯机构是本模具最重要的核心结构之一。针对塑件外侧的倒扣 S1、S2，模具采用了"滑块 + 斜导柱 + 弹簧"的抽芯机构，抽芯方向见图 4-103（c）。倒扣 S4 采用"斜顶杆 + 斜顶"的抽芯结构，详见图 4-103（b）。塑件外侧面倒扣 S3 由于受塑件结构限制，需进行隧道抽芯，模具采用了"滑块 + 油缸 + 锁紧块"的隧道抽芯结构，合模时利用油压和锁紧块的作用锁紧滑块进行注塑，注射成型后、模具开模前，由油压的作用直接使滑块沿抽芯方向运动，使之脱离倒扣，详见图 4-103（h）。汽车注塑模具这种结构较多，油缸缸径的选择与抽芯最大投影面积、锁紧块的斜度都有关系，一般可参照表 4-1。

表 4-1 油缸缸径、抽芯最大投影面积和锁紧面角度的关系

锁紧面角度 /(°)	抽芯最大投影面积 /mm²									
	φ25mm	φ32mm	φ40mm	φ50mm	φ63mm	φ80mm	φ100mm	φ125mm	φ160mm	φ200mm
10	3	5	7.5	12	19	31	49	76	125	195

续表

锁紧面角度/(°)	抽芯最大投影面积/mm²									
	φ25mm	φ32mm	φ40mm	φ50mm	φ63mm	φ80mm	φ100mm	φ125mm	φ160mm	φ200mm
15	2	3.5	5	8	13	21	33	52	85	130
20	1.5	2.5	4	6	10	16	25	39	64	100
25	1.2	2	3	5	8	12	20	31	51	80
35	1	1.8	2.5	4	6	10	17	25	43	65

5. 温度控制系统设计

模具的温度控制系统采用了"直通式水管+隔片式水井"的组合形式，详见图4-103和图4-107。这种组合形式是优先采用直通式水管，其次是采用隔片式水井。其优点是塑件冷却均匀，成型周期短，成型质量高，适用于塑件精度与外观要求高的模具。缺点是过多的冷却水井会影响模具的强度。模具的斜顶长宽方向尺寸小于50mm×50mm，没有单独设计冷却水，但斜顶材料采用了导热性很好的铍铜，并在斜顶旁边设计了冷却水路。模具的侧向滑块由于和熔料接触面积较大，都设计了冷却水路对其进行重点冷却。

模具定模侧设计了2组冷却水路，动模侧设计了4组冷却水路，模具冷却水路纵横交错布置，方向与料流方向大致一致。模具的温度控制系统均衡且高效，有效保证了成型塑件尺寸精度和外观质量，注射周期为50s，模具的劳动生产率提高了10%。

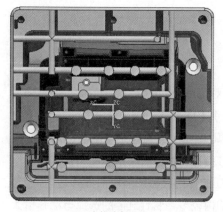
(a) 定模冷却系统

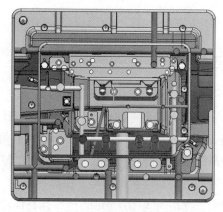
(b) 动模冷却系统

图4-107 模具温度控制系统

6. 脱模系统设计

模具采用"推杆+推块+斜顶+油缸顶出"组合脱模结构，详见图4-108。模具完成开模行程后，依靠推件推出塑件与流道，由于脱模力较大，推件固定板采用了两个液压油缸推动和拉回复位，油缸规格 CSLA15C63N120W。因液压刚性较差，故推件固定板最终准确复位还必须依靠 4 支复位杆。本模具设计了 2 个 ϕ63mm×120mm 的油缸，依靠集油块油路串联布置，这样设计使油路设计做到了平衡，从而保证了模具顶出的平衡。油缸驱动推件的模具都不能采用复位弹簧，为保证分型面接触之前推件提前复位，模具设计了推杆先复位机构，在每一根复位杆的下面设计了一根弹簧，详细结构见图 4-103（g）。

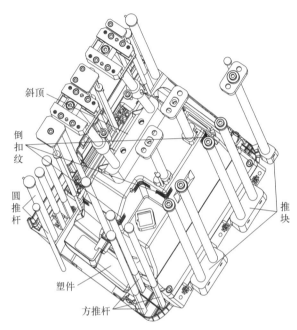

图 4-108　汽车仪表板储物盒模具脱模系统

7. 排气系统设计

排气系统设计不合理，会严重影响塑件的品质，出现诸如填充不满、困气、脱模不顺等成型缺陷，困气严重时还会烧焦塑件，故合理设计排气至关重要。汽车仪表板储物盒注塑模主要通过分型面、镶件接合面、推件与镶件之间的间隙排气，其中分型面排气槽是主要的排气结构，开设在定模侧，加工方便，清除溢料方便，详见图 4-109。分型面排气槽包括一级排气槽和二级排气槽，其中一级排气槽深 0.05mm，宽 15mm，排气槽与排气槽之间的距离应均匀合理，控制在 60～80mm 之间。二级排气槽深 1mm，宽 20mm。

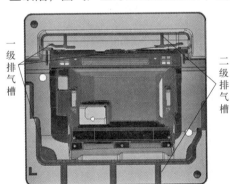

图 4-109　汽车仪表板储物盒模具排气系统

（三）模具工作过程

熔体通过注塑机喷嘴，经一级热射嘴 6 进入热流道板 4，再由二级热射嘴 26、30 进入模具型腔。熔体充满型腔后，经保压、冷却和固化，至足够刚性后，注塑机拉动模具的动模固定板 18，模具从分型面Ⅰ处开模。在开模过程中，斜导柱 9、21 分别拨动侧向抽芯 7 和滑块 24 进行侧向抽芯，抽芯油缸 43 拉动侧向抽芯 36 进行隧道抽芯。开模距离达到 300mm 后，上下两个脱模油缸 15 启动，推动推件底板 17，推件底板推动各推杆、推块和斜推杆 40，一边进行内侧向抽芯，一边将成型塑件推离动模。塑件由机械手取出后，脱模油缸 15 拉动推件固定板、推件和斜顶复位，抽芯油缸 43 推动侧向抽芯 36 复位。接着注塑机推动动模合模，在合模过程中斜导柱 9、21 分别推动侧向抽芯 7、滑块 24 复位，模具开始下一次注射成型。

（四）结语

① 模具采用"推杆 + 斜顶 + 推块 + 油缸顶出"的脱模机构，解决了汽车仪表板储物盒大型塑件脱模困难问题。

② 模具采用"油缸 + 滑块 + 锁紧块"的侧向隧道抽芯机构，且油缸是间接作用在锁紧块上的隧道抽芯，大大减小了模具的外形尺寸，解决了隧道抽芯难的问题。

③ 模具采用在动模侧设计加强筋和倒扣纹，成功解决了汽车仪表板储物盒粘定模的问题。

④ 模具通过采用均衡且高效的"直通式水管 + 隔片式水井"温度控制系统，大大提高了塑件的尺寸精度，成型周期 50s，降低了 10%。

模具投产至今，运行平稳安全，成型塑件各项指标均达到了设计要求。

三十四、汽车多功能旋钮注塑模具 3D 打印随形水路设计

随形水路是一种使用现代 3D 打印技术制造的新型模具冷却水路。3D 打印是绿色环保的数据驱动化增材制造技术，3D 打印技术在模具领域的应用，是模具制造技术上的重大突破，有着极其重要的现实意义。传统的注塑模具冷却水道主要通过机械加工，冷却水路的截面直径、水路长度、水路距型腔表面的距离都受到钻削工艺和成型塑件形状的限制，难以做到均匀冷却和快速冷却。金属 3D 打印的随形水路，几乎不受任何限制，水路截面形状和分布能够更贴近模具型腔表面，达到更好的热传导作用，起到均衡模具温度和提高制品质量的功效。本例通过汽车多功能旋钮注塑模具随形水路温度控制系统设计实例向读者介绍金属 3D 打印随形水路设计的要点和经验技巧。

（一）汽车多功能旋钮结构分析

图 4-110 所示为丰田汽车多功能旋钮零件图和装配图，材料为工程塑料 ABS（台湾奇美 PA-777B），其耐热性和高抗冲击性能都很好。塑件尺寸不大但内部结构复杂，精度须达到 MT3（GB/T 14486—2008），要求很高，成型零件中冷却水道的设计是难点和重点。

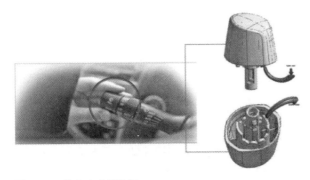

图 4-110　汽车多功能旋钮

（二）传统的汽车多功能旋钮注塑模具冷却水路

注塑时汽车多功能旋钮注塑模具成型制品的冷却主要靠模具冷却水路来完成。传统冷却水路主要是通过铣床、钻床等机加工设备制造，受到常规钻削加工工艺的限制，水路只能为圆柱形直孔，无法完全贴近模具型腔表面，冷却效率低且冷却不均衡，导致注塑周期长、成型制品变形量大。

为提高冷却效率，汽车多功能旋钮注塑模具温度控制系统常采用如图 4-111（a）所示两个方案：①采用强化的冷却水路设计方案，利用模具零件中冷却回路的密集程度或覆盖率来提高塑件的冷却效率；②采用导热性能良好的铍铜（Be-Cu）镶件替代冷却水路，解决局部高温的难题。

强化冷却水路设计方案对模具零件形状和模具零件重点区域的尺寸都有要求，如果模具零件太小不但会影响冷却水路的尺寸，而且会影响模具装配。而汽车多功能旋钮零件形状奇特，利用常规

的直通式等截面冷却水路无论是形态、尺寸还是位置均无法达到满意的冷却效果。采用铍铜镶件时因其刚性和强度无法和优良的模具钢媲美，会影响模具寿命，其冷却效果也无法和冷却水路相比。

由于温度控制系统无法做到均衡冷却和快速冷却，成型零件温差可以达到 20℃左右，塑件脱模后有明显变形，尺寸精度只能达到 MT5（GB/T 14486—2008），注塑周期最快只能控制在 25s。成型塑件生产效率低，尺寸精度低，装配精度亦较差。

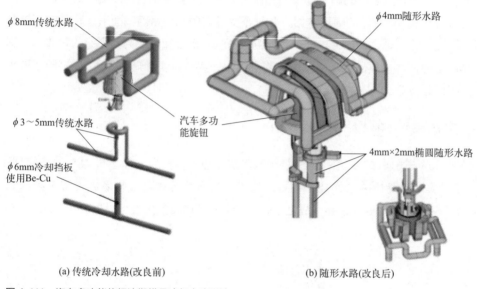

(a) 传统冷却水路(改良前)　　(b) 随形水路(改良后)

图 4-111　汽车多功能旋钮注塑模具冷却水路设计

（三）汽车多功能旋钮注塑模具 3D 打印随形水路

为了提高汽车旋钮的尺寸精度和模具的劳动生产率，在汽车旋钮注塑模具中采用 3D 打印的随形水路技术，即模具的成型零件采用 3D 打印。由于 3D 打印成型零件其内部水路截面和流向几乎不受任何加工工艺限制，故水路分布可以更贴近成型制品表面，达到更好的热传导作用，起到均衡模具温度和提高制品精度的目的。3D 打印的随形水路详见图 4-111（b），其中定模镶件随形水路直径 ϕ4mm，沿型腔表面布置。动模型芯则采用 4mm × 2mm 椭圆截面随形水路，沿型芯表面布置。

汽车多功能旋钮注塑模具采用 3D 打印随形水路后成型周期由 25s 缩短到 13s，缩短幅度达 48%。模具镶件温差由 20℃降低到 5℃，降低幅度达 75%。表明 3D 打印随形水路的冷却快且均匀性。温差缩小后成型塑件变形量由 0.35mm 减小到 0.1mm，减幅达 71.4%，尺寸精度达到了 MT3（GB/T 14486—2008）。

均匀的冷却效果极大减少了剪切热效应，可以一模生产更多塑件而不会变形。传统汽车多功能旋钮注塑模具为保证成型塑件质量仅能做到一模四腔，继续增加型腔数量会因冷却不良等问题导致制品严重变形。利用 3D 打印随形水路技术后，可以增加至一模十六腔，加上注塑周期的大幅缩减，综合产能可提高 5 倍以上。同时，汽车多功能旋钮注塑模具 3D 打印随形水路的成功也为今后设计其它精密塑件注塑模具提供了有益的方法和经验。

(四)汽车多功能旋钮注塑模具 3D 打印随形水路设计要点

3D 打印的模具随形水路优点很多,但水路设计是关键,掌握 3D 随形水路的设计要点,才能制造出质量更高的注塑模具。

1. 水路与型腔之间的距离

对于冷却水路与模具型腔表面的距离,并没有一个确定的数值,有的企业在设计时保留的距离约等于水路直径的大小,而有的企业保留的距离约为水路直径的 2 倍。

对于大多数随形冷却水路来说,与模具型腔表面的距离取决于零件的大小和几何形状。在设计与模具表面的距离时,有一个需要遵守的原则是,使随形水路与模具型腔表面始终保持相同的距离,从而达到均匀冷却的效果。

为了兼顾冷却效果和模具的强度及使用寿命,汽车多功能旋钮注塑模具 3D 打印随形水路水孔与型腔和型芯表面距离 M 和 N 大致在 3mm 左右;距内部推杆孔或螺孔也都在 2mm 左右,见图 4-112。

2. 3D 打印随形水路截面的设计

传统的冷却水路受机械加工工艺限制,只能设计成圆形截面。3D 打印随形水路截面则不受限制,可以根据型腔和型芯形状设计成圆形、椭圆形、长圆、U 字形等各种异形截面。

但随形水路不同的横截面形状设计对模具强度的影响是不同的,横截面形状越接近圆形的水道,则对成型零件强度影响越小,采用圆弧形水道的镶件其强度大于采用椭圆形或方形的镶件,见图 4-113(a)。对于长方形截面的水路,长边侧对镶件强度影响要大于宽边侧对镶件的影响。为保证模具的寿命,镶件水道长边侧的厚度要大于宽边侧厚度,见图 4-113(b)。

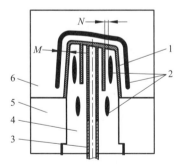
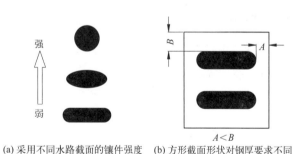

图 4-112 3D 打印随形水路与型腔表面之间的距离   图 4-113 随形水路截面对镶件的影响

1—旋钮;2—3D 水路;3—推管;4—型芯;5—动模镶件;
6—定模镶件

需要注意的是,3D 打印虽然可以制造出各种不同截面和不同尺寸的随形水路,但是,在设计 3D 打印随形冷却水路时,还是应尽量保持水路的横截面积不变,从而保证冷却介质流速大致恒定不变。

另外,有的随形冷却水路是按照毛细管的思路来设计的,即一条大的冷却水路被分为多条小而短的水路,然后再汇入一条大的水路。在这种情况下,多条小水路的横截面积总和应大致等于大水路入口和出口的横截面积,从而确保各处冷却水的流速和阻力大致相等,降低成型塑件翘曲变形的风险。

3. 避免出现死水区域

模具冷却水路中的水量是影响模具冷却时间的因素,水量越大冷却效果越好,冷却时间越短。另一个影响因素是冷却水的流动状态:湍流有利于热量传出,层流则不利于热量传出。虽然 3D 打印随形冷却水路的内表面由于没有经过抛光,所以容易产生湍流,但是如果在设计随形水路时再多增加拐弯结构,则雷诺系数会更大,可以产生更多的湍流,冷却效果会更好。但设计随形水路时,应避免直角或过急拐弯,因为直角或过急拐弯处会产生死水区域,如图 4-114 所示,图 4-114(a)的水路设计容易形成死水区域,图 4-114(b)为改进后的随形水路设计方案。

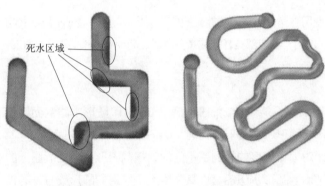

(a) 急拐弯会产生死水区域　　(b) 平缓过渡则不会出现死水区域

图 4-114　随形水路截面对镶件强度的影响

4. 随形水路的长度设计

考虑到钻头的长度、加工工艺和冷却效果,传统的水路长度通常都不宜太长,冷却水路越短,冷却效果越好。

利用 3D 打印技术制造随形冷却水路,虽然不存在刀具和加工工艺等因素,但是在设计时仍要控制随形水路的长度,使冷却水迅速地进出,并降低冷却水出入口处的温差至 2～3℃,保证模具各处温度更为均匀合理。

汽车多功能旋钮注塑模具随形水路形状复杂,弯曲环绕的水路清理困难,生产过程易造成堵塞,因此使用 3D 打印随形水路时需注意保养,防患于未然,从而避免水路发生堵塞。

① 直接使用工厂水塔里面的冷却水堵塞风险较高,必须使用 3D 打印随形水路专用模温机,模温机外挂水箱闭路循环。

② 若水路堵塞,可使用随形水路专用清洗设备进行清洗。如果使用铁棒疏通,则因水道距型腔面较近极易导致型腔表面变形而损坏模具。

(五)汽车多功能旋钮注塑模具 3D 打印镶件材料选用

汽车多功能旋钮注塑模具随形水路由选区激光熔化并采用立体光固化成型技术(SLADLP)

3D 打印获得，模具镶件材料采用 1.2709（又称 MS1）模具钢。1.2709 是马氏体时效钢，主要优点有：①热处理变形小；②加工性能及焊接性能好；③热处理工艺简单方便，固熔后先进行机械加工再进行时效处理。表 4-2 为 1.2709 材料与一般模具钢的主要力学性能对比。由表可以看出，12709 金属粉末经 3D 打印成型热处理后其各项性能与模具钢差不多。

表 4-2　模具镶件材料力学性能对比

类别	3D 打印模具材料		模具钢	
	1.2709		3Cr2Mo/1.2311	3Cr2MnNiMo/1.2738
	热处理前	热处理后	预硬状态	
密度 /（kg/m³）	8.05×10^3	8.05×10^3	7.8×10^3	7.8×10^3
硬度 /HRC	33 ~ 37	50 ~ 52	29 ~ 34	29 ~ 34
拉伸强度 /MPa	1100	2054	1000	1100
屈服强度 /MPa	1000	1980	800	980
拉伸模量 /MPa	160000	180000	212000	212000
断裂伸长率	10%	4%	12%	13%

注：以上数据为参考使用值。

（六）随形水路对模具寿命的影响

随形水路与传统水路相比有明显的优势，但复杂的水路也会降低零件的刚性，另外冷却水中沉积物和铁锈在形状复杂的冷却通道中容易积聚，严重时甚至会导致水路开裂漏水，从而会降低模具寿命。比如用 1.2709 工具钢材料通过 3D 打印制造的型芯，在生产了 40 万个塑件之后，受到冷却通道腐蚀的影响，就会破裂漏水。解决的办法有：

① 设计时加大有关尺寸，提高 3D 打印零件的强度和刚性；
② 使用专用模温机对冷却水进行过滤处理，减少异物在冷却水路中积聚；
③ 在冷却水路中镀镍，防止腐蚀发生；
④ 3D 打印时多做 1 ~ 2 个零件库存，出现问题后立即更换；
⑤ 采用更好的 3D 打印材料，奥钢旗下的材料制造商开发了一款耐腐蚀的 3D 打印模制钢粉末材料 Uddeholm AM Corrax®，该材料可以防止冷却水路中的沉积物堆积，从而防止腐蚀。

（七）结语

金属 3D 打印技术在模具制造领域的应用是一次重大的技术革命，3D 打印的模具随形水路优点很多，汽车多功能旋钮注塑模具采用 3D 打印随形水路取得了巨大成功，冷却时间减少了 48%。模具镶件温差降低了 75%，温差缩小后成型塑件变形量减少了 71.4%，尺寸精度达到了 MT3（GB/T 14486—2008），提高了两个等级。利用 3D 打印随形水路技术后，模具型腔可以增加到十六腔，综合产能提高了五倍以上。

三十五、汽车手套箱盖板大型注塑模具设计

汽车手套箱盖板（又名工具箱盖板）是汽车手套箱的重要零件，是位于副驾驶位置的最外侧的零件，塑件为外观件，表面需皮纹，塑件外观质量要求高。手套箱盖板特征如图 4-115 所示。

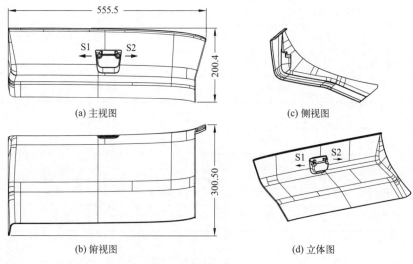

图 4-115　汽车手套箱盖板零件图（单位：mm）

（一）塑件外观要求与结构分析

图 4-115 所示为某新能源汽车手套箱盖板零件图，材料为 PP。外表面需皮纹，塑件为外观件，表面要求高。塑件尺寸为 555.5mm×200.4mm×300.5mm。塑件结构特点如下：

① 外观面要求高，塑件外观面需皮纹，不允许有斑点、浇口痕迹，更不允许有收缩凹陷、熔接痕、飞边等缺陷。

② 塑件为皮纹件，塑件外观面（A 面）脱模斜度设计要合理（一般设计 5°以上）。

③ 塑件外形复杂，曲面光洁度高，本塑件内外侧面无倒扣。

④ 塑件存在两处倒扣 S1 和 S2，见图 4-115（d）。

（二）模具结构设计

根据手套箱盖板的结构特点，模具采用热流道注塑模具结构，采用两点开放式热射嘴进料。图 4-115 所示塑件外侧无倒扣，内侧有两个倒扣，因为是在内侧，从位置空间考虑首选做斜顶侧向抽芯机构。

本模具外形尺寸为 1100mm×730mm×840mm，总质量约 3t，属于大型注塑模具，详细结构见图 4-116。

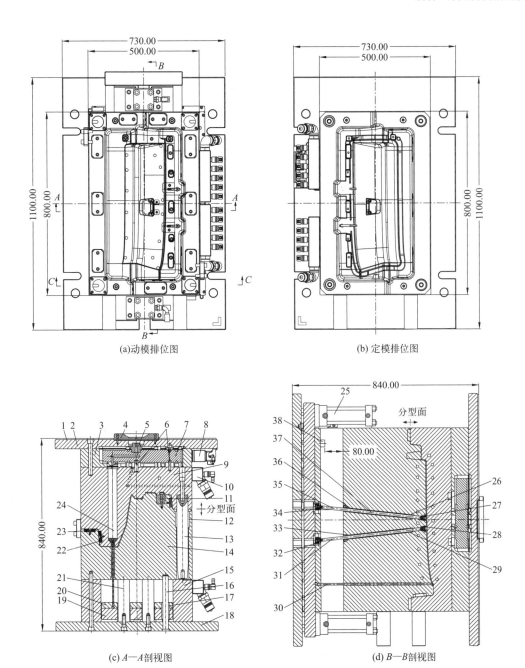

(a) 动模排位图　　(b) 定模排位图

(c) A—A剖视图　　(d) B—B剖视图

图 4-116　汽车手套箱盖板注塑模具结构图

1—隔热板；2—定模固定板；3—框板；4—定位圈；5——级热射嘴；6—定位柱；7—热流道板；8—热流道板接线插座；9—定模板；10—冷却水路接头；11—动模小镶件；12—导套；13—导柱；14—动模镶件；15—垫块；16—推件板导柱；17—推件板导套；18—动模固定板；19—推件底板；20—推件固定板；21—支承柱；22—耐磨块；23—分型面硬块；24—二级热射嘴；25—推件板油缸；26—斜推杆导套1；27—S1斜顶；28—S2斜顶；29—S2斜推杆导套1；30—推杆；31—S2斜推杆；32—S2斜推杆滑座；33—S2斜推杆导套2；34—S1斜推杆滑座；35，37—S1斜推杆；36—S2斜推杆导套2

1. 成型零件设计

汽车手套箱盖板注塑模具成型零件设计必须解决以下两个问题。

(1) 模板和镶件采用一体式还是分体式

一体式俗称原身出，分体式俗称镶钶（core）。一体式模具的优点是结构紧凑，刚度好，避免了开框、配框和制造斜楔等繁琐的工序。分体式的优点是工序分散，便于分科加工，由于模板比内模镶件材料便宜，故可节省成本。

本模具定、动模均采用一体式，材料为 P20 模具钢。

(2) 塑件如何进料，型腔如何排位，或者说塑件在型腔中如何摆放

由于塑件为汽车手套箱盖板，单型腔，只能纵向摆放。本塑件外侧无倒扣，外侧不须设计抽芯系统，内侧有两个倒扣，采用斜顶侧向抽芯机构。成型塑件外形落差大，在模具设计时要注意防倾斜设计，模具分型面定位设计很重要，尺寸要大，结构要可靠。本模具采用四周锥面定位，定位面锥度为 5°，保证定位精准。

成型零件的大小要在保证模具的强度、刚度要求的前提下，尽量降低成本，图 4-117 是本模具成型零件的一些主要尺寸，实践证明这些尺寸是合理的，是比较准确的。

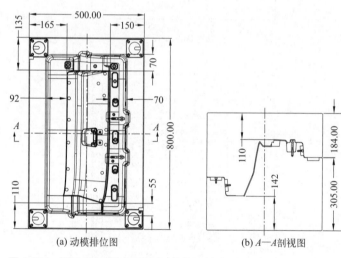

图 4-117　模具成型零件主要尺寸（单位：mm）

2. 浇注系统设计

模具采用"热流道 + 普通流道"组合式浇注系统，热流道采用两点开放式热射嘴，普通流道为"U"形截面分流道，熔体最后由侧浇口进入模具型腔，见图 4-118。塑件材料为 PP。由于 PP 流动好，流道设计要求不高，但热射嘴至塑件边缘的流道长度尽量设计在 60mm 以内，避免冷流道过长与避免压力损失大。

3. 侧向抽芯机构设计

成型塑件有两个内侧倒扣 S1 和 S2，抽芯方向相对，由于空间有限，只能采用斜顶侧向抽芯机构，该抽芯机构由斜顶 27、28，斜推杆 31、37，斜推杆滑座 32、34 和四个导套 26、29、33、36 组成，详见图 4-119。两个倒扣深度均为 4.71mm，加上安全距离，斜顶抽芯距离取

8.40mm，根据塑件高度，成型塑件脱模距离取 80mm。根据作图法或三角函数计算法，可得到斜推杆的倾斜角度为 6°。由于两个斜顶靠得近，必须保证两个斜顶在向内侧抽芯时不会相撞。从图 4-119 可知，合模时两个斜顶之间的距离为 22.53mm，大于 8.40×2=16.80（mm），安全。

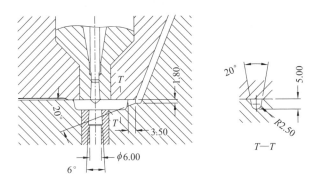

图 4-118　模具浇注系统（单位：mm）

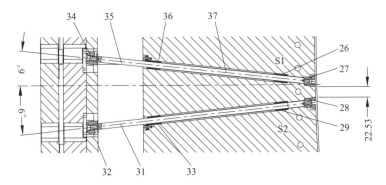

图 4-119　斜顶侧向抽芯机构设计（单位：mm）

4. 温度控制系统设计

温度控制系统对模具的成型周期与塑件成型质量影响很大。冷却水路设计原则之一是距离型腔面要大致相等，以达到模具型腔各处温度大致均衡。因为本塑件外形落差大，所以本模具的温度控制系统采用了"直通式水管＋倾斜式水管＋隔片式水井"的组合形式，动、定模各设计了 5 组冷却水路，见图 4-120。这种组合形式以直通式水管为主，倾斜式水管其次，万不得已才采用隔片式水井。其优点是塑件冷却均匀，成型周期短，成型质量高，适用于高要求与外观性能要求高的模具。

汽车手套箱盖板注塑模具冷却水道与料流方向大致相同，定、动模冷却水路成十字网格形式，冷却回路互相交叉形成水路交织网，冷却均匀且高效。每一组冷却水路拐弯没有超过四次。每组冷却水路都设计成可与另一组水路进行外部相互连接，这样可以方便以后塑件产生变形、收缩等成型缺陷时调整模温。通过水路调整解决塑件缺陷，在汽车内外饰塑件注塑模具上应用广泛。热射嘴附近都单独设计了一组水路，该水路不能与其它水路串联，以保证热射嘴区域的温度合理。

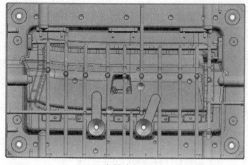

(a) 定模冷却水路　　　　　　　　(b) 动模冷却水路

图 4-120　模具温度控制系统

5. 导向定位系统设计

汽车手套箱盖板注塑模具尺寸大，成型塑件外观要求高，尺寸精度要求也高，因此对模具的导向定位设计非常严格，导向定位系统设计的好坏直接影响成型塑件的精度和模具的寿命。

在模具 4 个角上各设计了 1 支 ϕ50mm×370mm 的圆导柱，详见图 4-121。其中 4 支圆导柱都安装在定模侧，由于塑件开模后留在动模侧，这样就不会影响塑件取出。同时 4 支圆导柱在翻模时可作为支撑脚用，方便配模。

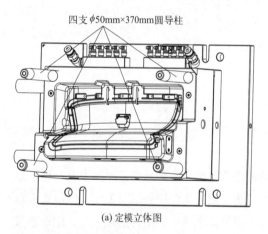
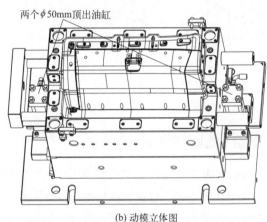

(a) 定模立体图　　　　　　　　　(b) 动模立体图

图 4-121　模具导向定位系统

6. 脱模系统设计

模具采用"推杆+斜顶+液压油缸"组合式脱模机构，模具在定、动模开模后，依靠液压油缸驱动推件固定板，由推杆和斜顶推出塑件与流道凝料，成型塑件脱模后，油缸驱动推杆和斜顶复位，并最终在 4 支复位杆的作用下准确复位。汽车手套箱盖板注塑模具属于大型模具，需设计 6 支复位杆与 6 支推杆板导柱，定模板与复位杆接触的位置要各设计一个比复位杆直径大 10mm 的回复块，回复块一般选 45 号（S50C）钢，表面氮化处理加硬。模具在顶棍孔上方或附近设计了 6 支限位柱。

7. 排气系统设计

汽车手套箱盖板属于大型塑件，型腔内有大量空气，在注射成型过程中，这些气体必须及时排出，同时在开模过程中，外面的空气又必须及时进入型腔，防止型腔出现真空而造成脱模困难，所以模具排气系统的设计相当重要。如果排气设计不合理，会严重影响塑件的品质。汽车手套箱盖板注塑模具主要通过分型面上的排气槽排气，分型面上的排气槽见图4-122。PP料流动性好，一级排气槽深度不能大于0.04mm（否则容易产生飞边），二级排气槽深度可取0.5～0.8mm。排气槽宽度取10mm。

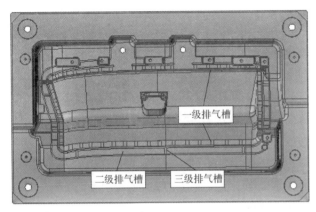

图4-122　模具排气系统设计

（三）模具工作过程

PP熔体通过注塑机喷嘴，经一级热射嘴5、热流道板7和二级热射嘴24，进入模具分型面之间的普通分流道，最后由侧浇口进入模具型腔。熔体充满型腔后，经保压、冷却和固化，至足够刚性后，注塑机拉动模具的动模固定板18，模具从分型面处开模，成型塑件脱离定模型腔。开模500mm后，注塑机油缸25推动推件底板19，进而推动所有推件将成型塑件推离动模。在推出过程中，斜推杆31和35分别推动斜顶28和27进行内侧抽芯。塑件取出后，液压油缸25拉动推件及其底板复位，接着注塑机推动动模合模，模具开始下一次注射成型。

（四）结语

模具采用"推杆+斜顶+液压油缸"注塑脱模系统以及"直通式水管+倾斜式水管+水井"的温度控制系统。虽然模具制造成本有所提高，但塑件获得了客户满意的成型质量和成型周期。

本塑件属于汽车最重要的内饰件之一，且是皮纹件，在设计本模具时，首先要注意塑件的脱模斜度是否足够，在设计前期就要检查，一般皮纹面的脱模斜度要保证在5°以上，避免蚀纹后塑件拉伤与粘定模现象的发生。其次是皮纹面与内部结合面在设计分型面不可延伸，避免皮纹在加工时越界。再次是本模具外观熔接痕的处理，本模具采用动模做镶件，采用了镶件头部做斜度的方式（俗称做冬菇头）来对镶件与定模进行定位，且在镶件与定模板上设计了工艺螺钉，方便后续加工以及装夹在一起组合抛光，从而解决了塑件外观熔接痕处起级而影响外观的问题。

三十六、汽车转向柱护罩热流道复杂抽芯注塑模具设计

汽车转向柱位于汽车方向盘上,是用来供驾驶员掌控方向的一个装置。驾驶员开车时,车钥匙插入的装置即是转向柱。汽车转向柱与汽车方向盘同属于正副仪表板总成系列。组成汽车转向柱最重要的塑件为转向柱上护罩与转向柱下护罩。本例详细介绍某款新能源汽车转向柱上、下护罩注塑模具的设计要点与技术特点。

(一)塑件外观要求与结构分析

图 4-123 和图 4-124 分别为汽车转向柱上、下护罩零件图,材料为 PP+EPDM,其中 PP 为聚丙烯塑料,EPDM 为三元乙丙橡胶,加入 EPDM 的目的是提高 PP 的阻燃性和强度,并改善其耐候性。另外,加入 EPDM 后的 PP 收缩率降低为 0.925%,可以提高成型塑件的尺寸精度。上、下护罩塑件结构特点如下:①塑件尺寸较大,分别为 217.10mm × 220.70mm × 149.00mm 和 216.70mm × 173.70mm × 108.90mm。塑件平均壁厚为 2mm。②尺寸精度高,结构复杂,外表面分别有 3 处大面积倒扣,内侧面分别有 2 处大面积倒扣,侧向抽芯结构非常复杂。③塑件外观面要求高,不允许有斑点、浇口痕迹,不允许有收缩凹陷、熔接痕和飞边等缺陷。④塑件外观分型线处要求平齐,塑件表面要进行蚀纹处理,定模型腔脱模斜度要求 5°以上,否则蚀纹后的型腔面会拖伤塑件,甚至导致塑件无法脱模。

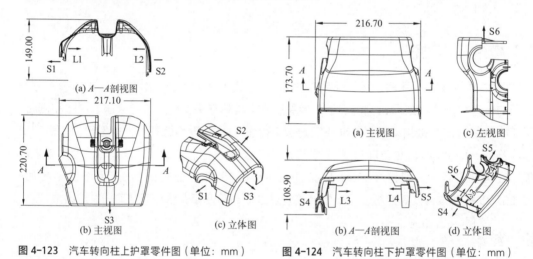

图 4-123 汽车转向柱上护罩零件图(单位:mm)   图 4-124 汽车转向柱下护罩零件图(单位:mm)

(二)模具结构设计

根据汽车转向柱的尺寸大小、结构特点和外观要求,模具采用热流道转普通流道浇注系统。采用潜伏式浇口,可以实现自动断浇,并保证塑件外观要求。

根据客户要求,上、下转向柱护罩塑件由一套模具注射成型,即一模出二件。倒扣 S1、S2、S3、S4、S5 和 S6 在塑件外侧,形状复杂,面积大,模具采用"斜导柱 + 滑块"的抽芯机构。因内部空间限制,内侧 4 个倒扣 L1、L2、L3 和 L4 采用"斜顶 + 斜推杆"的侧向抽芯机构。

模具最大外形尺寸为 800mm × 700mm × 708mm，总质量约 4t，属于大型注塑模具。模具详细结构见图 4-125 和图 4-126。

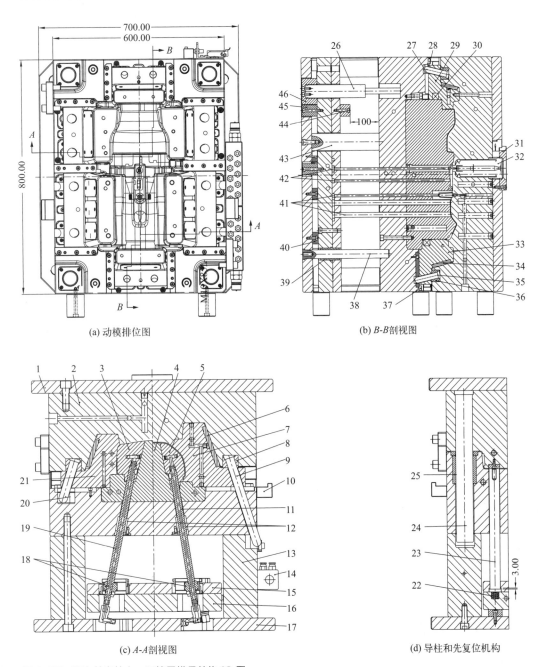

图 4-125　汽车转向柱上、下护罩模具结构 2D 图

1—定模固定板；2—定模板；3—L1 斜顶；4—定模镶件；5—L2 斜顶；6—耐磨块；7—S2 滑块；8, 36—斜导柱固定块；9—S2 斜导柱；10—挡板；11—L2 斜推杆；12—斜推杆导套；13—垫块；14—集水块；15—推件固定板；16—推件底板；17—动模固定板；18—斜顶滑座；19—L3 斜推杆；20—S4 斜导柱；21—S4 滑块；22—先复位弹簧；23—复位杆；24—导柱；25—导套；26—氮气弹簧；27—S6 斜导柱；28—挡销；29—S6 滑块；30—滑块定位弹簧；31—定位圈；32—热射嘴；33—S3 滑块；34—耐磨块；35—S3 斜导柱；37—滑块挡销；38—推件板导柱；39—推件板导套；40—限位钉；41—塑件推杆；42—流道凝料推杆；43—支承柱；44—限位柱；45—顶棍连接柱；46—氮气弹簧固定座

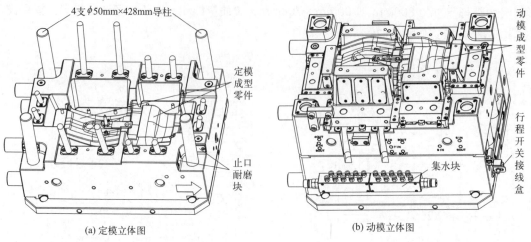

图 4-126 汽车转向柱上、下护罩注塑模具 3D 图

IN—进；OUT—出

1. 成型零件设计

模具成型零件定模采用整体式，动模采用镶拼式。定模板采用 718H 预硬塑料模具钢，调质硬度为 30～35HRC；动模采用 1.2738 模具钢，调质硬度为 30～33HRC。因模具较复杂，需要采用普通机床加工、数控加工以及电加工等多种加工工艺。为了保证塑件的表面质量要求，加工完成后型腔和型芯抛光至粗糙度 $Ra0.4$ 再进行蚀纹处理。

模具定、动模对插部分的插穿角度全部采用 7°，可以减少磨损。为了保证定、动模的精准定位，模具定、动模板四角设计 5°止口定位，见图 4-126。由于插穿处需要精准定位，在配模时，定、动模需要紧配，为了模具方便配模及维修，在定模设计了 5°耐磨块，这样还可以避免制造过程中打磨机损伤模具。模具成型零件设计还要做到以下几点：①分型面顺滑无尖角，无薄钢，无线或点封料结构。能有效保证数控铣床加工精度，不需电火花加工清角，分型面配模也简单。②斜顶、镶件与动模的配合部分，止口根部全部采用倒圆角或避空结构，以此简化加工工序，减少加工工时，降低模具的制造周期。③为防止应力开裂，所有非成型面转角均采用圆角，圆角不小于 $R5mm$。④定模型腔成型塑件的外观面不能镶拼，避免留下结合线。滑块和定模镶件的结合线无法避免，但其位置必须得到客户同意。⑤塑件为上、下装配件，内侧加强筋脱模斜度尽量设计大些，模具制作时此处要重点抛光，抛光要沿斜顶的脱模方向，防止塑件顶出时粘斜顶。

2. 浇注系统设计

塑件外观要求高，不允许有熔接痕和浇口痕迹，故不能采用点浇口。通过模流分析，并经客户同意，模具主流道采用热射嘴，分流道采用普通流道，浇口则采用潜伏式浇口，见图 4-127。分流道开设在动模镶件上，截面为"U"形，由于转向柱上、下护罩尺寸大小及结构均不相同，为了保证进料平衡，其分流道截面尺寸也不相同，其等效直径分别为 10mm 和 8mm，潜伏式浇口直径为 1.5mm。热射嘴直径为 20mm，内部熔体温度控制在

230~250℃之间。当注射时间为2.8s时，浇口处最大剪切速率为41000s^{-1}，（允许极限值100000s^{-1}），浇口处最大压力为24MPa。以上工艺参数，均处在塑料的成型要求范围内，且有较大的安全余量。

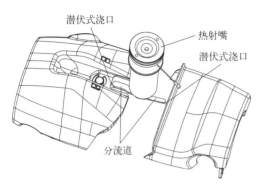

图4-127　浇注系统3D图

在设计模具时，热射嘴区域以及热射嘴正对着的动模区域，设计了冷却水道来加强对热射嘴区域的冷却，避免热射嘴出现流延、拉丝以及浇口温度过高。

模具为开放式热流道，在设计热流道时须注意如下几点：①热射嘴上端面必须低于面板至少2mm，以防模具搬运时碰坏热射嘴。②模具外侧必须设计支承柱，用以保护热流道电线插座，位置必须在非操作侧，并符合客户要求。③热射嘴电线槽必须光滑顺畅，少拐弯。④由于本模具为单点式热流道，因此定位圈必须要压紧热射嘴，防止漏料。

3. 侧向抽芯机构设计

汽车转向柱上、下护罩空间造型复杂，外侧共有6处倒扣S1~S6，内侧共有4处倒扣L1~L4，为了使成型塑件顺利脱模，模具设计了10个侧向抽芯机构，其中倒扣S1~S6采用了"斜导柱+滑块"抽芯结构，其立体图见图4-128。倒扣L1~L4则采用了"斜顶+斜推杆"的侧向抽芯结构，其立体图见图4-129。两塑件内侧倒扣L1~L4面积大，且有加强筋，在进行侧向抽芯时很容易出现塑件粘连斜顶的现象，模具设计前与客户进行了沟通，加大了加强筋及塑件沿斜顶抽芯方向的脱模斜度，并要求模具制造时沿着脱模方向进行抛光。侧向抽芯机构是汽车转向柱上、下护罩模具的核心机构，设计时采用了很多创新技术，并取得了成功。①鉴于外侧大滑块会在塑件表面留下拼合熔接痕，影响外观，为此在滑块上设计了定位锥面和装夹工艺螺孔，加工（包括抛光）型腔时将滑块和定模镶件联结在一起组合加工，使接缝处光滑平顺。②模具尺寸较大，装拆时间长，在斜推杆底部设计螺孔，通过螺钉使其与滑座连接，这样就可以从底部装拆，做到不拆模具时就能装拆斜顶。同时在斜推杆上还设计了防转和定位结构，以此防止注塑生产时斜推杆松动以及在装拆过程中出错。③模具为大型注塑模具，斜推杆导向段的长度必须为斜推杆长度的2/3，斜顶顶出角度为12°，以保证斜推杆的运行安全和平稳。斜推杆直径设计为25mm，材料选择SUJ2，采用高频淬火处理，保证其硬度和强度。④模具斜顶较多，尺寸较大，模具推杆板避空后会影响其强度，为此在标准模架推杆板厚度的基础上加大了10mm，并且多用了2个螺钉固定。⑤外侧滑块尺寸较大，为避免模具因长期生产出现摩擦发热及磨损的现象,在滑块底部设计 3°插穿面。⑥由于斜顶体积大,为保证导向可靠,推出平稳,每个斜顶都采用了双斜推杆结构,每个滑块也都采用了 2 支斜导柱。⑦模具滑块与斜顶成型面积大,吸收熔体的热量较多,为保证塑件成型质量,降低模具的成型周期,滑块、斜顶和斜推杆全部都设计了冷却水路。

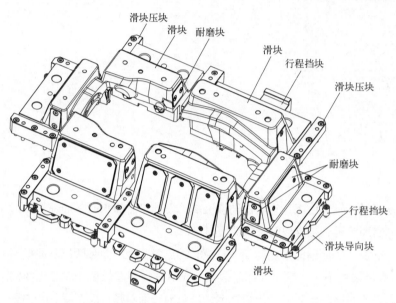

图 4-128 滑块外侧向抽芯机构 3D 图

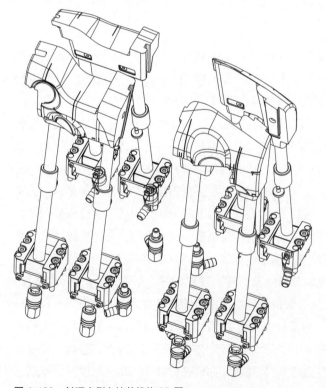

图 4-129 斜顶内侧向抽芯机构 3D 图

4. 温度控制系统设计

模具定、动模温度控制系统采用了"垂直式冷却水管+倾斜式冷却水管+隔片式水井"的结构形式,详见图4-130。

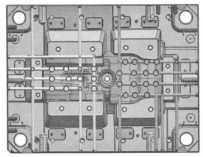
(a) 定模冷却系统

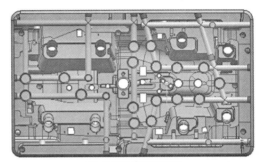
(b) 动模温度控制系统

图4-130 模具温度控制系统图

由于塑件投影面积较大,为保证塑件能够在同一温度均匀冷却注射成型,同时提高生产效率,模具还采用了型腔、型芯同时冷却的方式。冷却水道主要根据型芯和型腔的结构特点来布置。水路之间的间隔均匀,保证在50~60mm之间设计一组冷却水路,以保证塑件冷却充分。为避免冷却水路与相关模具零件发生干涉,同时又不影响模具的冷却效果,本模具定、动模设计了一进一出的内循环式冷却水路。

除了定、动模冷却水路布置均匀合理、冷却充分外,在每个斜顶和每个滑块上也各单独设计了一组冷却水路,从而保证了斜顶与滑块区域的成型质量,详见图4-125。

5. 导向定位系统设计

模具的导向零件主要是圆形导柱、导套,包括定、动模板之间的、4个角上的 $\phi 50mm \times 428mm$ 导柱24和与之相配合的导套25,以及对推件固定板15、推件底板16进行导向的 $\phi 30mm \times 300mm$ 导柱38和与之相配合的导套39各四支,详见图4-78中的(b)和(d)视图。模具定、动模板之间的定位结构则是四个角上的5°锥面止口,见模具立体图4-126。

该模具的导柱设计在定模,这样不但有利于机械手取件,避免塑件粘上导柱上的油污,而且导柱还能起到支撑整个定模的作用,方便动、定模配模。为使模具导向系统安全可靠,对于大型汽车模具来说,导柱直径通常在常规标准的基础上再加大一个级别,以提高导柱的强度。导柱的长度则要高出定模最高点30mm,同时要在斜导柱插入滑块前20mm插入动模导套,否则在模具的制造和生产中会带来很大的麻烦,严重时会损坏模具。

6. 脱模系统设计

模具脱模系统采用"推杆+直顶+斜顶+氮气弹簧顶出"组合结构,详见图4-78。模具在定、动模开模后,依靠推件推出塑件,推件固定板由注塑机通过油缸推动,在4支复位杆的作用下复位。模具采用了4支 $\phi 20mm \times 124mm$ 的氮气复位弹簧,依靠氮气弹簧内注入的氮气驱动推件，保证模具顶出与复位安全可靠。氮气弹簧的原理与油缸相似，属于外购标准件。氮气弹簧的规格与数量必须根据顶出系统来定，所需要的顶出力与复位力应等于 2～4 倍的推件重量和脱模力总和。模具超大时，倍数适当减小，反之适当加大。推件包含推杆板、斜顶座、斜推杆、斜顶块等一切运动的零件。氮气弹簧弹力中心应和脱模力的中心大致重合，并尽量布置在顶棍孔附近。氮气弹簧需固定在氮气弹簧固定块内，见图 4-125（b）。为防止操作不当氮气泄漏对装配人员造成伤害，在氮气弹簧固定块上要刻上"危险"字样警示。氮气弹簧应该在不拆模具的情况下也能装拆，氮气弹簧的行程至少大于模具顶出行程 3～5mm，在此基础上选用标准的氮气弹簧。

（三）模具工作过程

熔体通过注塑机喷嘴，经热射嘴 32 进入模具定、动模板之间的普通分流道，再由潜伏式浇口进入两个型腔。熔体充满型腔后，经保压、冷却和固化，至足够刚性后，注塑机拉动模具的动模固定板 17，模具从定、动模板之间的分型面处开模。在开模过程中，斜导柱 9、20、27、35 分别拨动滑块 7、21、29、33 进行侧向抽芯。完成开模距离 400mm 后，塑件所有滑块在斜导柱的驱动下与塑件脱离。注塑机油缸通过顶棍推动推件底板 16，进而推动推件固定板上所有推件将塑件推离动模，其中四个大斜顶在斜推杆推动下一边推动塑件，一边侧向脱离塑件，进行内侧抽芯。在限位柱 44 的作用下，顶出距离 100mm。当所有斜顶及推件与塑件分离后，机械手将塑件取出。最后氮气弹簧推动推件及其固定板复位，注塑机推动动模合模，模具接着下一次注射成型。

（四）结语

不同品牌的汽车转向柱上、下护罩注塑模具结构有所不同，但大致相似。针对国内外该类模具以前在生产过程中存在的问题，做了科学的改良，采用了很多先进的技术。

① 模具采用了多个工艺结构，使定模型腔和侧向滑块可以组合加工，有效保证了转向柱的外观质量，所有结合线处都做到了平滑光顺。

② 模具采用斜导柱和斜推杆先后进行的外、内抽芯机构，既分散了塑件的脱模力，又使模具动作更加协调有序，使整个注塑过程安全平稳。

③ 成型零件定模采用一体式，动模采用镶拼式，提高了模具刚度和强度，减小了模具外形尺寸，方便了模具的制造和维修。

④ 氮气弹簧精度高，行程长，弹力大，工作平稳，寿命长。本模具采用氮气弹簧推出及复位机构有效保证了顶出、复位系统的平衡及顶出距离，减少了常规弹簧因疲劳失效需要频繁更换的时间，提高了模具的劳动生产率。

⑤ 浇注系统采用一点开放式热流道浇注系统进料方案，提高了熔融塑料在注射成型过程中的流动性，改善了熔体的填充效果，减少了成型后流道系统凝料，采用潜伏式浇口避免了浇口痕迹对塑件外观质量的影响。

模具自放产以来，由于各机构设计先进合理，运行稳定可靠，注射周期成功控制在 35s 以下，提高了模具的劳动生产率约 10%，取得了良好的经济效益。

小结　汽车内饰件注塑模具设计注意的事项

随着人民生活水平的提高，新能源汽车已进入平常百姓家，人们对新能源汽车的要求也越来越高，安全性和美观性已成主题。随着中国新能源汽车工业和汽车市场趋于成熟，内饰件越来越讲究人性化，如强调车内舒适和方便性，精致细腻的质感需求，进而营造一种高品质的感受，成为赢得客户的重要手段。

用于汽车内饰件材料最多的是 PU、PVC、ABS、PP。从中国国情看，PP 产量很大，如果在 PP 工程化上多做些技术开发工作，PP 完全可以替代 ABS 在汽车内饰件的仪表板、方向盘、内门板、杂物箱和手套箱、门把手等方面使用。用于汽车内饰件加工的模具，其制造过程包括模具设计、材料选用、机械加工、热处理、调试与安装等过程。

新能源汽车内饰件注塑模具设计是汽车内饰件生产的重要环节，其设计质量直接影响到塑件的质量和生产效率。汽车内饰件注塑模具和普通注塑模具没有根本上的区别，但是由于汽车内饰件注塑模具的价值一般都较高，所以很多先进的注塑模具制造技术（比如：顺序阀热流道控制技术、内分型面技术等）都率先在新能源汽车注塑模具中得到应用。以下是汽车内饰件注塑模具设计时需要注意的事项。

（1）材料选择

模具材料的选择直接影响到模具的寿命和生产效率。一般情况下，模具材料应该具有高强度、高硬度、高耐磨性和高耐腐蚀性等特点，同时还要考虑到成本和加工难度等因素。调查资料显示：在模具失效的因素中，模具所使用材料的热处理工艺与模具所用的原材料是影响其使用寿命的主要因素。结合模具的工作条件和模具失效的普遍现象可知，模具在服役时的失效形式主要有磨损、腐蚀、变形、断裂和疲劳等。

（2）结构设计

汽车内饰件通常通过注塑模具制作，在生产过程中，当汽车内饰件不适宜直接用推杆顶出时，就会用推杆撑起一块推板推开汽车内饰件。模具顶出机构在顶出汽车内饰件的过程中，推杆系统与汽车内饰件接触，会导致汽车内饰件的废料、毛边等落在推板上，影响推板的平衡性，从而导致推板顶出不完全。因此，有必要提供一种汽车内饰件模具，以解决上述问题。模具八大系统的结构都应设计合理，能够满足成型塑件的结构要求和技术要求，并且易于加工和维护。在设计时需要考虑到模具的开模方式、温度控制系统、排气系统等因素，以确保产品的质量和生产效率。

（3）尺寸精度

汽车内饰件注塑模具的尺寸精度要求较高，因此在设计时需要考虑到材料的收缩率、模具的热变形等因素，以确保产品的尺寸精度。

（4）表面质量

汽车内饰件的表面质量对产品的外观和质量有很大的影响，因此在模具设计时需要考虑到塑件的表面质量要求，采取相应的措施来保证塑件的表面质量。

（5）生产效率

注塑模具的生产效率直接影响到塑件的生产效率和成本。在设计时需要考虑到模具的结构、开模方式、温度控制系统等因素，以提高模具的生产效率和降低成本。

（6）安全性

注塑模具的安全性是设计时需要考虑到的重要因素。在设计时需要考虑到模具的结构、材料、加工工艺等因素，以确保模具的安全性。

（7）模具新技术

新能源汽车内饰件既要求有美的视觉外观，又必须满足与人体接触中良好的手感和安全性，这就要求开发新的模具技术，实现制件的无飞边、少接缝、手感好、安全性高、视觉美观。目前大型、复杂形状制品的多色注塑模具技术在国内尚未成熟，突出问题表现在大型多色设备国内无法自制，产品设计水平低。国内刚开始进行注塑后压模具技术的研发，还不具备应用条件。新能源汽车内饰件先进高效模具还包括一模多腔、叠层模具、高冷速模具等。要提高新能源汽车内饰件的生产效率，尺寸精度和表面美观，必须不断采用模具新技术。

总之，新能源汽车内饰件注塑模具设计需要考虑到多个因素，包括材料选择、结构设计、尺寸精度、表面质量、生产效率和安全性等因素，以确保产品的质量和生产效率。

第五章
汽车保险杠
注塑模具

三十七、汽车后保险杠大型热流道精密注塑模具设计

汽车保险杠是汽车塑件产品中最重要的外观件之一,其产品内部结构复杂,装配要求高。汽车后保险杠注塑模具属于大型复杂注塑模具,目前代表汽车注塑模具行业的较高水平。无论是设计难点还是制作精度要求、模具质量、模具价格,都属于注塑模具行业制造的较高水平。目前市场上大部分汽车后面防撞保险装置由保险杠外板、缓冲材料和横梁这三个部分组成。汽车保险杠外板不仅能够美化整车的外观,还能在撞击时吸收冲击力、保护车身前后部。可以在碰撞的时候就起到保护行人的作用,也可以在高速撞击时减少对驾乘人员的伤害,是一个较好的汽车安全装置。本例汽车后保险杠注塑模具设计了直顶斜抽芯机构、斜顶抽芯机构、拉板脱模机构来完成脱模问题,模具内分型开模顶出动作设计了三个步骤:开模同步顶出(氮气弹簧)、一次顶出(大油缸)、二次顶出(小油缸),并采用氮气弹簧辅助第一次顶出。解决了产品侧面形孔位倒扣和两端内侧扣位的脱模问题,以及斜顶两端粘模变形的问题。实际生产验证该模具结构设计合理、成型稳定、品质优良,性能均能满足实际的生产需求。

(一)塑件结构和工艺性分析

某新能源汽车后保险杠注射成型塑件是一个两端有较大曲面弧度、两端内侧有大倒扣、两端外侧有较多的小扣位等复杂形状的大型注塑件产品。为了满足该产品的外观要求和结构强度要求,塑件主料采用 PP 材料。优点:产品质轻、韧性好、耐化学品性好;缺点:尺寸精度低、刚性不足、耐候性差,具有后收缩现象,脱模后易老化、变脆、变形。为了满足塑件性能要求,需要在主料里面增加 10%~20% 的三元乙丙橡胶(EPDM)作为填充物来提高产品的刚性。图 5-1 为该塑件的外观图,该塑件的外形尺寸中等大小,为 305mm × 1880mm × 650mm,平均壁厚为 3.2mm,质量为 1560g。

(二)模具结构总体设计

1. 模具结构设计

根据客户外观要求和高产能要求,汽车后保险杠模具设计为组合式模具结构。定模设计为整体式型腔,有利于保证产品外观无模具熔接痕,动模采用浮动型芯和大斜顶相结合,做成镶拼组合式后模,方便后期采用二次顶出结构脱模。分别在动模板分型面上镶平衡块来保证模具受到均匀的注塑压力,再分别在定、动模型芯的四周位置都设计限位定位结构,来承受注塑时产生的侧向力,同时也可以保证合模时的装配精度。

该模具采用一模两腔的布局,提高了生产效率;采用热流道系统为主的成型方式,保证熔融塑料的良好流动性;采用冷流道辅助,方便灵活选用合理的进料位置;采用隐蔽的搭底进料方式,保证了产品良好的外观。设计难点:塑件两端曲面弧度较大,其两端内侧有倒扣,其两端外面有较多小扣位,模具结构相对较复杂。所以模具创新设计了直顶斜抽芯机构来解决两端

外面较多小扣位的问题；采用斜顶抽芯机构来解决两端内侧有大倒扣的问题；采用拉板脱模机构来防止斜顶脱模时粘模产品变形；采用一个大油缸和一个小油缸共同配合来控制开模顺序，同时采用氮气弹簧辅助第一次顶出，增加顶出力，解决了产品倒扣脱模和变形问题。模具外形尺寸为 2980mm × 1845mm × 1750mm，其质量约为 35.6t，属于超大型注塑模具。其总体外观设计，如图 5-2 所示。

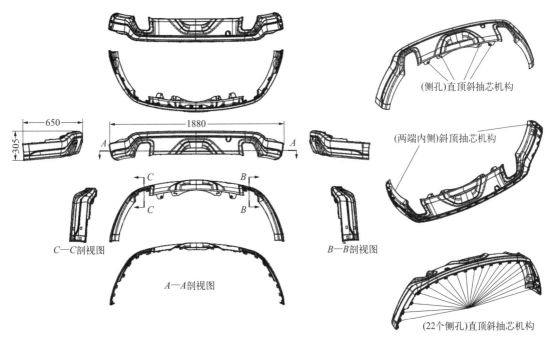

图 5-1 汽车后保险杠外观图

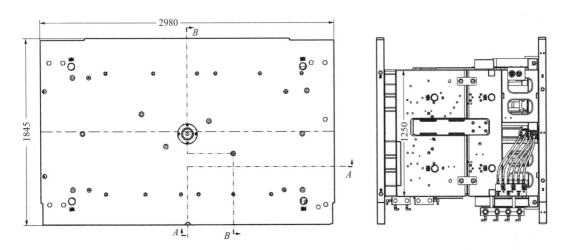

图 5-2

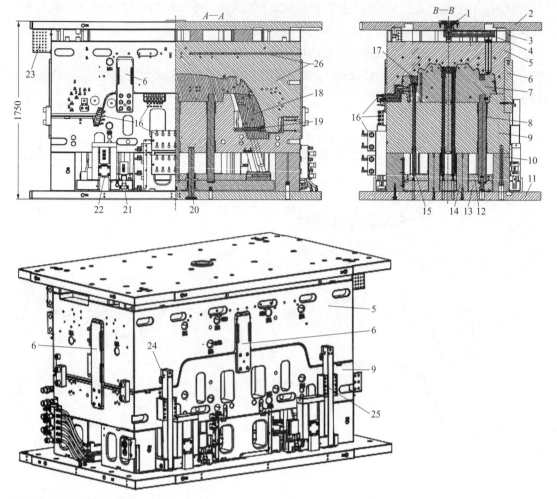

图 5-2 模具总装图（单位：mm）

1—定位法兰；2—面板；3—分流道型腔板；4—热流道；5—定模型芯；6—方形导柱；7—动模型芯；8—直顶1；9—动模板；10—垫块；11—底板；12—推杆面板；13—推杆底板；14—支承柱；15—直顶2；16—集水器；17—直顶斜抽芯机构；18—斜顶抽芯机构；19—拉板脱模机构；20—推杆导柱；21—小油缸；22—大油缸；23—热流道线束盒；24—氮气弹簧；25—同步锁紧块；26—冷却水路

2. 浇注系统设计

该大型注塑模具浇注系统设计难点是：产品外形的两端是空间上的曲面弧形，产品的长度和宽度尺寸比例较大，再加上有曲面弧形拐角的位置分别有一个凹形的减料避空位置，相当于把产品分割成三大部分，很容易导致产品出现进料不足，熔融料流动时间过长容易凝固出现熔接痕，其次两端外侧有较多小扣位，考虑进料位置布置，设计流道难以平衡同时进料。

浇口设计的思路：

① 该款产品安装在汽车尾部，有较高的外观要求，所以不能在产品的外表上有任何的进料点，故不能采用产品外表面点浇口进料的方案。

② 该款产品安装在汽车上时主要依靠孔扣位进行连接和固定，特别是其两端有内部倒扣

需要采用斜顶脱模,故不能把产品反过来开模,不能在其内部表面采用点浇口进料的方案。

综合考虑产品的外观和安装功能要求,产品只适合采用侧浇口进料方式来成型。

确定浇口的数量和摆放位置:产品呈空间曲面弧形,其弧形转角处有 2 个凹口,相当于把产品分成三大部分。如果浇口只设计在产品的任意一端,单方向进料填充,就会出现整个填充的流动距离较长,很难完成填充成型问题。根据产品的形状和结构特点,为了保证产品进料均衡,同步填充,把产品分成三大部分来填充。第一,设计 3 个浇口来保证产品的中间部分的成型;第二,各设计 1 个浇口来成型两端的空间曲面弧形结构;第三,在曲面弧形拐角凹形部位处分别设计 1 个浇口来成型,防止此位置出现熔接痕和冷料,影响整个产品的质量。根据上述的进料方案分型,每个产品采用 7 个热射嘴、7 个浇口来填充成型。

为了满足产品的外观要求,正面不留浇口痕迹,减少熔接痕,选择使用热流道转冷流道,在产品较少扣位的一侧,采用隐蔽的搭底进料方式,开模残留的浇口需要人工剪除,如图 5-3 所示。

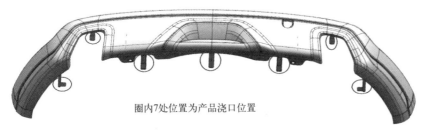

图 5-3　进料口示意图

3. 拉板抽芯机构和斜顶抽芯机构设计

汽车后保险杠两端的曲面弧形内部有扣位,无法直接通过内滑块抽芯来实现脱模,所以选择使用斜顶脱模机构。同时考虑到倒扣位处的包紧力较大,容易抱紧粘模,拉变形产品,所以要设计斜顶内顶出机构,防止产品粘模,两者同步进行工作以保证产品的顺利脱模,如图 5-4 所示。

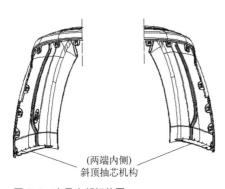

图 5-4　产品内部扣位图

其组成和工作原理如下:为增加第一次脱模的顶出力,采用氮气弹簧 24 辅助大油缸 22 进行工作带动推杆面板 12 和推杆底板 13 实现第一次顶出,动模型芯 7、斜顶抽芯机构 18、拉板脱模机构 19 三者同时进行顶出工作。

其中斜导柱 28 固定在动模板 9 和底板 11 上,为斜顶杆 27 和斜顶 29 导向,保证其正常顶出和复位工作。(T 型槽)拉板 30 固定在动模板 9 上,拉板杆 31 和定位块 32 连接为一个整体,跟随拉板 30 的 T 型槽工作,并同时配合斜顶的顶出运动,以保证产品被定位块 32 定位,不会粘在斜顶 29 上面,以达到保证产品不变形的目的,如图 5-5 和图 5-6 所示。

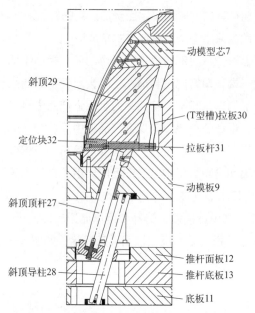

图 5-5　拉板抽芯和斜顶抽芯结构图

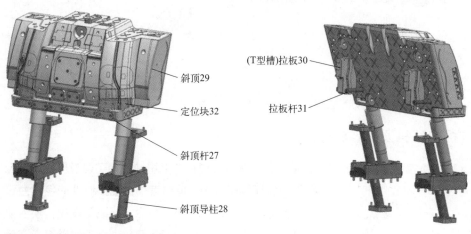

图 5-6　拉板抽芯和斜顶抽芯 3D 结构图

4. 大直顶推出机构

汽车后保险杠产品的两端是空间曲面弧形结构，产品的空间长度尺寸较大，如果直接采用推杆推，推杆的接触面较小，产品的空间长度很大，很容易发生产品顶出不平衡，造成产品推出变形的问题。为了保证产品可以均匀、平衡顶出，保证产品的形状和尺寸符合要求，设计相对复杂的大直顶推出脱模机构。该模具大直顶推出脱模机构组成和工作原理如下：大直顶推出脱模机构位于后模型芯 7 的上内部，直顶斜抽芯机构 17 的结构全部被包含在大直顶 34 的内部。进行第一次顶出的时候，直顶斜抽芯机构 17 的结构不工作，并伴随大直顶 34 一起到推出脱模作用，以达到产品先从后模型芯 7 部分脱模的目的。其工作原理如下：大直顶杆 36 固定在推杆底板 13 上面，连接大直顶 34 固定在大直顶杆 36 上面，它们组合起来形成了大直顶斜推出脱模机构。第一次顶出，小油缸 21 停止不工作，大油缸 22 先行工作，由大油缸 21 带动推杆面板 12、推杆底板 13，推动大直顶 34 实现第一次顶出工作。保证产品先从后模型芯 7 顺利脱模，如图 5-7 所示。

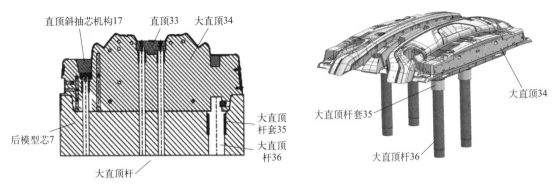

图 5-7　大直顶推出机构图

5. 直顶斜抽芯机构

汽车后保险杠的两外围侧面均有较多的小扣位，不在一个水平面上，呈空间弧形不均匀分布，如果分别设计多个滑块，分布在不同高度的空间上联合抽芯脱模，模具相对结构复杂，加工成本较高，后期容易出现生产问题。所以设计了直顶斜抽芯脱模机构，结构相对简单，来配合直顶和斜顶的推出功能，可以同步协调地完成脱模功能。如图 5-8 所示。

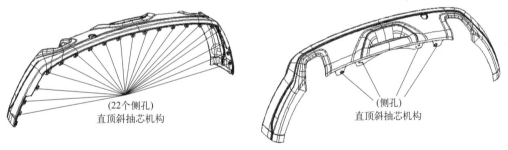

图 5-8　产品扣位图

其组成和工作原理如下：直顶斜抽芯机构 17 位于动模型芯 7 的内部，在进行二次顶出的时候才会起到脱模作用，以达到产品侧面倒扣脱模的目的。其设计工作原理如下：完成第一次顶出以后，大油缸 22 停止工作，由小油缸 21 带动推杆面板 12 推动动模型芯 7 实现第二次顶出工作。直顶杆 39 固定在推杆面板 12 上面，T 型锁紧块 38 固定在直顶杆 39 上面，直顶块 37 由 T 型锁紧块 38 连接，同时直顶块斜导柱 40 固定在直顶块 37 上面，它们组合起来形成了直顶斜抽芯脱模机构，在第二次顶出工作时，在确保直顶块 37 在 T 型锁紧块 38 和直顶块斜导柱 40 共同作用之下进行直顶斜抽芯脱模运动，保证侧面的倒扣可以顺利脱模，如图 5-9 所示。

6. 导向系统设计

汽车后保险杠大型注塑模具是精度要求较高的注塑模具，为了保证其精度要求，设计如下的导向定位装置。定模后的导向定位装置采用（6组）方形直导柱 + 耐磨块，两者配合起来，既可以起到承受较大的侧向力的作用，也可以起到坚固耐磨的作用，以保证他们的精确配合。斜顶抽芯机构设计采用（1支）两端固定斜导柱来辅助导向，以保证其在二次顶出时的精确运动和顺畅复位工作。直顶斜抽脱模机构则采用（2支）一端固定的小斜导柱来辅助导向，以保证其在直顶的时候产生的精确的斜抽芯运动和顺畅复位工作。二次顶出的推杆板结构采用（6组）导柱来定位和导向，以确保二次顶出的顺畅工作。

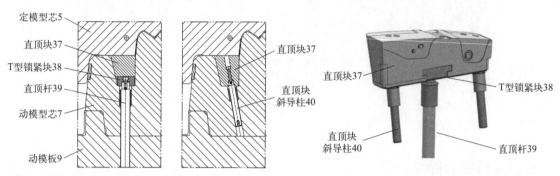

图 5-9 直顶斜抽芯结构图

7. 温度控制系统设计

汽车后保险杠模具属于外观要求高、形状和尺寸精度要求较高的大型注塑模具，为了保证模具有良好的、均匀的冷却效果，需要设计均匀的冷却水路。定、动模分别设计 4 组仿型冷却水路，均匀分布，再由集水器汇集在一起形成一个冷却的回路。每个大直顶分别设计 2 组水井式冷却水路，水井均匀分布，再由集水器汇集在一起形成一个冷却的回路。每个后斜顶内部设计 1 组并联式冷却水路，水井均匀分布，再由集水器汇集在一起形成一个冷却的回路。在保证模具水路分布较均衡的情况下，也方便操作员的水路连接。见图 5-10 模具冷却水路图。

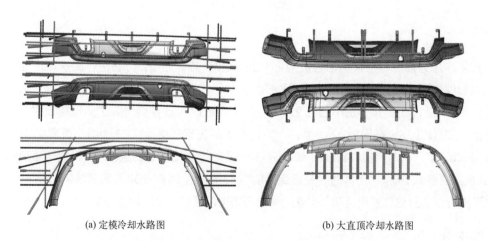

(a) 定模冷却水路图　　(b) 大直顶冷却水路图

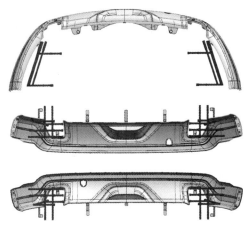

(c) 斜顶冷却水路图

图 5-10　模具冷却水路图

8. 模架设计

原则：优先选择使用标准模架，方便直接购买和节省模具成本，同时缩短制模的周期。但是本例已经超出标准模架的范围，无法直接购买，只能按设计图加工。该模具设计为带有热流道隔板的 DI-2550/1250-A735-B585-C380 的非标准两板模架，如图 5-2 所示。

（三）模具工作过程

① 首次合模，所有抽芯机构和二次顶出机构进入工作状态。

② 开始注塑，熔融状态的 PP+EPDM 经过热流道和冷流道注入一次注塑模具里面形成汽车后保险杠，并冷却至开模温度。

③ 开模，定、动模达到预定距离以后，准备顶出。

④ 第一次顶出：在氮气弹簧 24 辅助顶出的情况下，大油缸 22 进行推出动作（小油缸 21 处于收缩动作状态），带动推杆面板 12 和推杆底板 13 实现第一次顶出动作；后模型芯 7、直顶斜抽芯机构 17、斜顶抽芯机构 18、拉板脱模机构 19 三者同时进行顶出脱模动作。

⑤ 第二次顶出：小油缸 21 进行推出动作（大油缸 22 处于停止动作状态），带动推杆面板 12 和直顶斜抽芯机构 17 实现第二次顶出动作；直顶块 37 进行顶出脱模动作。

⑥ 取件之后，开始复位合模。小油缸 21 先进行复位动作，之后大油缸 22 再进行复位动作，脱模机构全部复位以后，再进行合模，进入下一个生产循环。

（四）结语

① 此套模具结构设计最大创新点为采用拉板脱模机构和斜顶抽芯机构组合脱模，既保证了斜顶脱模顺畅，也实现了拉板定位，以达到产品脱模不粘模的目的；

② 采用热流道系统转冷流道成型，有助于塑件的成型，为保证均衡进料，减少熔接痕，

在产品较少扣位的一侧同时采用隐蔽的搭底进料方式；

③ 模具采用四个氮气弹簧辅助顶出，为防止氮气弹簧有滞后现象，同时设计了四个同步拉钩，增加了第一次脱模的顶出力，确保斜顶和动模型芯顺利顶出；

④ 模具采用直顶斜抽芯脱模机构设计脱模，实现了二次顶出的脱模作用，以达到产品侧面倒扣脱模的目的；

⑤ 根据上述方案设计和制造出来的汽车后保险杠模具，在实际试模、打样和塑件检验中都符合设计要求，生产的塑件质量稳定、可满足生产要求，此模具结构有一定的创新性和先进性，其结构设计成功经验值得同行借鉴。

三十八、汽车前保险杠大型薄壁注塑模具设计

汽车前保险杠是汽车最重要的外观件之一,早期的汽车前保险杠采用金属制造,但现代的汽车前保险杠都采用塑料,由模具注射成型。塑料保险杠不但成本大大降低,而且缓冲性能好,比金属更具有弹性以及更能吸收撞击力,而且可以自动回弹、自动修复。但因为前保险杠尺寸大,结构复杂,外观要求很高,所以模具设计难度也非常高,本例介绍一副前保险杠大型薄壁注塑模具,希望模具设计同行能够借此了解大型汽车注塑模具的设计要点和先进技术。

(一)塑件结构分析

图 5-11 是某名牌汽车的前保险杠,形状类似于弓形或马鞍形。材料为 PP+EPDM+20%TD(20% 滑石粉),收缩率 0.95%。

前保险杠结构特点如下:①尺寸大,流长比达 200,属于大型薄壁塑件;②分型线落差大,形状复杂,塑件内侧有 12 处倒扣,侧向抽芯结构是模具设计的重点和难点;③外表面要求高,不允许有飞边、收缩凹痕、熔接痕等成型缺陷。

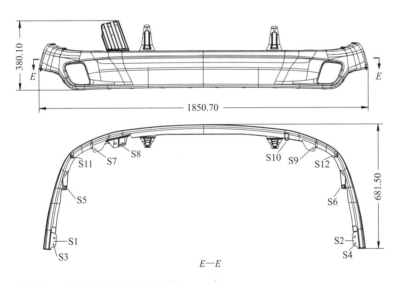

图 5-11 汽车前保险杠结构图(单位:mm)

(二)模具结构设计

模具采用热流道,并由顺序阀控制进料的先后顺序,在分型面方面,采用了外分型技术。两侧倒扣分别采用滑块、斜顶和直顶的抽芯结构。模具最大外形尺寸 2730mm × 1360mm × 1255mm,是典型的大型薄壁注塑模具,详细结构见图 5-12 和图 5-13。

1. 成型零件设计

成型零件设计的第一步就是要确定分型面,汽车前保险杠注塑模具有外分型与内分型两

种。其中外分型注塑模具结构比内分型面注塑模具简单，但可以看到分型线，对外观有影响。内分型保险杠装配后分型线则隐藏在汽车的非外观面上，对外观无影响，但内分型模具结构较复杂，模具制造难度也较大，因此其技术风险与模具成本也会高于外分型保险杠很多。

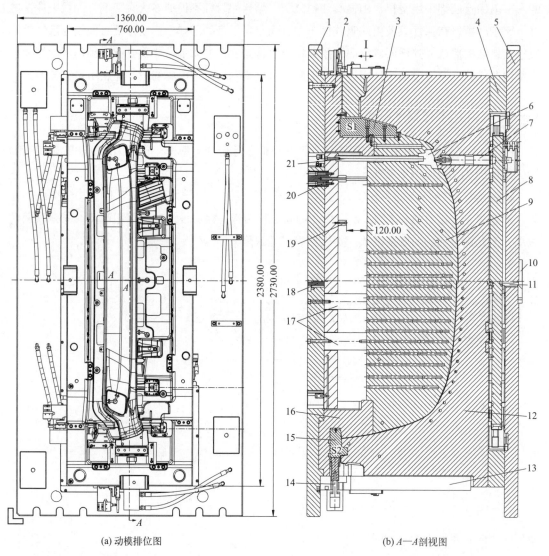

(a) 动模排位图　　(b) A—A剖视图

图 5-12　前保险杠注塑模具结构图

1—动模固定板；2—推件固定板；3, 6, 15—滑块；4—热流道框板；5—定模固定板；7—二级热射嘴；8—热流道板；9—动模板；10—定位圈；11——级热射嘴；12—定模板；13—方导柱；14—油缸；16—支承板；17—支承柱；18—顶棍连接管；19—限位柱；20—氮气弹簧；21—推杆

本模具虽然采用外分型技术，但利用了侧向滑块将分型线隐藏在塑件不可见的表面上，这样既简化了模具结构，降低了成本，又保证了塑件的外观质量，是本模具结构的创新点之一。

本模具成型零件主要由动模板 9 和定模板 12 组成，详见图 5-12 模具平面图和图 5-18 模具 3D 图。动、定模的成型零件均采用整体式结构，与镶拼式结构相比，其优点是模具尺寸较小，且强度和刚性更好，结构更紧凑。

模具成型零件钢材采用 718 或 P20 模具钢均可。对于日系保险杠模具，常采用铸造形式，材料为铸钢 FC250，这样可以降低模具成本。

2. 浇注系统设计

汽车前保险杠属于大型薄壁塑件，熔体填充困难，模具设计前期需要做模流分析验证，浇注系统是本模具设计的又一个技术难点。本模具浇注系统采用热流道 7 点进料，其中 2 点在塑件 2 个灯孔中间，其它 5 点在塑件下方，详见图 5-13。

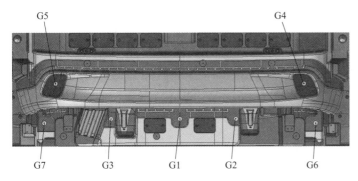

图 5-13　热流道浇口位置

前保险杠为外观件，若采用普通热流道浇注系统，虽然能使熔体充满整个型腔，但表面一定会有熔接痕，而这是客户不能接受的。为解决这一难题，本模具采用了顺序阀热流道浇口控制技术，简称 SVG 技术，这也是本模具采用的另一项创新性的先进技术。这种热流道中的 7 个热射嘴全部采用针阀式，它们不是同时进料，而是由油缸与电磁阀按熔体填充要求来控制其开启和关闭的顺序，由此达到了塑件表面无熔接痕的理想效果。SVG 技术不但可以消除塑件表面的熔接痕，而且可以消除塑件内部的残余应力，降低模具的成型周期。

另外，本模具采用了整体式热流道系统，它的优点是装拆方便，加工精度要求不高，没有了漏料的风险，装配精度可靠，并且后续不需要重复拆装，维护和修理成本低，其结构见图 5-14。

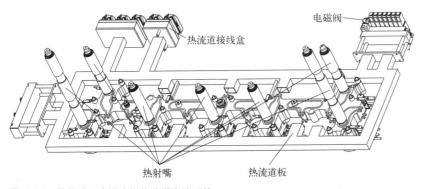

图 5-14　整体式 7 点顺序阀热流道浇注系统

3. 侧向抽芯机构设计

汽车前保险杠有 S1～S12 共 12 处倒扣，侧向抽芯机构相当复杂，是本模具的核心机构。其中倒扣 S1～S10 的侧向抽芯机构立体图详见图 5-15，它们均采用液压抽芯，由油缸、滑块、导向块、压块和行程开关组成。这种侧向抽芯机构虽然复杂，但安全可靠，可谓侧向抽芯机构中的经典结构。

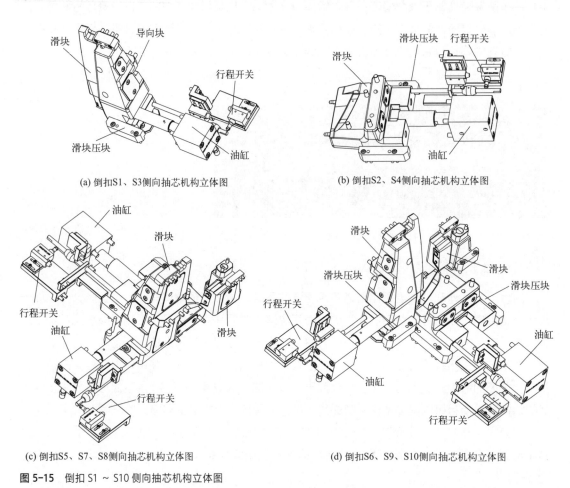

(a) 倒扣S1、S3侧向抽芯机构立体图

(b) 倒扣S2、S4侧向抽芯机构立体图

(c) 倒扣S5、S7、S8侧向抽芯机构立体图

(d) 倒扣S6、S9、S10侧向抽芯机构立体图

图 5-15 倒扣 S1～S10 侧向抽芯机构立体图

倒扣 S11 和 S12 则采用斜顶侧向抽芯机构，斜顶倾斜角度 3°，在顶出过程实现侧向抽芯。该机构由斜推块 24、斜推杆 22、斜推杆导向管 23，斜推杆底座 25 和斜推杆滑块 26 组成，详见图 5-16。这里要特别注意的是，由于斜推块 24 上表面是斜面，与模具底面成 10°夹角，所以斜推杆底座 25 的导滑槽也要沿相同的角度和方向滑行，否则斜顶侧向抽芯时会将前保险杠塑件顶变形甚至开裂。

4. 温度控制系统设计

前保险杠注塑模具温度控制系统采用了"垂直式水管 + 倾斜式水管 + 隔片式水井"联合冷却方式，即优先采用水管，其次是水井。其中定模采用了 6 组水路，动模采用了 8 组水路，详见图 5-17。冷却充分，模温平衡，有效保证了模具的成型周期与产品质量。

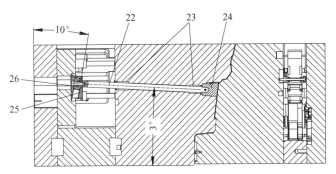

图 5-16 倒扣 S11～S12 侧向抽芯机构立体图

22—斜推杆；23—斜推杆导向管；24—斜推块；25—斜推杆底座；26—斜推杆滑块

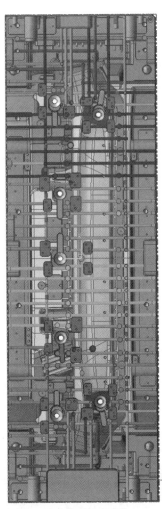

(a) 定模6组冷却水路

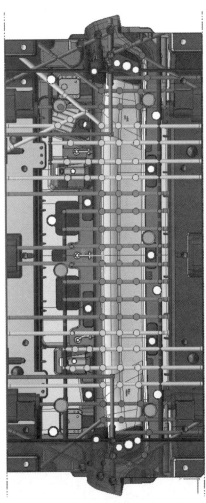

(b) 动模8组冷却水路

图 5-17 前保险杠注塑模具温度控制系统

本模具属于大型汽车注塑模具，温度控制系统设计时严格遵循了以下原则：

① 3米原则。汽车大型模具的直通式冷却管直径一般为 ϕ15mm，冷却水路总长度不能超过3米，因为超过3米，深孔钻将无法加工，钻嘴长度不够。

② 动模优先原则。动模结构较为复杂，热量又较为集中，要重点冷却，但冷却水路必须与推杆、直顶、斜顶等孔保持至少 8mm 的距离。

③ 直孔优先原则。冷却水路能做直孔就不要做斜孔，斜度小于 3° 的斜孔，宜直接改为直孔。如果斜孔可获得良好的冷却效果应优先采用斜孔。

④ 手掌效应原则。大型汽车注塑模具布置水路时应保证冷却水朝同一个方向流动，间隔排布如手掌，水路之间距离宜控制在 50～60mm 之间，水路距型腔面取 25～28mm。水路尽量沿着型腔形状布置，以提高冷却效果。

⑤ 长短相近原则。不同冷却水路长短不能相差太大，以保证模温大致相同。

在汽车注塑模具中，前保险杠模具的成型周期以前都在 120s 以上，有的甚至高达 180s，目前保险杠模具的成型周期一般在 70～80s 之间，本模具由于温度控制系统设计先进合理，周期缩短到了 60s，模具的劳动生产率得到了很大的提高，得到了客户的高度肯定。

5. 导向定位系统设计

大型注塑模具的导向定位系统设计非常重要。和其它普通模具的导向定位系统不同之处是本模具采用了 4 支 170mm×60mm×460mm 的方导柱与 1° 精定位导向定位，位置详见图 5-12 和图 5-18。这是大型汽车注塑模具经常采用的方法，因为方导柱不但可以导向，而且定位精度高，后续维修调整也更方便。它能有效保证塑件的精度和模具的寿命。

6. 脱模系统设计

大型塑件包紧力大，顶出距离长，而且必须保证顶出平稳、安全。本模具脱模系统采用了"推块+推杆+斜顶"联合顶出机构，详见图 5-12。因为推杆与塑件接触面积较小（本模具推杆直径为 12mm），塑件局部易变形，所以前保险杠注塑模具在设计时尽量多采用推块，推块的顶出面形状可根据塑件形状和大小确定。鉴于动模型芯表面不平整，所有推杆和推管的固定端都要设计止转结构。

由于模具的推出零件多，脱模力和推件复位力都较大，故脱模系统采用 4 个氮气弹簧作为动力来源，这也是本模具的先进结构之一。模具专用的氮气弹簧是一种以高压氮气为工作介质的新型弹性组件，其优点是行程长、工作平稳，而且体积小、弹力大、制造精密，使用寿命长（可达一百万次），弹力曲线平缓，以及不需要预紧等。其缺点是成本高，维修不方便。本模具的氮气弹簧结构见图 5-19。

塑件的顶出距离为 120mm，由限位柱 19 控制。

（三）模具工作过程

① 熔体填充阶段：塑料熔体由一级热射嘴 11 进入热流道板 8，再经二级热射嘴 7 进入普

通流道，最后由侧浇口进入模具型腔。

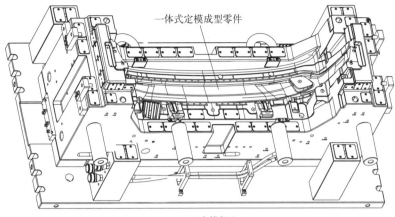

(a) 定模部分

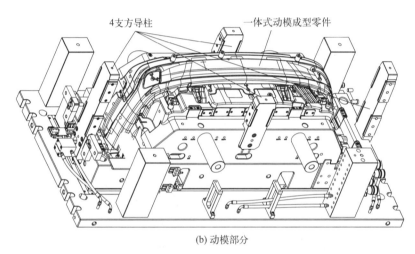

(b) 动模部分

图 5-18　前保险杠注塑模具 3D 图

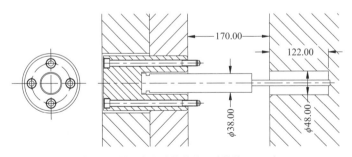

图 5-19　前保险杠注塑模具氮气弹簧结构图（单位：mm）

② 保压冷却阶段：熔体注满型腔后，保压、冷却、固化，当固化至足够刚性后，注塑机拉动模具动模固定板 1 开模。

③ 开模阶段：模具从分型面 I 处打开，成型塑件脱离定模型腔，开模距离 1200mm，由注塑机控制。

④ 侧向抽芯阶段：完成开模行程后，成型倒扣 S1～S10 的侧向抽芯机构（图 5-16）中的 6 个油缸同时启动，模具开始侧向抽芯。侧向抽芯距离 40mm，通过调整行程开关来控制。

⑤ 脱模阶段：完成侧向抽芯后，注塑机顶棍通过动模固定板上的顶棍孔推动推件固定板 2 上的氮气弹簧 20，氮气弹簧推动推杆、推块及斜顶，一边做内侧向抽芯，一边将前保险杠塑件推离动模型芯。

⑥ 取件阶段：接着启动机械手将塑件取出。

⑦ 复位阶段：氮气弹簧推动推件固定板，进而推动推杆、推块及斜顶复位，油缸推动各侧向抽芯机构中滑块复位。

⑧ 合模阶段：注塑机推动动模合模，模具开始下一次注射成型。

（四）结语

① 动、定模通过采用整体式结构，大大减小了模具的外形尺寸，同时又大大提高了模具刚性和寿命；

② 浇注系统通过采用顺序阀热流道浇口控制技术（即 SVG 技术）成功地消除了前保险杠外观面上熔接痕及内部残余应力，大大提高了塑件尺寸精度和成型质量；

③ 巧妙采用侧向滑块成功解决了外分型在塑件表面留下痕迹的问题。另外，侧向抽芯机构 S1～S10 采用液压油缸抽芯虽然提高了模具的成本，但却大大简化了模具结构，降低了模具故障发生率，最终降低了前保险杠的生产成本；

④ 温度控制系统通过采用 14 组"垂直式水管 + 倾斜式水管 + 隔片式水井"冷却水路，成功将前保险杠的成型周期降低至 60s，大大提高了模具劳动生产率和企业的经济效益；

⑤ 脱模系统通过采用氮气弹簧来顶出和复位，成功解决了大型薄壁注塑模具顶出力大、顶出距离长、塑件脱模易变形的难题。

模具自放产以来生产稳定，成型塑件各项质量指标都达到了设计要求，这是一副复杂、精密、大型和长寿命注塑模具设计的成功案例。

小结　保险杠注塑模具设计标准

（一）浇注系统及浇口设计

① 前保险杠大灯位置不要轻易设计浇口，容易造成大灯处模具飞边和浇口缺陷，如图 5-20 的 G5。

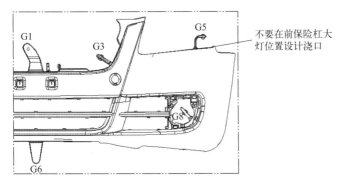

图 5-20　不要在前保险大灯位置设计浇口

② 后保险杠行李箱处避免设计浇口，详见图 5-21。如果一定需要设计浇口，浇口优先设计成弧形浇口，避免浇口缺陷和模具飞边。

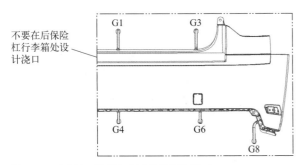

图 5-21　不要在后保险杠行李箱处设计浇口

③ 浇口设计事项

图 5-22 为浇口设计示例，其中 $D=8mm$（试模后如出现保压不好可以再视情况加大至 10mm）。

如果空间和客户允许，前保险杠的主浇口优先考虑直接在产品表面进料（牌照板位置），见图 5-23，这样更有利于产品填充，同时可以解决其它浇口方案因为主浇口压力过大而引起的飞边缺陷。但设计时要注意以下问题：

① 要设计热射嘴冷却水套，可以避免热射嘴附近"太阳圈"现象，见图 5-24；
② 浇口位置要尽量靠近牌照板下侧，这样浇口附近的缺陷可以被遮住；
③ 要注意因牌照安装孔而产生的熔接痕或气痕跑到了产品外表面（又称 A 面）上。

④ 热射嘴进料位置要设计一个深 1mm 的沉台，见图 5-25。

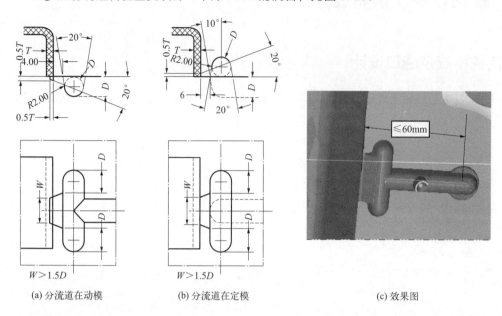

图 5-22 浇口设计

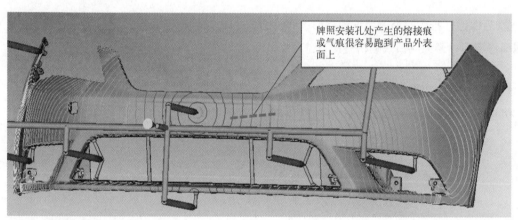

图 5-23 前保险杠可直接在产品表面进料

图 5-24 设计冷却水套

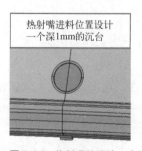

图 5-25 热射嘴处设计一个沉台

浇口不要设计在车型的上侧面，因为这样浇口缩痕很难解决，要优先考虑在车型下侧面（图 5-26）。

如果因为各种原因不能设计在下侧面，要建议客户更改产品，把浇口处的分型面下移，通过这种方式来隐藏浇口缺陷，见图 5-27。

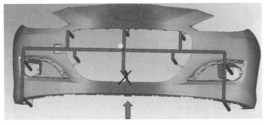

图 5-26　浇口应位于车型的下侧面

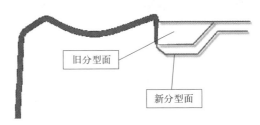

图 5-27　更改分型面

浇口不要正对着碰穿孔填充，这样容易产生飞边。浇口正前方扇形区域内的碰穿孔要设计阻流槽，阻流槽深 1.5mm。浇口边上 80mm 以内的螺柱（又称 BOSS 柱）不能设计推管顶出，因为熔料会把细长的内针冲弯，顶出时推管和内针很容易断裂。螺柱设计成镶针，在螺柱两侧设计推杆顶出，见图 5-28。

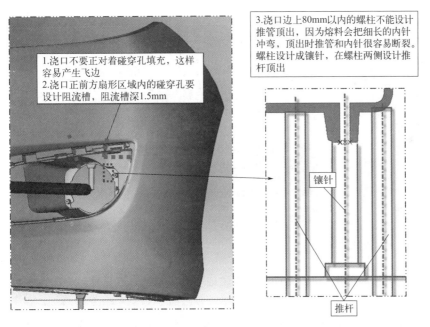

图 5-28　浇口不要正对着碰穿孔和螺钉柱

浇口不能设计在产品装车可见面附近，否则会因为浇口收缩痕影响到产品外观。如一定要设计，需要和客户进行沟通修改产品分型线，把浇口位置隐藏起来，如图 5-29 一汽大众新宝来后保险杠的案例。

最后一个进料点距产品两端的距离"L"不能太远，前保险杠要控制在 450mm 以内，后保险杠要控制在 550mm 以内，如图 5-30 所示。"L"值过大，会产生以下问题：

① 造成产品两头的尖角缩水；

② 为了解决尖角处的缩水，注塑压力会加大，从而造成模具飞边和影响模具寿命。

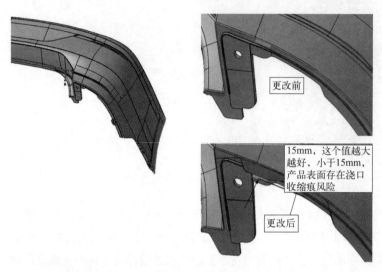

图 5-29　浇口不能设计在产品可见面附近

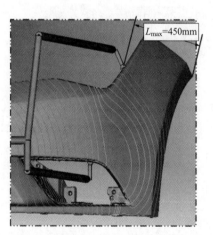
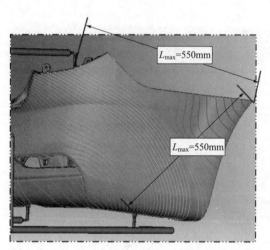

图 5-30　最后一个进料点距产品两端的距离不能太远

模流分析的这一项结果非常重要，可以发现浇注系统填充是否平衡，产品是否会因为压力太大而产生毛边。

理想的情况是最高点的注射压力要小于 60MPa，这样产品几乎不会因为浇口原因而产生毛边，特殊情况可以让步到 65MPa。见图 5-31。

当需要把浇口设计在斜顶上时，为了不使流道设计在定模，可采取对斜顶起级、在热射嘴附近流道设计在动模、浇口处的流道设计在定模的形式来解决这个问题，详见图 5-32 所示。

（二）大斜顶结构设计

（1）常见结构

保险杠大斜顶结构很复杂，常见结构如图 5-33 所示。

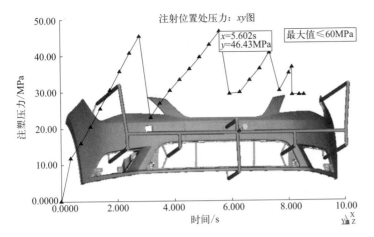

图 5-31 注射压力分析

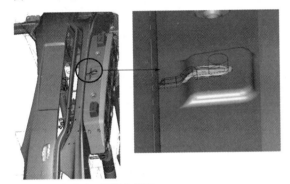

图 5-32 如果浇口设计在斜顶

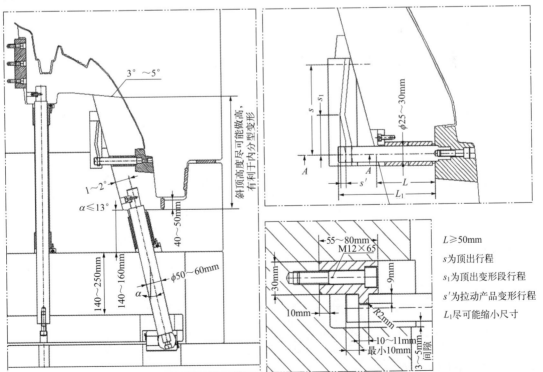

图 5-33 保险杠大斜顶结构

（2）大斜顶导向

与普通尺寸的斜顶相比，大斜顶导向非常重要，大斜顶常见的导向结构及设计参数如图 5-34 和图 5-35 所示。

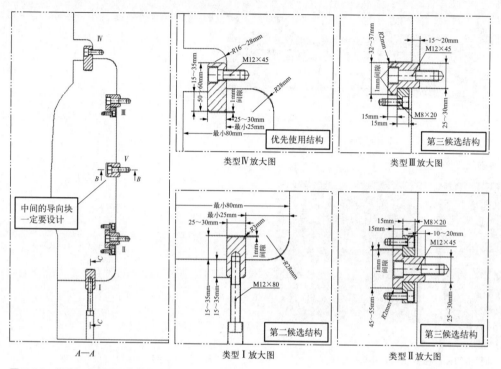

图 5-34　保险杠大斜顶导向结构图 1

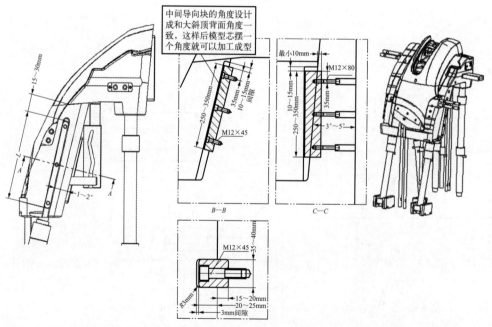

图 5-35　保险杠大斜顶导向结构图 2

(3) 大斜顶定位尺寸

保险杠大斜顶的定位决定了成型塑件的精度和模具的寿命，大斜顶常见的单位结构及参数见图5-36。

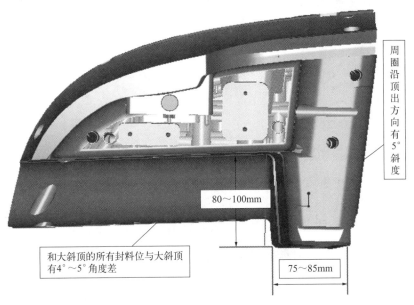

图5-36 保险杠大斜顶定位结构图

(4) 保险杠大斜顶工艺螺钉孔设计

保险杠大斜顶工艺螺钉主要用于制造、装配和维修保养，由于保险杠大斜顶尺寸较大，工艺螺钉孔就显得尤为重要。保险杠大斜顶工艺螺钉孔结构和注意事项见图5-37。

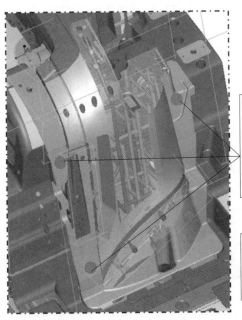

图5-37 保险杠大斜顶工艺螺钉孔设计

（5）斜推导轨设计注意事项

动模镶件和动模板上的导轨槽设计成斜面的，会造成数控加工、深孔钻和电加工清角时需把工件摆一个角度，加工不方便，见图5-38（a）。

改善措施：把导轨槽设计成不带斜度的，如图5-38（b）所示。

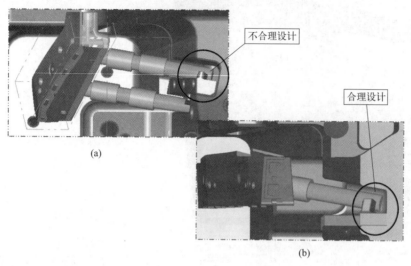

图 5-38　斜顶导轨设计

（三）顶出油缸设计

保险杠注塑模具顶出油缸全部按固定不动的形式设计，其常见结构及选用顺序见图5-39。

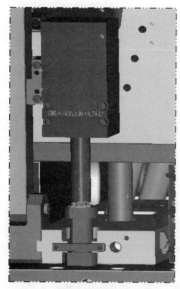 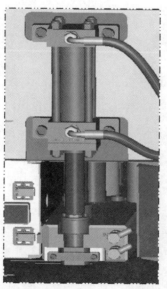 

(a) 优先使用结构　　　　　　(b) 第二候选结构　　　　　　(c) 第三候选结构

图 5-39　保险杠注塑模具顶出油缸常见结构及选用顺序

（四）抽芯弹针结构设计

保险杠注塑模具抽芯弹针常见结构、设计参数及注意事项见图 5-40 和图 5-41。

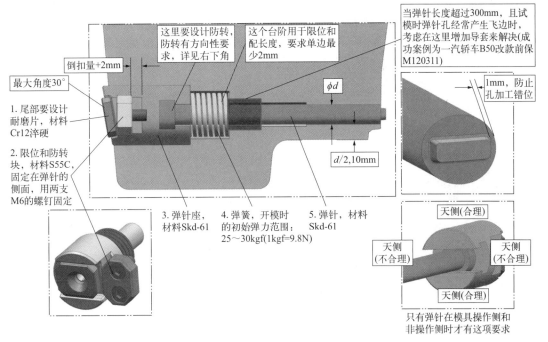

图 5-40　保险杠注塑模具抽芯弹针结构设计（1）

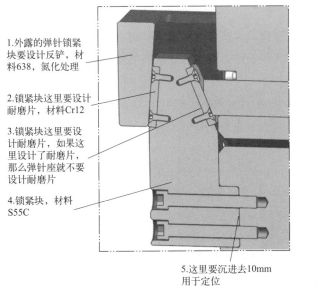

图 5-41　保险杠注塑模具抽芯弹针结构设计（2）

问题描述和分析：运动过程当中定模的弹针会把圆孔铲伤，并使圆孔变大，最终产生飞边。

解决措施：在弹针后面增加导套，使弹针导向稳固，见图 5-42、图 5-43。

图 5-42　保险杠注塑模具抽芯弹针结构设计（3）

图 5-43　保险杠注塑模具抽芯弹针结构设计（4）

（五）型腔强度

保险杠注塑模具属于大型甚至超大型注塑模具，在设计模具大小时必须保证其强度和刚度。图 5-44 是后保险杠注塑模具模板结构和大小设计过程中的注意事项及各参数的参考值。

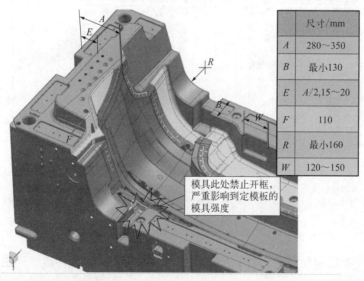

	尺寸/mm
A	280～350
B	最小130
E	$A/2$，15～20
F	110
R	最小160
W	120～150

图 5-44　保险杠注塑模具定模板设计

因为动模镶件安装承压板位置有太多的孔，应把所有的承压板全部设计成安装在定模板上，见图 5-45。

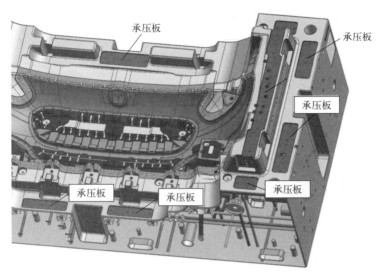

图 5-45　保险杠注塑模具动模板设计

（六）拉钩设计

注塑模具拉钩的作用是保证开模顺序和开模距离，常见的拉钩结构及设计注意事项见图 5-46。

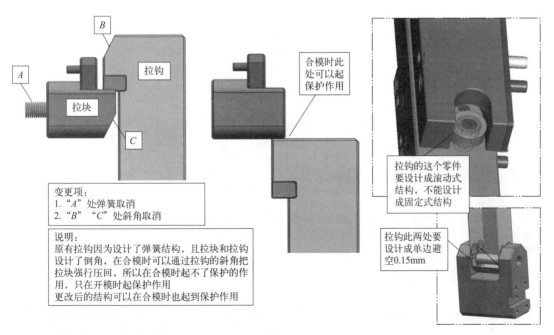

图 5-46　保险杠注塑模具拉钩设计

（七）脱模系统设计

① 当直顶杆的直径达到 50mm 时，在杆的末端要设计一个垫片，垫片用两个 M6 的螺钉固定在杆上，见图 5-47。目的是用于方便调整直顶杆的长度，不需要研配杆长时，每次都需要拆装一次直顶杆。垫片厚度为 12mm，直径比杆小 1mm。

② 保险杠注塑模具的模具底板与推杆对应位置应该挖空，这样每次装拆推杆时，都不需要拆模，可以很方便模具制造和修理，见图 5-48。

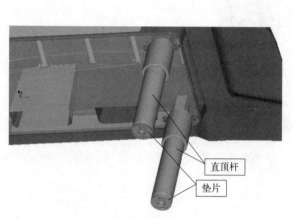

图 5-47　在直顶杆的末端加垫片　　　　　图 5-48　模具底板与推杆对应位置应该挖空

③ 顶块宜设计在内侧，镶件宜设计在外侧，投产时，如果产生顶块印，可以通过牌照挡住顶块印，见图 5-49。

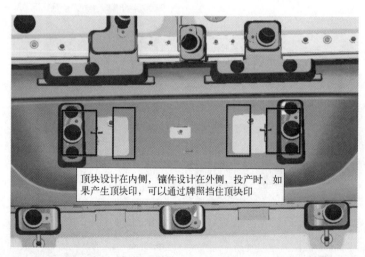

图 5-49　顶块在内侧，镶件在外侧

④ 采用推块同步顶出时，顶出机构因重力原因（推块顶出机构的重量完全由顶杆承受），会造成下坠，那么就会和型腔产生错位，从而造成分型面撞伤，导致模具失效产生飞边。解

决的办法是：在推块与型腔之间，设计周圈 5°的定位锥面，使其和型腔之间不产生错位，见图 5-50。

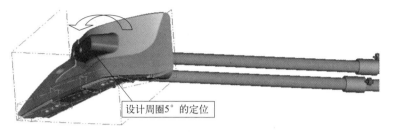

图 5-50　在推块与型腔之设计定位锥面

⑤ 有的保险杠注塑模具是在型腔取件，此时就要在型腔脱模困难的位置设计型腔顶块，见图 5-51。

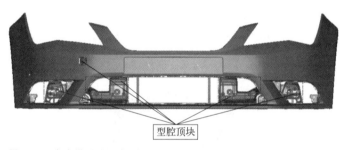

图 5-51　在定模型腔设计顶块

⑥ 型腔顶块如果通过油缸单独控制（图 5-52），设计时要注意：

a. 为了避免顶块顶出不平衡，从而造成产品顶伤，要求安装油路平衡器，用于控制所有的油缸同步运动；

b. 顶出油缸的缸径要设计成一样大，因为油路平衡器是通过流量控制来做到油缸平衡的；

c. 顶块的行程要做到足够顶出产品。

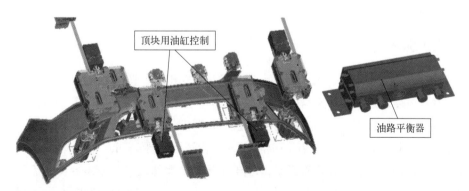

图 5-52　顶块用油缸控制

⑦ 油缸抽芯后退的解决措施。

问题描述：广州中新 YFPO A28 后保 M140182 的模具，在注塑生产时，油缸抽芯后退。

原因分析：a. 油缸复位后，油路泄压，注塑时胶位反作用力造成油缸后退；b. 油缸太小，缸径只有 32mm。

解决措施：a. 这类位置的抽芯结构，油缸缸径要设计为 63mm；b. 要想尽办法减小抽芯的料位面积，按仿形设计，如图 5-53 所示。

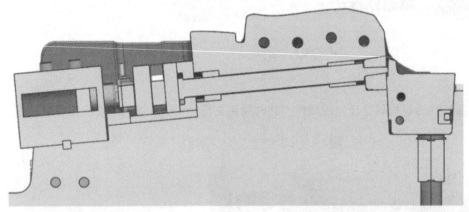

(a) 油缸抽芯后退

(b) 不合理

(c) 合理

图 5-53　油缸抽芯后退

（八）温度控制系统设计

① 冷却水管距型腔面的距离和冷却水管间距的设计：冷却水管距型腔面的距离太大时，冷却效果差，局部冷却过度，造成冷却不均衡，最终易导致成型塑件变形。冷却水管的间距太大，则冷却效果也会差。间距太小，则模具刚度会变差。模具型腔面温度过低也会影响熔体流动，造成填充不良。合理的冷却水管距型腔面距离和冷却水管间距见图 5-54。

② 热射嘴附近往往是模具温度最高的区域，这样会严重影响到模具的成型周期，热射嘴附近的冷却方式有直通式冷却水管和隔片式冷却水井两种，它们的设计要求见图 5-55 和图 5-56。

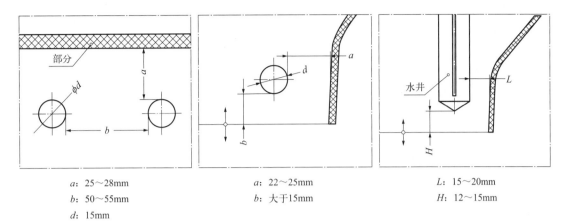

a：25～28mm
b：50～55mm
d：15mm

a：22～25mm
b：大于15mm

L：15～20mm
H：12～15mm

图 5-54　冷却水管距型腔面的距离和冷却水管间距

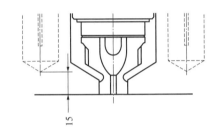

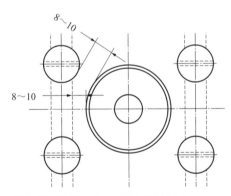

图 5-55　冷却方式一：隔片式冷却水井

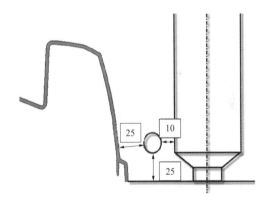

图 5-56　冷却方式二：直通式冷却水管（单位：mm）

③ 保险杠注塑模具冷却水杆的设计。

尺寸较大的推块或斜顶通常都采用冷却水杆接驳冷却水，冷却水杆结构及设计参数见图 5-57 和图 5-58。

④ 保险杠注塑模具温度控制系统设计注意事项如下。

a. 所有运动件的冷却水进出口优先设计在模具侧面，这样便于维护；

b. 要设计冷却水支架；

c. 天侧吊环附近不能有进水管和水嘴，因为吊钩和吊环会把水嘴压坏；

d. 除客户另有特别要求外，冷却水路的进侧或出侧不安装调节阀，调节阀的孔径较小，模具长期生产会阻死水路。

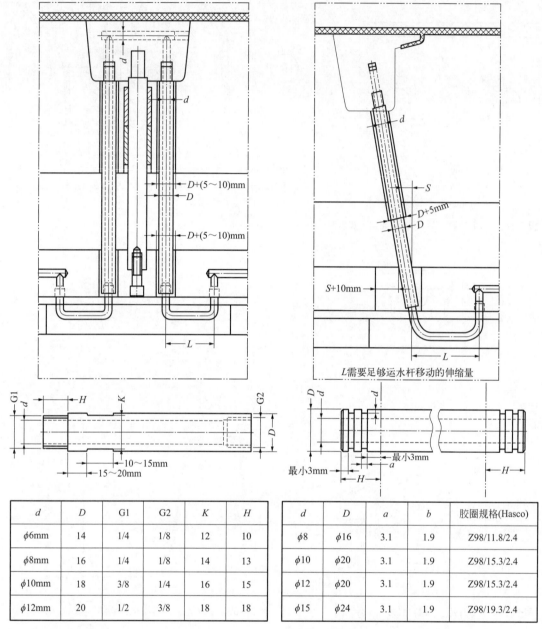

图 5-57 冷却水杆设计（一）

（九）常见问题及解决措施

（1）问题一

问题描述：试模时，塑件在图 5-59 所示的区域出现拖花，但两侧同一斜度的区域没有拖花。当时分析是因为脱模斜度过小（3°）造成的，后把斜顶加大到 5°也没有改善。

原因分析：因为产品的造型原因，同时型芯侧也是光滑面，没有筋位，开模的瞬间，产品因为收缩的特性，造成产品脱离型芯面，贴紧型腔面，从而引起拖花，开模后，验证产品这一区域与型芯确实是空的。

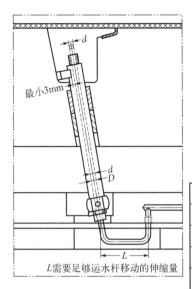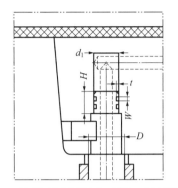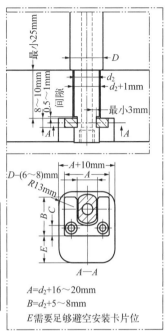

d_1	H	W	t	胶圈规格(Hasco)
$\phi16$	$\phi10$	1.9	1.2	Z98/7.5/1.5
$\phi20$	$\phi12$	1.9	1.2	Z98/9.5/1.5
$\phi24$	$\phi16$	3.1	1.9	Z98/11.8/2.4
$\phi20$	$\phi20$	3.1	1.9	Z98/15.3/2.4

图 5-58 冷却水杆设计（二）

解决措施：在产品拖花区域相对应的型芯位置增加一条深 5mm，厚 1mm 的筋位，达到开模时，产品始终贴紧型芯，从而解决产品拖花的现象，见图 5-60。

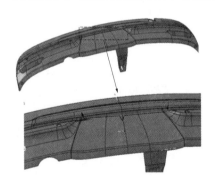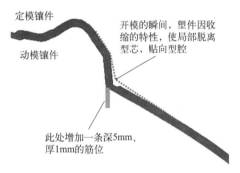

图 5-59 标框区域出现拖花　　图 5-60 增加一条深 5mm、厚 1mm 的筋位

（2）问题二

问题描述：顶块是为了防止产品粘大斜顶而设计，但在试模过程中出现拉变形导向杆断裂（图 5-61）。

原因：顶块在设计上和拉变形导轨是一致的，但是由于在制作过程中存在一定的误差，所以当模具开模顶出时顶块没有和拉变形顶块做相对同步运动，而是提前顶住拉变形块，导致拉变形块不能顺利动作，此时导向杆断裂。

解决方案：将顶块取消，动作可以顺利完成。在以后设计过程中避免此类结构做同步动作。

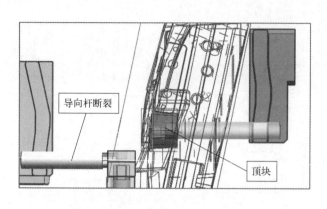
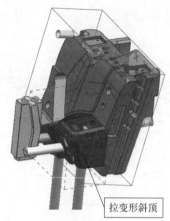

图 5-61 导向杆断裂

（3）问题三

问题描述：推管和推管内型芯（司筒内针）顶弯或爆裂（图 5-62）。

原因分析：保险杠模具的推管和推管内型芯过长，有时甚至达到了 1000mm 以上，过长的尺寸易造成模具生产出问题。

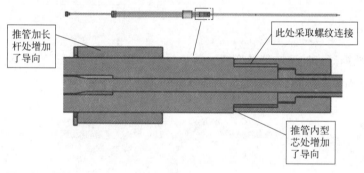

图 5-62 推管和推管内型芯顶弯或爆裂

解决措施：针对长度超过 600mm 的推管，设计图 5-62 所示的加长顶出杆，这样可以解决推管和推管内型芯顶弯或爆裂的现象。

（4）问题四

问题描述：成型塑件中间位置的顶块在塑件表面产生顶块印痕，见图 5-63。

原因分析：

① 顶块研配不到位，后经过多次研配，有所改善，但不能完全消除。

② 此产品动模侧光滑无筋位，塑件中间产生真空，顶块顶出时受力大，塑件表面产生顶块印痕，见图 5-64。

解决措施：

① 将此两顶块更改为镶件；

② 长久措施：将此类型产品设计推 CORE（型芯）结构，料位平坦位置不能设计推块。

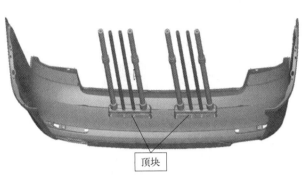

图 5-63 塑件中间位置的顶块在塑件表面产生顶块印痕

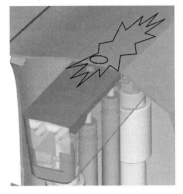

图 5-64 产品动模侧光滑无筋位，顶块顶出时产生印痕

（5）问题五

问题描述：斜顶尾部顶块印严重，见图 5-65。

原因分析：

① 斜顶杆位置分布不均匀；

② 压斜顶的顶块过小，斜顶尾部受力不均。

解决方案：

① 斜顶杆尽量设计在斜顶的两端；

② 在产品内部的斜顶一定要在分型面上设计顶块压复位，顶块尽量设计大一点，增加受压面积，见图 5-65。

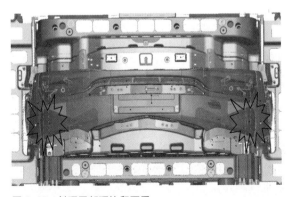

图 5-65 斜顶尾部顶块印严重

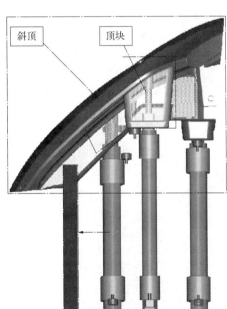

图 5-66 设计顶块压复位

（6）问题六

问题描述：对于前保险杠和扰流板为一整体的保险杠塑件，下侧的孔位拖伤严重，见图 5-67。

原因分析：由于保险杠下侧翻边过高，塑件收缩造成拖伤。

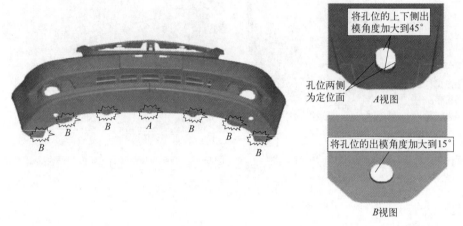

图 5-67　前保险杠下侧的孔位拖伤严重

（7）问题七

问题描述：对于前保险杠中格栅为一整体类产品，中格栅位置有熔接痕，困气严重。

原因分析：产品中间碰穿位置较多，产生熔接痕。

解决方案：在每一个碰穿位置增加排气孔，将气引出去，见图 5-68。

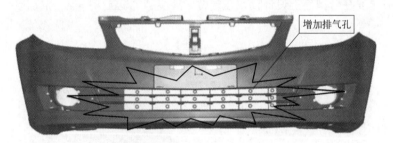

图 5-68　在每一个碰穿位置增加排气孔

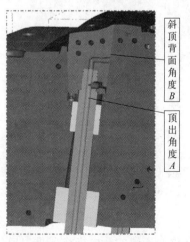

图 5-69　斜顶背面擦伤，产生飞边

（8）问题八

问题描述：斜顶背面擦伤，产生飞边。

原因分析：斜顶背部角度过小，导致其硬度不足，加之斜顶孔加工产品时存在误差，使得斜顶在工作过程中容易出现擦伤现象。

解决方案：

① 斜顶需进行氮化处理；

② 斜顶背部的角度 B 需比顶出角度 A 大 2° 以上（$B \geqslant A+2$），见图 5-69。

第六章
汽车其它配件注塑模具

三十九、汽车风箱左盖注塑模具设计

新能源汽车塑料配件注塑模具和其它注塑模具相比没有本质的区别，但和其它塑件相比，新能源汽车塑料配件要求环保、质量好、尺寸精度高、寿命长。因此，新能源汽车塑料配件注塑模具要求强度刚度更好、尺寸精度更高、寿命更长，而且动作要求稳定、安全、可靠。汽车配件注塑模具从设计到制造，除了必须有一支优秀的工程技术人员队伍，还要求有精良的加工设备、先进合理的加工工艺、干净整洁的工厂环境，以及严格规范的管理制度。当然，好的模具首先要有好的模具结构设计，本例所述某新能源汽车风箱左盖注塑模具是一副典型的较大型、高精度和长寿命的汽车塑料配件注塑模具。

（一）塑件结构分析

本塑件详细结构见图6-1。材料：PA6+PA66+30%GF，收缩率：0.35%。塑件有以下特点。

① 塑件投影面积大：塑件最大尺寸 198mm × 194mm × 82mm。属于中偏大型塑件。塑件外观质量和尺寸精度都要求很高，模具浇注系统设计是重点之一。

② 塑件壁厚尺寸大：最大壁厚 4.00mm，最小壁厚 1.80mm。加上塑件批量较大，所以模具的温度控制系统设计也是模具设计的重点之一。

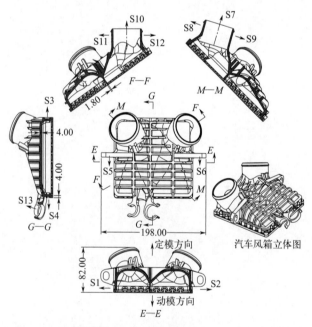

图 6-1 汽车塑料风箱左盖零件图（单位：mm）

③ 塑件结构复杂，侧向抽芯数量多，抽芯方向多。其中横向侧向抽芯有 6 个（S1 ~ S6），斜向侧抽芯有 7 个（S7 ~ S13），总共有 13 处侧向抽芯。而且侧向抽芯机构 S1、S2 和侧向抽芯机构 S5、S6 还相互干涉。侧向抽芯机构是本模具最复杂的核心结构，是模具设计的最大难点。

（二）模具结构设计

由于塑件尺寸较大，模具采用单型腔，根据塑件的结构特点，模架采用非标模架，外形尺寸 650mm × 650mm × 758mm。模具总质量 1900kg，其中定模质量 1100kg，动模质量 800kg。模具定模侧有两个斜向抽芯，这两个斜向抽芯必须在动、定模打开之前完成抽芯，因此定模侧需增加一个分型面。这种模架就是没有流道推板的简化型三板模结构，俗称两板半模架。模具详细结构见图 6-2。

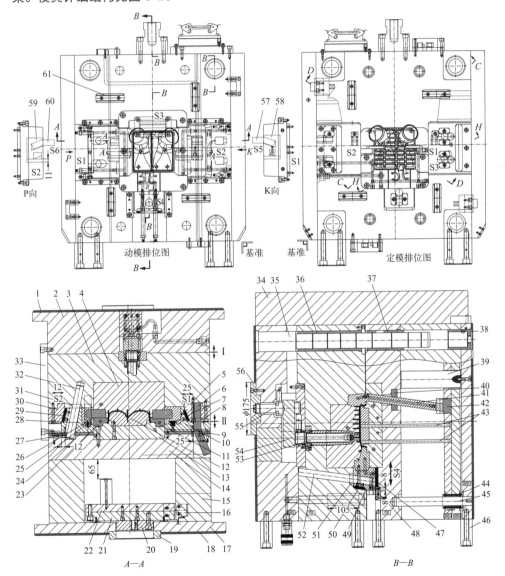

图 6-2 风箱左盖模具结构图

1—定模隔热板；2—定模固定板；3—定模板；4—定模镶件；5,30—锁紧块；6,57,60—弯销；7,26—T 型导向块；8—弯销固定块；9—DME 滑块限位装置；10,28,49—滑块；11,23—侧向抽芯；12—动模型芯；13—动模镶件；14—动模板；15—垫块；16—推杆固定板行程开关；17—动模固定板；18—动模隔热板；19—动模定位圈；20—注塑机顶棍连接柱；21—推杆底板；22—推杆固定板；24,29,47,50—耐磨块；25—定位滚珠；27,48—滑块限位装置；31,51—斜导柱固定块；32,52—斜导柱；33—锁模块；34—吊模块；35—导柱；36—定模板导套；37—动模板导套；38—定位套；39,46—支承柱；40—斜顶导向块；41—斜顶；42—斜顶底座；43—推杆；44—推杆固定板导套；45—推杆固定板导柱；53—二级热射嘴；54—热流道板；55—一级热射嘴；56—定模定位圈；58,59—小滑块；61—定位块

1. 浇注系统设计

塑件属于中偏大型，加上成型质量要求高，批量大，模具采用了热流道浇注系统。热流道浇注系统由一级热射嘴55、热流道板54和二级热射嘴53组成。

2. 侧向抽芯机构设计

本模具最复杂的结构当属侧向抽芯机构，共有13处之多，这也是这副模具结构的最大亮点。其中横向抽芯机构S1采用"斜导柱+滑块"的常规结构，由斜导柱32、斜导柱固定块31（两块，卡住斜导柱）、滑块28、滑块限位装置27、锁紧块30和耐磨块29组成。横向抽芯机构S2采用了"弯销+滑块"的结构，主要由弯销6、弯销固定块8、滑块10、锁紧块5、DME滑块限位装置9和侧抽芯11组成。横向抽芯机构S3则采用斜顶结构，由斜顶41、斜顶导向块40和斜顶底座42组成。横向抽芯机构S4也采用"斜导柱+滑块"常规结构，主要由斜导柱52、斜导柱固定块51、滑块49、滑块限位装置48和耐磨块47、耐磨块50组成。横向抽芯机构S5和S6都采用"弯销+滑块"结构，分别由弯销57、小滑块58、T型导向块7和弯销60、滑块59、导向块26、定位滚珠25组成。滑块58和滑块59都分别在滑块10和滑块28内滑动，俗称"大滑块内跑小滑块"。以上侧向抽芯机构详见图6-3。

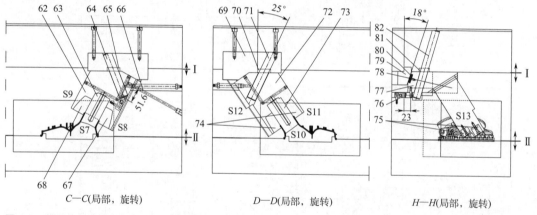

图6-3 模具的七个斜向抽芯机构（单位：mm）

62、72—斜滑块座；63、73、75—斜向抽芯；64、71、82—斜导柱；65、70、81—斜导柱固定块；66—限位杆；67、68、74—斜滑块；69—底座；76—滑块限位装置；77—滑块；78—斜向抽芯固定座；79—锁紧块；80—耐磨块

斜向抽芯机构S7、S8和S9见图6-3的C—C（局部旋转）剖视图，它们主要由斜导柱64、斜导柱固定块65、斜向抽芯63、斜滑块67和68、斜滑块座限位杆66和斜滑块座62组成。分型面Ⅰ打开时斜导柱64拨动斜滑块座62，斜滑块座62一边带动斜向抽芯63作斜向抽芯，一边带动两个斜滑块67、68侧向脱离倒扣。斜滑块座62的移动距离由侧面限位装置控制。

斜向抽芯机构S10、S11和S12和斜向抽芯机构S7、S8和S9结构大致相同，见图6-3的D—D（局部旋转）剖视图，它们主要由斜导柱71、斜导柱固定块70、底座69、斜向抽芯73、斜滑块74和斜滑块座72组成。分型面Ⅰ打开时，斜导柱71拨动斜滑块座72，斜滑块座72

一边带斜向抽芯73作斜向抽芯,一边带动两个斜滑块74作侧向移动脱离塑件倒扣。斜滑块座72的限位装置与斜滑块座62相同,图中未画出。

斜向抽芯机构S13见图6-3中的 H—H（局部旋转）剖视图,它主要由斜向抽芯固定座78、斜向抽芯75、滑块77、滑块限位装置76、锁紧块79、斜导柱82和斜导柱固定块81组成。分型面Ⅰ打开时,锁紧块79离开滑块77,同时斜导柱82拨动滑块77横向移动,滑块77通过斜向导槽拉动斜向抽芯固定座78抽芯,抽芯距离最终由滑块77的限位装置76控制。

3. 定距分型机构设计

为了完成定模斜向抽芯,在模具的定模部分增加了一个分型面Ⅰ,这样模具就有两个分型面。而且为了保证塑件开模后留在动模型芯上,定模侧的分型面必须先打开,首先完成定模斜向抽芯,开模顺序见图6-4。为此模具设计了定距分型机构。本模具的定距分型机构由外置式扣机和内置限位杆88组成,外置式扣机包括长拉钩87、短拉钩83、活动块86、活动块座84和弹簧85等零件,详见图6-4。

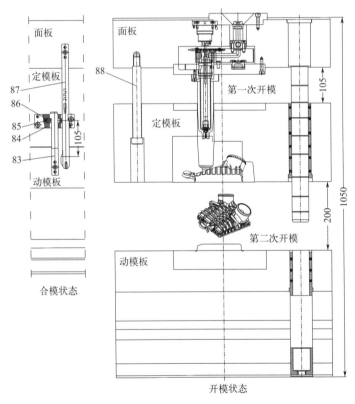

图6-4 模具定距分型机构

83—短拉钩；84—活动块座；85—弹簧；86—活动块；87—长拉钩；88—限位小拉杆

4. 温度控制系统设计

本例属于大型模具,塑件质量要求高,壁厚尺寸较大,生产批量也较大,模具温度控制系统设计是重点。本模具主要采用直通式冷却水管和"冷却水胆+隔片"联合冷却的温度控制系统。本模具温度控制系统特点是冷却水路数量多，冷却充分，所有的侧向抽芯机构（包括抽芯和斜顶）都设置了冷却水路。其中动、定模板的冷却水路布置图见图 6-5，侧向抽芯机构的冷却水路见图 6-2、图 6-3 和图 6-5。

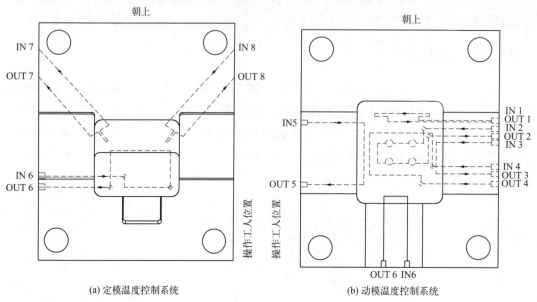

图 6-5　动、定模温度控制系统简图

IN—进口；OUT—出口

5. 脱模机构设计

由于侧向抽芯机构的作用，塑件开模后留在动模型芯上。又由于塑件内侧结构较简单，所以对动模型芯的包紧力并不大，模具只设计了 5 根推杆 43。这里要说明的是，斜顶 41 虽然是侧向抽芯机构，但在抽芯的过程中还起了推出塑件的作用，所以也可以看作是脱模零件。

6. 导向定位机构设计

对于大型模具，要保证其精度和长寿命，必须设计可靠的导向定位机构。本模具的导向定位机构由动、定模的导柱 35、导套 36、37，推杆固定板导柱 45、导套 44，以及动、定模板之间的锥面定位块 61 组成。另外，侧向抽芯机构的所有活动零件都有可靠的导向槽和限位装置。

（三）模具工作过程

① 塑料熔体经热流道浇注系统的一级热射嘴 55、热流道板 54 和二级热射嘴 53 进入模具型腔，熔体填满型腔后经保压、冷却、固化至足够刚性后，注塑机拉动模固定板 17 打开模具。

② 在外置式定距分型机构的作用下，模具先从分型面 I 处打开，开模距离 105mm，由限

位小拉杆 88 控制。在这一过程中，斜向抽芯机构 S7、S8、S9、S10、S11、S12 和 S13 分别在斜导柱 64、71 和 82 的拨动下完成抽芯。

③ 分型面Ⅰ打开 105mm 后，外置式定距分型机构中的短拉钩 83 脱离活动块，模具再从分型面Ⅱ处打开，打开距离为 200mm，可由注塑机控制。在这一过程中，塑件脱离定模型腔，同时斜导柱 32 拨动滑块 28，弯销 6 拨动滑块 10、斜导柱 52 拨动滑块 49，弯销 60 拨动小滑块 59，弯销 57 拨动小滑块 58，使侧向抽芯机构 S1、S2、S3、S5、S6 完成侧向抽芯。

④ 完成开模行程后，连接在模具推杆固定板上的注塑机顶棍推动推杆固定板，推杆固定板进而推动推杆和斜顶，在这一过程中，斜顶完成侧向抽芯，同时和推杆一道将塑件推离动模型芯。

⑤ 塑件脱模后，注塑机顶棍拉动推杆固定板复位，当推杆固定板触动行程开关后，注塑机动模板推动模具动模板合模，各侧向抽芯机构滑块在斜导柱和弯销的作用下复位。模具完成一次注射成型，接着开始下一次注射成型。

（四）结果与讨论

① 对于大型模具，为了满足模具结构的特殊要求，保证其刚性、强度和使用寿命，模架常采用非标准模架。

② 设置推杆时要注意，在斜顶 41 的附近不要加推杆（本模具中至少 30mm 范围内），否则推杆容易将塑件顶白。

③ 对于中、大型模具，搬运和存放时必须用锁模块 33 将所有分型面锁住，否则易发生安全事故。模具注塑生产时，应将锁模块拆开，但不要将它拆下，而应该用螺钉将它横向固定在动模板上，以方便拆模后继续用锁模块锁住所有分型面。

④ 定模部分的定位圈 56 的中心必须和动模部分定位圈 19 的中心在一条线上。

⑤ 吊模块 34 是模具拆装和搬运时用的，模具在注塑机上安装后应拆除，并放在仓库保管。

（五）结语

① 本模具良好的导向定位系统和定距分型机构，充分满足了汽车配件注塑模具强度刚度好，尺寸精度高，寿命长，而且动作稳定、安全、可靠的要求。

② 本模具采用热流道浇注系统，而且温度控制系统充分，有效地保证了塑件的成型质量和模具的劳动生产率。

③ 本模具侧向抽芯机构数量之多，结构之复杂，堪称经典，但由于设计合理、制造精度高，模具投产后动作稳定可靠，是本模具最成功的地方。

四十、汽车水箱圆弧抽芯注塑模具设计

注塑模具最复杂的结构是侧向抽芯机构,它动作复杂,形式多样。而在注射模具的侧向抽芯机构中最复杂、抽芯最困难、抽芯距离往往较长的又属圆弧侧向抽芯机构。在圆弧抽芯注塑模具设计实践中,如何选择抽芯动力,如何使圆弧型芯在开模时及时、顺利抽出,在合模时又能准确复位,是设计者必须慎重考虑的。

(一)塑件结构分析

塑件的外形最大尺寸为 290mm × 162mm × 97mm,平均壁厚 2.50mm,中空,外形造型优美,外观面要求高,详细结构见图 6-6。塑件材料为 ABS,收缩率 0.5%。塑件两端面都需采用侧向抽芯机构,其中一端采用圆弧抽芯,抽芯距离大。另一端结构复杂,对侧向抽芯包紧力大,易将塑件拉变形甚至拉裂。注塑模具的侧向抽芯机构和浇注系统是模具设计的难点,而冷却系统和脱模系统则是模具设计的重点。

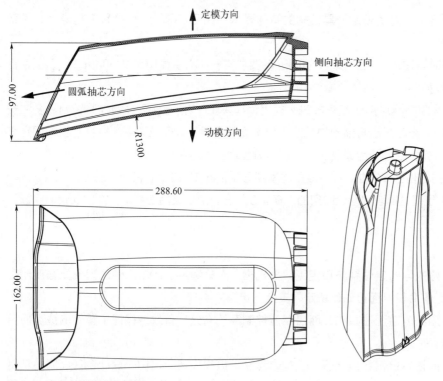

图 6-6 汽车水箱塑件图(单位:mm)

(二)模具结构设计

模具采用非标准模架,外形尺寸 600mm × 800mm × 791mm,总质量 2236kg。模具详细结构见图 6-7。

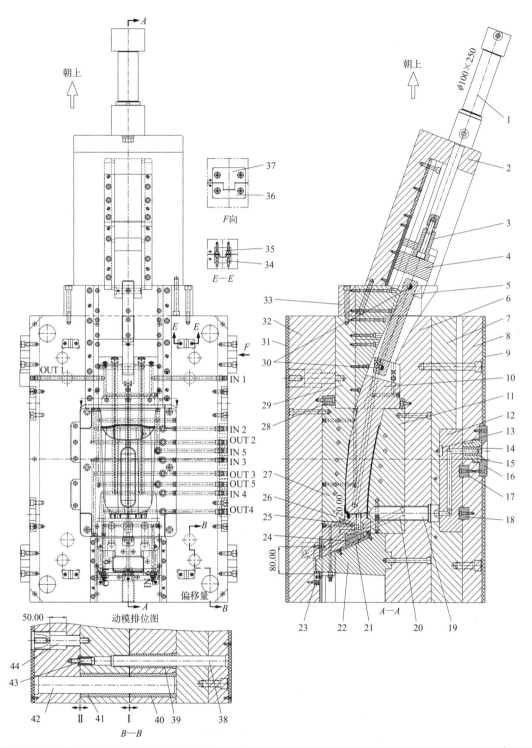

图 6-7 汽车水箱圆弧抽芯模具结构图（单位：mm）

1—油缸；2—油缸底座；3—油缸推柱；4—滑块；5—连杆；6—定模板；7—热流道板固定板；8—定模面板；9—定模隔热板；10—圆弧抽芯；11—定模镶件；12—热流道板；13—定位环；14——级热射嘴；15—热射嘴隔热套；16—定位圈；17，18—定位柱；19—二级热射嘴；20—斜导柱；21—耐磨块；22—滑块锁紧块；23—DME定位器；24—延时抽芯挡块；25—延时抽芯；26—滑块抽芯；27—动模镶件；28—镶件锁紧块；29—推板；30—转轴；31—隔热板；32—动模板；33—固定板；34，35—顶锁；36，37—边锁；38，42—导柱；39，40，41—导套；43—尼龙塞；44—顶棍限位杆；IN—进口；OUT—出口

1. 浇注系统设计

塑件属中偏大型箱体类零件，熔体在型腔中的流程较长，相对于较大的外形尺寸，它属于薄壁塑件，熔体在型腔内的流动阻力较大。加上对塑件的内部质量和外部质量要求都很高，所以模具浇注系统设计非常重要。本模具采用热流道浇注系统是最佳选择，它能有效满足以上要求。本模具的热流道系统由一级热射嘴14、热射嘴隔热套15、热流道板12、二级热射嘴19和热流道板定位零件13、17、18组成。

2. 成型零件设计

塑件的外形由动模镶件27和定模镶件11成型，内部形状由两个侧向抽芯10和26成型。设计因设计外观面要求高，动、定模的成型零件均采用了整体式。

3. 侧向抽芯机构设计

根据塑件的结构形状，本模具有两个侧向抽芯机构，这两个机构是模具的核心结构，也是最复杂的结构。其中一个抽芯机构采用圆弧抽芯，抽芯动力来源是液压油缸，主要由液压油缸1、油缸底座2、油缸推杆3、滑块4、连杆5和圆弧抽芯10组成。其中连杆5巧妙解决了液压的圆弧抽芯问题，是本模具最值得推荐的设计技巧。

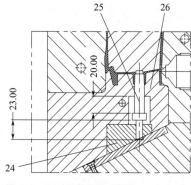

图6-8 延时抽芯机构（单位：mm）

塑件端面侧向抽芯机构采用了常规的"斜导柱+滑块"结构。由于塑件的端面结构复杂，对侧向抽芯的包紧力较大，所以如果端面加强筋和端面内孔同时抽芯，势必会将塑件端面拉变形甚至拉裂，为保险起见，此处采用了延时抽芯结构，见图6-8，由于塑件对延时抽芯25的包紧力作用，初期滑块抽芯26工作而延时抽芯25不动，滑块抽芯26工作20mm后再带动延时抽芯25一起抽芯。由于分散了抽芯力，有效保证了塑件复杂端面的成型质量。塑件端面侧向抽芯机构主要由斜导柱20、滑块锁紧块22、耐磨块21、滑块限位装置DME定位器23、可活动的延时抽芯25、延时抽芯挡块24、滑块抽芯26组成。

4. 温度控制系统设计

注塑模具的温度直接影响塑件的外观质量、尺寸稳定性、塑件的变形以及成型周期。设计温度控制系统时应努力使模具温度尽量均衡，不能有局部过热、过冷现象。对于本例所述的较大型的形状复杂箱体类塑件注塑模具，各冷却水路应尽量和型腔保持大致相等的距离。本模具动、定模镶件均采用直通式冷却水路，其中动模镶件采用了5股，定模镶件采用了3股，冷却水路沿型腔面布置，详见图6-7和图6-9。本模具两个侧向抽芯机构都通了冷却水，其中圆弧抽芯10采用了隔片式冷却水路。本模具的温度控制系统设计很充分，有效地保证了塑件的成型质量和模具的劳动生产率。

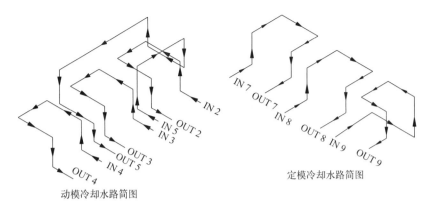

图 6-9 动、定模冷却水路简图
IN—进口；OUT—出口

5. 导向定位系统设计

注塑模具的导向系统的作用是保证注塑模具在开模和合模过程中动作的安全顺利准确；定位系统的作用则是保证注塑模具在合模后、注射过程中的精度和刚度。对于精密模具、长寿命模具或大、中型模具，良好的导向定位系统至关重要。本模具所有活动的模板都由导柱导向，以及定位块和边锁定位。其中动、定模导向零件是导柱 42 和导套 40（各 4 件），推板 29 和动模板 32 的导向零件是导柱 42 和导套 41。在定位方面，定模部分的三块模板 6、7、8 由导柱 38 和导套 39 定位，动模部分的两块模板 29、32 则由边锁 36、37 定位。动、定模则由顶锁 34、35 定位。虽然本模具有两个分型面，但由于导向定位系统设计充分可靠，整副模具浑然一体。

6. 脱模系统设计

本模具的脱模系统设计非常巧妙。由于塑件外观面不允许有推杆痕迹，所以模具不能采用常规的推杆、推块脱模机构。模具采用了动模镶件后退的原理（即俗称的缩苛模）。具体做法是：在动模侧增加一块活动板，即推板 29，液压油缸固定在推板 29 上，件 44 既是推板 29 的限位杆，又是注塑机顶棍和模具的连接杆。动、定模打开后，液压油缸先进行圆弧抽芯，抽芯距离约取塑件深度的一半（即圆弧抽芯不要全部抽出）。之后注塑机顶棍通过连接于顶棍上的限位杆 44 推动推板 29，此时圆弧抽芯 10 带动塑件脱离动模镶件 27，接着操作工人用手将塑件从圆弧抽芯上取下，完成塑件的脱模。

（三）模具工作过程

熔体通过热流道浇注系统进入模具型腔，通过保压、冷却和固化，动模在注塑机拉动下开模。由于尼龙塞 43 的阻力作用，模具先从分型面 I 处打开，开模距离可取 300mm，由注塑机控制。在分型面 I 打开的过程中，斜导柱 20 拨动滑块 26 进行侧向抽芯。本次抽芯分两步进行：第一步，大滑块抽芯 26 工作，而小圆形抽芯 25 在塑件包紧力的作用下不动；第二步，即大滑块抽芯工作 20mm 后，再带动小圆形抽芯 25 一起抽芯。大滑块向下抽芯距离为 80mm，由 DME 定位器 23 控制。

完成开模距离后，液压油缸 1 通过连杆 5 拉动圆弧抽芯 10 向上进行抽芯，抽芯距离 130mm，此时圆弧抽芯还有大约一半在塑件内。

最后，注塑机顶棍通过限位杆 44 推动推板 29，模具再从分型面Ⅱ处打开，打开距离 50mm，由小拉杆顶棍限位杆 44 控制。此时固定于推板上的圆弧抽芯 10 将塑件带出脱离动模镶件 27，塑件最后由人工取下。

取下塑件后，液压油缸推动圆弧抽芯 10 复位，接着模具在注塑机的推动下合模，在合模过程中斜导柱 20 拨动滑块抽芯 26 和圆形延时抽芯 25 复位。模具完成一次注射成型。

（四）注意事项

（1）液压抽芯的优点
① 抽芯距离可以较长：通常抽芯距离大于 50mm 才考虑用液压抽芯。
② 抽芯方向较灵活：斜向抽芯采用液压抽芯会使模具结构大大简化。
③ 抽芯时运动平稳而顺畅：滑块受力方向和运动一致，不受斜导柱或弯销扭力的作用。
④ 滑块不必设置定位装置：滑块行程可通过油缸活塞控制。
⑤ 当滑块受到的胀形力小于油缸的液压力时，可以不用锁紧块。但一般情况下，液压抽芯都要用机械式的锁紧装置锁紧块。

（2）液压抽芯的缺点
① 液压油缸安装多为外置式，油缸外形尺寸较大，有时会对模具的安装产生一定的影响，本模具在安装时油缸必须朝上。
② 需要配备专用油路及电控装置。
③ 液压油容易泄漏，对环境会造成污染。有时也用气压抽芯，但气压的抽拔力较小，只用于一些小型模具，方便滑块抽芯顺序的控制。

（3）液压抽芯一般使用的场合
① 滑块行程较长（≥50mm）时。
② 滑块高度尺寸是宽度尺寸的 1.5 倍或以上时。
③ 圆弧抽芯。
④ 定模抽芯，为了避免采用三板模和简化型三板模的结构时。
⑤ 滑块的抽芯动作有严格顺序控制时。
⑥ 滑块斜抽芯角度太大时。

（五）结语

模具采用热流道浇注系统，解决了大型箱体类薄壁塑件的熔体填充问题，注塑周期和塑件的内部质量都达到了设计要求。模具采用液压油缸进行圆弧抽芯，解决了塑件脱模力大、抽芯距离长的问题。脱模时采用动模镶件后退的巧妙方法，解决了塑件表面不能有推件痕迹的难题。其经验和技巧都值得向读者推介。

四十一、汽车空调水箱左右盖复杂抽芯注塑模具设计

侧向抽芯机构是与动、定模开模方向不一致的开模机构。其基本原理是将模具开合的垂直运动转变为侧向运动，使制品的侧向凹凸结构中的模具成型零件，在制品被推出之前脱离开制品，让制品能够顺利脱模。

侧向抽芯机构是注塑模具结构中最复杂的一部分，它增加了模具的制造难度和成本。一般来说，模具每增加一个侧抽芯机构，其制造周期大约增加 3~5 天，成本大约增加 30%。同时，有侧向抽芯机构的模具，在生产过程中发生故障的概率也越高。因此，塑料制品在设计时应尽量避免侧向凹凸结构。

（一）塑件结构分析

本模中的两个塑件是某款新能源汽车空调水箱的左右盖，详细结构见图 6-10。塑件材料为 PA66 加 30%GF，收缩率 0.35%。单个塑件质量约 50g，平均壁厚 2.5mm。塑件形状复杂，抽芯方向多，侧向分型与抽芯机构相当复杂：为简化模具结构，降低模具的高度，排位时塑件只能打横摆放，这样两个塑件共有 9 处侧向倒扣，其中两个塑件的出入水口部外侧的倒扣由于位置特殊，无法采用径向外侧抽芯，只能采用轴向强制抽芯，这就使得侧向抽芯机构更加复杂。

塑件的分型线要求见图 6-10 中的立体图。

（二）模具结构设计

模具采用非标准模架，外形最大尺寸 530mm × 956mm × 603mm，总质量 1400kg，其中定模质量 720kg，动模质量 680kg。模具详细结构见图 6-11。

1. 浇注系统设计

根据模具排位，并经客户同意，浇口位置设计在塑件的上方，见图 6-12。由于产品批量大，根据客户要求，模具采用热流道浇注系统，熔体经热流道直接进入模具型腔。本模的热流道浇注系统由一级热射嘴 72，二级热射嘴 68、70，热流道板 71 以及其它定位零件和隔热零件组成，详见图 6-13。

热射嘴采用针阀式，油缸驱动（油缸软管接油，有独立油缸冷却水路），进料口直径 3mm。

2. 成型零件及排气系统设计

本模具的成型零件由定模镶件 3、37，动模镶件 14、54，小型芯 31 以及多个侧向抽芯组成。由于塑件结构复杂，模具型腔局部很容易困气，影响熔体的填充和脱模。模具在镶件结合处和侧向抽芯结合处都设计了排气槽，排气槽深度 0.02mm，长度 5mm，详细结构和尺寸见图 6-11 中的 $E—E$ 局部放大图。另外，成型水箱右盖的型腔有一处是深槽，模具设计了排气针 50 进行排气和引气。

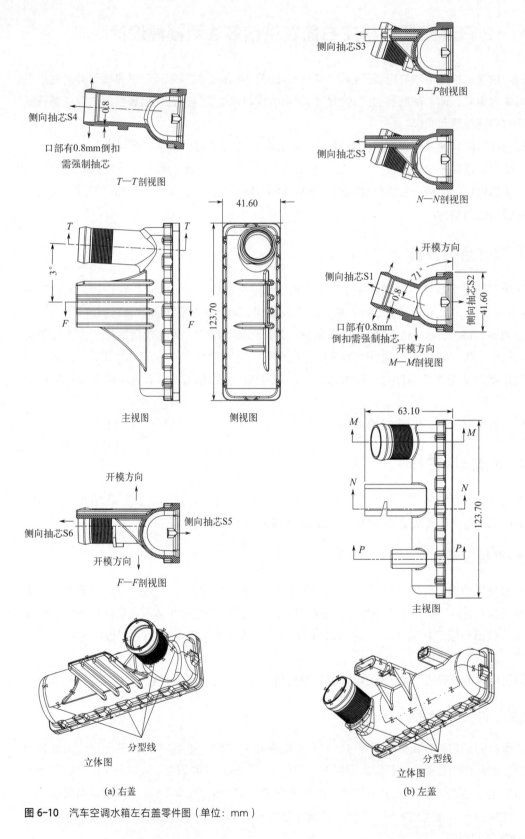

图 6-10　汽车空调水箱左右盖零件图（单位：mm）

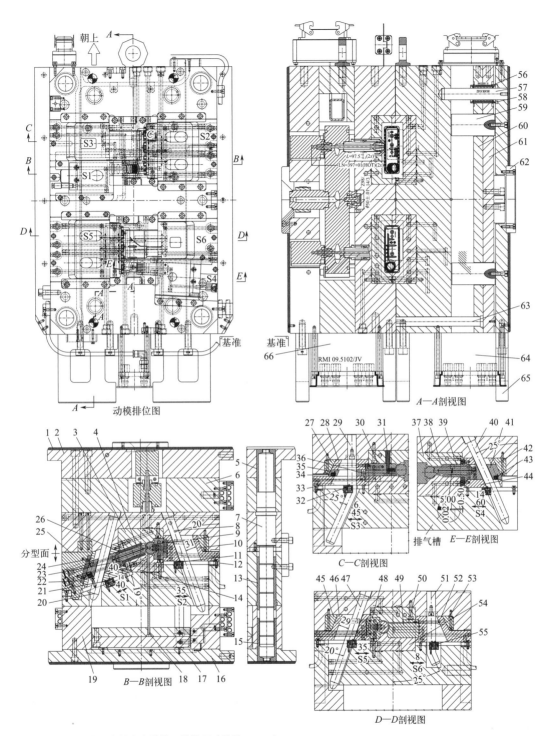

图6-11 汽车空调水箱左右盖模具结构图(单位:mm)

1—定模隔热板;2—定模固定板;3—左盖定模镶件;4—左盖出水口外侧抽芯;5,15—定位套;6—支撑板;7,13,56—导套;8,20,40,47—斜导柱;9,30,36,38,48,49—侧向抽芯;10,46,52—滑块;11,21,32—定位珠;12,33—挡销;14—左盖动模镶件;16—动模固定板;17—动模隔热板;18—推杆;19—垫块;22—耐磨块;23,35,41—小滑块;24—斜向大滑块;25,27,42,45,53—锁紧块;26—左盖出水口内侧抽芯;28,44—大滑块;29—长弯销;31—定模小型芯;34,43,55—弹簧限位锥;37—右盖定模镶件;39—右盖出水口外侧抽芯;50—排气(引气)针;51—短弯销;54—右盖动模镶件;57—导柱;58—导套卡簧;59,65—支承柱;60—推杆固定板;61—推杆底板;62—动模定位圈;63—复位杆;64—动模多头水管连接器;66—定模多头水管连接器

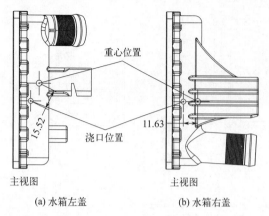

图 6-12 塑件浇口及重心位置（单位：mm）

(a) 水箱左盖　　(b) 水箱右盖

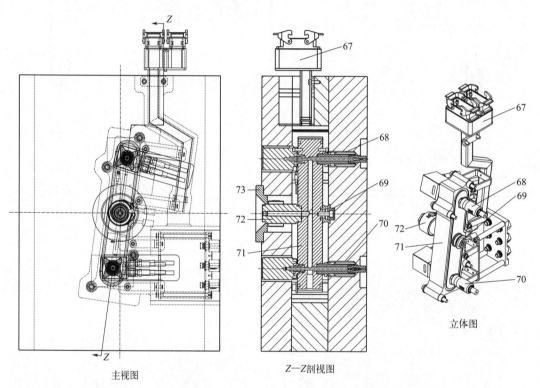

图 6-13 热流道浇注系统

67—电源接口；68—二级热射嘴 1；69—中心定位环；70—二级热射嘴 2；71—热流道板；72——级热射嘴；73—定模定位圈

3. 侧向分型与抽芯机构设计

两个塑件共有 9 处侧向倒扣，模具共有 6 处侧向抽芯机构（其中有 3 个侧向抽芯机构分别承担 2 处倒扣的抽芯）。模具侧向抽芯机构非常复杂，从抽芯动力来源上看，有斜导柱抽芯，还有弯销抽芯；从抽芯方向上看，有倾斜方向抽芯，还有垂直于开模方向的抽芯；从抽芯性质上看，有延时抽芯，还有强制抽芯；从抽芯结构上看，有单一滑块抽芯，还有复合抽芯（大滑块 24、28 中走小滑块 23、35）。

本模具滑块数量之多，抽芯方向之多，结构和抽芯动作之复杂堪称经典，详见图6-11。

图6-11中侧向抽芯机构S1的滑行方向与分型面成19°夹角，它承担水箱左盖出水口内外两侧的倒扣抽芯，其中外侧抽芯采用了强制抽芯，这样就使模具结构大为简化。但要实现强制抽芯，两个抽芯就不能同时抽芯，必须先将内侧抽芯26抽出，为外侧强制抽芯留出弹性变形的空间。这种外侧抽芯又叫延时抽芯，即延时抽芯后再强制抽芯。侧向抽芯机构S1包括内侧抽芯26、外侧抽芯4、斜导柱20、斜向大滑块24、锁紧块25和定位珠21。

侧向抽芯机构S4和S1结构大致相同，只是滑块的滑动方向和开模方向垂直，相对来说较为简单。

侧向抽芯机构S2和S5结构相同，采用的是常规的"斜导柱+滑块"结构，主要由斜导柱、滑块、锁紧块、定位珠和挡销组成。

侧向抽芯机构S3和S6结构相似，都采用"弯销+滑块"的抽芯结构，但S3复杂很多，因为它有两个滑块，需要完成两处抽芯，由于塑件对两个抽芯的包紧力较大，两个抽芯不能同时进行，否则小抽芯会将塑件拉裂。模具采用了小滑块先抽、大滑块后抽的延时抽芯的结构。

考虑到侧向抽芯数量多，塑件对侧向抽芯的包紧力大的特点，六个抽芯机构也不能同时抽芯，否则塑件也会被拉裂或变形。根据塑件结构，S1和S4首先抽芯，完成出、入水口的内外侧抽芯后，S2和S5才开始抽芯，而S3和S6最后抽芯。六个侧向抽芯机构的抽芯顺序是：S1、S4→S2、S5→S3、S6。

4. 温度控制系统设计

本模具的温度控制系统主要由直通式冷却水管和冷却水胆组成，数量之多，位置之合理亦可作为注塑模具的典型范例。它的优点主要表现在：

① 所有成型零件都由冷却水管冷却；

② 所有侧向抽芯，甚至滑块都通了冷却水；

③ 内模镶件上的冷却水都经由模板进入（图6-14），这样不但可以冷却模板，而且水管接头不易损坏，方便拆装；

④ 动、定模两侧的冷却水分别由两个多头水管连接器64、66接入，使温度控制系统虽然复杂，但一目了然，浑然一体。

（三）模具工作过程

熔体经由热流道浇注系统进入模具型腔，填满型腔后经保压、冷却并固化至足够刚性后，注塑机拉动模具动模，模具从分型面处打开。开模过程如下：

① 模具打开，定模镶件3和37首先脱离塑件。

② 斜导柱20拨动S1中的小滑块23作斜向抽芯，侧抽芯26开始脱离塑件，同时斜导柱40拨动S4中的小滑块41抽芯，侧向抽芯38脱离塑件。

③ 当两个小滑块23和41滑动14mm后，斜导柱20和40分别拨动大滑块24和44，外侧抽芯4和39强行从塑件中脱出。此时由于塑件出入水口部内侧的型芯已抽出，塑件有向内

弹性变形的空间，模具完成强制抽芯。S1 和 S4 的最大抽芯距离分别为 40mm 和 60mm。

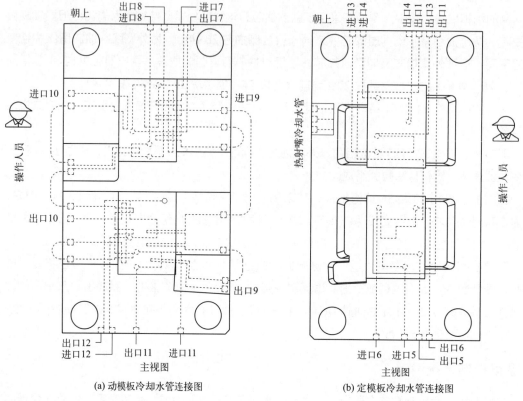

图 6-14 动、定模板冷却水管连接图

④ 斜导柱 47 拨动滑块 46，S5 开始抽芯，侧向抽芯 48 脱离塑件，抽芯距离 35mm。

⑤ 斜导柱 8 拨动滑块 10，S2 开始抽芯，侧向抽芯 9 脱离塑件，抽芯距离 35mm。

⑥ 短弯销 51 拨动滑块 52，S6 开始抽芯，侧向抽芯 49 脱离塑件，抽芯距离 8mm。

⑦ 长弯销 29 拨动小滑块 35 抽芯，侧向抽芯 36 脱离塑件，抽芯 6mm 后，长弯销 29 同时拨动大滑块 28，侧向抽芯 30 同时脱离塑件，抽芯距离 45mm。

⑧ 完成侧向抽芯后，注塑机顶棍推动模具推杆固定板，进而推动推杆 18，将塑件推离动模镶件和型芯。

⑨ 合模时，斜导柱 20 推动大小滑块 24、23 复位，斜导柱 40 推动大小滑块 44、41 复位，斜导柱 8 和 47 分别推动滑块 10、46 复位，弯销 29、51 分别推动滑块 28、52 复位，推杆由复位杆 63 复位。

⑩ 锁模，开始下一次注射成型。

（四）注意事项

在倾斜的侧向抽芯机构中，各种参数的确定方法与开模方向垂直的无倾斜的侧向抽芯机构有所不同，主要表现如下：

① 斜导柱倾斜角度的确定。对于滑动方向向下倾斜的滑块，斜导柱与开模方向的夹角加上滑块的倾斜角度应小于或等于25°，本例滑块倾斜角度为19°，斜导柱倾斜角度应小于或等于6°，本例取6°。与普通侧向抽芯原理相同，锁紧块的倾斜角度比斜导柱倾斜角度大2°～3°，本例取8°，见图6-15。

② 抽芯距离。根据塑件及模具结构，本例中水箱左盖出水口内侧最小抽芯距离为37mm，加上安全距离3mm，滑块最大滑行距离为40mm。

③ 斜导柱长度计算。斜导柱长度等于固定长度加有效抽芯长度。固定长度取决于固定板厚度，本例中固定长度为138.50mm，抽芯有效长度 T 可用作图法或计算法求得，见图6-15。

$$T = 40 \div \sin 25° = 94.65 \text{（mm）}$$

故斜导柱总长度等于：138.50+94.65=233.15（mm）

注：该长度未包括头部导向部分的长度。

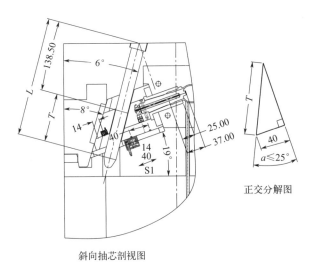

图6-15 倾斜滑块各参数的设计图解（单位：mm）

（五）结语

① 模具采用热流道浇注系统，有效保证了塑件的成型质量和模具的劳动生产率，注塑周期符合客户要求。

② 模具的侧向抽芯机构复杂，但抽芯动作有条不紊，模具自投产以来，操作安全，生产稳定，塑件尺寸、内部质量和外观质量全部达到设计要求。

实践证明，该模具的尺寸准确，结构合理，可以为同类型注塑模具结构提供参考。

四十二、汽车空调鼓风机左右盖复杂侧向抽芯注塑模具设计

汽车空调系统主要由鼓风机、蒸发器、压缩机、散热器、干燥器和膨胀阀组成,鼓风机俗称风箱,位于车厢内部,其它组件则配置在引擎室当中。鼓风机是汽车空调系统核心部件和主要送风源。本例介绍了某款名牌汽车的空调鼓风机左右盖注塑模具结构和设计经验。

(一)塑件结构分析

图 6-16(a)、(b)是某新能源汽车空调鼓风机的左盖塑件图,图 6-17(a)、(b)、(c)是该品牌汽车空调鼓风机的右盖塑件图。塑件材料为 PA6+PA66+30%GF,即尼龙 PA6 和尼龙 PA66 共混改性后再加 30% 玻璃纤维增强,收缩率 0.35%。塑件精度高,要求达到 MT3(GB/T 14486—2008)。塑件形状复杂,两个塑件共有 11 处倒扣,侧向分型与抽芯机构相当复杂。汽车空调鼓风机的左右盖立体图及分型线见图 6-18。

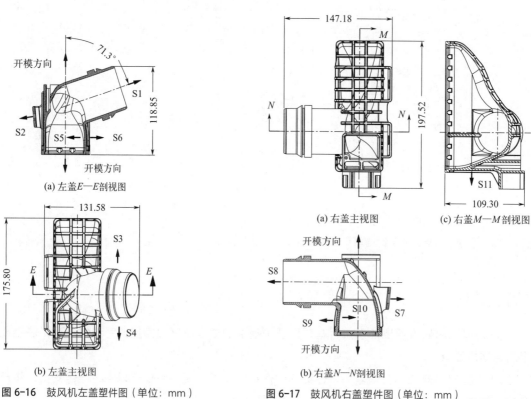

图 6-16 鼓风机左盖塑件图(单位:mm)

图 6-17 鼓风机右盖塑件图(单位:mm)

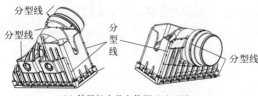

(a) 鼓风机左盖立体图及分型线

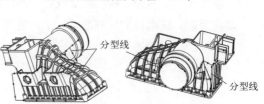

(b) 鼓风机右盖立体图及分型线

图 6-18 鼓风机左右盖立体图及分型线图

(二)模具结构设计

1. 浇注系统设计

成型塑件属于中型零件,批量大,成型质量和尺寸精度要求高,模具采用热流道浇注系统,两个型腔都采用单点进料,浇口位置设计在塑件的上方,熔体经热流道浇注系统直接进入模具型腔。与点浇口三板模相比,省去了定距分型机构和四根长导柱,从而大大简化了模具结构。由于熔体直接进入型腔,没有浇注系统凝料,从而大大缩短了注射周期,提高了成型质量。模具的热流道浇注系统由一级热射嘴、二级热射嘴、热流道板以及其它定位零件和隔热零件组成,详见图6-19。

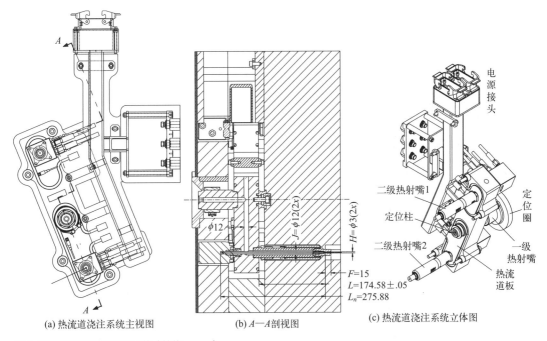

图6-19 模具热流道浇注系统(单位:mm)

2. 侧向抽芯机构设计

汽车空调鼓风机左盖塑件存在S1~S6共6处倒扣,右盖塑件存在S7~S11共5处倒扣,模具需要设计11个侧向抽芯机构。其中S4和S6抽芯方向相互干涉,S9抽芯又受到塑件外圈的影响,这三个侧向抽芯机构是设计难点。

(1)汽车空调鼓风机左盖侧向抽芯机构设计

倒扣S5在塑件内侧,模具只能采用斜推杆侧向抽芯机构,见图6-20(a)。塑件内侧倒扣深度5mm,加上安全距离,S5的抽芯距离取7.7mm。根据塑件高度,推出距离取110mm,则斜推杆倾斜角度 α 为:

$\alpha = \arctan 7.7/110 = 4°$。

斜推杆侧向抽芯机构包括斜推杆、导向块和斜推杆底座。

倒扣 S2 在塑件左外侧，模具采用"斜导柱 + 滑块"侧向抽芯机构，S2 的抽芯距离不大，只有 4.5mm，但抽芯面积较大，为了方便成型塑件取出，抽芯距离取 20mm，斜导柱倾斜角度取 20°，详见图 6-20（a）。左盖最复杂的侧向抽芯机构是 S4 和 S6，这两个侧向抽芯方向相互干涉。为了解决这一问题，做到两个抽芯都能顺利脱模，模具采用了延时抽芯及滑块上走滑块的复合抽芯机构。固定于定模板上的 S3 和 S4 的锁紧块既是锁紧零件又是驱动滑块抽芯的驱动零件，开模时，由于弯销 2 和滑块 4 之间存在较大的间隙，开模前 58mm，滑块 4 不动，S3 和 S4 的锁紧块（也是驱动块）带动 S3 斜滑块 21 和 S4 斜滑块 22 向外侧抽芯。S3 和 S4 完成抽芯后，弯销再驱动 S1 滑块 4，模具开始 S1 和 S6 的侧向抽芯。由于 S1 的倒扣深度为 115mm，滑块 4 的抽芯距离取 120mm。

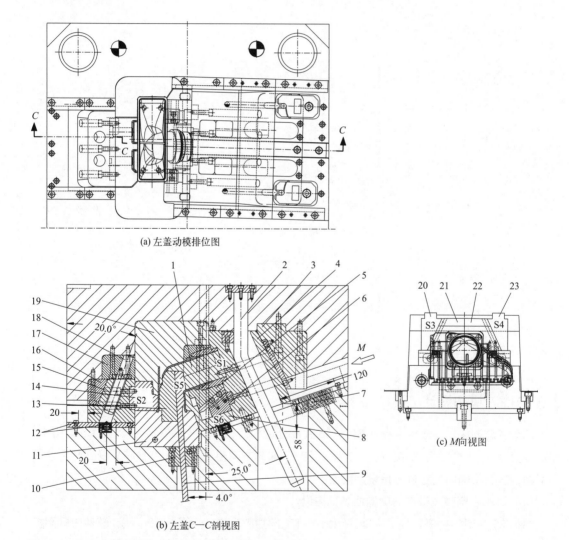

图 6-20 汽车空调鼓风机左盖注塑模具侧向抽芯机构（单位：mm）

1—S1 侧向抽芯；2—S1 弯销；3—S1 锁紧块；4—S1 滑块；5—活动型芯；6—活动型芯驱动块；7—DME 定位锁；8—S6 侧向抽芯；9—斜推杆；10—斜推杆导向块；11—左盖动模镶件；12—定位销；13—动模型芯；14—S2 侧向抽芯；15—S2 弯销；16—S2 锁紧块；17—斜导柱固定板；18—斜导柱；19—左盖定模镶件；20—S3 锁紧块；21—S3 斜滑块；22—S4 斜滑块；23—S4 锁紧块

（2）汽车空调鼓风机右盖侧向抽芯机构设计

和左盖一样，内侧倒扣 S10 采用斜推杆侧向抽芯机构，左右盖的倒扣深度一样，因此倾斜角度均为 4°，都由斜推杆、导向板和底座组成，详见图 6-21（b）。

右盖有四个外侧倒扣 S7、S8、S9 和 S11，其中 S9 抽芯最困难，因为在抽芯方向上存在凸起结构阻碍侧向抽芯。为解决这一难题，此处采用了复合侧向抽芯机构。开模时，斜导柱 41 驱动滑块 39 以及固定于滑块上的侧抽芯 25 和 T 型锁紧块 35，其中 T 型锁紧块 35 又带动纵向活动型芯 24 向下滑动脱离塑件。同时活动型芯 24 又带动侧抽芯 32 向左轴运动，完成 S9 侧向抽芯。倒扣 S8 的深度约为 125mm，加上安全距离，S8 滑块抽芯距离取 130mm，由挡销和滚珠定位。由于抽芯距离较大，斜导柱 39 的倾斜角度取了 25°。

S7 侧向抽芯机构相对简单，主要由斜导柱 27、滑块 30、锁紧块 29 以及定位零件 31 组成。

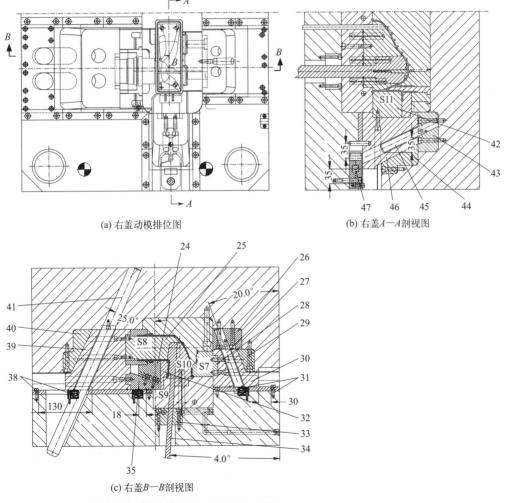

(a) 右盖动模排位图
(b) 右盖 A—A 剖视图
(c) 右盖 B—B 剖视图

图 6-21　汽车空调鼓风机右盖注塑模具侧向抽芯机构（单位：mm）

24—活动型芯；25—S8 侧向抽芯；26—斜导柱固定块；27—斜导柱；28—S7 侧向抽芯；29—S7 锁紧块；30—S7 滑块；31—S7 定位零件；32—S9 侧向抽芯；33—导向块；34—斜推杆；35—T 型锁紧块；38—S8 定位零件；39—S8 滑块；40—S8 锁紧块；41—S8 斜导柱；42—S11 侧向抽芯；43—斜导柱固定块；44—S11 锁紧块；45—S11 斜导柱；46—S11 滑块；47—DME 定位夹

综上所述，侧向抽芯机构是汽车空调鼓风机右盖注塑模具最复杂的核心结构，从侧向抽芯的方向上看，既有与开模方向垂直的抽芯，又有和开模方向不垂直的斜向抽芯；从驱动侧向抽芯的动力来源上看，既有动模斜导柱抽芯、弯销抽芯，又有斜滑块和斜推杆抽芯；从抽芯位置上看，既有动模抽芯，又有定模抽芯；从侧向抽芯的性质上看，既有强制抽芯，又有延时抽芯；从侧向抽芯结构上看，既有单一滑块侧向抽芯，又有大滑块中行小滑块的复合抽芯；滑块的定位既有"挡销+滚珠+弹簧"的定位结构，又有 DME 定位夹定位。可以说其是注塑模具侧向抽芯机构的经典结构之一。11 个侧向抽芯机构的抽芯顺序是：S2、S3、S4、S7、S8、S9、S11 → S1、S6 → S5、S10，详见模具工作过程。

3. 温度控制系统设计

汽车空调鼓风机左、右盖注塑模具采用"直通式冷却水管+隔片式冷却水井"的组合式温度控制系统，总共 13 组冷却水路，其中定模冷却水路 4 组，动模冷却水路 9 组，详见图 6-22 和图 6-23。模具所有的成型零件、每一个侧向抽芯机构的滑块都设计了冷却水路。成型零件的冷却水路都经由模板进出，这样方便拆装，水管接头不易损坏。从图中可看出温度控制系统纵横交错，分布均匀，使模具得到了快速冷却和均衡冷却，大大提高了模具的冷却效率和成型塑件的尺寸精度。注射成型周期 33s，尺寸精度达到了 MT3（GB/T 14486—2008），与同类型的车型比较，生产效率提高了 10%，精度提高了一级。

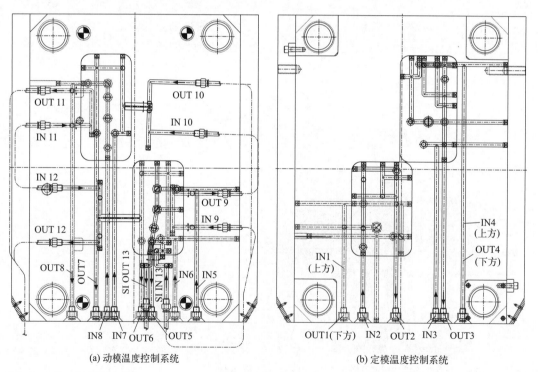

(a) 动模温度控制系统　　(b) 定模温度控制系统

图 6-22　模具温度控制系统

IN—进口；OUT—出口

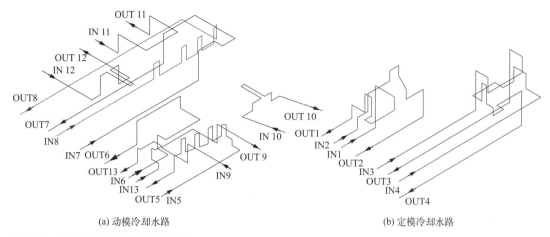

(a) 动模冷却水路　　(b) 定模冷却水路

图 6-23　模具温度控制系统立体示意图

（三）模具总装结构及工作过程

模具采用非标准模架，热流道浇注系统，总共 11 个侧向抽芯机构。模具最大外形尺寸 850mm × 700mm × 852mm，总质量 3397kg（其中定模 1687kg，动模 1710kg），属于大型注塑模具。为了提高模具的精度和寿命，动模导套和推杆固定板导套均采用闭式、带两个密封圈的标准滚珠导套，其中动模导套规格型号为 R06020 80 10（直径 80mm），推杆固定板导套规格型号为 R06020 30 10（直径 30mm）。滚珠导套具有精度高、方便安装和节省空间等特点，只用于大型、精密注塑模具。模具总装结构见图 6-24。

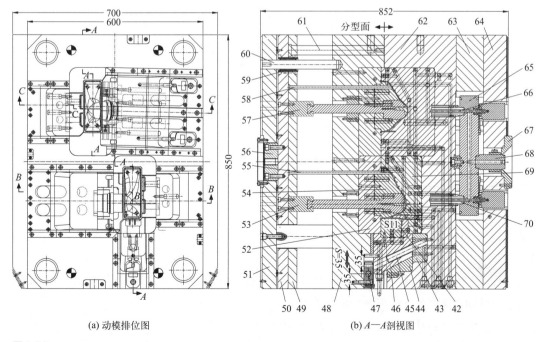

(a) 动模排位图　　(b) A—A 剖视图

图 6-24

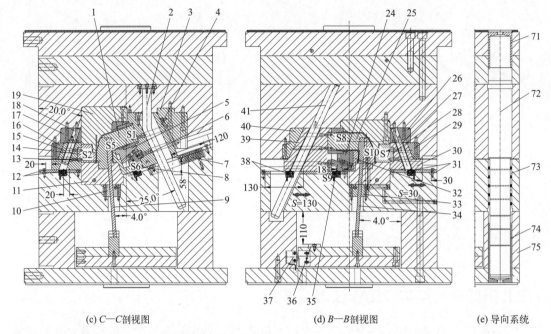

(c) C—C剖视图　　　　　(d) B—B剖视图　　　　(e) 导向系统

图6-24　汽车空调鼓风机左盖注塑模具结构图（单位：mm）

1—S1侧向抽芯；2—S1弯销；3—S1锁紧块；4—S1滑块；5—活动型芯；6—活动型芯驱动块；7—DME定位锁；8—S6侧向抽芯；9—斜推杆；10—斜推杆导向块；11—左动模镶件；12—定位销；13—动模型芯；14—S2侧向抽芯；15—S2滑块；16—S2锁紧块；17—斜导柱固定板；18—斜导柱；19—左盖定模镶件 24—活动型芯；25—S8侧向抽芯；26—斜导柱固定块；27—斜导柱；28—S7侧向抽芯；29—S7锁紧块；30—S7滑块；31—S7定位零件；32—S9侧向抽芯；33—导向块；34—斜推杆；35—T型锁紧块；36—限位柱；37—行程开关；38—S8定位零件；39—S8滑块；40—S8锁紧块；41—S8斜导柱；42—S11侧向抽芯；43—斜导柱固定块；44—S11锁紧块；45—S11斜导柱；46—S11滑块；47—DME定位夹；48—动模板；49—推杆固定板；50—推杆底板；51—动模固定板；52—右盖动模镶件；53—S10斜推杆底座；54—右盖型芯；55、58—推杆；56—注塑机顶棍连接柱；57—S5斜推杆底座；59—推杆板滚珠导套；60—推杆导柱；61—复位杆；62—定模板；63—框板；64—定模固定板；65—热流道板；66、70—二级热射嘴；67—定位圈；68——级热射嘴；69—右盖定模镶件；71—定模定位套；72—导柱；73—滚珠导套；74—动模定位套；75—垫块

模具工作过程如下：

① 熔体经一级热射嘴68进入热流道板65，再由二级热射嘴66和70进入模具型腔。

② 填满型腔后，经保压、冷却，当固化至足够刚性后，注塑机拉动模具动模，模具从定模板62和动模板48之间的分型面处打开，开模过程如下。

a. 首先，成型塑件脱离定模型腔。

b. 接着，斜导柱18拨动滑块15，带动侧向抽芯14完成S2侧向抽芯；斜导柱27拨动滑块30，带动侧向抽芯28完成S7侧向抽芯；斜导柱41拨动滑块39，带动侧向抽芯25完成S8侧向抽芯；T型锁紧块35拨动活动型芯24，完成S9侧向抽芯；锁紧块20、23分别拨动定模斜滑块21、22，完成S3和S4侧向抽芯；斜导柱45拨动滑块46，带动侧向抽芯42完成S11侧向抽芯。

c. 开模58mm后，弯销2拨动滑块4，带动侧向抽芯1完成S1侧向抽芯；同时活动型芯驱动块6带动活动型芯5向下移动脱离成型塑件。

d. 最后滑块4带动侧向抽芯8，完成S6侧向抽芯。

③ 完成开模行程后，通过螺纹连接于模具连接柱56的注塑机顶棍推动模具推杆固定板

49、推杆底板 50，进而推动推杆 55、58，将塑件推离动模镶件 11、52 和型芯 13、54；同时，斜推杆 9 和 34 一边推动成型塑件脱模，一边横向移动完成内侧倒扣 S5 和 S10 的侧向抽芯。

④ 成型塑件安全脱离模具后，注塑机推动动模合模，在合模过程中，斜导柱 18 推动滑块 15 复位，弯销 2 分别推动滑块 4 复位，斜导柱 41 推动滑块 39 复位，T 型锁紧块 35 推动活动型芯 24 复位，斜导柱 27 推动滑块 30 复位，斜导柱 45 推动滑块 46 复位，推杆固定板由复位杆 61 推动复位，推杆固定板在复位过程中拉动推杆 55、58 以及斜推杆 9、34 复位。

⑤ 行程开关 37 接触后，锁模，模具开始下一次注射成型。

（四）结语

① 模具采用热流道浇注系统，大大提高了成型塑件的质量，简化了模具结构，加之模具采用了快速和均衡的温度控制系统，大大提高了模具的冷却效率和成型塑件的尺寸精度。与同类型车型的模具相比生产效率提高了 10%，成型塑件精度提高了一级，达到了 MT3（GB/T 14486—2008）。

② 模具侧向抽芯机构采用复合抽芯机构和延时侧向抽芯机构，有效解决了成型塑件结构复杂、侧向抽芯相互干涉的难题。

③ 模具导向定位系统采用标准滚珠导套，大大提高了模具的精度和寿命。

模具结构复杂，各机构设计科学先进，新颖实用，侧向抽芯动作安全可靠，模具自投产以来，运行平稳，成型塑件质量达到了设计要求。

四十三、汽车接插件精密注塑模具设计

在汽车、计算机以及电子通信工程行业中,使用注射成型的塑料接插件是非常普遍的,与普通塑件比较,接插件有以下特点:

① 壁厚尺寸小,通常只有 0.4 ~ 0.8mm;
② 内外结构复杂,尤其是插针孔多,而且非常密、非常小,孔和孔间距有的仅 0.5 ~ 1mm;
③ 脱模斜度小,尺寸精度高,尺寸公差达 MT1 ~ MT2。

因此,接插件注塑模具的结构和普通塑件的注塑模具结构不尽相同,本例介绍一款汽车接插件的精密注塑模具,相信对同行了解和掌握接插件注塑模具设计的技巧,具有一定的参考价值。

(一)塑件结构分析

塑件是一款汽车电子接插件,结构详见图 6-25。塑件材料为 LCP+30%GF,收缩率为 0.05%。塑件结构特点:① 壁厚尺寸小,平均壁厚只有 0.5mm;② 插针孔非常密、非常小,孔和孔间距有的仅 0.64mm;③ 脱模斜度小,不得大于 15°,尺寸精度高,公差等级达 MT2;④ 内、外形比较复杂,尤其是型芯多,模具的成型零件多。在 52mm × 15mm 的面积内共有 21 个型芯。

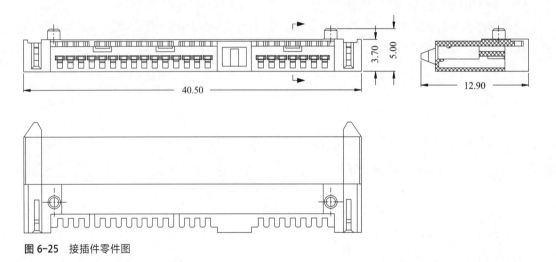

图 6-25 接插件零件图

(二)模具结构设计

根据客户要求,一模二腔,模架采用龙记标准型二板模架 AI-1515-A25-B30-C60。详细结构见图 6-26。

1. 浇注系统设计

模具采用大水口浇注系统,熔体由浇口套 6 内的主流道进入分型面上的分流道,最后由潜伏式浇口进入型腔。潜伏式浇口尺寸详见图 6-27,它的优点一是浇注系统凝料和塑件可以自动分离,便于模具采用全自动化注塑生产;二是浇口切断后留下的痕迹小,不影响塑件外观。

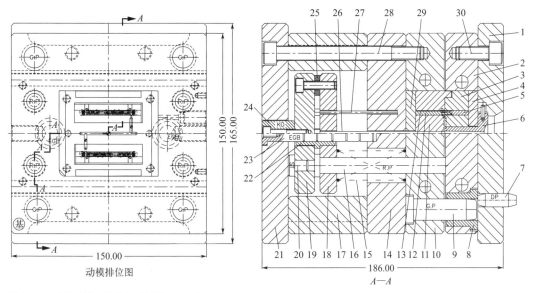

图 6-26 接插件模具结构图（单位：mm）

1—定模固定板；2—定模板；3—定模镶件；4—定模垫板；5—定模型芯；6—浇口套；7—定模定位销；8，22—导套；9—导柱；10—动模板；11—动模镶件；12—活动型芯；13—动模型芯；14—托板；15—复位弹簧；16—复位杆；17—垫块；18—推杆固定板；19—推杆底板；20—限位钉；21—动模固定板；23—推杆板导柱；24—顶柱；25—限位介子；26—圆推杆；27—扁推杆；28，30—螺钉；29—动模垫板

2. 成型零件设计

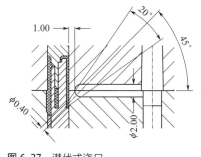

图 6-27 潜伏式浇口

成型零件的设计是模具设计的关键，它攸关模具设计的成败。塑件结构复杂，壁厚很小，型芯小而且多，插针孔共 22 个，型腔排气困难。成型最窄的槽长 × 宽 × 深 = 20mm × 1mm × 9mm，型芯之间最小间隙只有 0.40mm，塑件内外表面质量、尺寸精度要求高，型芯挨着型芯，塑件大多数壁厚是由型芯之间的间隙形成的。为了便于型腔排气，以及型芯的制造和维修，模具的成型零件全部采用镶拼结构，图 6-28 是模具成型零件的爆炸图。

3. 温度控制系统设计

由于动、定模两部分的型芯都较小、较多，且都采用镶拼结构，无法通冷却水；又由于塑件较小且壁薄，型芯也没有通冷却水的必要。因此模具只在动、定模型腔外，即模板上设计了简易的冷却水路。

4. 导向定位系统设计

本模具属于小型精密长寿命注塑模具，模具的导向定位系统直接影响塑件的精度和寿命，因此非常重要。模具的动、定模板由导柱 9 和导套 8 导向定位，动、定模内的镶件分型面的四个边都设计了锥面定位结构。在动模部分，设计了推杆固定板导柱 23 和导套 22。另外，模具定模固定板 1 在注塑机定模板上装配时由定位销 7 定位。

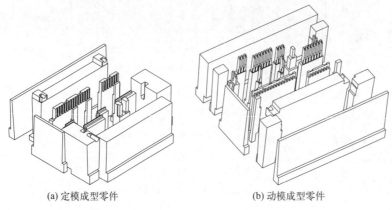

(a) 定模成型零件　　(b) 动模成型零件

图 6-28　模具成型零件爆炸图

5. 脱模系统设计

塑件小且壁薄，成型后对型芯的包紧力较大，脱模时很容易变形甚至断裂，模具的脱模系统是模具设计的难点。根据塑件的结构，模具采用了圆推杆和扁推杆联合顶出的脱模结构，其中塑件由扁推杆顶出，而浇注系统凝料则由圆推杆顶出。扁推杆顶出力较大，较平衡，但成本较高，且容易磨损，要注意维护保养，最好要定期检查更换，一旦磨损烧死，就会导致变形断裂，后果非常严重。

（三）模具成型零件钢材及其制造工艺

型芯和型腔的材料可用 P20 或 SKD61 模具钢，淬火处理至 52～54HRC。构成型腔的表面全部抛光至 $Ra0.2\mu m$。

模具制造的关键是保证各成型零件组装以后的精度，尤其是动、定模各型芯分别固定在定模镶件 3 和动模镶件 11 上，这两块镶件的尺寸精度要求很高，否则型芯装上去可能发生干涉甚至卡死，影响塑件脱模。为保证塑件精度，镶件 3 和 11 的型芯固定孔或型芯孔必须一次编程，然后在一个工装上装夹，分次用慢走丝切割割出，两镶件合模时的锥面定位结构必须在线切割加工前加工完成。为保证模具制造过程中各型芯的装配工艺性，以及各型芯 2°左右的脱模斜度，各型芯也用线切割切出。所有型芯必须于装配合格后、试模之前对成型表面进行抛光。

（四）模具工作过程

熔体由大水口浇注系统进入模具，最后经潜伏式浇口进入型腔。在型腔中保压、冷却、固化至足够刚性后，注塑机拉动模具的动模固定板 21 开模，打开距离取 100mm。完成开模行程后，注塑机顶棍推动顶柱 24，进而推动圆推杆和扁推杆，将塑件和浇注系统凝料推离动模。接着模具在注塑机的推动下合模，模具继续下一次的注射成型。

（五）LCP 塑料及其成型工艺

① LCP 全名是液晶高分子聚合物（liquid crystal polymer）。

② LCP 具有异常规整的纤维状结构特点，因而不增强的液晶塑料也可达到甚至超过普通工程塑料用 30% 玻璃纤维增强后的机械强度。本例中采用 LCP+30% 玻璃纤维，其力学性能远超其它工程塑料。

③ LCP 具有突出的耐腐蚀性能，其制品在浓度为 90% 酸溶液或浓度为 50% 碱溶液中不会被腐蚀，接触工业溶剂、燃料油、洗涤剂及热水后不会被溶解，也不会引起应力开裂。

④ LCP 具有优良的电绝缘性能，其介电强度比一般工程塑料高，耐电弧性良好，在温度 200 ~ 300℃下连续使用，其电性能不受影响。

⑤ LCP 还具有优良的热稳定性、耐热性，间断使用温度可达 316℃左右。

⑥ LCP 耐磨、减磨性能均优异，对于大多数塑料存在的蠕变特点，LCP 几乎可以忽略不计。

⑦ LCP 的耐气候性、耐辐射性良好。其燃烧等级达到 UL94 V-0 级水平，因此具有优异的阻燃性。

⑧ LCP 的注射成型工艺如下。

a. 干燥：在 140 ~ 150℃下干燥 5 ~ 7h。

b. 料筒温度：320 ~ 400℃。

c. 模具温度：100 ~ 160℃。

d. 注射压力：120 ~ 160MPa。

e. 注射速度：中到高速。

（六）结语

汽车接插件是一类体积小、形状复杂的精密塑料零件，对模具设计和制造要求较高。本例根据汽车接插件型芯多且布置密的特点，在模具结构设计中，采用了组合式型芯和分型面锥面块定位的结构，从而方便了模具的制造，确保了塑件的成型质量和尺寸精度。模具自投产以来动作稳定，质量可靠，注射周期达到了客户要求。

四十四、汽车弯管热流道模具的旋转抽芯脱模设计

近年来，弯管类塑件应用越来越广泛，如汽车风箱链接管、弯管水龙头、花洒等弯管类塑件。目前空心弯管形状的塑料一般使用旋转抽芯机构，在进行弯管类产品设计的时候要注意，弯管处应尽量设计成规则圆弧，避免不规则曲线，以免抽芯困难。由于塑料出模方向是旋转方向，所以在旋转方向上要设计脱模斜度，以便抽芯机构顺利抽芯。本例重点介绍了汽车风箱链接管塑件注塑模具，塑件弯管位置的抽芯方式采用"一次侧向移动抽芯＋一次油缸驱动"的曲柄旋转抽芯组合结构设计，解决了塑件侧边倒扣及不同方向狭长的圆弧形倒扣问题。

（一）塑件结构和生产工艺分析

图 6-29 所示为塑件的零件结构图，如图可以看出塑件外形呈弯管形状且加一条异形筋位，塑件尺寸为 133mm×109mm×92mm，平均壁厚为 2mm，局部厚度达到 6mm 以上，注塑生产时需要较大的保压压力和较长的保压时间，因此浇注系统的设计特别重要。塑件外形简单、结构复杂，模具结构设计上的难点主要是 S1～S5 五个呈不同方向立体空间分布的倒扣脱模问题。其中 S1 为单方向倒扣，通过普通的侧向移动滑块抽芯机构解决脱模问题；S2 为异形骨位出模方向倒扣，S4 为其上的一个斜孔倒扣，两个倒扣处同一位置但是抽芯方向不同，设计通过二次侧向移动滑块抽芯组合的方式解决脱模问题，此处为该模具结构中的第一设计难点；S3 为侧边孔倒扣，S5 为一个狭长的四分之一圆弧形倒扣，与 S3 处于同一位置其抽芯方向又不同，设计通过一次侧向移动滑块抽芯＋一次油缸驱动的旋转抽芯方式解决脱模问题，此处为该模具结构中的第二设计难点，亦为模具的特色点。由于塑件属于内部结构性功能件，局部较厚，优先选择针阀式单嘴热流道直接进料的方式，热流道进料相对冷流道而言填充更顺畅，同时注塑生产时的保压压力也会相对减小，可防止塑件因保压压力过大产生内应力从而影响产品变形、翘曲等品质不良。

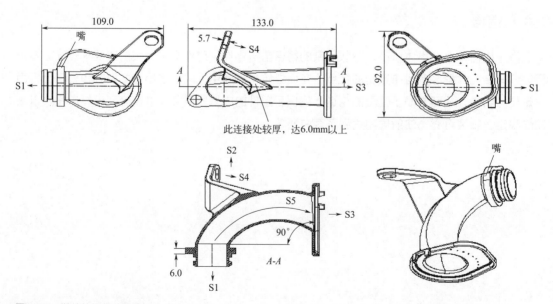

图 6-29 塑件结构图（单位：mm）

（二）模具结构设计

模具采用两板模热流道模架，模具最大外形尺寸为 800mm×750mm×631mm，质量约 1.7t，属于中大型模具。模具的天、地侧分别设置了一次侧向移动滑块抽芯+一次油缸驱动的旋转抽芯组合结构，此组合滑块抽芯结构复杂，尤其是旋转抽芯结构行程大，占用空间大，利用一模二腔的布局将其设置在天地两侧，既提高了模具的生产效率又合理地利用了模具空间；左右两侧分别设置一个普通侧向移动滑块抽芯和一个二次侧向移动滑块抽芯。总体结构图如图 6-30 所示。

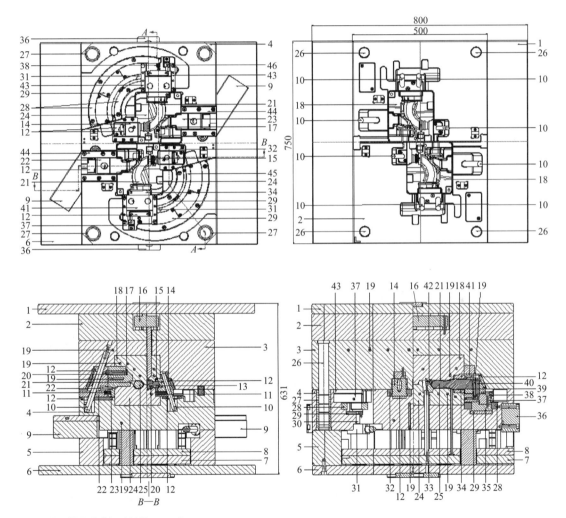

图 6-30　模具总装图（单位：mm）

1—面板；2—热流道固定板；3—定模板；4—动模板；5—垫块；6—底板；7—推杆面板；8—推杆底板；9—抽芯油缸；10—斜导柱；11—弹簧；12—耐磨块；13—滑块 A 抽芯块；14—滑块 A 基座；15—滑块 A 连接板；16—热流道浇注系统；17—滑块 B 一次抽芯块；18—定模型芯；19—水路；20—滑块 B 一次锁紧块；21—塑件；22—滑块 B 基座；23—滑块 B 二次抽芯块；24—动模芯；25—滑块 C 二次抽芯块；26—导柱；27—导套；28—滑块 C 二次压板；29—石墨铜耐磨块；30—连接轴；31—油缸连接块；32—滑块 A 压板；33—直顶杆；34—滑块 C 一次抽芯块；35—滑块 C 二次抽芯导向块；36—顶出油缸；37—二次滑块座；38—限位钉；39—垫块；40—滑块 C 连接板；41—一次滑块座；42—直顶块；43—滑块 C 一次压板；44—滑块 B 压板；45—轨迹槽

1. 浇注系统设计

塑件选用 PA+30%GF 材料，PA+30%GF 材料拥有良好的耐热性、力学性能、尺寸稳定性、外观着色性能等。塑件的主体料厚为 2.0mm，局部料位偏厚达到 6.0mm 以上，注塑生产时需要较大的保压压力和较长的保压时间，浇注系统采用热流道针阀式热射嘴单点直接进料的方式，一模二腔对称式布局，热流道相对冷流道而言填充更顺畅，注射压力减少5%，保压压力减少 15% 以上，塑件的内应力变形得到有效控制。模具浇注系统如图 6-31 所示。

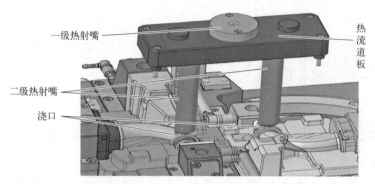

图 6-31　浇注系统立体图

2. 抽芯系统设计

如图 6-30 所示，动模滑块 A、B、C 均采用了分体式结构设计，即将滑块拆分成抽芯块和滑块座，一般通过连接板连接。分体式结构的优点在于加工、维修、更换方便快捷，可降低模具后期维护成本。抽芯块为塑件结构部件，由于塑件材质是 PA+30%GF，采用 S136 抗腐蚀模具钢，热处理到 HRC48～52 以延长其使用寿命；在滑块合模锁紧面和底部移动面都设置了耐磨块，用中碳钢热处理到 HRC52～56，其主要作用就是减少滑块磨损、延长滑块寿命同时方便后期模具钳工维修；侧向移动抽芯动力由斜导柱提供，斜导柱直径（滑块 A 一条）ϕ15mm，（滑块 B 一条）ϕ20mm，（滑块 C 两条）ϕ18mm，材质为 SUJ2 高碳铬轴承钢，确保强度足够；滑块的固定方式由压板通过螺钉固定，压板用中碳钢热处理到 HRC52～56，从而提升压板强度。

（1）动模普通侧向移动滑块抽芯机构——滑块 A

如图 6-32 所示，动模滑块 A 用于脱出塑件开模方向的两个倒扣 S1。抽芯块与滑块座通过抽芯块固定板连接，开模时，斜导柱提供抽芯动力，弹簧提供辅助抽芯动力，并在抽芯完成后起固定滑块 A 相对位置以确保合模时能够顺畅不压模，抽芯行程由限位面限制。

（2）动模二次侧向移动滑块抽芯机构——滑块 B

如图 6-33 所示，动模滑块 B 用于脱出塑件上的两个倒扣 S2 和 S4，倒扣 S4 在 S2 的内部，抽芯结构复杂，必须设置抽芯顺序才能顺利完成。抽芯块直接用螺钉固定在滑块座上，一次抽芯在二次抽芯块内完成，由一次锁紧块驱动。一次锁紧块和二次抽芯块的 T 型配合槽通过慢走丝加工，精度达到 IT2 级，表面精度达到 $Ra0.8$ 以上，保证配合顺畅；弹簧用于实施 M 处优先打开权；开模时，斜导柱提供抽芯动力，弹簧提供辅助抽芯动力，限位钉限定第一次抽芯的行程，限位柱限定滑块 B 的总行程；限位柱夹和弹簧固定滑块 B 的相对位置，确保合模时能够顺畅不压模。

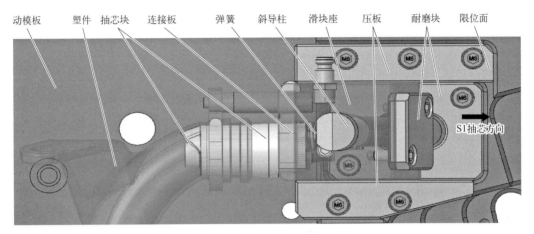

图 6-32　滑块 A 抽芯结构 3D 图

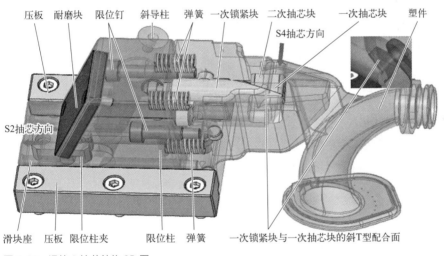

图 6-33　滑块 B 抽芯结构 3D 图

（3）动模侧向移动滑块抽芯 + 油缸驱动的旋转抽芯——滑块 C

如图 6-34、图 6-35 所示，动模滑块 C 用于脱出塑件上的两个倒扣 S3 和 S5，S3 倒扣为移动抽芯，S5 倒扣为旋转抽芯，必须设置抽芯和复位顺序才能完成安全的抽芯和复位（详见模具工作过程），抽芯结构复杂，精度要求更高。第一次抽芯块固定在一次滑块座上，开模时，斜导柱提供第一次抽芯动力，限位钉、限位柱限定第一次抽芯的行程，限位夹锁住限位柱固定滑块 C 第一次抽芯组件的相对位置。第二次抽芯为旋转抽芯，S5 倒扣为一个呈 90°夹角的四分之一圆弧，旋转抽芯角度 105°，全封闭结构包紧力大，抽芯力较大，选择油缸作为驱动力。油缸一端固定在动模板底部，用轴承连接固定，另一端通过油缸连接块、轴承、连接轴与二次抽芯导向块相连。油缸两端的连接均采用轴承，可让油缸和连接轴在二次抽芯过程中灵活转动，实现刚性连接中的圆弧形抽芯动作，让连接轴在轨迹槽中的运动方式由线性的摩擦运动变成滚动旋转运动。与传统的曲柄连接带动的旋转抽芯结构相比，此种方式的精度更高，抽芯时极大地减少了运动阻力同时提高了使用寿命，稳定性更好。抽芯块为塑件结构，采用 S136 抗腐蚀模具钢，热处理到 48～52℃。连接板结构为滑块的水路设计简化了加工难度，降低了加工成本；耐磨块用中碳钢热处理到 48～55℃，其作用是减少滑块磨损、延长滑块寿命同时方便后期钳工维修，特别是二次抽芯中设置的石墨铜垫套和石墨铜耐磨块，石墨铜是一种以高强度铜合金为基材，以石墨作为润滑剂的带自润滑性的铜制品。其主要作用是防止在大行程抽芯过程中出现烧死的现象。石墨铜的最主要特点就是自带润滑性，无需开设油槽和添加其它润滑剂，在高温 300℃下可正常工作且不会出现烧死现象，硬度高，抗压能力强，摩擦系数低，特别适合在行程大的旋转、摇摆等往复运动中使用。

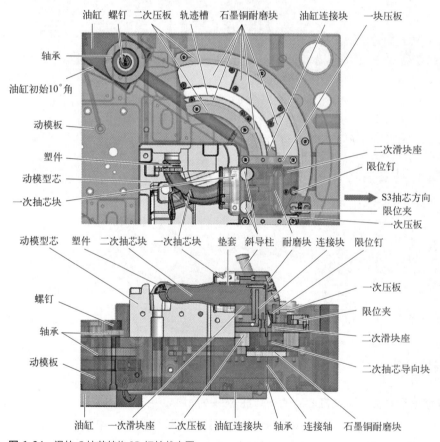

图 6-34　滑块 C 抽芯结构 3D 初始状态图

3. 温度控制系统设计

模具的水路设计关系到塑件成型的周期及品质高低，合理的水路设计不仅可以缩短注塑生产的成型周期提高生产效率，还可以让塑件外观品质上、尺寸稳定性上和塑件变形上充分发挥其作用。由图 6-30 和图 6-36 可看出，在模架定、动模板，定、动模型芯，滑块 A、B、C 上都分别设计了单独的冷却水路,特别是滑块上的水路一直冷却到抽芯块的内部,均匀包围着塑件,达到全方位充分冷却塑件的目的,使成型周期控制在 40s 以内,与同类型塑件比较,产品成型周期缩短了 4s,模具的劳动生产率提高了 10%,塑件精度达到 MT 3(GB/T 14486),零件最大尺寸公差控制在 0.3mm 以内,保证了成型质量和数量。

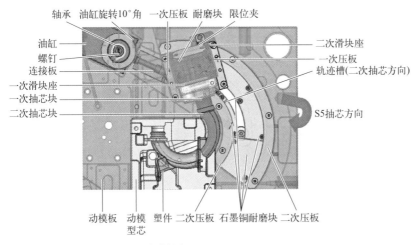

图 6-35　滑块 C 抽芯结构 3D 完成状态图

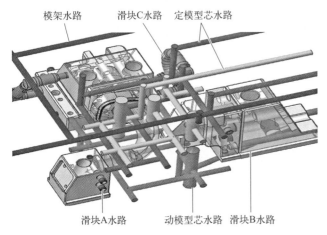

图 6-36　温度控制系统图

(三)模具工作过程

① 模具制作完成上机生产,合模后完成塑件的首次成型。

② 开模:

a. 滑块 A 在斜导柱和弹簧的作用力下往 S1 抽芯方向移动,抽芯行程 35mm,到达限位面,抽芯完成,S1 倒扣完成安全脱模,详见图 6-32 所示滑块 A 抽芯结构 3D 图。

b. 滑块 B 在斜导柱作用下带动滑块座向 S2 抽芯方向移动,由于弹簧的作用,M 处会优先打开,一次锁紧块带动一次抽芯块沿着 S4 抽芯方向移动,到达限位行程 18mm 时,第一次抽芯完成，S4 倒扣安全脱模；滑块座带动二次抽芯块继续向 S2 抽芯方向移动，到达限位柱限定的总行程 53mm 时，第二次抽芯完成，S2 倒扣完成安全脱模，详见图 6-33 所示滑块 B 抽芯结构 3D 图。

c. 滑块 C 在斜导柱作用下带动滑块座向 S3 抽芯方向移动，到达限位行程 30mm 时，第一次抽芯完成，S3 倒扣安全脱模。

③ 抽芯油缸启动，油缸通过连接板、连接轴、抽芯导向块带动滑块 C 沿轨迹槽向 S5 抽芯方向旋转，达到限定的旋转角度 105°后，滑块 C 第二次抽芯完成，S5 倒扣安全脱模。

④ 顶出油缸启动，推动推杆底板、推杆面板、直顶杆带动顶块完成塑件顶出。

⑤ 机械手取件或全自动生产（自动脱落）。

⑥ 顶出油缸复位顶出机构。

⑦ 抽芯油缸完成滑块 C 二次抽芯块复位。

⑧ 合模完成一次完整的注射成型。

（四）结语

① 模具通过设计热流道单点针阀直接进料的方式，成功解决塑件因局部壁厚较厚所需较长保压力和较长保压时间问题。

② 根据塑件结构存在多方向不规则倒扣的特点，模具通过设计三个方向的滑块，成功解决塑件的脱模问题，详见图 6-37。其中二次抽芯滑块结构复杂，精度要求高，达到 IT2 级，以保证抽芯顺畅。

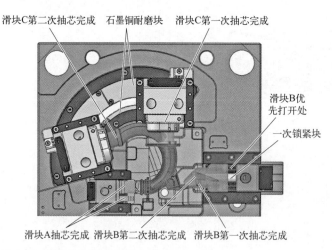

图 6-37　滑块分布状态 3D 图

③ 针对滑块 C 第二次大幅度旋转抽芯结构，特别设计了石墨铜垫块和耐磨块，解决了在大行程抽芯过程中易出现烧死的现象，在实际生产过程中模具运行平衡可靠。

④ 多层次水路配合水井，让塑件得到全方位的充分冷却，塑件的成型周期控制在 40s 以内，与同类型塑件比较，成型周期缩短了 4s，生产效率提高了 10%；塑件精度达到 MT 3（GB/T 14486），零件最大尺寸公差控制在 0.3mm 以内，保证了塑件的成型生产数量和质量。

四十五、汽车箱盖旋钮二次脱模注塑模具设计

(一) 塑件结构分析

成型塑件为某新能源汽车的箱盖旋钮（图6-38），材料为PA+20%GF，收缩率取1%。塑件为锥形轴套类零件，最大外形尺寸为 ϕ 64mm×8mm，小型零件。塑件结构不算复杂，但外圆周锥面上有24处倒扣，脱模困难。塑件内圈有装配要求，外圈有外观要求，不允许有浇口痕迹和熔接痕、流痕、银纹等成型缺陷。另外，塑件尺寸精度要求很高，设计精度达到MT2（GB/T 14486—2008）。

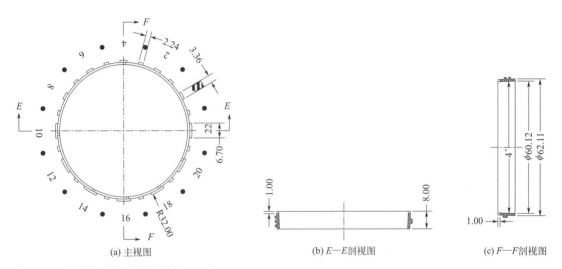

图6-38 汽车箱盖旋钮零件图（单位：mm）

(二) 模具结构设计

客户要求一模出两件，两个型腔采用纵向排位。由于成型塑件内外侧圆柱面都不能有浇口痕迹，模具只能从塑件的端面进料，采用点浇口浇注系统。塑件的大端面有6处1mm×1mm的凹槽，此处进料不会影响外观。根据塑件大小，模具采用点浇口二点进料，模架采用标准型三板模架DCI-2740-A40-B70-200-O。由于从大端面进料，模具的分型面只能是大端面，定模型芯成型塑件内表面，动模成型塑件外表面。塑件外表面有24处倒扣，根据塑件大小和结构，采用12个斜滑块成型，为简化模具结构，保证抽芯安全，12个斜滑块设计在动模板内。塑件倒扣深度0.85mm，斜滑块倾斜角度取15°。斜滑块由推杆驱动，沿着斜向滑槽运动。斜滑块常规的驱动方式是采用弹簧驱动，弹簧驱动的缺点是弹力较小（没有机械冲击力）且易疲劳失效。使用推杆驱动抽芯，合模时采用定模板推回复位，结构新颖实用，动作安全可靠。模具脱模系统采用大头顶结构，即用一根 ϕ 62mm的台阶圆柱推汽车旋钮的小端面，这种脱模系统推出力大，平稳可靠，但和动模斜滑块同时使用时就容易发生干涉，即斜滑块还没有完成侧向抽芯，大头顶就推动塑件纵向移动，导致成型塑件变形甚至断裂。为解决这一问题，模具采用二次脱模机构，或叫延时脱模机构，模具先由推杆24推动斜滑块进行侧向抽芯，向外抽

芯 2mm 后，斜滑块完全脱离了成型塑件，大头顶再推动成型塑件脱离动模。二次脱模采用一种崭新的杠杆式结构，详细结构见图 6-39。具体脱模顺序见"模具工作过程"。

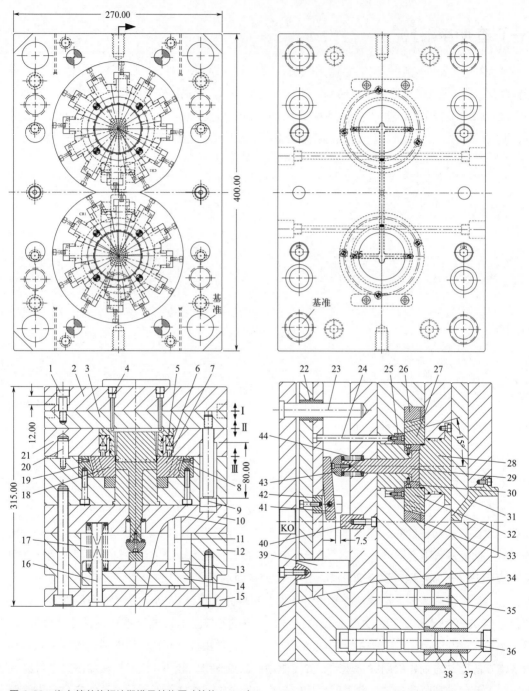

图 6-39 汽车箱盖旋钮注塑模具结构图（单位：mm）

1—限位钉；2，15—动模固定板；3—脱料板；4—拉料杆；5，44—弹簧；6—推销；7，18，27，32—斜滑块；8，33—导向块；9—小拉杆；10—托板；11—复位杆；12—垫块；13—推件固定板；14—推件底板；16—弹簧导套；17—复位弹簧；19—斜滑块导向块；20—尼龙塞；21—定板；22—推件板导套；23—推件板导柱；24—推杆；25—推块；26—导向块；28—定模型芯；29—大头顶；30—动模小型芯；31—浇口套；34—定、动模导套；35—定、动模板导柱；36—定模导柱；37—无托导套；38—有托导套；39—支承柱；40—顶柱；41—杠杆；42—杠杆固定座；43—球头滑座

（三）模具工作过程

①注射填充：塑料熔体经点浇口浇注系统进入模具型腔。②冷却固化：熔体填满型腔后保压、冷却、固化；③开模：当成型塑件固化至足够刚度后，注塑机拉动模具动模固定板 15 开模。a. 在定距分型机构尼龙塞 20 的作用下，模具先从分型面Ⅰ处打开，打开距离 80mm 由小拉杆 9 控制，在此过程中，浇注系统凝料脱离成型塑件，实现模具自动断浇。b. 动模继续后退，模具再从分型面Ⅱ处打开，打开距离 8mm，由限位钉Ⅰ控制。在此过程中，脱料板 3 将浇注系统凝料强行推离拉料杆 4，在重力作用下，浇注系统凝料自动脱落。c. 动模继续后退，模具最后从分型面Ⅲ处打开，开模距离 100mm，由注塑机控制。在此过程中，定模型芯 28 脱离成型塑件，推销 6 在弹簧 5 的作用下推着斜滑块 7，防止成型塑件被定模型芯 28 拉出。④脱模：完成开模行程后，注塑机顶棍通过动模固定板中间的顶棍孔推动推件底板 14，进而推动推杆 24 和大头顶 29，一边推动成型塑件，一边推动斜滑块 27 进行外侧抽芯。推杆和大头顶推出 7.5mm 后，斜滑块完全脱离成型塑件，完成侧向抽芯。接着顶柱 40 推动杠杆 41，因为阻力臂是动力臂的 2.5 倍，杠杆 41 便快速推动大头顶 29，将成型塑件推离动模型腔。⑤合模：成型塑件安全无损坏地脱离模具后，弹簧 44 推动大头顶 29 复位，接着注塑机推动动模合模，在合模过程中，定模板推动斜滑块复位。模具完成一次注射成型。

（四）结语

① 斜滑块采用推杆驱动抽芯，合模时由定模板推回复位，消除了弹簧驱动力小且易疲劳失效故障，结构新颖实用，安全可靠。

② 模具脱模系统采用大头顶二次脱模结构，有效解决了成型塑件刚度差、脱模时易变形断裂的问题。

③ 二次脱模采用一种崭新的杠杆式结构，大大简化了模具的结构，提高了二次脱模的安全性和可靠性。

四十六、汽车弯管气辅注塑模具设计

气辅中空注射成型是指注射成型时塑料熔体注入模具型腔的 60%～70% 后,再通过辅助设备将高压惰性气体注入型腔,高压惰性气体在熔体中形成气道,推动熔体充满型腔。这种注射工艺是在传统注射成型的基础上发展起来的一种创新技术,在厚壁塑件成型和大型塑件成型方面具有独特的优势。本例介绍了一副汽车塑料弯管气辅注塑模具的详细结构及其设计经验与技巧。

(一)塑件结构分析

汽车弯管的详细结构见图 6-40,材料为 PA+15%GF,收缩率取 1%。塑件平均壁厚 3.00mm,属于中偏大型塑件。塑件结构特点如下:①空间结构复杂,分型线复杂;②塑件有 3 处倒扣,侧向抽芯多且复杂;③塑件为连接件,内孔 ϕ20.00mm 仅起减料作用,不与外界相通,必须采用气辅成型。

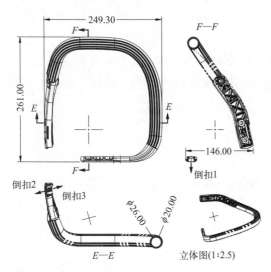

图 6-40 弯管零件图(单位:mm)

(二)模具结构设计

根据塑件形状和尺寸大小,模具采用单型腔、气体辅助注塑模具结构,熔体和气体分别从型腔两端进入。倒扣全部采用侧向抽芯机构,浇口采用潜伏式浇口,模架采用龙记公司二板模标准模架:6055-CT-A200-B200-C180。详见图 6-40。

1. 成型零件设计

塑件空间形状复杂,模具的分型面为复杂的空间曲面,落差很大,成型零件和模板采用镶拼式结构。由于尼龙中添加了 15% 的玻璃纤维增强材料,熔体对型腔摩擦力增大,为了提高塑件精度和模具寿命,型腔表面进行了渗氮处理。成型零件钢材采用 8407,型腔抛光至 Ra1.60。

本模具的成型零件主要由定模镶件 4 和动模镶件 14 组成,为了装拆方便,同时保证镶件在模板内的定位精度,动、定模各设计了四块锁紧块 26 和 28。内模镶件锁紧块的设计要点如下:

① 为便于楔紧块取出,在锁紧块的正面要设计螺孔。
② 锁紧块的装配螺钉必须从分型面一侧旋入,即螺孔设计在模板上。
③ 锁紧块要设置在基准面的两个对面设置,见图 6-41。
④ 为防止装错,制造时须在锁紧块和模板的相应位置上打上记号。

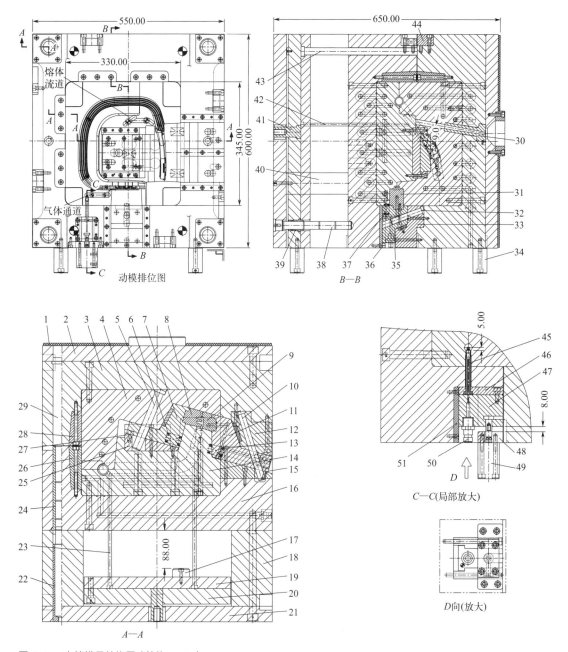

图6-41 弯管模具结构图(单位:mm)

1—隔热板;2—定模固定板;3—定模板;4—定模镶件;5,10,32—斜导柱;6,13,37—弹簧;7—内滑块;8—内侧抽芯;9—外侧抽芯;11—外斜向滑块;12,33—锁紧块;14—动模镶件;15—外滑块挡销;16—动模板;17—推件限位柱;18—垫块;19—推件固定板;20—推件底板;21—动模固定板;22—定位管;23,42—推杆;24,39—导套;25—内滑块座;26—动模镶件锁紧块;27—内滑块挡销;28—定模镶件锁紧块;29—导柱;30—斜浇口套;31—侧向抽芯;34,40—支承柱;35,47—滑块;36—挡销;38—推件板导柱;41—顶棍连接柱;43—复位杆;44—边锁;45—气阀;46—气阀固定板;48—油缸固定座;49—油缸;50—气嘴;51—耐磨板

2.浇注系统设计

模具采用潜伏式浇口,尺寸和形状见图6-42,分流道截面形状为圆形,一半在定模镶件

上，一半在动模镶件上，直径为 6mm。为了避开模具的内侧抽芯机构，主流道采用倾斜式结构，倾斜角度为 9°，见图 6-41 中的 B—B 视图。倾斜式主流道的设计参数中，主流道最小端直径应比垂直式主流道小端直径稍大，不得小于 ϕ4.00mm。弯管塑料属于软性塑料，主流道倾斜角度最大可达 30°，在模具设计时这一角度宁小勿大。

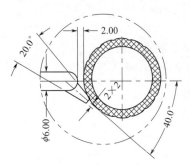

图 6-42 潜伏式浇口（单位：mm）

3. 气辅注射系统设计

本气辅注塑模具属于中空注射成型，熔体填充至型腔体积 65% 后，油缸 49 开启，气阀打开，高压惰性气体氮气通过气阀 45，由分型面上气体通道经潜伏式浇口进入型腔中处于黏流态的塑料熔体中，将塑料熔体吹开，贴近模具的型芯和型腔面，在中间形成空洞的气道。通过保压、冷却，固化得到中空的汽车弯管。采用气体辅助注射成型不但节省材料，而且缩短了注射周期，提高了塑件刚性，降低了塑件的质量。分型面上的熔体流道和气体通道见图 6-41 中动模排位图，油缸及气阀的形状及重要的装配尺寸见图 6-41 中 C—C 局部放大图和 D 向放大图。

4. 侧向抽芯机构设计

塑件有 3 处倒扣，均采用"滑块+斜导柱"的侧向抽芯机构，其中倒扣 1 为外侧抽芯，由侧向抽芯 31、斜导柱 32、锁紧块 33、滑块 35、挡销 36 和弹簧 37 组成。倒扣 2 为外侧斜向抽芯，由外抽芯 9、斜导柱 10、外斜向滑块 11、锁紧块 12、弹簧 13 和外滑块挡销 15 组成。倒扣 3 为内侧斜向抽芯，由斜导柱 5、弹簧 6、内滑块 7、内侧抽芯 8、内滑块座 25 和内滑块挡销 27 组成。滑块的动力来源均为斜导柱，定位结构均为"弹簧+挡销"，滑块的导向均采用"压块+T 型槽"结构，抽芯距离分别为 15mm、18mm 和 20mm。详见图 6-41。

5. 排气系统设计

排气系统是在注射过程中将型腔内气体及时排出去的结构，本模具型腔空间较普通模具型腔要大很多，所以排气系统非常重要。本模具的排气槽都要设计在分型面上，由 6 条一级排气槽、1 条二级排气槽和 6 条三级排气槽组成，详细结构和尺寸见图 6-43。

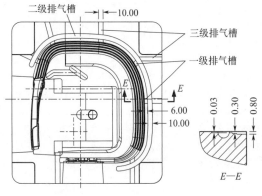

图 6-43 定模镶件排气系统（单位：mm）

6. 温度控制系统设计

由于塑件壁厚尺寸较大，所以模具的温度控制系统就显得至关重要。本模具的温度控制系由 10 股冷却水管及 21 个加隔片的冷却水井组成，详见图 6-41 和图 6-44。均衡且充分的冷却水路有效保证了塑件的成型质量和模具的成型周期。

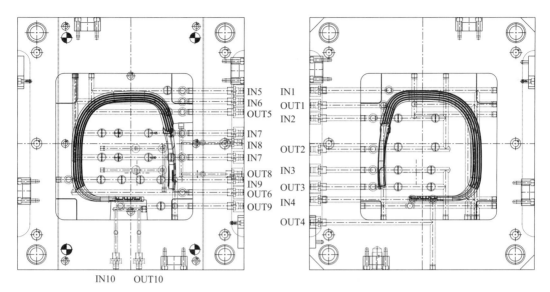

图 6-44 模具温度控制系统（为清楚起见删除了部分结构）

7. 导向定位系统设计

为保证模具精度和寿命，模具中所有的活动模板都采用了导柱、导套导向，其中定模板 3 和动模板 16 由四支导柱 29 和四支导套 24 导向。模具的推件固定板 19、推件底板 20 由四支导柱 38 和四支导套 39 导向。

在定位系统方面，模具所有装配后固定的模板均有定位机构，定模部分采用导柱 29 肩部定位，动模部分采用空心定位管 22 定位，见图 6-41。模具属于中偏大型模具，为了保证模具的寿命，定模板 3 和动模板 16 合模时采用了 6 个边锁定位机构。因为分型面复杂，高度方向落差较大，为了保证模具的精度，定模镶件 4 和动模镶件 14 的四个角均设计了一个 70mm×50mm、锥面角度为 5°的内模管位。

（三）模具工作过程

① PA+15%GF 熔体由潜伏式浇口注入模具型腔。为了达到中空成型的效果，塑料熔体注入模具型腔的体积约为型腔体积的 65%。

② 在延迟 0.5s 后，油缸 49 启动，打开气阀 45，高压惰性气体氮由型腔的另一端注入熔体，并推动熔体填满模具型腔。

③ 为补偿塑料熔体冷却引起的材料收缩，氮气继续注入 PA+15%GF 熔体，进行二次穿透。

④ 熔体冷却，当固化至足够刚性后，将入口处的气体压力降为大气压（1 标准大气压 = 101325Pa），并排出塑件体外。

⑤ 注塑机拉动动模固定板板 21 开模，在开模过程中，斜导柱 5、10、32 分别拨动滑块 7、11、35 侧向抽芯。

⑥ 完成开模行程后，注塑机顶棍推动模具推杆，推杆推动塑件，塑件脱离动模，模具完成一次注射成型。

（四）经验与技巧

① 塑料熔体注入质量的多少直接关系到气辅注射成型的效果，因此注塑机计料精度的误差会影响气辅注塑生产的稳定性。汽车弯管注塑模具属于中空气辅成型模具，熔体填充型腔体积一般取 60%～70%，本模具取 65% 是试模时反复注射确定的经验值。熔体注入量过大，不能体现气辅注射成型的优越性；注入量过小，熔体在高压气体的作用下易被射穿。

② 在注射成型工艺方面，要注意以下两点：

a. 通过延迟时间的改变可以改变塑件气道处的熔体厚度尺寸。延迟时间是塑料熔体注射结束到高压气体开始进入的一段时间，其过程非常短暂，但对成型质量有重要影响。合理的延迟时间有利于气体穿透及塑料熔体充模，如果延迟时间太短，高压气体容易发散，气道的形状不规则，掏空率就没有保证。

b. 采用较高的注射速度，有利于高压气体的穿透及塑料熔体的充模。但太高的注射速度易导致塑件表面出现缺陷，在鱼和熊掌之间必须小心取舍。

③ 本模具在确定注气速度及压力方面，要注意以下三点。

a. 注气速度的高低，应视气道大小而定。本例的汽车弯管属于气道粗大的塑件，太高的注气速度易产生表面流痕、气纹等缺陷。如果模具的气道小或流程长，提高注气速度则可改善塑件表面的质量，但注气速度如果太快塑料熔体则有可能被吹穿。

b. 塑料熔体与惰性气体接触的边界层中会溶解一些气体，如果保压结束后塑料熔体尚未完全固化，则卸压时这些气体会膨胀产生气道内表面气泡，充模时气体压力越大，熔体表层中溶解的气体越多。因此充模时惰性气体的压力应低一些，保压时再增加压力补偿收缩。

c. 气体压力太小，则易出现充模不足或导致塑件表面有缩痕；气体压力太大，塑料熔体容易被吹穿。注气压力还取决于塑料熔体的流动性。本模具所用的 PA+15%GF 塑料流动性较好，注塑生产时采用较低的注气压力（10MPa），效果也很好。

（五）结语

与传统的注射成型方法比较，弯管采用高压惰性气体的气辅中空成型取得了以下成果：
① 材料节省了约 35%；
② 成型周期缩短了约 50%；
③ 大大提高了塑件的强度；
④ 大大减小了注射压力和锁模力；
⑤ 塑件表面无收缩痕等成型缺陷；
⑥ 弯管采用气辅成型后浇口由 3 个减少至 1 个，表面质量明显改善。

模具自投产以来，成型质量稳定，塑件强度和刚度都达到了产品要求。

四十七、汽车智能定位器面盖双色注塑模具设计

双色注塑是指将两种不同品种的塑料或相同品种但颜色不同的塑料注射到同一套模具中，从而得到一件双色或双料制品的成型工艺。双色注塑模具有两个定模 A1、A2 和两个动模 B1、B2，其中动模两个型腔完全相同，定模两个型腔则不一样。合模后形成两个型腔，第一次注射时 A1 和 B1 组成一个型腔，A2 和 B2 组成一个型腔，第二次注射时动模旋转 180°，合模后 A1 和 B2 组成一个型腔，A2 和 B1 组成一个型腔。

双色注射成型技术是注塑模具具有革新意义的核心技术之一，它不但提高了注射成型的产品附加值和劳动生产率，也开拓了注射成型的新领域，使塑料制品越来越丰富多彩。本例介绍了一副智能定位器面盖双色注塑模具，其设计经验和技巧可供同行借鉴。

（一）塑件结构分析

智能定位器双色面盖由 PC（聚碳酸酯）和 ABS（丙烯腈-丁二烯-苯乙烯共聚物）两种塑料组成，其中内芯是红色 PC，包覆层是蓝色 ABS。制品造型优美，红蓝两色搭配立体感强。智能定位器面盖结构较复杂，有两处倒扣 S1 和 S2，脱模困难，塑件最大外形尺寸为 114mm×69mm×64.5mm，详见图 6-45。塑件为外饰件，表面不允许有浇口痕迹，也不允许有黑点、黑斑、流痕和熔接痕等成型缺陷。

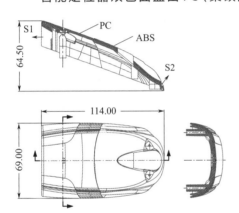

图 6-45　智能定位器面盖零件图（单位：mm）

（二）模具结构设计

由于成型塑件由 PC 和 ABS 两种塑料组成，为提高成型效率和成型质量，模具采用双色注塑模结构，详见图 6-46。智能定位器双色面盖双色注塑模具由两套模架组成，两套模架外形尺寸相同，长 300mm、宽 250mm、高 386mm。由于每次注射成型之前动模都要旋转 180°，故两副模架四个角上的导柱、导套位置必须完全对称，不能像普通单色注塑模具那样有一根导柱存在 2mm 的偏距。为了提高模具刚度，方便模具安装，两套模架的动模固定在同一块模具底板上，两套模架的定模固定在同一块面板上。双色注塑模具定、动模都需设计定位圈，方便对位。

1. 成型零件设计

模具有两个型腔，所以有两组成型零件，第一组成型零件成型 PC 半成品，包括定模镶件 9、动模镶件 20 和动模型芯 21；第二组成型零件成型 PC+ABS 双色制品，包括定模镶件 58、动模镶件 56 和动模型芯 55。定模镶件和动模镶件均采用 S136 模具钢，为提高模具寿命，型腔表面进行渗氮处理。模具钢 S316 经锻造加工，具有极好的机械加工性，为高抗腐蚀、高抛光预硬塑胶钢材，淬火时具有优良的稳定性。

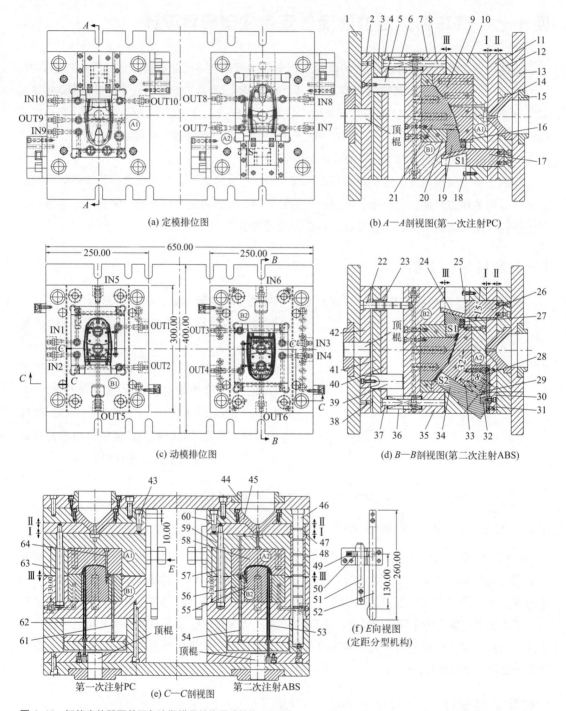

图 6-46 智能定位器面盖双色注塑模具结构图（单位：mm）

1—动模固定板；2—动模底板；3，41—推杆底板；4，40—推杆固定板；5，39—支承柱；6，36—复位弹簧；7—B1动模板；8，37—复位杆；9—定模镶件；10—A1定模板；11—脱料板；12—定模面板；13—定模固定板；14—PC浇口套；15—定位圈；16—A1滑块弹簧；17—A1锁紧块；18—A1滑块挡销；19—A1滑块；20—动模镶件；21—动模型芯；22，46—导柱；23，47，48—导套；24—A2滑块；25—A2滑块挡销；26—A2锁紧块；27—A2滑块弹簧；28—斜向滑块导向块；29—限位杆；30—A2脱料板；31—耐磨块；32—拨块；33，49—弹簧；34—斜向滑块；35—B2动模板；38—限位钉；42—动模底板；43—A1限位钉；44—定位圈；45—浇口套；50—活动块；51—外置短拉杆；52—外置长拉杆；53—推管；54—流道拉杆；55—B2动模型芯；56—B2动模镶件；57—A2内置小拉杆；58—A2定模镶件；59—A2定模板；60—A2限位钉；61—流道推杆；62—推管；63—A1内置小拉杆；64—工艺型芯由于第二次注射成型的产品与第一次注射成型的 PC 半成品表面需要封料，故第一次注射 PC 的半成品表面要留预压量（即稍大一些），使它在第二次注射成型的时候能够与定模镶件贴得更紧，以达到封料的效果，预压量一般为 0.02~0.05mm。

2. 浇注系统设计

智能定位器面盖双色注塑模具采用注射 PC 熔体和注射 ABS 熔体的两个浇注系统，第一次注射 PC，第二次注射 ABS。由于第一次进料的浇注系统的型腔中没有脱模系统，浇注系统凝料必须能够自动脱落，故第一次进料采用了点浇口，点浇口流道凝料可以实现和 PC 半成品自动切断，并能够自动脱落。由于智能定位器外表面质量要求很高，不允许有浇口痕迹，故第一次注射的点浇口应被第二次注射的 ABS 料覆盖，且第二次注射时模具只能采用潜伏式浇口，详见图 6-47。

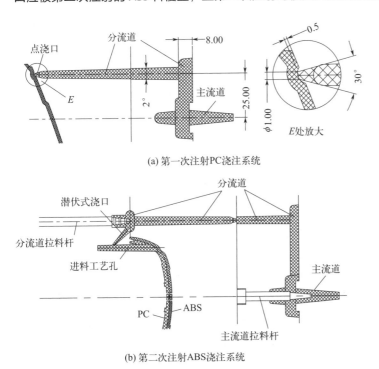

图 6-47　模具浇注系统（单位：mm）

双色注塑模具第一次注射的点浇口处模具型腔一定要做球面凸起，凸起高度为 0.5mm，成型半成品后浇口处就会凹入 0.5mm（俗称"肚脐眼"），详见图 6-47（a）的放大图。这样做的目的是保证第一次的浇口痕迹完全被第二次注射的熔体覆盖住，避免点浇口断裂的毛刺插穿第二次注射的熔体壁厚。

第二次注射 ABS 时熔体是从内侧面进入型腔的，但第一次注射后内侧面已被 PC 内芯封住，ABS 熔体无法由潜伏式浇口通过动模镶件进入由 PC 内芯和定模镶件组成的型腔。为解决这个问题，设计一个进料工艺孔，见图 6-47（b），在第一次注射 PC 料的型腔内设计了一根工艺型芯 64，详见图 6-46（e），该型芯用于成型二次注射 ABS 时的辅助流道，即进料工艺孔。这是本模具结构的第一个创新点。

3. 侧向抽芯机构设计

普通单色注塑模具一般优先采用动模侧向抽芯,这样可以在开模的过程中完成侧向抽芯,模具结构较简单。但对于双色注塑模具,因为第一次注塑完成后动模滑块不能进行抽芯,否则旋转180°后第二次合模容易压伤半成品,故应优先采用定模侧向抽芯。双色注塑模具如果必须设计动模侧向抽芯机构,则必须采用以下四种特殊机构之一:①油缸抽芯,注塑机第一次开模时油缸不动作,注塑机第二次开模后油缸才抽芯;②延时抽芯机构;③米思米(misumi)STRACK 标准模具滑块限位夹;④推杆板驱动滑块。

智能定位器面盖的倒扣 S1 在分型线以下,但为了简化模具结构、提高模具运行的稳定性和安全性,采用了定模侧向抽芯机构,这是本模具结构的第二个创新点。该机构由滑块 24、挡销 25、锁紧块 26 和弹簧 27 组成。滑块的锁紧、抽芯和复位都由锁紧块 26 完成。锁紧块 26 合模后插入动模板,大大提高了模具的刚性和对滑块的锁模力。在抽芯过程中滑块与镶件因相互运动而发生摩擦,为减小磨损,滑块和镶件不宜采用相同的钢材,采用瑞典一胜百公司的 718 模具钢,硬度 330~370HB。

倒扣 S2 较复杂,抽芯方向与开模方向成 35°夹角,无法采用常规的定模抽芯机构。斜向滑块 34 由拨块 32 驱动抽芯,导向零件是导向块 28,定位零件是弹簧 33 和限位杆 29,抽芯距离 8mm,由限位杆 29 控制,详见图 6-48。

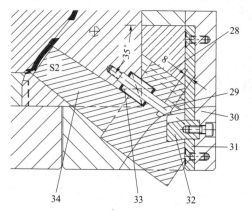

图 6-48 斜向滑块侧向抽芯机构

4. 定距分型机构设计

由于模具采用点浇口浇注系统,且两个侧向抽芯机构都在定模中,故动、定模打开之前必须要完成浇注系统凝料自动脱落以及定模滑块的侧向抽芯,否则成型制品就会扣留在定模型腔而无法脱模。模具有三个分型面(见图 6-46),各分型面的打开顺序必须保证:Ⅰ→Ⅱ→Ⅲ。根据浇注系统凝料的尺寸和侧向倒扣 S1 和 S2 的深度,分型面Ⅰ的打开距离为 130mm;根据分流道截面尺寸,分型面Ⅱ的打开距离取 10mm;根据成型制品的高度尺寸,分型面Ⅲ的打开距离取 150mm。为保证模具各分型面的开模顺序和开模距离,模具设计了定距分型机构。定距分型机构由外置扣机和内置小拉杆组成,包括长拉杆 52、短拉杆 51、活动块 50、弹簧 49以及小拉杆 57 和 63、限位钉 43 和 60,详见图 6-46(e)和(f)。

5. 温度控制系统设计

模具采用"直通式冷却水管 + 隔片式冷却水井"的组合温度控制系统,共由 10 组冷却水路组成,其中两个动模的温度控制系统大致相似,而两个定模的温度控制系统则完全不同,详见图 6-46 和图 6-49。充分且合理的温度控制系统不但保证了塑件的成型质量,而且模具的劳动生产率也提高了约 10%。

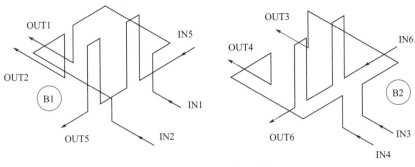

(a) 动模温度控制系统示意图

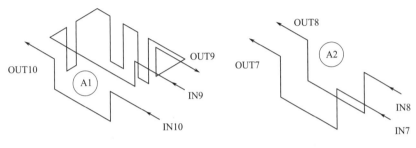

(b) 定模温度控制系统示意图

图 6-49　模具温度控制系统示意图

6. 导向定位系统设计

双色注塑模具由两套模架组成，精度高，活动零件多，导向定位系统若设计不合理，模具精度、刚度、强度、寿命就难以达到设计要求。为此本模具所有活动的模板均采用了导柱导套导向，见图 6-46 中的导柱 22、46，导套 23、47、48。所有活动的侧向抽芯机构均采用了 T 型槽导向。由于第一次注射成型后，动模要旋转 180°再合模组成两个型腔，为保证旋转后顺利合模，导柱、导套位置必须完全对称，且全部要设计防转结构。模具的定位系统主要是动模镶件和定模镶件四个角上的 5°锥面内模管位。采用内模管位定位后成型制品的精度将不受模板制造误差和导柱、导套之间间隙的影响。

7. 脱模机构设计

智能定位器面盖双色模具脱模系统由两套完全相同的脱模系统组成，每套脱模系统包括 8 根推杆、6 根推管、1 块推件固定板和 1 块推件底板，详见图 6-46（e）。因为脱模系统只能将"ABS+PC"双色成型制品推离模具，而不能将 PC 内芯半成品推出模具，故两套脱模系统在每一次注射成型过程中只有一套脱模系统发挥作用，而另一套脱模系统在开模过程中则完全不动。

（三）模具工作过程

（1）熔体填充

① PC 熔体通过点浇口进入型腔"A1+B1"，成型 PC 半成品内芯；

② ABS 熔体通过潜伏式浇口进入型腔"A2+B2",成型 ABS 包覆层,并得到 PC+ABS 双色成品。

(2) 冷却固化

两型腔熔体填满型腔后,保压、冷却、固化。

(3) 开模

两型腔的半成品和产品冷却固化至足够刚性后,注塑机拉动动模固定板 1 开模。

① 在外置定距分型机构中的短拉杆的作用下,模具先从分型面 I 处打开,打开距离 130mm,由内置小拉杆控制。分型面 I 打开过程中,浇注系统凝料在拉料杆作用下与成型塑件分离,并脱离定模镶件和定模板,同时锁紧块 17、26 驱动滑块 19、24 进行侧向抽芯,拨块 32 拨动斜向滑块 34 进行定模斜向外侧抽芯。

② 分型面 I 完成开模行程 130mm 后,外置定距分型机构中的长拉杆推动活动块脱离短拉杆,模具接着从分型面 II 处打开,打开距离 10mm,由限位钉控制。分型面 II 打开过程中,脱料板强行将浇注系统凝料推离拉料杆,模具实现自动脱浇。

③ 注塑机拉动动模继续后退,模具最后从分型面 III 处打开,打开距离 150mm(成型制品高度 + 型芯高出分型面最大高度 + 安全距离 20~30mm)。分型面 III 打开过程中,工艺型芯脱离 PC 半成品内芯,PC 半成品内芯和双色成型制品同时脱离定模型腔。

④ 完成开模行程后,注塑机顶棍通过顶棍孔推动"A2+B2"型腔内的推杆和推管,将"PC+ABS"双色成品推出动模。

(4) 动模旋转 180°

双色成品脱模后,注塑机带动动模旋转 180°,半成品 PC 内芯进入定模的另一个型腔。

(5) 合模

推出零件在复位杆和复位弹簧作用下复位,滑块在锁紧块的作用下复位,斜向滑块在耐磨块推动下复位。

(6) 模具接着下一次注射成型

每次注射都得到一件 PC 半成品内芯和一件"PC+ABS"双色制品。

(四) 结语

① 模具采用定模侧向抽芯机构,不但大大简化了模具结构,而且大大提高了模具运行的安全性和稳定性,大大降低了故障发生的概率。

② 模具采用工艺型芯成型 ABS 熔体的辅助流道,使熔体能够通过潜伏式浇口由内侧面进入型腔,从而保证了成型制品的外观质量,同时也提高了模具的自动化程度,使注塑生产可以采用全自动化作业。

③ 模具的定距分型机构保证了模具的开模顺序,导向定位机构保证了模具的刚度,充分且均衡的温度控制系统又有效保证了塑件的尺寸精度和模具的劳动生产率。

这是一副较复杂的双色注塑模具,由于结构设计先进合理,模具自投产以来,运行安全稳定,成型周期和成型制品质量均达到了设计要求。

四十八、车载 GPS 接收机前盖复杂抽芯注塑模具设计

(一)塑件结构分析

塑件结构见图 6-50,该塑件是某款新能源汽车的车载 GPS 前盖,属于箱体类零件,塑料 ABS,收缩率取 0.6%。塑件尺寸较大,浇注系统和温度控制系统是模具设计的重点。塑件的最大特点是侧向凹凸结构多:内侧抽芯两处,外侧抽芯四处。其中塑件顶端的定模外侧抽芯 1 和定模外侧抽芯 2,以及塑件侧面的斜向抽芯都是模具设计的难点。

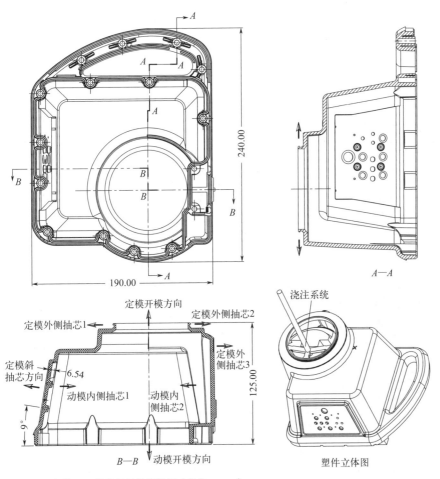

图 6-50 车载 GPS 接收机前盖塑件图(单位:mm)

(二)模具结构设计

模具为单型腔注塑模,模架采用没有流道推板的简化型三板模结构,俗称二板半模,详细结构见图 6-51。

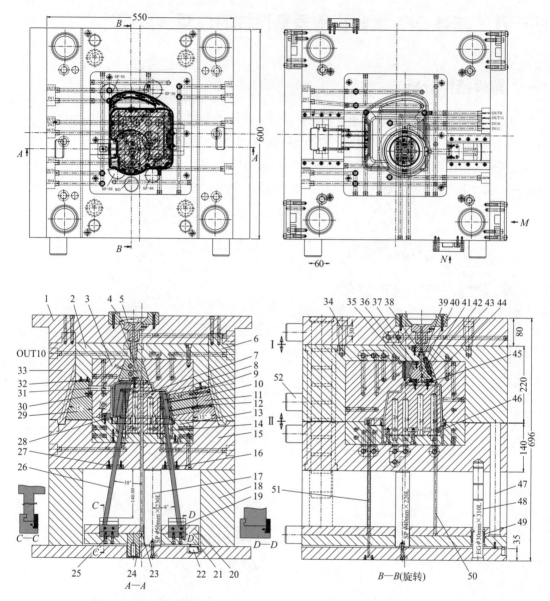

图 6-51 车载 GPS 接收机前盖模具结构图（单位：mm）

1—面板；2—定模板；3—定模镶件；4—定位圈；5—浇口套；6,33—锁紧块；7—动模大型芯；8—小斜顶；9—定模斜抽芯；10,12—斜向型芯；11—定模斜向滑块；13—动模镶件；14,46—动模小型芯；15—动模板；16,27—斜顶导向块；17—支承柱；18—垫块；19,25—斜顶底座；20—推杆固定板；21—推杆底板；22—行程开关；23—主流道拉杆；24—注塑机顶棍连接柱；26—大斜顶；28—冬菇小镶件；29—定模滑块；30—抽芯固定块；31—定模抽芯；32—耐磨块；34,43—定模板限位钉；35—斜滑块导向块；36,41—斜滑块；37—斜滑块限位块；38—压块；39—弹簧导杆；40,57,60—弹簧；42,44—拨动块；45—挡块；47—复位杆；48—推杆板导柱；49—推杆板导套；50—推杆；51—推管；52—支承柱；53—定距分型拉钩；54,58—活动块座；55—长推块；56,59—活动块；61—止动块；62—短推块

1. 浇注系统设计

模具采用普通流道的浇注系统。主流道由两段组成：一段在浇口套 5 内，方向与开模方向一致，另一段在定模镶件 3 内的斜滑块 36 和 41 的接触面上，方向与开模方向成 22°夹角。

分流道在动模大型芯 7 与定模斜滑块 36、41 的结合面上。浇口则设计在塑件圆形口部的内侧，数量为四个。此处是一个较大的通孔，是塑件进料的最佳位置。为了在完全顶出时不和大斜顶 26 干涉，浇口位置必须如图 6-52 所示。

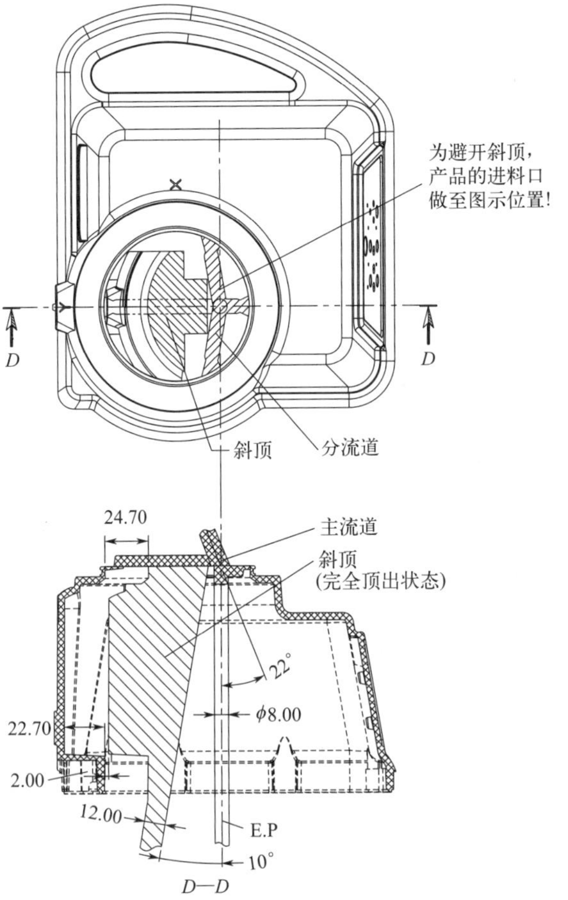

2. 侧向抽芯机构设计

侧向抽芯机构是本模具中最复杂的机构，它包括以下几部分：

（1）动模斜顶

塑件的两个内侧抽芯均采用斜顶侧向抽芯机构，斜顶 8 和 26 均采用整体式，其配套零件分别是导向块 16、27 和底座 19、25。

（2）定模侧向抽芯

塑件侧面均采用定模外侧抽芯机构，该机构由侧抽芯 9、10、12、31，滑块 11、29 和锁紧块 6、33 组成，其中滑块上有 T 型槽，锁紧块上有 T 型块，锁紧块兼起合模时锁紧滑块、开模时带动滑块抽芯两种作用。为了在塑件脱离定模之前完成侧向抽芯，锁紧块 6、33 必须装配在定模面板上。

（3）定模斜滑块

塑件圆形口部外侧内凹矩形圆槽采用定模斜滑块结构抽芯。斜滑块 36、41 在定模镶件 3 内。开模时，斜滑块由弹簧 40 推动以及拨动块 42、44 拉动抽芯，斜滑块滑动方向由导向块 35 控制，行程由限位块 37 控制。合模时由动模镶件 13 和斜顶 26 共同推动两个斜滑块复位。

图 6-52 浇注系统与斜顶（单位：mm）

3. 定距分型结构设计

模具有两个分型面，见图 6-51 和图 6-52。由于必须完成定模侧向抽芯后动、定模才能打开，所以模具的开模顺序是：分型面Ⅰ处首先打开，完成侧向抽芯后再从分型面Ⅱ处打开。合模时，为了避免斜顶和斜向侧抽芯发生干涉，模具必须让定模板和动模板（即分型面Ⅱ）先闭合，当两斜顶相对于定模镶件完全复位后分型面Ⅰ再开始闭合，定模斜滑块开始复位。

为了保证模具的开模和合模顺序，必须设计定距分型结构。本模具的定距分型结构主要由两部分组成。第一部分是开模定距分型结构，见图 6-53 中 M 向视图所示部分，它由限位钉 34 和 43、拉钩 53、长推块 55、活动块 56 以及弹簧 57 组成。第二部分是合模定距分型结构，见图 6-53 中 N 向视图所示部分。它由止动块 61、短推块 62、活动块 59 和弹簧 60 组成。开模定距分型结构共四件，合模定距分型结构共两件。

4. 温度控制系统设计

塑件尺寸较大，为了保证塑件的成型质量，提高模具的劳动生产率，模具的温度控制系统非常重要。本模具的温度控制系统采用了冷却水管和冷却水胆相结合的冷却方式，冷却非常充分而且合理。

在定模部分，浇口套 5 的外侧设计了环形冷却水道，对于定模来说这里的冷却必不可少，因为该模具的主流道分两部分，拉杆 23 和浇口套内的主流道不在一条直线上，很容易拉断，导致主流道内的凝料粘模具。定模镶件 3 内的冷却水管采用和型腔面差不多等距离的设计方法，立体布置，能有效保证塑件在型腔内均匀冷却。

在动模部分，动模镶件 13 采用两层冷却水路，动模大型芯 7 是重点冷却部位，模具采用了 12 个冷却水胆，冷却效果相当显著。

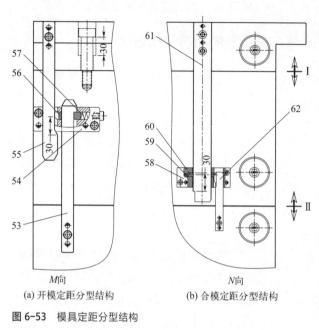

图 6-53 模具定距分型结构

（三）模具工作过程

塑料熔体经浇口套 5、定模斜滑块 36、41 接触面内的主流道，进入动模大型芯 7 和斜滑块 36、41 接触面上的分流道，再由四个内侧浇口进入模具型腔。型腔充满后，熔体在保压力作用下冷却固化，至足够刚性后注塑机动模板拉动模具开模。由于拉钩 53 扣住活动块 56，模具先从分型面 I 处打开，打开距离 30mm，由限位钉 34 控制。在这一过程中，锁紧块 6 和 33 分别带动定模斜向滑块 11 和定模滑块 29 进行侧向抽芯。分型面 I 打开 30mm 后长推块 55 推动活动块 56 脱离拉钩 53，模具再从分型面 II 处打开，打开距离 300mm，由注塑机控制。在这一过程中，塑件脱离定模镶件 3，同时定模斜滑块 36、41 在弹簧 40 和拨动块 42、44 的作用下，沿导向块 35 内的斜向 T 型槽，一边将塑件推出，一边进行侧向抽芯。

完成开模动作后，注塑机顶棍通过连接柱 24 推动模具推杆固定板 20、推杆底板 21，固定板和底板再推动推杆 50、推管 51、主流道拉杆 23 和斜顶 8、26，它们一边将塑件和流道凝料推离动模，一边完成斜顶在动模内的侧向抽芯。固定板和底板的推出距离 140mm，由斜顶底座 19 和 25 控制。

塑件脱离模具后，注塑机顶棍拉动固定板和底板及斜顶复位，当固定板和底板完全复位并触及行程开关 22 后，注塑机再推动动模合模。由于止动块 61 顶住活动块 59，模具的分型面 II 先合拢，分型面 II 合拢后，短推块 62 推动活动块 59 脱离止动块 61，模具的分型面 I 最后合拢。接着模具又开始下一次注塑生产。

(四)注意事项

① 在有动模斜顶的注塑模具中,推杆不能离斜顶太近,否则因为斜顶和推杆推出速度不同,塑件易产生顶白缺陷。一般情况下,这一距离应大于或等于20mm。

② 对于中、大型模具,冷却水接头应装配于模板上,冷却水由模板进入镶件或型芯。这样做的优点是:

a. 如果冷却水直接进入镶件或型芯会导致冷却水接头太长,容易折断和松脱漏水;

b. 冷却水可以冷却模板;

c. 模具维修时不用拆冷却水接头,方便维修并可提高冷却水接头的使用寿命。

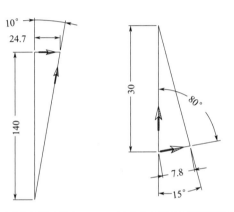

(a) 确定推杆板推出距离　　(b) 确定分型面Ⅰ的开模距离

图 6-54　作图法求顶出距离和分型面Ⅰ的开模距离
(单位:mm)

③ 推杆板推出距离必须受到严格控制,因为斜顶26如果抽芯距离不够,塑件无法脱模,如果抽芯距离太大又会撞击主流道凝料拉杆23。根据塑件尺寸,斜顶26的内侧抽芯最小距离为22.10mm,为安全起见,此处取24.70mm,见图6-52。斜顶倾斜角度10°,由作图法求得推杆板(即斜顶沿开模方向)推出距离为140.00mm,见图6-54(a)。

④ 分型面Ⅰ开模距离的确定:塑件斜向抽芯的最大距离为6.54mm(图6-51),加上安全距离,斜向抽芯距离取7.80mm。斜向抽芯与开模方向夹角为80°,锁紧块T型槽与开模方向夹角为15°,根据作图法求得分型面Ⅰ的开模距离为30mm,见图6-54(b)。

⑤ 斜顶由注塑机顶棍拉回复位,为确保斜顶完全复位后才合模,模具必须设置行程开关22。

⑥ 塑件圆形口部有装配要求,为保证此处的表面质量,定模斜滑块36和41结合面上设计了两个锥形定位柱,以确保合模后两斜滑块相对位置准确无误。

(五)结语

该模采用斜顶进行动模内侧抽芯,采用定模镶件内的斜滑块进行定模外侧抽芯,采用T型锁紧块进行定模斜向抽芯。模具侧向抽芯机构复杂,结构新颖实用,动作稳定可靠。由于定距分型机构稳定可靠,模具自放产以来,虽然结构复杂,但没有发生任何故障,塑件符合设计要求。

四十九、汽车四轮定位水准仪左右盖注塑模具设计

侧向抽芯机构是与动、定模开模方向不一致的开模机构。其基本原理是将模具开合的垂直运动转变为侧向运动,从而将制品的侧向凹凸结构中的模具成型零件,在制品被推出之前脱离开制品,让制品能够顺利脱模。

侧向抽芯机构是注塑模具结构中最复杂的一部分,它增加了模具的制造难度和成本。一般来说,模具每增加一个侧抽芯机构,其制造周期大约增加 3~5 天,成本大约增加 30%。同时,有侧向抽芯机构的模具,在生产过程中发生故障的概率也越高。因此,塑料制品在设计时应尽量避免侧向凹凸结构。

(一)塑件结构分析

本模中的两个塑件是美国天宝公司(Trimble)某款水准仪的左右盖,详细结构见图 6-54。塑件材料为 PA66 加 30% 玻璃纤维(GF),收缩率 0.35%。单个塑件质量约 50g,平均壁厚 2.5mm。

塑件形状复杂,抽芯方向多,侧向分型与抽芯机构相当复杂:为简化模具结构,降低模具的高度,排位时塑件只能打横摆放,这样两个塑件共有 9 处侧向倒扣,其中两个塑件的出入水口部外侧的倒扣由于位置特殊,无法采用径向外侧抽芯,只能采用轴向强制抽芯,这就使得侧向抽芯机构更加复杂。

塑件的分型线要求见图 6-55 中的立体图。

(二)模具结构设计

模具采用非标模架,外形最大尺寸 530mm × 956mm × 603mm,总质量 1400kg,其中定模质量 720kg,动模质量 680kg。模具详细结构见图 6-56。

1. 成型零件及排气系统设计

本模具的成型零件由定模镶件 3、37,动模镶件 14、54,小型芯 31 以及多个侧向抽芯组成。由于塑件结构复杂,模具型腔局部很容易困气,影响熔体的填充和脱模。模具在镶件结合处和侧向抽芯结合处都设计了排气槽,排气槽深度 0.02mm,长度 5mm,详细结构和尺寸见图 6-56 中的 $E—E$ 局部放大图。另外,成型水准仪右盖的型腔有一处是深槽,模具设计了排气针 50 进行排气和引气。

2. 浇注系统设计

根据模具排位,并经客户同意,浇口位置设计在塑件的上方,见图 6-57。由于产品批量大,根据客户要求,模具采用热流道浇注系统,熔体经热流道直接进入模具型腔。本模的热流道浇注系统由一级热射嘴 72,二级热射嘴 68、70,热流道板 71 以及其他定位零件和隔热零件组成,详见图 6-58。

热射嘴采用针阀式,油缸驱动(油缸软管接油,有独立油缸冷却水路),进料口直径 3mm。

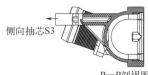

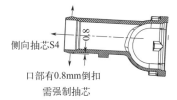
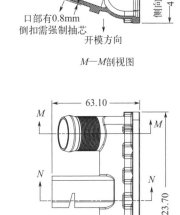
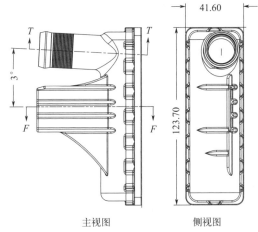
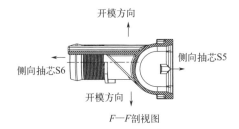
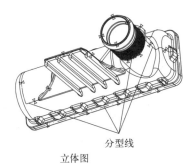

(a) 水准仪右盖　　　　　　　　　(b) 水准仪左盖

图 6-55　水准仪零件图（单位：mm）

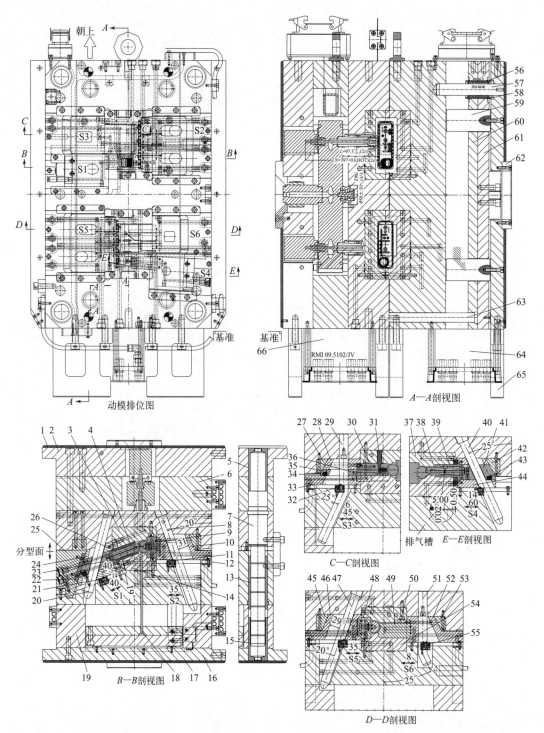

图 6-56 水准仪左右盖模具结构图

1—定模隔热板；2—定模固定板；3—左盖定模镶件；4—左盖出水口外侧抽芯；5, 15—定位套；6—支撑板；7, 13, 56—导套；8, 20, 40, 47—斜导柱；9, 30, 36, 38, 48, 49—侧抽芯；10, 46, 52—滑块；11, 21, 32—定位珠；12, 33—挡销；14—左盖动模镶件；16—动模固定板；17—动模隔热板；18—推杆；19—垫块；22—耐磨块；23, 35, 41—小滑块；24—斜向大滑块；25, 27, 42, 45, 53—锁紧块；26—左盖出水口内侧抽芯；28, 44—大滑块；29—长弯销；31—定模小型芯；34, 43, 55—弹簧限位锥；37—右盖定模镶件；39—右盖出水口外侧抽芯；50—排气（引气）针；51—短弯销；54—右盖动模镶件；57—导柱；58—导套卡簧；59, 65—支承柱；60—推杆固定板；61—推杆底板；62—动模定位圈；63—复位杆；64—动模多头水管连接器；66—定模多头水管连接器

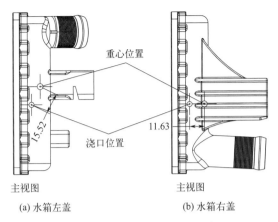

(a) 水箱左盖　　　(b) 水箱右盖

图 6-57　塑件浇口及重心位置（单位：mm）

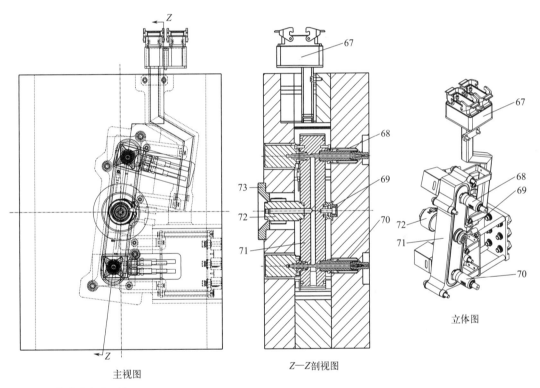

图 6-58　热流道浇注系统

67—电源接口；68—二级热射嘴 1；69—中心定位环；70—二级热射嘴 2；71—热流道板；72—一级热射嘴；73—定模定位圈

3. 侧向分型与抽芯机构设计

两个塑件共有 9 处侧向倒扣，模具共有六处侧向抽芯机构（其中有三个侧向抽芯机构分别承担两处倒扣的抽芯）。模具侧向抽芯机构非常复杂，从抽芯动力来源上看，有斜导柱抽芯，还有弯销抽芯；从抽芯方向上看，有倾斜方向抽芯，还有垂直于开模方向的抽芯；从抽芯性质上看，有延时抽芯，还有强制抽芯；从抽芯结构上看，有单一滑块抽芯，还有复合抽芯（大滑块 24、28 中走小滑块 23、35）。

本模滑块数量之多，抽芯方向之多，结构和抽芯动作之复杂堪称经典，详见图6-56。

图6-56中侧向抽芯机构S1的滑行方向与分型面成19°夹角，它承担水准仪左盖出水口内外两侧的倒扣抽芯，其中外侧抽芯采用了强制抽芯，这样就使模具结构大为简化。但要实现强制抽芯，两个抽芯就不能同时抽芯，必须先将内侧抽芯26抽出，为外侧强制抽芯留出弹性变形的空间。这种外侧抽芯又叫延时抽芯，即延时抽芯后再强制抽芯。侧向抽芯机构S1包括内侧抽芯26、外侧抽芯4、斜导柱20、斜向大滑块24、锁紧块25和定位珠21。

侧向抽芯机构S4和S1结构大致相同，只是滑块的滑动方向和开模方向垂直，相对来说较为简单。

侧向抽芯机构S2和S5结构相同，采用的是常规的"斜导柱+滑块"结构，主要由斜导柱、滑块、锁紧块、定位珠和挡销组成。

侧向抽芯机构S3和S6结构相似，都采用"弯销+滑块"的抽芯结构，但S3复杂很多，因为它有两个滑块，需要完成两处抽芯，由于塑件对两个抽芯的包紧力较大，两个抽芯不能同时进行，否则小抽芯会将塑件拉裂。模具采用了小滑块先抽、大滑块后抽的延时抽芯的结构。

考虑到侧向抽芯数量多，塑件对侧向抽芯的包紧力大的特点，六个抽芯机构也不能同时抽芯，否则塑件也会被拉裂或变形。根据塑件结构，S1和S4首先抽芯，完成出、入水口的内外侧抽芯后，S2和S5才开始抽芯，而S3和S6最后抽芯。六个侧向抽芯机构的抽芯顺序是：S1、S4 → S2、S5 → S3、S6。

4. 温度控制系统设计

本模具的温度控制系统主要由直通式冷却水管和冷却水胆组成，数量之多，位置之合理亦可作为注塑模具的典型范例。它的优点主要表现在：

① 所有成型零件都由冷却水管冷却；

② 所有侧向抽芯，甚至滑块都通了冷却水；

③ 内模镶件上的冷却水都经由模板进入（图6-59），这样不但可以冷却模板，而且水管接头不易损坏，方便拆装；

④ 动、定模两侧的冷却水分别由两个多头水管连接器64、66接入，使温度控制系统虽然复杂，但一目了然，浑然一体。

（三）模具工作过程

熔体经由热流道浇注系统进入模具型腔，填满型腔后经保压、冷却，并固化至足够刚性后，注塑机拉动模具动模，模具从分型面处打开。开模过程如下：

① 模具打开，定模镶件3和37首先脱离塑件。

② 斜导柱20拨动S1中的小滑块23作斜向抽芯，内侧抽芯26开始脱离塑件，同时斜导柱40拨动S4中的小滑块41抽芯，侧向抽芯38脱离塑件。

③ 当两个小滑块23和41滑动14mm后，斜导柱20和40分别拨动大滑块24和44，外侧抽芯4和39强行从塑件中脱出。此时由于塑件出入水口部内侧的型芯已抽出，塑件有向内

弹性变形的空间，模具完成强制抽芯。S1 和 S4 的最大抽芯距离分别为 40mm 和 60mm。

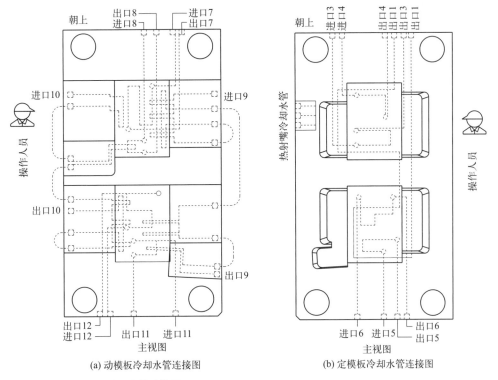

图 6-59　动、定模板冷却水管连接图

④ 斜导柱 47 拨动滑块 46，S5 开始抽芯，侧向抽芯 48 脱离塑件，抽向芯距离 35mm。

⑤ 斜导柱 8 拨动滑块 10，S2 开始抽芯，侧向抽芯 9 脱离塑件，抽向芯距离 35mm。

⑥ 短弯销 51 拨动滑块 52，S6 开始抽芯，侧向抽芯 49 脱离塑件，抽向芯距离 8mm。

⑦ 长弯销 29 拨动小滑块 35 抽芯，侧向抽芯 36 脱离塑件，抽芯 6mm 后，弯销 29 同时拨动大滑块 28，侧抽芯 30 同时脱离塑件，抽芯距离 45mm。

⑧ 完成侧向抽芯后，注塑机顶棍推动模具推杆固定板，进而推动推杆 18，将塑件推离动模镶件和型芯。

⑨ 合模时，斜导柱 20 推动大小滑块 24、23 复位，斜导柱 40 推动大小滑块 44、41 复位，斜导柱 8 和 47 分别推动滑块 10、46 复位，弯销 29、51 分别推动滑块 28、52 复位，推杆由复位杆 63 复位。

⑩ 锁模，开始下一次注射成型。

（四）注意事项

在倾斜的侧向抽芯机构中，各种参数的确定方法与和开模方向垂直的无倾斜的侧向抽芯机构有所不同，主要表现如下。

① 斜导柱倾斜角度的确定：对于滑动方向向下倾斜的滑块，斜导柱与开模方向的夹角加

上滑块的倾斜角度应小于或等于 25°，本例滑块倾斜角度为 19°，斜导柱倾斜角度应小于或等于 6°，本例取 6°。与普通侧向抽芯原理相同，锁紧块的倾斜角度比斜导柱倾斜角度大 2°～3°，本例取 8°，见图 6-60。

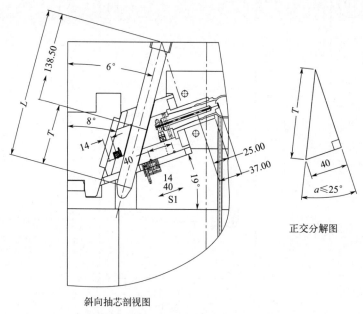

图 6-60　倾斜滑块各参数的设计图解（单位：mm）

② 抽芯距离：根据塑件及模具结构，本例中水箱左盖出水口内侧最小抽芯距离为 37mm，加上安全距离 3mm，滑块最大滑行距离为 40mm。

③ 斜导柱长度计算：斜导柱长度等于固定长度加有效抽芯长度。固定长度取决于固定板厚度，本例中固定长度为 138.50mm，抽芯有效长度 T 可用作图法或计算法求得，见图 6-60。

$$T = 40 \div \sin 25° = 94.65 \text{（mm）}$$

故斜导柱总长度等于：138.50+94.65=233.15（mm）

注：该长度未包括头部导向部分的长度。

（五）结语

① 模具采用热流道浇注系统，有效保证了塑件的成型质量和模具的劳动生产率，注塑周期符合客户要求。

② 模具的侧向抽芯机构复杂，但抽芯动作有条不紊，模具自投产以来，操作安全，生产稳定，塑件尺寸、内部质量和外观质量全部达到设计要求。

实践证明，该模具的尺寸准确，结构合理，可以为同类型注塑模具结构提供参考。

五十、汽车进气风箱底盖注塑模具设计

汽车进气风箱材料以前一般采用铁或铝合金，现代的新能源汽车都采用塑料，这样不但更轻，而且更安全。

（一）塑件结构分析

成型塑件为某新能源汽车的进气风箱底盖（图6-61），材料为PP+40%TD，即聚丙烯加40%滑石粉，收缩率1%。塑件最大外形尺寸为：320.50mm × 313.30mm × 121.70mm。塑件结构复杂，加强筋多，有4处倒扣：S1、S2、S3和S4。成型塑件脱模困难。成型塑件尺寸精度高，外观不允许有熔接痕、流痕、银纹和顶白等成型缺陷。

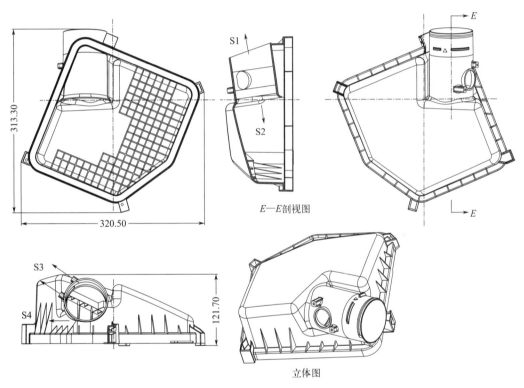

图6-61 进气风箱底盖零件图（单位：mm）

（二）模具结构设计

一模一腔，根据塑件倒扣的方向和位置，型腔摆放如图6-61所示。模具采用点浇口浇注系统。模架采用龙记标准型三板模架DCH-6570-A200-B130-460-O（即模具宽650mm、长700mm，定模板厚200mm，动模板厚130mm，长导柱460mm，布置在短导柱外侧）。模具质量2300kg，属于大型注塑模具。

侧向抽芯机构设计：成型塑件的倒扣较多，有内侧倒扣，有外侧倒扣，倒扣的方向也较多。模具的侧向抽芯机构多且复杂。倒扣S1较深，采用"液压油缸 + 斜向滑块"的侧向抽芯机构，

该机构由油缸4、油缸固定座5、S1侧抽芯14、斜向滑块27、导向块6组成,详见图6-61(b)。

倒扣S2在成型塑件内侧,模具采用斜顶侧向抽芯机构,该机构由斜顶16、斜顶导向块15组成。见图6-62(b)。

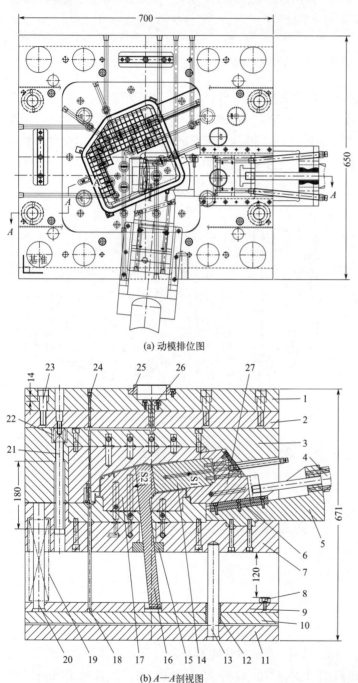

图6-62 汽车进气风箱盖注塑模具结构图(单位:mm)

1—定模固定板;2—脱料板;3—定模板;4—斜向抽芯油缸;5—油缸固定座;6—斜向抽芯导向块;7—动模板;8,23—限位钉;9—推件固定板;10—推件底板;11—动模固定板;12—导套;13—推件固定板导柱;14—S1侧抽芯;15—斜顶导向块;16—S2斜顶;17—动模型芯;18—流道拉杆;19—复位弹簧;20—复位杆;21—小拉杆;22—开模弹簧;24—拉料杆;25—定位圈;26—浇口套;27—斜向滑块倒扣 S3 和 S4 的侧向抽芯机构有两种方案，方案一是倒扣 S3 和倒扣 S4 由同一个斜向滑块抽芯，该滑块采用液压油缸驱动。该结构由油缸 28、油缸固定座 29、斜向抽芯 31 和斜向抽芯导向块 30 组成，见图 6-63（a）。方案二是倒扣 S3 和倒扣 S4 分别由不同的滑块抽芯，其中 S3 采用"T 型锁紧块 + 斜向滑块"结构，S4 采用"斜导柱 + 滑块"结构，零件包括斜导柱 43、滑块 40、弹簧 42、耐磨块 39 和斜导柱固定块 41。方案一优点是抽芯动作较简单可靠，缺点是油缸增大了模具的外形尺寸，需要用较大的注塑机生产。方案二的优点是模具外形尺寸相对较小，缺点是抽芯动作较复杂，尤其是 S3 侧向抽芯机构中的 T 型锁紧块抽芯较难定位，斜向抽芯 38 复位时易发生故障。经比较，最后采用了第一种方案。

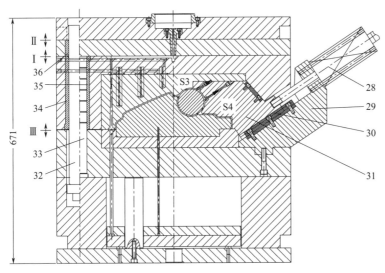

(a) S3、S4 侧向抽芯机构方案一

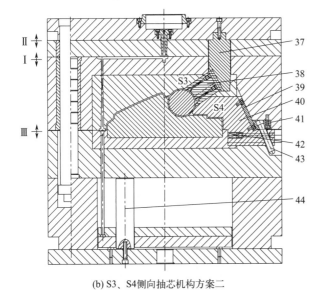

(b) S3、S4 侧向抽芯机构方案二

图 6-63 汽车进气风箱盖注塑模具 S3、S4 侧向抽芯机构

28—S3、S4 抽芯油缸；29—油缸固定座；30—斜向抽芯导向块；31—S4 斜向抽芯；32—长导柱；33—短导柱；34, 35, 36—导套；37—T 型锁紧块；38—S3 斜向抽芯；39—耐磨块；40—S4 滑块；41—斜导柱固定板；42—弹簧；43—斜导柱；44—支承柱

（三）模具工作过程

塑料熔体经浇口套 26 中的主流道进入分流道，最后由点浇口进入模具型腔。熔体填满模具型腔后保压、冷却、固化，当固化至足够刚度后，注塑机拉动模具动模固定板 11 开模。在定距分型机构中的弹簧 22 作用下，模具先从分型面 I 处打开，打开距离 180mm。由小拉杆 21 控制。分型面 I 打开过程中，在拉料杆 24 作用下浇注系统凝料与成型塑件分离，实现自动断浇。模具继续打开，模具再从分型面 II 处打开，打开距离 14mm，由限位钉 23 控制。在分型面 II 打开过程中，脱料板 2 推动浇注系统凝料强行脱离拉料杆，模具实现浇注系统凝料自动脱落。模具最后从分型面 III 处打开，开模距离 300mm，由注塑机控制。分型面 III 打开过程中，成型塑件脱离定模型腔。完成开模行程后，液压油缸 4 和 28 同时驱动斜向滑块 27 和斜向抽芯 31 进行外侧斜向抽芯。注塑机顶棍通过模具动模固定板上顶棍孔推动推件固定板，同时推动推杆和斜顶，一边将塑件推出，一边进行内侧抽芯。塑件安全无损坏地脱落后，注塑机推动模具动模合模，模具进行下一次注射成型。

（四）结语

① 模具通过采用复合侧向抽芯机构，实现了由同一个斜向抽芯 31 对脱模方向不同的倒扣 S3 和倒扣 S4 进行侧向抽芯，成功解决了模具在生产过程中侧向抽芯机构容易发生卡滞故障的问题。侧向抽芯机构设计是本模具结构设计的第一个创新点。

② 模具通过采用 11 组"直通式冷却水管 + 隔片式冷却水井"组合式随形水路的温度控制系统，成功解决了汽车进气风箱盖变形及尺寸精度较差的问题，成型周期降低了约 12%，成型塑件尺寸精度提高了一级，达到了设计要求的 MT3，大大提高了模具的劳动生产率和企业的经济效益。均衡且快速冷却的温度控制系统是本模具结构设计的第二个创新点。

③ 模具结构科学合理，应用效果明显，对多侧倒扣的高精度塑件的模具结构设计具有较强的参考价值。

模具第一次试模成功，投产后运行平稳顺利，各项指标均达到了设计要求。

附录

附录1 模具钢材应用规范

种类	产品名称或应用部位		钢材品牌	钢材型号	材料硬度	备注
家电类	高光透明件		德国葛利兹	CPM40、GEST80	37~42HRC	定、动模钢材一样
	高光TV面框、后盖		日本日立	CENA1	40HRC	动模采用738以上
	仿高光面框、后盖		日本大同	NAK80	37~43HRC	
	导光柱、透明件		日本大同	NAK80	37~43HRC	定、动模钢材一样
	电源键、装饰条（电镀）		瑞典一胜百	718、NIMAX	35~39HRC	
	普通蚀纹件		LKM	738	31~36HRC	
	定模网孔		日本大同	PX88	31~36HRC	
	CRT或CPT面框四角镶件深筋骨、难冷却部位		铍铜	moldMAX	38~42HRC	
	斜顶		日本大同	NAK80	38~42HRC	30mm×30mm以下
			LKM	738	31~36HRC	30mm×30mm（含）以上
	空调、冰箱面板		德国布德鲁斯	1.2738	31~35HRC	
	冰箱抽屉		瑞典一胜百	718	35~39HRC	定、动模钢材一样
	冰箱饰条		德国布德鲁斯	1.2738	31~35HRC	
汽车类	保险杠定模		德国布德鲁斯	1.2738	31~35HRC	应用于欧美及国内大众、伟世通、神龙等客户
			美国芬可乐	进口P20	30~35HRC	
			日本	SD18T		应用于日系客户
			国产	锻打P20		应用于国内海南钧达、长安铃木客户
	仪表板、格栅、中央通道、门板、ABCD柱定模		德国布德鲁斯	1.2738	31~35HRC	应用于欧美及国内大众、伟世通、神龙等客户
			美国芬可乐	进口P20	30~35 HRC	
			国产	锻打P20		应用于国内海南钧达、长安铃木客户
	电镀条和腐蚀性比较高的PA6、PA66+GF、POM产品等	大型高档硬模	德国布德鲁斯	2344（淬火）	50~52HRC	应用于出口模具和国内大众、伟世通、标志、福特、通用等客户
		中、小型高档硬模	德国葛利兹	2083（淬火）	50~52HRC	
			瑞典一胜百	8407（淬火）	50~52HRC	
		一般硬模或压铸模	国产	H13（淬火）	50~52HRC	应用于海南钧达、重庆平江、长安铃木等客户

附录 2　汽车注塑模具外围结构件设计

在汽车注塑模具设计中，模具外围标准件比较多，包括油缸、冷却水接头、水管等，这些外围件在汽车模具中很重要，因而汽车模具的外围系统也比较复杂。

1. 汽车模具最大外形尺寸

汽车模具最大外形及尺寸见附图 2-1 和附表 2-1。

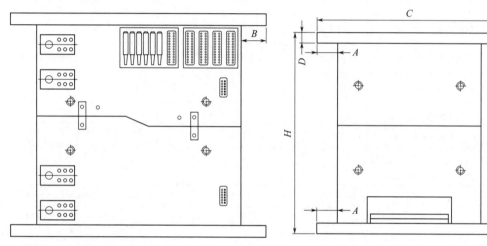

附图 2-1　注塑模具外形图

附表 2-1　汽车模具外形尺寸参考数据

尺寸	取尺寸值依据
A	一般为了保护模具外接部件，普通模具做到 90～100mm 可以满足保护要求，布置有顶出油缸的需要根据油缸高度设计，对于一些不需要油缸顶出与安装集水块的模具可以优先考虑做直身模架
B	一般 B 尺寸方向都优先布置顶出油缸，尺寸根据油缸高度设计（参考值为 125～160mm），对于一些不需要油缸顶出与安装集水块的模具可以优先考虑做直身模架
C	模具宽度至少要比注塑机拉杆间距小 10mm，如有部分客户机台为液压码模，宽度必须要符合客户机台要求的宽度范围（查客户提供的注塑机资料）
D	根据各客户注塑机台的码模要求设计，一般最厚不超过 75mm（查客户提供的注塑机资料与客户提供的标准）
E	模具厚度至少要比客户指定注塑机台最大容模厚度小 10mm

2. 汽车模具外观布局

汽车模具外观布局及设计见附图 2-2 和附表 2-2。

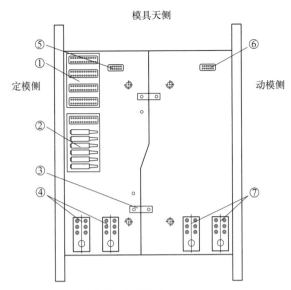

附图 2-2 汽车注塑模具外观布局

附表 2-2 汽车模具外观布局设计

序号	设计要求
①热流道接线盒	一般设计在非操作侧的上方,也有部分客户要求设计在模具顶部(参考客户提供的技术要求),在接线盒上方不能设计冷却水接头或在两侧附近不能设计冷却水接头
②顺序阀接头	如果采用的为电磁阀,需要把电磁阀布置在操作侧,顺序阀接头热流道公司一般不配送,订购热流道时需要留有足够空间安装接头
③锁模块	大型模具在正反操作侧各两个,中小型模具在正反操作侧各一个,规格按客户提供标准
④定模集水块	
⑤定模行程开关接线盒	如果定模没有油缸抽芯之类的可以取消
⑥动模行程开关接线盒	顶出行程开关与油缸抽芯行程开关共用
⑦动模集水块	

① 模具外观示例一(附图 2-3):模具有 24 个加热区,10 个油阀口,动模有一组动作,用 RMI25 集水器连接,定、动模各 5 路冷却水。

② 模具外观示例二(附图 2-4):模具带 24 个加热区,定动模都有动作,用 RMI212 型号集水器连接,定、动模各 20 路冷却水。

3. 汽车注塑模具吊环布置

① 设计时需要计算出整副模具重心以及定、动模分开时各自的重心,并依据这些重心数据加工吊模起吊螺孔,所有模具底面板上都需做 4 个螺孔,螺孔大小根据模具质量设计,由于

在搬运上有可能只搬运半副模具，所以整副模具的吊环螺孔与半副模具的吊环螺孔规格需要一致，见附图 2-5。

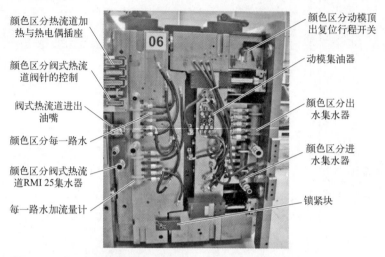

附图 2-3　汽车注塑模具外观布局示例一

附图 2-4　汽车注塑模具外观布局示例二

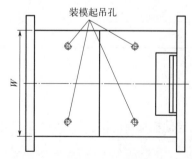

(a) 整副起吊孔视图
当模具宽度 $W \leqslant 600$ mm，可以考虑在中心线只做两个起吊孔，如果动、定模分开起吊，平衡起吊孔不能共用，需另外加起吊孔

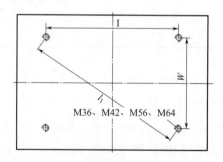

(b) 在底面板起吊孔视图
l_1 尽可能小于 1600mm
螺孔大小根据模具质量设计

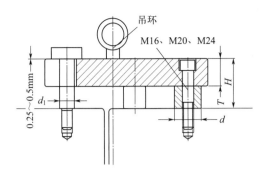

吊环起吊质量规格

模具质量	吊环规格
20～40t	M64
12～20t	M64
5～12t	M42
0.8～5t	M30
≤0.8t	M24

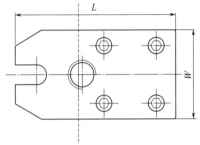

辅助吊模块规格

吊环规格	T	H	d	d_1	固定螺钉
M64	60	110	60	50	M30
M64	60	110	60	40	M24
M42	45	80	60	40	M24
M30	35	65	50	30	M20
M24	30	50	40	25	M16

(c) 有部分客户需要单点起吊，而且起吊重心落在分型面上，需要增加辅助吊模块，辅助吊模块要保证开模不需要拆除，同时也要保证不影响机械手运动

附图 2-5　汽车注塑模具吊环布置图及吊环规格

② 对于汽车大型注塑模具，底面板宽度足够大的情况下，需要考虑在分型面方向吊装，如汽车保险杠与仪表盘模具，见附图 2-6。

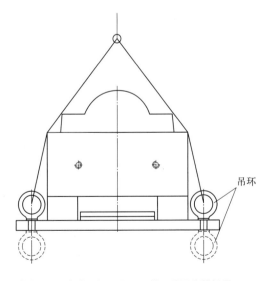
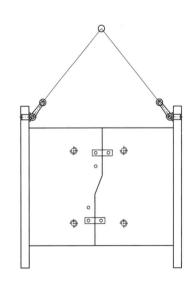

附图 2-6　在底面板，吊环可以正反面安装起吊

③ 对于马蹄形吊环设计标准，模具在上注塑机后吊环不用拆除，在模具分型面附近的吊环就有可能在生产中转动到分型面上造成干涉，所以需要在模具上加止转销防止吊环转动（在推杆板附近的吊环也有类似问题发生），见附图 2-7。

4. 吊环孔设计要求

① 当模具成型机器大于 1000T 时,模具零件各个模板上需设计吊环,定、动模板上需四面都设计吊环孔,正面也需设计吊环(吊环孔的大小取决于模板的质量,选择方式见吊环的载重),有特别注明的除外,见附图 2-8。

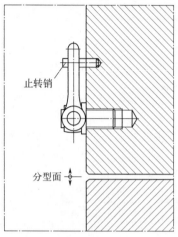

附图 2-7 模具上加止转销

附图 2-8 定、动模板正面也需设计吊环

② 当模具零件质量大于等于 20kg 时,必须设计吊环孔,如附图 2-9 所示。

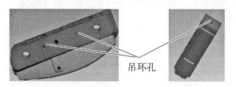 

附图 2-9 模具零件上的吊环螺孔

③ 吊环螺孔直径、深度和载荷质量见附表 2-3。

附表 2-3 吊环螺孔直径、深度和载荷质量

螺纹	底孔直径 /mm	螺纹孔底孔深度 /mm	MISUMI		CODIPRO		RUD	
			1P	2P-45°	1P	2P-45°	1P	2P-45°
M12 × 1.75	10.25	30	220	220	1000	1400	1200	640
M16 × 2	14	45	450	450	1600	2200	2300	1820
M20 × 2.5	17.5	50	630	630	2500	3500	4000	2800
M24 × 3	21	60	950	950	4000	5600	7000	4900
M30 × 3.5	26.5	70	1500	1500	6300	8800	10000	7000
M36 × 4	32	80	2300	2300	10000	14000	12500	11200

续表

螺纹	底孔直径/mm	螺纹孔底孔深度/mm	MISUMI		CODIPRO		RUD	
			1P	2P-45°	1P	2P-45°	1P	2P-45°
M42×4.5	37.5	92	3400	3400	12500	17500	16000	14000
M48×5	43	100	4500	4500	20000	28000	16000	14000
M56×5.5	50.5	115	9000	9000	25000	35000	25000	21000
M64×6	58	130	9000	9000	32100	44900	25000	21000
M80×6	74	130	15000	15000	32100	44900	35000	21000

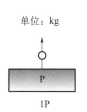
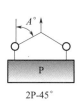
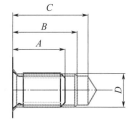

	A	B	C
用在钢材上	$1.5 \times D$	$2 \times D$	$2.5 \times D$
用在铝材上	$2.5 \times D$	$3 \times D$	$3.5 \times D$

④ 吊环承载力要求。汽车模具在设计吊环孔时必须严格校核所选吊环的承受能力,考虑到欧洲吊环与日本吊环的承受能力不同,原则上按 PUNCH 标准进行校核,如果与客户的标准有冲突需知会客户并得到客户的认可。吊环可承载质量见附表 2-4。

附表 2-4 吊环可承载质量

序号	吊环规格	普通圆形吊环	HPS 吊环	订购代码	路德吊环	订购代码
1	M12	0.3T	1.0T	DSR-M12	0.75T	WBG-V0.6-M12
2	M16	0.6T	1.6T	DSR-M16	1.5T	WBG-V1.3-M16
3	M20	1.0T	2.5T	DSR-M20	2.5T	WBG-V2.0-M20
4	M24	1.5T	4.0T	DSR-M24	4.0T	WBG-V3.5-M24
5	M30	3.0T	6.3T	DSR-M30	6.0T	WBG-V5.0-M30
6	M36	4.0T	10.0T	DSS-M36	10.0T	WBG 8-M36
7	M42	5.6T	12.5T	DSS-M42	12.5T	WBG 10-M42
8	M48	7.0T	20.0T	DSS-M48	12.5T	WBG 10-M48
9	M56	10T	25.0T	DSS-M56	18.0T	WBG 15-M56
10	M64	13T	32.0T	DSS-M64	18.0T	WBG 15-M64

5. 吊环孔设计注意事项

① 模具天侧必须有能够保证模具起吊平衡和安全起吊的相应孔位,并且模具整体吊装平

衡水平斜度不可以超过 3°，见附图 2-10。

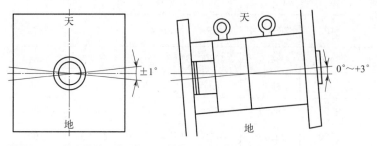

附图 2-10　模具整体吊装平衡水平斜度不可以超过 3°

② 当码模板的厚度比吊环的螺纹长小时，要在码模板上设计一个圆形的钢圈，事先焊接在码模板上，再进行螺孔加工，见附图 2-11。

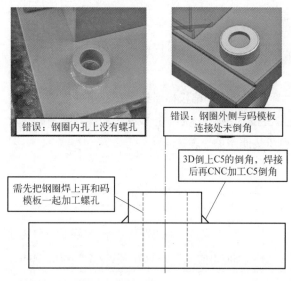

附图 2-11　在码模板焊接钢圈

③ 模具吊模平衡块设计。在汽车模具中，模具都需要起吊平衡（包括定模起吊平衡、动模起吊平衡及整体起吊平衡），模具的重心往往不在定、动模板上，这就需要设计起吊平衡块（附图 2-12）。起吊平衡块的数量大小尺寸与模具大小质量有关（一般设计一点起吊、两点起吊和四点起吊）。

在设计起吊平衡块时要注意：少用或不用吊模平衡块，尽量把起吊螺钉孔设计在定、动模板上，设计时要考虑好模具平衡的问题，减少成本和加工厂装拆模时间，所有模具的吊模平衡块在模架厂加工。

6. 行程开关设计

行程开关（又称限位开关）主要是通过得到顶出系统的顶出终点和复位终点的信号来控制注塑过程中的先后顺序，也可以用得到的信号来指示模塑过程中是否正常运行，保证模具安全生产，附图 2-13 是行程开关常见的两种形式。

附图 2-12　模具吊模平衡块

设计要求：大型模具或者要求较高的模具都需要在顶出板的对角安装两组行程开关，导线不能裸露在外面，全部要埋到模具里面做保护。行程开关插头根据注塑厂的要求能够匹配，如 Faurecia 的插头为 Heating 牌，国内有些客户的为七星牌。

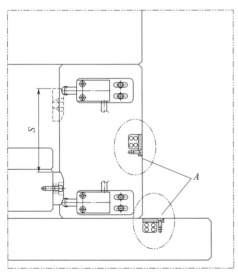

(a) 机械斜面碰触式

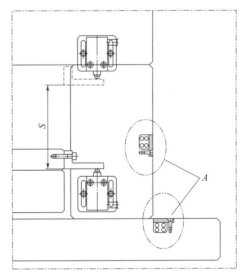

(b) 机械直接碰触式

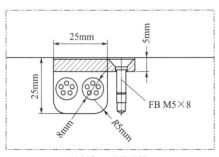

A 处行程开关导线槽

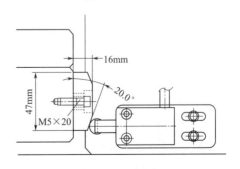

机械斜面碰触式行程开关

附图 2-13

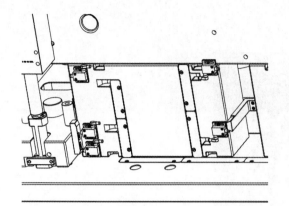

附图 2-13　行程开关的两种形式（单位：mm）

注：行程开关导线槽可以设计在底板或垫块或动模板上，导线槽的大小和导线数量与尺寸确定

7. 顺序阀的配置要求

① 顺序阀要求采用油压控制，油管接头为史陶比尔佩釜 HCA106102/HCA101102，冷却水管尺寸为 ϕ12mm（水管外径），接头尺寸为 PT3/8，模具进油口为公头，出油口为母头。

② 模具侧配置电磁阀，时间控制插座为欧标重载单边扣 24 针（母插）。

8. 热流道接线盒设计注意事项

① 热流道接线盒一般放在模具的非操作侧的上方，有的设计在天侧，在热流道接线盒位置不能有运水进出。

② 当热流道接线盒超出上下码模板时，要把码模板加宽或者加保护块，或者把热流道接线盒沉入定模板。

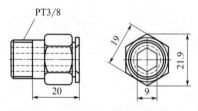

附图 2-14　水路接头（单位：mm）

9. 模具外围水路接头

① 水路接头规格：650 吨以下注塑机采用快接快插水嘴，大于或等于 650 吨注塑机采用集成快接接头。

② 650 吨以下注塑机采用塑料水管，水路接头内外均带六角，管外径 12mm，详见附图 2-14。

③ 大于或等于 650 吨的注塑机采用高压水管（派克 801 系列），通过接头箍与接头固定。

10. 模具外围水路外接形式

① 模具水路全部采用止水栓或无头螺钉堵水，利于模具水路清理和维护。

② 冷却水嘴位置有进出标记，进水为"IN"，出水为"OUT"，IN、OUT 后加顺序号，如 IN1、OUT1。

③ 标识英文字符和数字为大写宋体，字体 12mm 高，位置在水嘴正下方 10mm 处，字迹清晰、美观、整齐、间距均匀。

④ 集水块中间铣字码槽，槽深 1mm，宽 10mm，长 30mm，在槽内打上对应模具模号。

⑤ 模具操作面、天侧、地侧尽量不要直接接进出水管，做成模具水路回路，回转水路验接规范如附图 2-15（a）所示。附图 2-15（b）适合小于或等于 470 吨注塑机上生产的模具或间隔位置较小的模具。

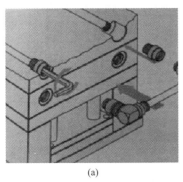
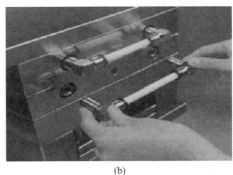

(a)　　　　　　　　　　　　(b)

附图 2-15　模具外围水路外接形式

⑥ 在 650 吨（含）以上吨位注塑机上使用的模具需做集水块，集水块用螺钉紧固安装在操作面背面，进水块用红色涂料喷涂成红色，集水块出水块用蓝色涂料喷涂成蓝色，周边倒角 C2，模具集水块需加装总开关水球阀。

11. 模具集油块与模具油路平衡块

在汽车模具设计中，用油缸顶出的模具就需要集油块，与水路集水块的作用一样，见附图 2-16。

在汽车模具设计中，用油缸顶出的模具尽量要设计成顶出平衡，如果不能就需要设计油路平衡块用来控制顶出的平衡。油路平衡块见附图 2-17。

附图 2-16　模具集油块　　　　　　附图 2-17　油路平衡块

12. 模具铭牌

模具一般需要设计铭牌，模具铭牌包括：定模和动模冷却水路铭牌、开合模动作铭牌、警示铭牌、热流道铭牌、客户信息铭牌、模具信息铭牌以及模具制造工厂铭牌等，见附图 2-18 ~ 附图 2-20。

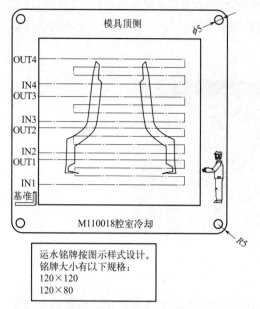

附图 2-18　模具冷却水路铭牌

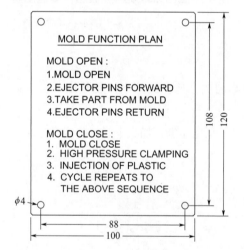

附图 2-19　模具开合动作铭牌（单位：mm）

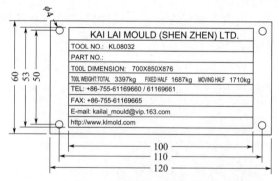

附图 2-20　模具制造工厂铭牌（单位：mm）

附录3 汽车注塑模具设计基本原则

（1）安全与便捷

将生产（加工/装配/注塑）的安全与便捷放在第一位。"顾客就是上帝"不只是服务业的宗旨，也是加工业的宗旨。对于注塑生产，首先要匹配，其次要方便。

（2）遵循客户标准要求

如果客户没有要求，遵循国家标准。

客户的标准包括：

① 模具钢材和配件材质、硬度要求；

② 模具与注塑机的接口，包括水、电、油接口，码模、顶棍孔、定位圈和热射嘴部位尺寸，见附图3-1；

③ 模具吊环大小要认真核对并考虑吊模平衡；易撞坏的部件，要加装保护装置，见附图3-2；

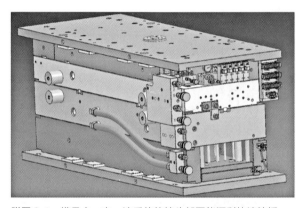 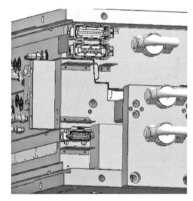

附图3-1 模具水、电、油系统的接头都要能顺利快速接插　　附图3-2 模具吊环

④ 模具标准件的品牌（注意需要原装还是仿制）；

⑤ 模具各部分结构的基本做法，如冷却水管要求，滑块、斜顶形式、浇口形式等；

⑥ 有时需留意螺纹要求（包括紧固螺纹和管螺纹等）；

⑦ 极少数情况下客户提供的图纸与我们国家常用的第一视角不同；

⑧ 针对每套模具，还需留意成型塑件要求与取件方式等。

（3）制造工艺性

主要包含防损、方便操作、弥补误差等几个方面内容。

① 改善热流道线槽的设计，线槽过渡圆角宜做大一点，见附图3-3。

② 弹簧内置较好，省空间，且不易撞坏，见附图3-4。

③ 斜顶的导向及底座。附图3-5所示斜顶连杆比较长，需要设计两个连杆导套，附图3-5（a）对斜顶的导向性应该是最好的，但由于两个导套分别设计在两个不同的零件上，分开加工时很难保证两个导套装配孔的同轴度，所以经常会因不同轴而无法装配。

一般来说，斜顶（直顶）连杆如果有两个或以上的导套时必须将它们放在同一个零件上，见附图 3-5（b）。另外，如果觉得斜顶连杆前端没有导向的尺寸太长，影响导向效果，也可以按附图 3-5（c）进行改善，即将上面的导套改成推杆板导套的形式。

附图 3-3　热流道线槽、避空和倒角设计

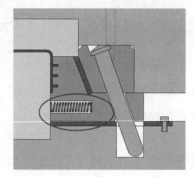

附图 3-4　弹簧设计

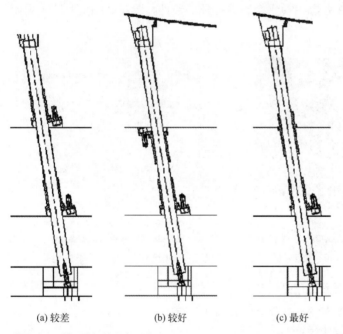

(a) 较差　　　　　　(b) 较好　　　　　　(c) 最好

附图 3-5　斜顶连杆的导向形式

斜顶底座采用圆弧状连接可以补偿斜顶角度加工误差，运动顺畅，如附图 3-6（b）所示。附图 3-6（a）斜顶底座的结构工艺性不好，易卡死（空间狭小时也使用，但斜顶角度不宜太大）。而附图 3-6（c）所示的万向斜顶底座的结构最好。

（4）关于 DME 滑块行程锁（PSM 式）。定位销的安装以附图 3-7（b）所示为优，销上有拔出用螺纹，销用紧定螺钉固定，可以在不拆导轨的前提下将滑块拆出。

（5）边锁的选用

附图 3-8 是常见的三种边锁形式，其中附图 3-8（a）为 Strack 边锁，一般用于欧洲模具。附图 3-8（b）为 DME 边锁，一般用于美国模具。附图 3-8（c）为三片式边锁，制造成本低，客户无特别要求时适用。

 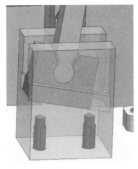 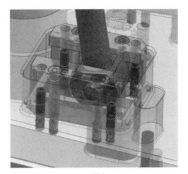

(a) 较差　　　　　　　　(b) 较好　　　　　　　　(c) 最好

附图 3-6　斜顶连杆的底座结构

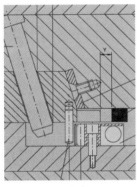 

(a) 较差　　　　　　　　(b) 较好

附图 3-7　DME 滑块行程锁

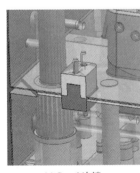 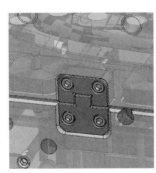 

(a) Strack边锁　　　　　(b) DME边锁　　　　　(c) 三片式边锁

附图 3-8　常见边锁的形式

（6）止口的设计

止口是模具外观的重要组成，止口的设计以受力均衡为原则，附图 3-9（a）所示结构在强大的胀形力作用下模具不会变形移位，模具刚性好。附图 3-9（b）所示结构在强大的胀形力作用下模具容易变形移位，模具刚性不好。

（7）浇注系统设计

普通流道的主流道长度一般不应超过 75mm，大型模具也不应超过 100mm。模具与浇口套配合段不可随意避空，应加强冷却，以防过热造成拉丝。热射嘴下方动模做避空位，深1mm，直径比热射嘴大 1～2mm。带浇口套的模具，流道按梯形流道来设计，浇口套端面设计为水平面。省去热射嘴加工。具体如附图3-10所示。

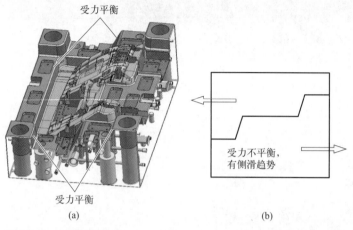

附图3-9　止口的设计

（8）脱模系统设计

① 推杆直径尽量大些；

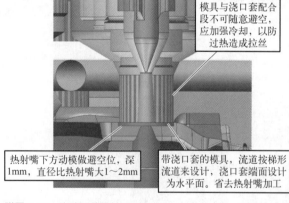

附图3-10　浇注系统设计

② 推杆直径规格尽量少些（避免频繁换刀具）；

③ 推杆应布置在包紧力的部位；

④ 在深骨位、喇叭网、深柱位旁边加强顶出。

⑤ 旁边有侧壁包紧时，避免在大平面上布推杆。

⑥ 大平面上的推杆会出现顶白，见附图3-11。

⑦ 限位块、限位钉、推杆板导柱、复位杆都要尽量靠近顶出元件，这样推杆板不易弯曲（顶出零件包括顶棍孔和顶出油缸），见附图3-12。

氮气弹簧的总输出力为所有顶出系统质量的3～5倍（经验值），模具超大时，倍数适当减小，反之适当加大，见附图3-13。

（9）温度控制系统设计

① 冷却水路的孔径及间距要依据模具大小合理确定。

② 冷却水路要布置均衡，长度大致相等，不能相差悬殊。

③ 冷却水管能做直孔就不要做斜孔，能做单斜度孔就不要做空间斜度孔。斜度小于3°的斜孔，直接改为直孔。

④ 水孔与水井画成平底孔，与深孔钻匹配。

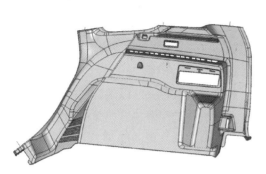

附图 3-11 大平面上的推杆会出现顶白

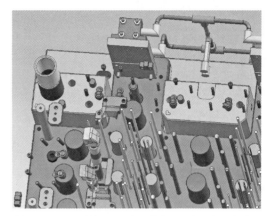

附图 3-12 限位块、限位钉、推杆板导柱、复位杆布置

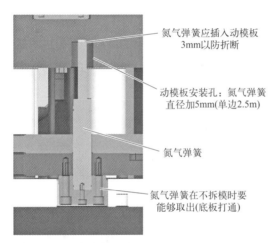

附图 3-13 氮气弹簧设计

冷却水路要充分、均衡，隔片式冷却水井数量如果太多，不但影响模具刚度，增加制造成本，也不利于模具均衡冷却，效果反而不好，见附图 3-14。

避免大角度的斜孔，因钻头有侧滑现象，极易钻偏。同时避免过多斜孔，斜孔越多，出错概率越大，见附图 3-15。

（10）侧向抽芯机构设计

滑块与斜顶是最常见的侧向抽芯机构。滑块相对斜顶有两大优势：

① 滑块易拆装，易修配，不用拆模板就能维护；

② 滑块较安全，动作比较顺畅，不容易卡死。

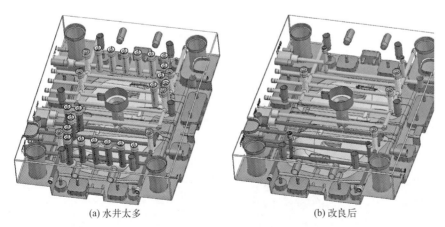

(a) 水井太多　　　　　　　　(b) 改良后

附图 3-14 温度控制系统设计

但一般来说，滑块相对斜顶成本略高一些，原因是：

① 使用滑块可能使模具长宽尺寸增大。

② 滑块、锁紧块和众多附件使用的材料相对多，制造工作量多一些。

但滑块不用加工斜孔和推杆板，无斜顶座，这一点又比斜顶省一些。

客户就是上帝，所以从客户使用角度来看，一般优先选用滑块。如果模具空间有限制，或模具非常简单的情况下，也可用斜顶代替滑块，因为外部条件是不确定的，以上内容不能一概而论，具体问题具体分析。

附图 3-15　大角度的斜孔加工工艺性不好

附图 3-16 中，（a）为普通式滑块，结构紧凑，适用于较小的滑块；（b）为"拖尾"式滑块，锁紧块更厚，适用于较大的滑块。

附图 3-17 是斜顶常见的四种形式。附图 3-17（a）中的斜顶与杆用定位键连接，成本略高，但能在注塑机上拆卸，一般用于欧洲模具或大的斜顶块。附图 3-17（b）中的斜顶与杆用

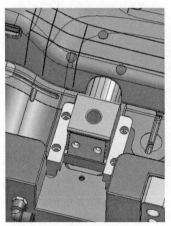
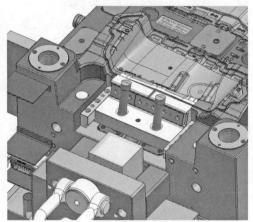

(a) 普通式滑块　　　　　　　　(b) "拖尾"式滑块

附图 3-16　滑块常见结构

   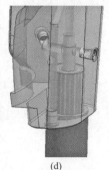

(a)　　　　　(b)　　　　　(c)　　　　　(d)

附图 3-17　斜顶常见结构形式

销连接,不太安全,一般用于国内模具或小型斜顶块。附图3-17(c)中的斜顶与杆用螺钉连接,各类模具都可使用,但堵铜不便于维护。附图3-17(d)中的斜顶与杆用细牙螺纹连接,适用于通冷却水的斜顶。

斜顶导向底座如果太短,则运动不顺,易烧(卡)死,应尽可能加长。附图3-18(a)中斜顶导向底座右边延伸($\geqslant A$),左边也适当加长($\geqslant A$),这样能够使底座均衡受力。附图3-18(b)中原设计斜顶杆导向太短,运动不顺,易烧(卡)死,应尽可能加长导向。增加一个导套后斜顶的运动就顺畅了很多。

烧死是指:润滑条件非常差时,高温高压下,分子结构互相咬合,零件粘连无法分开。它是一种破坏性的故障。

(11)分型面设计技巧

① 分型面尽可能简单。附图3-19(a)为存在侧孔(非倒扣)的塑件,第一种分型方法采用枕起碰穿,分型面只有两个面分型,应优先选用。第二种分型方法采用插穿,分型面有四个面,增加了配模量,在做分型面时要多考虑做到减少优化工人配模的工作量。

② 分型面应避免尖角锐边,尖角锐边易损坏,见附图3-20。

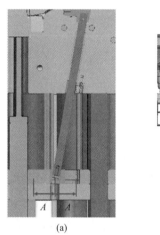

(a)   (b)

附图3-18 斜顶的导向形式

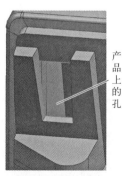  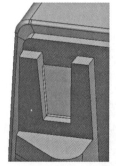

(a) 存在侧孔的塑件   (b) 第一种分型方法   (c) 第二种分型方法

附图3-19 分型面尽可能简单

③ 避免狭小分型面(不便于配模)。

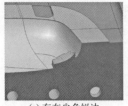 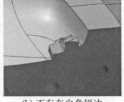 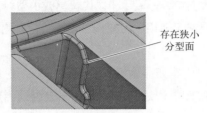

(a) 存在尖角锐边　　　(b) 不存在尖角锐边

附图 3-20　分型面不能有尖角锐边　　　附图 3-21　分型面避免存在狭小分型面

④ 模具型腔需蚀纹时，避免定模延伸做分型面，因蚀纹容易过界，如附图 3-22（b）。改善的方法有：

方法一：延伸动模面作为分型面，见附图 3-22（c）。

方法二：分型线稍微下移，见附图 3-22（d）。

方法三：沿一个角度拉出，见附图 3-22（e）。

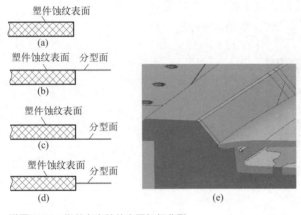

附图 3-22　塑件存在蚀纹表面如何分型

（12）运动模拟

模具设计完成后，在模具制造之前一定要进行运动模拟。滑块斜顶在终止端没有干涉，并不代表在运动过程中没有干涉，尤其是滑块斜顶比较多且运动路线复杂的时候，如附图 3-23。

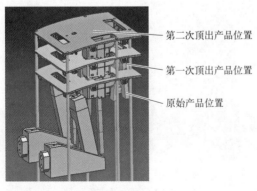

附图 3-23　侧向抽芯运动模拟

附录 4　汽车注塑模具及产品的问题与解决方案

汽车模具设计的不合理会导致模具在后续的加工制作或生产过程中产生一系列的问题。根据日本注塑专家的统计，70% 的注塑缺陷是由塑件结构设计和模具设计的不合理所造成的，见附图 4-1。

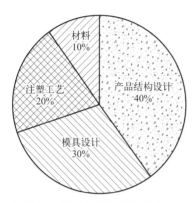

附图 4-1　注射成型缺陷原因统计图

（一）模具结构设计与制造常见问题及解决方案

1. 斜顶杆易断

① 斜推杆直径太小，对于一些小斜顶，有可能因为空间不够采用了直径较小的斜推杆，但在设计时可以考虑能用得上的最大极限的斜推杆直径。

② 斜顶顶出角度太大，斜顶的顶出角度一般都不能大于 12°，而且顶出行程越长，斜顶越容易断，见附图 4-2。当斜顶的顶出角度大于 12°时，需要设计导向杆，见附图 4-3。

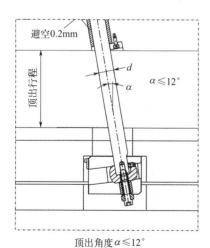

附图 4-2　斜顶侧向抽芯机构

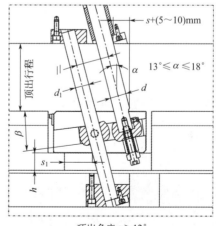

附图 4-3　斜顶旁加导向杆

③ 斜顶延迟角度不能够超出最大范围。当斜顶成型表面与开模方向不垂直，且倾斜方向阻碍斜顶抽芯时，斜顶底座应该采用与斜顶成型表面倾斜角度相等、倾斜方向相同的导向槽，见附图4-4。斜顶底座导向槽的倾斜角度叫延迟角度，一般来说，斜顶座延迟角度不得大于25°。如果成型塑件结构特殊斜顶座延迟角度需要大于25°时，必须设计加速滑座，见附图4-5。

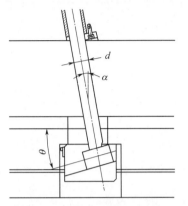

附图4-4 斜顶座延迟角度一般不得大于25°

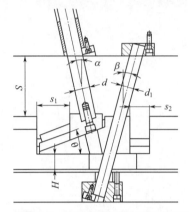

附图4-5 斜顶座延迟角度如果大于25°，需设计加速滑座

2. 成型塑件取出困难

问题：成型塑件取出困难，方框标注位置最严重（附图4-6）。

原因分析：

① 背面螺钉柱的加强筋位与柱一样高，高度为12mm，柱加强筋有飞边及火花纹。

② 弹针弹出距离太短，只有8mm。

③ 内边的斜度太小，只有7°，而且周边有圆角包住。

解决方案：

① 螺钉柱加强筋处减短至6mm，且重新做镶件解决飞边及火花纹抛光（砂纸抛光至600号）。

② 弹针背面斜度加大，延长顶出距离至12mm。

③ 内边缘加直推块顶住加强筋的边，尖角加$R0.5$，目的是不让塑件粘斜顶，见附图4-7。

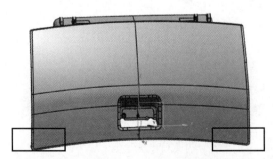

附图4-6 塑件取出困难，方框位置粘模严重

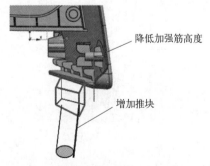

附图4-7 降低加强筋高度，增加推块

改善结果：取件问题解决。

预防措施：前期对弹针顶出行程及塑件的出模变形进行对比，制作时要做到加强筋无飞边、无火花纹，保证出模顺利。

3. 门板模具二次顶出机构在注塑时往后退

原因分析：

① 由 ABS 流动性中等，注射压力太大造成；

② 直顶杆直径偏小，注射成型时易弯曲。

解决方案：

① 塑件壁厚做到 +0.1mm=2.0mm，分型面开排气。

② 因塑件焊接骨位不存在倒扣，直接改成直顶块。同时斜顶杆也不会受到注射压力影响。

（二）注射成型常见缺陷及解决方案

1. 填充不良

俗称短射或欠注，英文 short shot，指塑料熔体未能填满型腔（附图 4-8）。

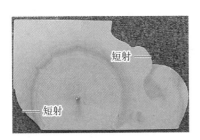
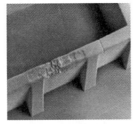

附图 4-8　塑件填充不良

解决方案：

（1）塑料方面

① 改善熔体的流动性；

② 减少再生料的添加；

③ 对塑料进行干燥处理，减少原材料中的气体分解。

（2）模具方面

① 浇口的位置设计保证其先填充厚壁，避免出现滞留现象，导致聚合物熔体过早硬化。

② 增加浇口数量，减少流程比。

③ 增加流道尺寸，减少流动阻力。

④ 排气口的位置设置适当，避免出现排气不良的现象（看欠注部位是否烧焦）。

⑤ 增加排气口的数量和尺寸。

⑥ 增加冷料井设计，排出冷料。

⑦ 冷却水路的分布要合理，避免造成模具局部温度偏低。

（3）注塑机方面

① 检查止逆阀和料筒内壁是否磨损严重，上述磨损会导致注塑机注射压力和注射量损失严重。

② 检查加料口是否有料或是否架桥。

③ 检查注塑机的能力是否能达到成型要求的能力从而增大注射压力。

(4) 注塑工艺方面

① 增大注射速度,增强剪切热,增大注射量。

② 增大注塑机的熔料长度。

③ 增大料筒温度和模具温度。

④ 减小注塑机的缓冲量。

⑤ 延长注射时间。

⑥ 合理调整注射各段的位置和对应的速度、压力。

(5) 塑件结构方面

① 制件壁厚设计太薄。

② 制件存在导致滞流现象的加强筋。

③ 制件的厚度存在较大差异,导致滞流只在局部出现,无法通过模具设计来避免。

④ 如果在距离浇口比较近的位置,或者在垂直于流动方向的位置有一个比较薄的结构,通常为加强筋等,那么在注塑过程中,熔体经过该位置时将会遇到比较大的前进阻力,而在其主体的流动方向上由于流动畅通,无法形成流动压力,只有当熔体在主体方向充填完成,或进入保压时才会形成足够的压力对滞流部位进行充填,而此时,由于该位置很薄,且熔体不流动没有热量补充并且已经固化,因此造成欠注。这种现象称为迟滞效应,也叫滞流。

2. 喷流纹

喷流纹是从浇口沿着流动方向,弯曲如蛇形一样的痕迹,故也叫蛇形流,见附图 4-9。

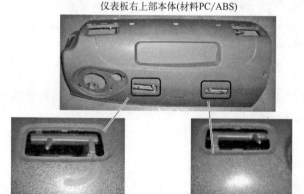

附图 4-9 汽车仪表板喷流纹

解决喷流纹措施见附表 4-1。

附表 4-1 解决喷流纹措施

项目	措施
模具设计	① 在浇口前面加阻逆针,防止料流喷射 ② 扩大浇口横截面

续表

项目	措施
成型工艺	① 调低注射速度 ② 提高模具温度，也能减缓与型腔表面接触的树脂的冷却速率，这对防止在充填初期形成表面硬化皮，也具有良好的效果 ③ 调低材料的流动性 ④ 降低熔体温度
材料	降低材料流动性

3. 推杆印迹

推杆印迹是指塑件表面在顶杆顶出外观侧的痕迹。

推杆印迹包括顶凸、顶白和顶穿。

（1）顶凸

顶杆顶出制件时，由于制件没有冷却固化充分，或者制件筋位多而且筋位粗糙，脱模力非常大，导致制件在顶杆头部的位置被顶凸，高出制件正常的表面，见附图4-10。这是由于材料固化不充分，厚度的芯层还处于黏流态，在顶杆施力时，产生凸出现象。在采用机械手取件的生产过程中，如果塑件脱模温度过高，固化不彻底，还有可能在机械手的吸盘吸附位置产生凸出现象，称之为"吸凸"。通常降低顶出速度和模温、延长冷却时间就可以消除。

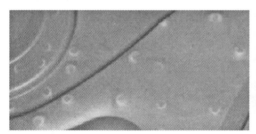 

附图 4-10　顶凸

（2）顶白

顶白是指推杆顶出塑件时，由于推杆头部产生应力集中，并超过材料的屈服强度，致使塑件在推杆头部的位置产生应力开裂或银纹，塑件表面表现出发白现象，见附图4-11。这种现象的产生是由脱模力过大，或者推杆数量太少，或者推杆头部表面积偏小造成局部受力过大造成的，该力超出了材料的屈服极限，产生了破坏性的物理变化。有时候刚生产出来的零件看不到顶白，但是放置一天后却出现顶白现象。

（3）顶穿

顶穿（附图4-12）是指推杆顶出制件时，推杆穿透制件，将制件完全顶破。顶白现象较严重时也会出现顶穿。这种现象的产生是由于塑件冷却固化不充分，材料还处于强度很弱的黏流态；或者是塑件已经固化，但是由于塑件设计不合理，严重粘在动模上，或者推杆数量太少，或者顶杆直径太小，或者是以上诸情况兼而有之形成的。

附图 4-11　顶白

附图 4-12　顶穿

（4）解决推杆印迹的措施

产生推杆印迹的原因很多，附表 4-2 是推杆印迹解决措施。

附表 4-2　推杆印迹解决措施

项目	措施
成型工艺	① 降低顶出速度至少 10% ② 降低模具温度和熔体温度，延长冷却时间 ③ 在不出现缩痕的前提下，降低最后一段的注射压力和保压压力 ④ 喷脱模剂
模具设计	① 提高筋位的脱模斜度，降低筋位表面的粗糙度 ② 制件若存在凹坑和桶状的结构，要提高脱模斜度 ③ 使用拉料杆或拉料推杆来保证制件留在动模，因为这些机构会在顶出时跟随制件一起动作，不会产生脱模阻力，尽量少降低脱模斜度或者设置砂眼结构，这些结构会产生脱模阻力 ④ 顶杆要均匀分布，在脱模困难的位置顶杆要多 ⑤ 顶杆头面积要大，减少应力集中 ⑥ 顶杆选材要选用刚性好的钢材 ⑦ 顶杆、嵌件以及抽芯机构的装配间隙不宜过大，否则引起振动发热
塑件设计	① 在保证变形要求的情况下，尽量减少筋位数量 ② 筋位不宜太厚或太薄，最好在制件厚度的 1/3 左右 ③ 筋位的深度不宜太深
材料	① 提高材料的润滑性或脱模性，减少材料与模具的摩擦系数 ② 提高材料流动性，减少充模压力 ③ 对于筋位多的制件，材料收缩率大有利于减少脱模力 ④ 对于桶形制件，材料收缩率小可以减少制件对型芯的包紧力

附图 4-13　银纹

4. 银纹（俗称水花）

塑料在充模过程中受到气体的干扰，常常在制品表面出现银丝斑纹或微小气泡，或在制品厚壁内形成气泡时产生银纹，这些气体的来源主要是原料中含有的水分或易挥发物质或过量润滑剂，也可能是料温过高塑料受热时间长发生的降解而产生的降解气，见附图 4-13。

解决银纹和水花的措施见附表 4-3。

附表4-3 解决银纹和水花的措施

项目	措施
材料	① 注塑前先根据原料商提供的数据干燥原料 ② 提高材料的热稳定性 ③ 避免粉体太多，造成夹气 ④ 材料中使用稳定性好、不易分解的助剂
成型工艺	① 选择适当的注塑机，增大注塑机背压 ② 切换材料时，把旧料完全从料筒中清洗干净 ③ 螺杆松退时避免吸入气体 ④ 改进排气系统 ⑤ 降低熔体温度、注射压力或注射速度 ⑥ 注塑PVC、POM类材料结束时，要用ABS或者AS等清洗，避免残留造成分解气体产生
模具设计	① 增大主流道、分流道和浇口尺寸 ② 检查是否有充足的排气位置 ③ 避免浇注系统出现比较尖锐的拐角，会造成热敏性材料高温分解

附图4-14 熔接痕

5. 熔接痕

（1）概念

熔融塑料充填型腔时，由于多浇口注射，或遇到嵌件、壁厚不均、孔洞、流速不连贯的区域以及充模料流中断的区域而以多股形式汇合时，以及发生浇口喷射充模时，因不能完全熔合而产生线状的熔接痕，见附图4-14。

（2）熔接痕的解决措施

熔接痕的解决措施见附表4-4。

附表4-4 解决熔接痕的措施

项目	措施
材料	① 增加塑料熔体的流动性 ② 减少粉体比例和液体添加剂的使用
模具设计	① 减少浇口数量或改变浇口的位置 ② 增设排气槽 ③ 在熔接痕处做排气镶件 ④ 采用顺序阀热流道可有效消除熔接痕
成型工艺	① 增加注射压力、注射速度和保压压力 ② 增加熔体温度 ③ 降低脱模剂的使用量 ④ 提高螺杆转速，使塑料黏度下降 ⑤ 增加背压压力，使塑料密度提高
塑件设计	① 调整嵌件位置 ② 减少孔和壁厚不均的设计，或避免壁太薄 ③ 通过增设加强筋使熔接痕被后续料流挤入筋内

熔接痕不可怕，可怕的是熔接痕两侧的颜色不一致，光泽的差异大，使之特别清晰。
在成型过程中，经常碰到塑件的表面在熔接痕两侧处光泽、颜色鲜艳度或者色泽存在明显的区别，这一类问题统称为熔接痕色差。

造成熔接痕两侧色差的原因主要有以下几点。
① 从喷嘴到熔接痕处的熔体料流的路径长度差异。
② 熔体在流道或者型腔内的流速差异。
③ 熔体在熔接痕处汇合时的排气不畅。
④ 熔体流动方向的差异对分子链取向、填充物分布、色粉分布等造成的差异。
⑤ 对于多浇口成型，浇口尺寸差异影响剪切热差异。
⑥ 模温过低。
⑦ 填充流速过慢。

（3）通过模流分析验证熔接痕

附图4-15（a）是一张熔体流动前沿温度分布图，可以清晰发现，在上面的两个浇口与最下面的那个浇口进熔体的熔接痕位置，存在明显的温度差，高达8~14℃。虽然熔接痕依然在较高的温度处且熔接痕处强度要求不大，但却导致熔接位置光泽差异明显，使熔接痕清晰可见。

此外，对于温度下降较多的一侧，主要是因为流动截面突然增大或者与对面来料截面差异大，导致熔体流速差异明显，流速慢的一侧与模具的热交换多，温降大，固化层或冷料层多，流动阻力大，因此易于成型波浪线熔接痕。

针对该塑件，因为热流道改浇口位置难度较大，建议增加两个浇口。增加两个浇口的位置见附图4-15（b）。

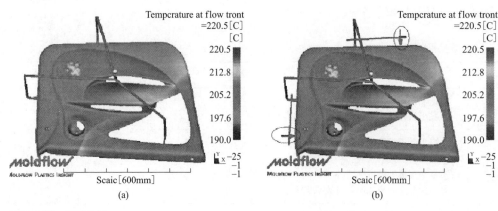

附图4-15　模流分析

（4）熔接痕的汇合角

汇合角的概念：塑料流动前沿的切线的夹角称为熔接痕的汇合角。通常汇合角超过120°时，熔接痕基本看不见。汇合角小于90°时熔接痕就会很明显。填充过程中两股料流正面对撞时，熔接痕汇合角为0°，熔接痕最明显，见附图4-16。

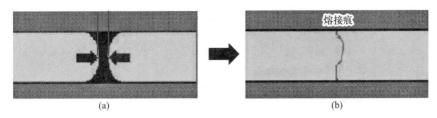

附图4-16 汇合角为0°的熔接痕

两股料流沿着相同或者比较接近的流动方向汇合时,熔接痕不明显(附图4-17)。

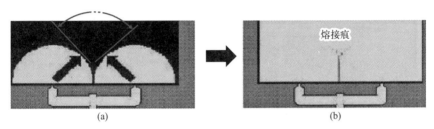

附图4-17 汇合角为0°~90°的熔接痕

使熔接痕"消失"的汇合角见附图4-18。

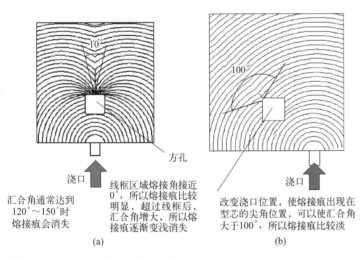

附图4-18 改变浇口位置可改变汇合角

(5)熔接痕预测与对策

实例1:汽车保险杠(附图4-19)。

材料:PP+TD20。原始设计时,已经预测到熔接痕会在外观面出现。

对策:变更塑件厚度,见附图4-20。

实例2:汽车进气格栅

如附图4-21所示,汽车进气格栅熔接痕明显。

消除格栅孔流痕的结构工艺性设计如下。

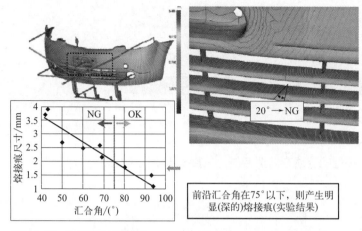

附图 4-19　汽车保险杠熔接痕

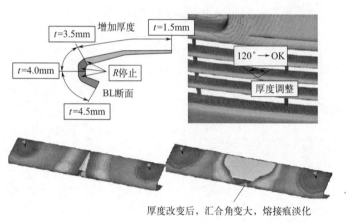

附图 4-20　汽车保险杠熔接痕对策

说明：塑料制件上有格栅孔结构时，熔体穿越格栅孔后，会在格栅结构一侧产生很多线状外观缺陷，业内多被称为流痕、气痕或者夹纹，实际上是非常多的熔接痕聚集在一起，见附图 4-22。可以通过结构设计，在格栅孔四周通过减料或者加筋的方式，扰乱穿越格栅的熔体形成的众多细小熔接痕生长，使熔接痕淡化甚至消失，见附图 4-23 和附图 4-24。减料槽一般深度为塑件壁厚的 50% ~ 65%，宽度为 2mm 左右，通常设计在塑件的外观面。而扰流加强筋一般高度为 3 ~ 5mm，厚度为 0.8 ~ 1.5mm，通常设计在塑件的内侧非外观面上，一般只设计一种结构，严重时，可以两种工艺结构同步使用。

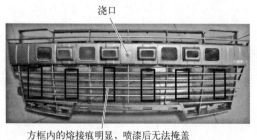

附图 4-21　汽车进气格栅熔接痕

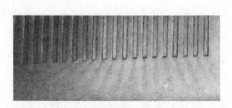

附图 4-22　汽车进气格栅熔接痕淡化

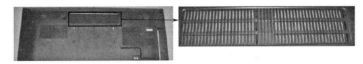

附图 4-23　用减料槽消除格栅孔熔接夹纹

当塑件的格栅孔在侧面上时,无法在外观面设计减料槽,也不便在内侧设计筋位,可以将侧面做成一定的斜度在塑件的内侧面做减料槽,此时的减料槽设计需要特别留意,避免厚度的突变,否则会形成光影,采用渐变的方式设计可以避免侧抽,也弱化光影的产生,见附图 4-25。

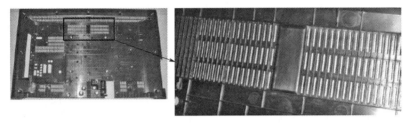

附图 4-24　用框加强筋消除格栅孔熔接夹纹

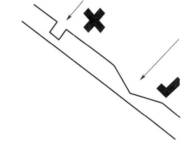

附图 4-25　在塑件内侧面做减料槽

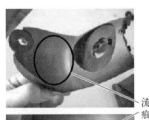

附图 4-26　塑件表面有白色流痕

6. 表面白色流痕

客户反映刚开始生产时没有问题,生产 30min 后,制件表面出现流痕,见附图 4-26。现场用指甲对流痕进行刮擦,发现可将其刮除,确定流痕的实质为一些细小的粉末,很有可能是材料未烘干或料筒内温度过高造成分解。

现场检查烘料料斗,其设置温度为 70℃,金属测温计的温度仅为 60℃。同时测量熔体温度,发现设置温度为 250℃时,熔体温度为 290 ~ 300℃。判断是料筒温度偏高,导致材料分解。将料筒的设置温度由 250℃降至 220℃(熔体实测温度为 260 ~ 270℃),流痕消失,可以正常生产。

7. 皮纹侧面拉伤

某汽车副仪表板(又称中央通道),侧面皮纹很深,侧面脱模斜度只有 4°。结果侧面皮纹出现拉伤(附图 4-27),降低注射压力和保压压力才能减轻拉伤,但是侧面出现缩痕无法消除。

结论：侧面的脱模斜度一定要尽量大（建议做到单边 6°～8° 以上），并一定要与皮纹深度相互匹配，否则皮纹容易拉伤。皮纹越深，脱模斜度应该越大；若脱模斜度要求小，那么皮纹制作的时候深度就要相应减小。

8. 收缩凹痕、缩孔

（1）问题

由于壁厚较大，表层先接触较冷的模壁，先行固化，而芯部还处于熔融状态；当固化的表层厚度较大时，芯部后续冷却造成收缩而又得不到熔料的补充，收缩力不足以拽动表层芯部就会形成缩孔，即真空孔，透明塑件可以观察到。当固化的表层厚度较薄时，芯部后续收缩力拉动表层向里凹陷，塑件表面就形成收缩凹痕，见附图 4-28。

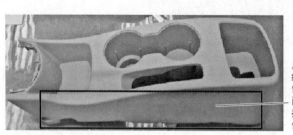

附图 4-27　皮纹塑件侧面拉伤

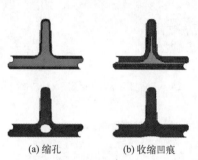

(a) 缩孔　　(b) 收缩凹痕

附图 4-28　螺杆塑化过程

（2）原因分析

零件内部有缩孔，可能原因有：

① 局部壁厚过大，收缩严重；

② 浇口太小，浇口冻结得太早，无法保压补充塑料到零件内部，造成内部缩孔；

③ 保压压力太小，保压时间太短。

（3）如何消除缩孔？

① 减小产品壁厚（明显改善）；

② 把浇口加厚加宽；把流道加粗（明显改善）；

③ 加大保压压力和时间（明显改善）；

④ 提高射速、射压（明显改善）；

⑤ 提高模温（改善效果不明显）。

特殊情况下成型塑件内部出现空洞，原因可能是：

① 浇口处发生喷射，形成卷曲缠绕的蛇形流，见附图 4-29。

② 模具排气不良、困气形成气孔，见附图 4-30。

（三）注意事项

1. 排气的重要性

为什么不用最高速度来充填？因为射速太快会造成困气烧焦、飞边过多。所以不得不降低射速，这样才能有较多的时间排气，避免困气烧焦。注射时间变长，熔体温度很快降低，注射压力必须提高才能注满零件，这样产生飞边机会就会增大，残余应力也随之提高，变形翘曲的可能性也随之增加。

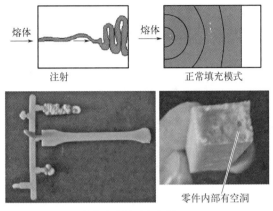

附图 4-29　浇口处发生喷射形成空洞

附图 4-30　排气不良形成空洞

如果想借提高料温来降低射压，则料温必须升得很高，这样又会引起塑料降解。

提高模温又会造成生产周期变长、零件脱模后变形翘曲增大、尺寸变小等诸多问题。

高料温和高注射压力都说明充填系统有了流动的问题，而这一流动问题往往是排气不足或浇口太小所致。

曾经有人做过实验：在注射之前对模具型腔进行抽真空，然后开始用高速进行注射，结果发现熔接痕几乎看不出来，而且零件表面完全没有气痕、流痕等表面缺陷。

有了充分的排气，射速可以提高，填充和保压可达良好状态，不需过度增加料筒和喷嘴的温度。高射速使得排气更为重要，避免了困气烧焦。

典型的分型面排气槽是深 0.01～0.04mm、宽 5mm，甚至沿分型面全周长排气。

在型芯、推杆、肋和螺柱处排气也是很有用的。流道末端的充分排气以及对型腔抽真空都可以减轻型腔排气的负荷。

2. 试模前为什么冷却水路一定要加工出来？

试模前冷却水路一定要加工出来，并且试模时必须要接模温机，因为：

① 试模前如果冷却水路没有加工出来，那么模具温度就无法稳定，试模的工艺参数与对应的零件品质也无法稳定，零件变形翘曲无法控制，记录下来的工艺参数也没有参考意义。试模成功的概率也会大打折扣。

② 试模时出现问题，想要通过调节模温来解决缺陷，但是没有冷却水路，则这一设想就无法实现。从而造成增加试模次数，浪费时间、原料、机台、人力，影响项目进度。

③ 有了冷却水路，并接上模温机，可以达到稳定的模温，使工艺参数相当稳定，可以为后续的大批量生产摸索出宽广的成型工艺窗口，便于调节定模和动模两边的温差从而控制零件的变形方向，得到满意的零件。

④ 接上模温机，能看到进水温度和出水温度，根据这两个温度的差值，就便于判断模具冷却是否良好。

3. 产品设计师如何确保模具品质？

模具设计方案完成时，设计师、注塑工艺师一定要参与模具方案检验讨论。

试模前要求做好：

① 加工完整的冷却水路，确保水路通畅。要求接模温机的水路，间距 40mm，距离型腔面小于 25mm。

② 排气槽必须已经全部加工好，分型面上每隔 40mm 开设一条深度 0.02mm、宽度 5～10mm 的排气槽。

③ 汽车内外饰零件最容易出现缩痕，确保浇口厚度达到零件壁厚的 0.8～0.9，可以减少很多缩痕发生的概率。

（四）注塑模具设计技巧、经验分享

1. 多做经验总结

很多场合都考验设计人员的快速反应能力。就算是反应不过来，翻阅笔记也不用花很多时间。

有人想了很长时间，做出来还不理想，就是因为没有总结过。多总结才能发现深层次的原理，加深对事物的理解。

例，刚刚从事模具设计时，只知道导柱、导套是用来导向的。时间一长，慢慢明白它还有妙用：保护开合模不撞模，还可以保护模具零件并当支撑脚用。

从上面例子也可以看出，从事模具设计这一行，经验的总结非常重要。水平高低不是取决于是否聪明（光靠灵机一动远远不够），也不取决于从业时间长短，而在于是否善于总结经验和吸取教训。

总结经验的方法多种多样：做笔记，整理笔记，自制 PPT（一定要适合自己）等。

多做笔记，因为人脑不是万能的，好记性不如烂笔头。但光做笔记不整理也没用，太杂乱了无从查阅，就失去了总结的意义。PPT 要做到图文并茂，便于修改。

2. 做事要有条理，做到有条不紊，遇到问题不慌乱

以设计脱模系统和温度控制系统为例。

正确的思考程序是：

首先想想哪些地方必须设计推出零件？是否要二次顶出？顶出是否足够？需要推管吗？需要推板或推块吗？

然后再想想模具哪些地方必须通冷却水路。

当一切都了然于胸后再开始设计。第一步在必须加脱模零件的地方加上脱模零件，如推杆、推管等。第二步再在必须通冷却水路的地方设计冷却水路。第三步综合考虑脱模和冷却后再设计温度控制系统和脱模系统。即：对于必须加推出零件和必须通冷却水路的地方，优先考虑脱模系统；在推出零件位置和冷却水路位置有一定的灵活性的地方，优先考虑温度控制系统。

反面案例则通常是想到什么画什么。例如先将水路排好，然后是堵头和水嘴，再画上推杆和斜顶，当发现冷却水路和脱模零件干涉时，又调整冷却水路或推出零件的位置和大小。有时脱模零件

和冷却水路全部画好后才发现斜顶顶出后还包住骨位，需要二次顶出，全部结构又要重画一遍。等二次顶出加上去后，又发现顶出零件不够，再花很多时间增加了顶块，又发现干涉冷却水路，接着又调整冷却水路。有些推杆与顶块太近，还要调整位置，调整过程中还要考虑冷却水路……

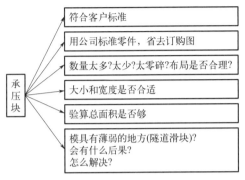

附图 4-31　承压块设计思路

3. 清晰和周密的思维

形成自己的思路，也即前面提到过的"套路"。附图 4-31 是设计承压块的思路，供读者参考。

4. 一定要自检

自身错误被别人发现时大多都晚了。人非圣贤，每个人都不可能做到十全十美，工作不可能做到滴水不漏，所以自检是必不可少的。

"手上事情太多""催得太紧"，都不是不自检的理由。自检只需花 3min，但出了问题可能因修复错误而耽误很长的模期，造成额外成本（即内耗），影响模具质量，严重时甚至影响公司的形象。

怎样自检？漫无目的肯定是不行的。点检是比较好的方法。

技术部可以针对本部门的具体情况设计评审表，每个人也可以自制点检表（在公司标准评审表上增加选项）。

点检表要列出个人易忽视的东西，具体如下。

结构图：镶件有没有问题？斜楔可靠吗？锁模块的锁紧角正确吗？撬模坑符合客户标准吗？吊模孔的大小合理吗？顶棍孔的大小、数量和位置匹配注塑机吗？

3D 图：基准角对吗？订料尺寸正确齐全吗？排气可靠吗？上色正确吗？

订购图：有没有遗漏尺寸？公差是否合理？数量是否与 3D 一样？材质是否符合要求？

用点检表在事中和事后进行检查，可以避免大多数错漏。

5. 交换检查

自检也不是万能的，所谓当局者迷，旁观者清。找个搭档，交换检查也是不错的办法。

6. 执行力

执行力体现在上层人员提出的内容，严格执行了吗？是否过一段时间就淡忘了？

最后强调两个观点：

（1）细节决定成败

每项工作都是由细节组成的，往往整个图纸都是正确的，就因为一个细节也会造成失败。

（2）第一次把事情做对

如果第一次做对了，就省去了反复修改。但做到这个不容易，需要持之以恒地总结和持续改进！

从事模具设计只要做到心态平和、勤学多练和踏实求稳，就一定能成功。

一句话，将工作当成事业而不是职业。

附录 5　一套好的模具要达到哪些验收标准？

制造一套好的模具，不仅要有好的模具设计水平和精密的加工工艺，还离不开"标准"，不允许"差不多"概念的存在。本附录列举了一套好模具的若干条验收标准，供参考。

（一）模具外观

① 模具铭牌内容完整，字符清晰，排列整齐。
② 铭牌应固定在模脚上靠近模板和基准角的地方。铭牌固定可靠、不易剥落。
③ 冷却水嘴应选用塑料块插水嘴，顾客另有要求的按要求。
④ 冷却水嘴不应伸出模架表面。
⑤ 冷却水嘴需加工沉孔，沉孔直径为 25mm、30mm、35mm 三种规格，孔口倒角应一致。
⑥ 冷却水嘴应有进出标记。
⑦ 标记英文字符和数字应大于 5/6，位置在水嘴正下方 10mm 处，字迹应清晰、美观、整齐、间距均匀。
⑧ 模具配件应不影响模具的吊装和存放。安装时下方有外露的油缸、水嘴、预复位机构等，应有支撑腿保护。
⑨ 支撑腿的安装应用螺钉穿过支撑腿固定在模架上，过长的支撑腿可用车加工外螺纹柱子紧固在模架上。
⑩ 模具顶出孔尺寸应符合指定的注塑机要求，除小型模具外，不能只用一个中心顶出。
⑪ 定位圈应固定可靠，定位圈直径为 100mm、250mm 两种，定位圈高出底板 10～20mm。顾客另有要求的除外。
⑫ 模具外形尺寸应符合指定注塑机的要求。
⑬ 安装有方向要求的模具应在定模板或动模板上用箭头标明安装方向，箭头旁应有"UP"字样，箭头和文字均为黄色，字高为 50mm。
⑭ 模架表面不应有凹坑、锈迹、多余的吊环、进出水气、油孔等以及影响外观的缺陷。
⑮ 模具应便于吊装、运输，吊装时不得拆卸模具零部件，吊环不得与水嘴、油缸、预复位杆等干涉。

（二）模具材料和硬度

① 模具模架应选用符合标准的标准模架。
② 模具成型零件和浇注系统（型芯、定模和动模镶块、活动镶块、分流锥、推杆、浇口套）材料采用性能高于 40Cr 以上的材料。
③ 成型对模具易腐蚀的塑料时，成型零件应采用耐腐蚀材料制作，或其成型面应采取防腐蚀措施。
④ 模具成型零件硬度应不低于 50HRC，或表面硬化处理硬度应高于 600HV。

（三）顶出、复位、抽插芯、取件

① 顶出时应顺畅、无卡滞、无异常声响。
② 斜顶表面应抛光，斜顶面低于型芯面。
③ 滑动部件应开设油槽，表面需进行氮化处理，处理后表面硬度为 700HV 以上。
④ 所有顶杆应有止转定位，每个顶杆都应进行编号。
⑤ 顶出距离应用限位块进行限位。
⑥ 复位弹簧应选用标准件，弹簧两端不得打磨，割断。
⑦ 滑块、抽芯应有行程限位，小滑块用弹簧限位，弹簧不便安装时可用定位珠；油缸抽芯必须有行程开关。
⑧ 滑块抽芯一般采用斜导柱，斜导柱角度应比滑块锁紧面角度小 2°～3°。滑块行程过长应采用油缸抽拔。
⑨ 油缸抽芯成型部分端面被包覆时，油缸应加自锁机构。
⑩ 滑块宽度超过 150mm 的大滑块下面应有耐磨板，耐磨板材料应选用 T8A，经热处理后硬度为 50～55HRC，耐磨板比大面板高出 0.05～0.1mm，并开制油槽。
⑪ 推杆不应上下窜动。
⑫ 推杆上加倒钩，倒钩的方向应保持一致，倒钩易于从制品上去除。
⑬ 顶杆孔与顶杆的配合间隙、封料段长度、顶杆孔的表面粗糙度应按相关企业标准要求。
⑭ 制品应有利于操作工取下。
⑮ 制品顶出时易跟着斜顶走，顶杆上应加槽或蚀纹。
⑯ 固定在顶杆上的顶块，应牢固可靠，四周非成型部分应加工 3°～5°的斜度，下部周边应倒角。
⑰ 模架上的油路孔内应无铁屑杂物。
⑱ 回程杆端面平整，无点焊。
⑲ 胚头底部无垫片，点焊。
⑳ 三板模浇口板导向滑动顺利，浇口板易拉开。
㉑ 三板模限位拉杆应布置在模具安装方向的两侧，或在模架外加拉板，防止限位拉杆与操作工干涉。
㉒ 油路气道应顺畅，液压顶出复位应到位。
㉓ 导套底部应设置排气口。
㉔ 定位销安装不能有间隙。

（四）冷却、加热系统

① 冷却或加热系统应充分畅通。
② 密封应可靠，系统在 0.5MPa 压力下不得有渗漏现象，易于检修。

③ 开设在模架上的密封槽的尺寸和形状应符合相关标准要求。
④ 密封圈安放时应涂抹黄油，安放后高出模架面。
⑤ 水、油流道隔片应采用不易受腐蚀的材料。
⑥ 定、动模应采用集中送水、冷却方式。

（五）浇注系统

① 浇口设置应不影响产品外观，满足产品装配。
② 流道截面、长度应设计合理，在保证成型质量的前提下尽量缩短流程，减少截面积以缩短填充及冷却时间，同时浇注系统损耗的塑料应最少。
③ 三板模分流道在前模板背面的部分截面应为梯形或半圆形。
④ 三板模在流口板上有断料把，浇口直径应小于 3mm，球头处有凹进浇口板的一个深 3mm 的台阶。
⑤ 球头拉料杆应可靠固定，可压在定位圈下面，可用无头螺钉固定，也可以用压板压住。
⑥ 浇口、流道应按图纸尺寸要求用机械加工，不允许手工打磨机加工。
⑦ 分流道前端应有一段延长部分作为冷料穴。
⑧ 拉料杆 Z 形倒扣应有圆滑过渡。
⑨ 分型面上的分流道应为圆形，定、动模不能错位。
⑩ 在顶料杆上的潜伏式浇口应无表面收缩。
⑪ 透明制品冷料穴直径、深度应符合设计标准。
⑫ 料把易于去除，制品外观无浇口痕迹，制品装配处无残余料把。
⑬ 弯勾潜伏式浇口，两部分镶块应氮化处理，表面硬度达到 700HV。

（六）热流道系统

① 热流道接线布局应合理，便于检修，接线号应一一对应。
② 热流道应进行安全测试，对地绝缘电阻大于 2MΩ。
③ 温控柜及热喷嘴的热流道应采用标准件。
④ 主浇口套用螺纹与热流道连接，底面平面接触密封。
⑤ 热流道与加热板或加热棒接触良好，加热板用螺钉或螺柱固定，表面贴合良好。
⑥ 应采用 J 形热电偶，并且与温控表匹配。
⑦ 每一组加热元件应由热电偶控制，热电偶位置布置合理。
⑧ 喷嘴应符合设计要求。
⑨ 热流道应有可靠定位，至少要有两个定位销，或加螺钉固定。
⑩ 热流道与模板之间应有隔热垫。
⑪ 温控表设定温度与实际显示温度误差应小于 ±5℃，并且控温灵敏。
⑫ 型腔与喷嘴安装孔应穿通。

⑬ 热流道接线应捆扎，并且用压板盖住。

⑭ 有两个同样规格的插座，应有明确标记。

⑮ 控制线应有护套，无损坏。

⑯ 温控柜结构可靠，螺钉无松动。

⑰ 插座安装在电木板上，不能超出模板最大尺寸。

⑱ 电线不许露在模具外面。

⑲ 热流道或模板所有与电线接触的地方应有圆角过渡。

⑳ 在模板装配之前，所有线路均无断路、短路现象。

㉑ 所有接线应正确连接，绝缘性能良好。

㉒ 在模板装上夹紧后，所有线路应用万用表再次检查。

（七）成型部分、分型面、排气槽

① 动、定模表面不应有不平整、凹坑、锈迹等其它影响外观的缺陷。

② 镶块与模框配合，四周圆角应有小于 1mm 的间隙。

③ 分型面保持干净、整洁，不得有手提砂轮磨出的避空，封料部分无凹陷。

④ 排气槽深度应小于塑料的溢边值。

⑤ 嵌件的研配应到位，确保其安放顺利、定位可靠。

⑥ 镶块、镶芯等应可靠定位与固定，对于圆形件应有止转，镶块下面不垫铜片、铁片。

⑦ 顶杆端面与型芯一致。

⑧ 动、定模成型部分无倒扣、倒角等缺陷。

⑨ 筋位顶出应顺利。

⑩ 多腔模具的制品，左右件对称，应注明 L（左）或 R（右），顾客对位置和尺寸有要求的，应符合顾客要求，一般在不影响外观及装配的地方加上，字号为 1/8。

⑪ 模架锁紧面的研配应到位，要求 75% 以上的面积应能接触。

⑫ 顶杆应布置在距离侧壁较近处及筋、凸台的旁边，并使用较大顶杆。

⑬ 对于相同的件应注明编号 1、2、3 等。

⑭ 各碰穿面、插穿面、分型面应研配到位。

⑮ 分型面封料部分应符合设计标准。中型以下模具 10 ~ 20mm，大型模具 30 ~ 50mm，其余部分机加工避空。

⑯ 皮纹及喷砂应均匀，并达到顾客要求。

⑰ 外观有要求的制品，制品上的螺钉应有防缩措施。

⑱ 深度超过 20mm 的螺钉柱应选用顶管。

⑲ 制品壁厚应均匀，偏差控制在 ±0.15mm 以下。

⑳ 筋的宽度应在外观面壁厚的 60% 以下

㉑ 斜顶、滑块上的镶芯应有可靠的固定方式。

㉒ 定模插入动模或动模插入定模，四周应有斜面锁紧并机加工避空。

（八）注塑生产工艺

① 模具在正常注塑工艺条件范围内，应具有注塑生产的稳定性和工艺参数调校的可重复性。

② 模具注塑生产时注射压力一般应小于注塑机额定最大注射压力的 85%。

③ 模具注塑生产时的注射速度，其四分之三行程的注射速度不得低于额定最大注射速度的 10% 或超过额定最大注射速度的 90%。

④ 模具注塑生产时的保压压力一般应小于实际最大注射压力的 85%。

⑤ 模具注塑生产时的锁模力应小于适用机型额定锁模力的 90%。

⑥ 注塑生产过程中，产品及浇注系统凝料及回收料的取出要容易、安全（时间一般各不超过 2s）。

⑦ 带镶件产品的模具，在生产时镶件安装要方便、镶件固定要可靠。

（九）包装、运输

① 模具型腔应清理干净并喷防锈油。

② 滑动部件应涂润滑油。

③ 浇口套进料口应用润滑脂封堵。

④ 模具应安装锁模片，规格符合设计要求。

⑤ 备品备件易损件应齐全，并附有明细表及供应商名称。

⑥ 模具水、液、气、电进出口应采取封口措施封口防止异物进入。

⑦ 模具外表面喷漆，顾客有要求的按要求。

⑧ 模具应采用防潮、防水、防止磕碰包装，顾客有要求的按要求。

⑨ 模具产品图纸、结构图纸、冷却加热系统图纸、热流道图纸、零配件及模具材料供应商明细、使用说明书、试模情况报告、出厂检测合格证、电子文档均应齐全。